中国政府发展研究报告
（2024）

Research on Government
Development in China

主　编　朱光磊
副主编　宋林霖　王雪丽

·北京·

图书在版编目（CIP）数据

中国政府发展研究报告. 2024 / 朱光磊主编；宋林霖，王雪丽副主编. -- 北京：国家行政学院出版社，2025. 6. -- ISBN 978-7-5150-2981-8

Ⅰ. D630

中国国家版本馆 CIP 数据核字第 202513BK28 号

书　　名	中国政府发展研究报告（2024）
	ZHONGGUO ZHENGFU FAZHAN YANJIU BAOGAO（2024）
主　　编	朱光磊
副 主 编	宋林霖　王雪丽
统筹策划	王　莹
责任编辑	田玫瑰　马文涛
责任校对	许海利
责任印制	吴　霞
出版发行	国家行政学院出版社
	（北京市海淀区长春桥路 6 号　100089）
综 合 办	（010）68928887
发 行 部	（010）68928866
经　　销	新华书店
印　　刷	北京九州迅驰传媒文化有限公司
版　　次	2025 年 6 月北京第 1 版
印　　次	2025 年 6 月北京第 1 次印刷
开　　本	185 毫米×260 毫米　16 开
印　　张	21.25
字　　数	341 千字
定　　价	85.00 元

本书如有印装问题，可联系调换，联系电话：（010）68929022

目录
CONTENTS

第一部分　政府职责体系与公共服务体系建设

2023 年度政府职责体系优化按照权责明晰、协同发力、系统集成的思路有序推进，有力保障了相关领域公共服务供给能力提升。

第二部分　府际关系与机构改革

府际关系是政府之间的权力配置和利益分配关系，借助 2023 年机构改革的动力机制，府际关系更趋成熟化、规范化和法治化。

第三部分　　绩效管理与机关管理

政府绩效管理是确保权责一致和责任落实的必然要求，2023 年度改革更加凸显了对治理效能的不懈追求，努力实现有为善治的目标。

第四部分　　政府改革热点与基层治理

基层是体制内外各种关系的交汇点与连接点，2023 年基层治理中形式多样的改革创新为国家治理现代化提供了生动的注脚。

第五部分　　地方政府发展能力指数研究报告

地方政府发展能力指数研究致力于为地方政府改革进路提供数据借鉴，研究成果对于从发展角度考察地方政府能力具有重要参考价值。

附　　录

专稿　从"职责同构"到政府职责体系：基层负担过重现象的生成与破解

朱光磊　黄雅卓

摘要："基层负担过重"是指在基层党政组织、基层群众自治组织和体制内企事业单位中出现的以"职责超载"和"问责泛滥"为内核的诸种现象。这主要包含来自上级党政机关、上级党政部门与社会公众的额外职责和来自上级党政机关及其部门的额外问责。它们虽形式各异，但却有着内在联系，均主要来源于"职责同构"体制及其衍生的问题。在这一体制下，府际关系层面"逐级下压-层级分工"的张力，导致职责"长驱直下"，基层"兜底"被强化；条块关系层面"属事管理-属地管理"的张力，导致权力"层层截留"，权责失衡被加剧；政社关系层面"政府行政管理-社会自我管理"的张力，导致自治组织"被行政化"，基层责任被压实。体制意图与运行结果之间的复杂关系及其内在张力，是基层承受了其无法承受之重的基本原因。要从根本上解决这一问题，就需要在制度建设上调整思路，也即合理确认各级党政机关的职责和基层群众自治组织的任务，构建科学的政府职责体系并培育和谐的政府间伙伴关系。

关键词：基层负担过重；职责同构；府际关系；条块关系；政社关系；政府职责体系

一、问题的提出与文献回顾

"基层"既是政权组织系统的末梢，也是社会自我支持系统的前端，其重要性与复杂性不言而喻。随着政府从"发展型""管理型"向"服务型"①的转变，社会各界对基层治理的期待前所未有地提高。在此情景下，推动治理重心下移，"尽可能把资源、服务、管理放到基层，使基层有职有权有物，更好为群众提供精准有效的服务和管理"②，成为强化基层治理效能的重要方式。从理论上讲，这一改革能使基层更加有效地进行社会治理，更加精准地提供公共服务。③这不仅有利于提高国家治理效率与降低治理成本，而且有助于增强社会自治韧性和化解自治风险。④然而，与理论勾画形成鲜明对比的是，从实践中看，它不但没有达成"效能强化"的预期，反而带来了"负担过重"的意外后果。

治理重心下移与基层负担过重现象的同步发生，充分显示了基层治理的复杂与艰难。然而，相关解释对此的回应还不够充分与精准，更未触及问题的本质。一方面，既有研究普遍将这些现象描述为"上面千条线、下面一根针""上面千把锤、下面一根钉"⑤，但却没有详细探讨"由线到针""由锤到钉"的发生逻辑。事实上，在此之中，既包含重心下移与层级分工的关系，也包含属地管理与属事管理的关系，还包含政府行政管理与社会自我管理的关系。这3种关系的各自粘连与彼此混淆，是这一改革没有导向效能强化反而导致基层负担过重的基本原因。然而，既有研究对此鲜有提及，也没有予以合理解读。另一方面，既有研究通常将这些现象归因于"权责不对等"下的职责超载⑥与"权能不相称"下的任务过量⑦，但却未深入探究上述问题能稳定存在且重复再生的体制根源。事实上，压力型体制下的"层

---

① 朱光磊、侯绪杰：《"双线合一"：论服务型政府的建设逻辑》，《南开学报》（哲学社会科学版）2023年第3期。

② 中共中央党史和文献研究院：《推进基层治理现代化的根本遵循和科学指南》，《人民日报》2024年1月12日。

③ 刘凤、傅利平、孙兆辉：《重心下移如何提升治理效能？——基于城市基层治理结构调适的多案例研究》，《公共管理学报》2019年第4期。

④ 陈水生、叶小梦：《调适性治理：治理重心下移背景下城市街区关系的重塑与优化》，《中国行政管理》2021年第11期。

⑤ 周振超：《构建简约高效的基层管理体制：条块关系的视角》，《江苏社会科学》2019年第3期。

⑥ 黄建洪、殷旺来：《"能动性调适"：乡镇政府职责动态配置的实践逻辑——基于广东省强镇扩权改革的分析》，《求实》2023年第6期。

⑦ 钟伟军、陶青青：《压力下的权威拓展：基层政府如何塑造非正式治理资源？——基于浙江省W镇"仲规依"的案例分析》，《公共管理学报》2021年第2期。

层加码"①、行政发包制下的"层层分解"②、属地管理扩张后的"责任无限"③、顶格管理异化后的"任务无边"④ 等老问题能以"资源下沉"⑤"规则下乡"⑥"监督下乡"⑦"技术下乡"⑧ 等新面目"粉墨登场"，其背后一定存在更深层次的体制原因。然而，既有研究未能充分挖掘，并给予完整揭示。

面对基层治理的复杂性，学术研究应当具备在微观事实与宏观结构之间贯通的视野和关怀。如前所述，既有研究还不足以全面而恰当地解释基层负担过重现象的表现与逻辑，也不足以充分而精准地回应基层治理的特质与机理。事实上，这些现象看似是相关方面改革还未到位的直接产物，实则为国家治理结构有待完善的显性表达。只有把其置于治理结构和制度体系的整体脉络中，才能深入剖析并准确把握其何以发生与何以发展的真正根源，并实现对相关问题的较为深入的知识求解。基于这一思路，本文将主要开展三个方面的工作：第一，梳理基层负担现象的主要类型与典型表现；第二，分析这些现象背后稳定共享的体制根源与制度逻辑；第三，提出化解上述问题的基本思路与根本出路。希望通过这一讨论，能为理解基层负担过重现象提供富有见地的思路，并进一步引发对基层治理中其他相关问题的反思。

二、基层负担过重现象的类型与表现

"基层负担过重"是一个多被使用而少被分析的概念。中高层党政机关、基层党政组织、媒体、学界在谈论基层负担问题时，它们各自的指向是不同的。实际上，在客观存在的"基层负担过重"之外，有不少是被谈论者主观构建出来的。如

---

① 杨雪冬：《压力型体制：一个概念的简明史》，《社会科学》2012 年第 11 期。
② 周黎安：《行政发包制》，《社会》2014 年第 6 期。
③ 邱实、杨爽：《属地管理扩张下的基层治理困境及优化研究》，《河海大学学报》（哲学社会科学版）2022 年第 6 期。
④ 韦彬、臧进喜、邓司宇：《顶格管理、基层形式主义与整体性智治——基于对 N 市 Q 区的考察》，《海南大学学报》（人文社会科学版）2023 年第 1 期。
⑤ 刘建平、陈文琼：《"最后一公里"困境与农民动员——对资源下乡背景下基层治理困境的分析》，《中国行政管理》2016 年第 2 期。
⑥ 贺雪峰：《规则下乡与治理内卷化：农村基层治理的辩证法》，《社会科学》2019 年第 4 期。
⑦ 吕德文：《监督下乡与基层超负：基层治理合规化及其意外后果》，《公共管理与政策评论》2022 年第 1 期。
⑧ 吴建南、王亚星、陈子韬：《从"增负减能"到"减负增能"：基层治理数字化转型的优化路径》，《南京社会科学》2023 年第 7 期。

此，既不利于真实问题的解决，也很容易导致矛盾的激化。鉴于此，有必要先完成2项前置工作：第一，分析"基层"与"负担"的内涵，以此框定这一现象的讨论范围；第二，整合"基层"与"负担"的意指，提出一个分析框架，用以观察这一现象的具体表现。

（一）理解基层负担过重现象：一个分析框架

"基层"是指国家结构中的基础层级，包括基层党政组织、基层群众自治组织和体制内企事业单位。[①] 与"高层"和"中层"相比，"基层"的特点在于，它背靠体制内部，却又面向体制外部，面对一个个面目清晰、具体可感的人，是体制内外各种关系的交汇点与连接点。具体而言，"基层"既作为下级党政机关处于与上级党政机关的纵向关系中，也作为属地管理主体处于与上级党政职能部门的条块关系中，还作为科层体系末梢处于与社会公众的政社关系中。然而，在这3种关系里，"基层"都是相对弱势且比较被动的一方，难以自发理顺关系，还常受关系梗阻制约。这就意味着，无论是上级党政机关还是上级党政职能部门，抑或是社会公众都能向基层施加压力，给其带来负担。

"负担过重"，也即不必要的、难以承受的负担，实际上是指那些超出了履职主体正常权力范围的责任，既包括积极责任（职责），也包括消极责任（问责）。一方面，"有责必有权"，权力是党政机关履行职责的基本手段。然而，如果职责的履行未伴随权力的授予，那么履职过程就会给党政机关带来过量压力，从而造成"负担过重"。另一方面，"有权必有责"，权力是党政机关承担问责的主要依据。然而，如果问责的承担未匹配有关的对权力的规定，那么担责过程就会给党政机关带来过量惩罚，进而构成"负担过重"。这意味着，没有权力作为保障的职责与没有权力作为依托的问责，在基层或是分别发生，或是同时出现，都会给基层带来难以承受的负担，使其运转困难。

综上，"基层负担过重"是指在基层党政组织、基层群众自治组织和体制内企

---

① 本文对"基层"的讨论主要聚焦于"基层党政组织"和"基层群众自治组织"。原因在于，体制内企事业单位的内部个体同时生活于不同的社区单元中，他们的参与活动已经可以在城乡基础政治过程中有所体现了，故而无须重复论述。

事业单位中出现的以"职责超载"和"问责泛滥"为内核的诸种现象。此外，从对"基层"内涵的分析中，可以理解这些现象的 3 种来源：上级党政机关、上级党政职能部门与社会公众；从对"负担过重"内涵的分析中，则可以理解这些现象的两项内容，即超出权力范围的职责与超出权力范围的问责。综合"来源"和"内容"两个维度，可以形成一个理解基层负担过重现象的分析框架（见图 1）。

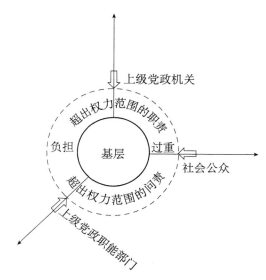

图 1 理解基层负担过重现象：一个分析框架

（二）基层负担过重现象的主要类型及其表现

沿袭上述思路，对基层负担过重现象作类型化分析，可以区分为 5 种①：来自上级党政机关的额外职责、来自上级党政机关的额外问责、来自上级党政职能部门的额外职责、来自上级党政职能部门的额外问责、来自社会公众的额外职责（见表 1）。需要说明的是，这只是一种理论抽象。现实中，它们并非截然分开的，一种类型的出现往往伴随其他类型的发生。而且，5 种表现也并非仅存在于某一类型中，只是它们更为集中地体现了某一类型的特点，故而作此归类。

---

① 本文认为，在当前的政治条件与社会条件下，来自社会公众的问责比较难以发生。一方面，社会公众会通过在属地范围内的"闹大"行为，迫使基层党委政府满足他们某一方面的诉求，这便会以"来自社会公众的额外职责"的面目出现；另一方面，社会公众会通过向更高层级党委政府寻求帮助，包括制造"舆情"，将由外向内的诉求转化为自上而下的要求，这便会以"来自上级党政机关的额外问责"的面目出现。故而，类型划分包括 5 种而非 6 种。

表 1　基层负担过重现象的主要类型及其表现

类型	名称	来源	内容	表现
类型一	来自上级党政机关的额外职责	上级党政机关	超出权力范围的职责	"多中心工作"下基层的反复动员
类型二	来自上级党政机关的额外问责	上级党政机关	超出权力范围的问责	"责任状"乱象下基层的过度担责
类型三	来自上级党政职能部门的额外职责	上级党政职能部门	超出权力范围的职责	执法权委托受限使基层执法工作增加
类型四	来自上级党政职能部门的额外问责	上级党政职能部门	超出权力范围的问责	监督对象被泛化使基层承担过重负荷
类型五	来自社会公众的额外职责	社会公众	超出权力范围的职责	"有事找政府"观念下基层职责趋于无限

类型一：来自上级党政机关的额外职责，也即被迫履行由上级党政机关传导下来的，原本不应该是基层履行的职责。典型表现为"多中心工作"下基层的反复动员。比如，由县级党委政府布置下来作为重要治理任务的"中心工作"。乡镇不仅需要在规定时间内以"最高标准"和"最严要求"完成这些工作，还需要自行筹措完成任务的各种资源。以往，中心工作数量较少，主要包括税费征收、招商引资、信访维稳等。乡镇还能通过整合现有资源，相对有条不紊地开展，一般不至于构成太大的负担。然而，近年来，随着治理重心下移，抵达基层的"中心工作"不断增多。诸如基层党建、生态环保、安全生产、改厕革命、美丽乡村、乡村振兴、共同富裕等工作，都进入了"中心工作"的轨道，基层"多中心工作"格局形成。在这一格局下，乡镇面临治理任务激增与治理空间压缩的处境，不得不反复动员有限的行政资源。[①] 它们普遍采用工作组模式，运用进度表方式，压实责任、控制进度，致使自身处于"超负荷运转"状态。此外，随着治理任务的不断膨胀，村级组织也深度卷入其中，疲于应付各种会议、文件、检查，行政化色彩愈加浓厚。

类型二：来自上级党政机关的额外问责，也即被动承担由上级党政机关传导下来的，原本不应该是基层承担的问责。典型表现为"责任状"乱象下基层的过度担

---

① 李辉：《理性选择与认知差异：运动模式下基层政策执行的变与不变——基于专项行动的多案例研究》，《中国行政管理》2021年第9期。

责。“责任状”是目标管理责任制的书面载体，由一整套指标体系与一系列奖惩措施构成。在县乡两级中，“责任状”至少包含四个层次：县级党委政府与上级党委政府签订的“责任状”—县级党委政府与乡镇党委政府签订的“责任状”—乡镇党委政府与村级组织签订的“责任状”—各部门负责人与具体工作人员签订的“责任状”。以往，经由“责任状”的层层流转，县乡村三级组织被纳入了一个“责任-利益”共同体当中，[①] 必须通过共同进退来促成任务的完成与目标的实现。然而，近年来，“责任状”却发生了异化。原因在于，在治理重心下移的背景下，县级党委政府经常以“属地管理”的名义，通过签订“责任状”的方式，向乡镇党委政府和村级组织转移原本属于自身职责的工作，致使后者承担的这类工作超过了本职工作。根据《半月谈》的披露，某乡镇在一年半的时间里认领了42份“责任状”，其中在自己职责范围内的仅有20份，其余22份都是县级党委政府下放的任务。[②] 然而，在这种情况下，如果发生意外，县级党委政府还会拿出“责任状”对其进行问责，致使其陷入“做事无权、出事担责”的窘境，成为责任的最终“兜底者”。

类型三：来自上级党政职能部门的额外职责，也即被迫履行由上级党政职能部门传导下来的，原本不应该是基层履行的职责。典型表现为执法权委托受限使基层执法工作增加。行政执法权下沉乡镇、街道，是治理重心下移改革中的一项重要举措。它旨在有效统筹县乡两级政府的执法管理工作，切实解决基层“看得见、管不着”和执法力量薄弱的问题。[③] 虽然新修订的行政处罚法增加了行政处罚权可以下放到镇街的规定，为授权形式的下放提供了法律依据。然而，实践中，县级政府部门依然更多采用委托形式进行下放，或委托给乡镇、街道，或委托给分局、站所。表面上，基层获得了执法权，“查处分离”问题在一定程度上得到了缓解。实际上，基层的执法活动仍然受到条线意志的深刻影响。一方面，接受委托开展的执法活动，其执法决定要由县级政府部门作出，相应的法律后果也要由县级政府部门承担，事实上造成了权力行使主体同责任承担主体的分离。[④] 出于规避风险的考

① 王汉生、王一鸽：《目标管理责任制：农村基层政权的实践逻辑》，《社会学研究》2009 年第 2 期。
② 赵阳：《一名乡镇党委书记的自述：认领 42 份责任书，一半多是“甩锅”》，《半月谈》2019 年第 14 期。
③ 夏德峰：《综合行政执法改革的难题及其破解》，《中国行政管理》2016 年第 6 期。
④ 陈柏峰：《乡镇执法权的配置：现状与改革》，《求索》2020 年第 1 期。

虑，县级政府部门常会限制基层的执法行动。另一方面，执法权的运用离不开审批权的运作，而后者并未真正下放到位。因此，县级政府部门还能通过前置审批来界定执法依据、规定执法权限、框定执法范围，基层则被动成为它们履行执法职责的载体。

类型四：来自上级党政职能部门的额外问责，也即被动承担由上级党政职能部门传导下来的，原本不应该是基层承担的问责。典型表现为监督对象被泛化使基层承担过重负荷。税费时代，发生在基层治理领域的监督活动仅局限于条线内部，即由县级业务部门向乡镇对口部门进行的工作监督。而在税费改革以后，随着国家资源的下沉，多方监督触角在基层治理领域蔓延，使得乡镇至少需要同时面对三类监督。一是纪委、监委和县督考办针对乡镇干部的监督，二是县级专项督查组和县级领导小组围绕中心工作的监督，三是县级业务部门指向乡镇党委政府的监督。与前两类监督相对规范不同，第三类监督的膨胀直接导致了乡镇的紧绷运行与过度消耗。具体而言，在"多中心工作"格局下，县级业务部门具有了以党委政府领导小组名义，向乡镇下发工作部署通知的权力。借由领导小组发文，各部门在将自身业务工作接入党委政府中心工作的同时，也将自身监督意志化为了党委政府的监督意志，从而获得了对乡镇进行监督的机会。[①] 而成为监督压力直接承受者的乡镇党委政府，则会将这一压力传导至所有由其管辖的、相关或不相关的行政主体和业务部门中，致使整个基层治理体系都处于监督压力之下，疲惫不堪、互动阻滞，陷入疲态治理的恶性循环。

类型五：来自社会公众的额外职责，也即无奈履行由社会公众传递进来的，原本不应该是基层履行的职责。典型表现为"有事找政府"观念下基层职责趋于无限。经济体制与社会结构的转型，引发了农村人口的"空心化"与社会关系的"功利化"，进而带来了农民个体意识的增强、集体意识的降低与公共精神的衰落。此种情形下，基层党政组织在乡村社会的深度介入，会带来国家与社会关系的失衡，致使基层党政组织在地方政治剧场中"难以抽身"，也难免会使部分农民的个体权

---

① 冯川：《监督泛化与县域治理困境的形成逻辑》，《人文杂志》2022年第11期。

利意识发展中出现某些扭曲现象。原因在于，近年来，随着治理重心的下移，基层党政组织不仅进入了乡村社会的公共服务领域，还进入了农民个人的私人生活领域，如为农户提供厕所改造服务、帮农民清理家庭内部卫生等。基层党政组织的过度介入直接消解了农民个人在私人生活领域的基本责任，[①] 强化了他们观念中"有事找政府"的个体权利意识。一旦政府不能满足他们的诉求，他们便会拿起"弱者的武器"，将"小事闹大"，通过形成"舆情"，倒逼政府"就范"。实质上，诸多诉求已然超出了基层党政组织的职责范围，但迫于上级的压力，它们很难回绝某些人的无理诉求，只能不断拓宽职责边界，致使自身陷入职责泛化的困境。

三、"职责同构"：生成基层负担过重现象的体制根源

上述基层负担过重现象发生的形式各异，分门别类或许可以逐一论道，但透过现象探究其背后的体制根源与制度逻辑，才是解释问题和寻求对策的关键所在。从根本上讲，上述种种现象及其他相关问题均来源于"职责同构"[②] 体制。在这一体制下，在府际关系、条块关系、政社关系三个层面上，分别存在着的双重逻辑及各自之间的互相牵绊与自相解构，是这些基层负担过重现象重复出现的制度逻辑。

（一）"职责同构"体制下的三重张力

从历史上看，不论是有意的还是无意的，"职责同构"体制的价值特征在于实现"制衡"。也即，既要维护中央权威，又要尊重地方的特殊性，从而充分发挥"两个积极性"；既要限制"条条"的过度集中，又要避免"块块"的过于分散，以此切实保障中央权威。理论上，"既要、又要"的诉求是统一的，但实践中，它们具体取向与实现机制的差异，使得"制衡"的目标在许多方面异化成了"抵牾"的结果。由此，在府际关系层面表现为，"逐级下压"逻辑与"层级分工"逻辑之间

---

① 杜姣：《基层治理国家化：新时代背景下基层治理转型及其困境》，《内蒙古社会科学》2023 年第 5 期。

② 对于"职责同构"的概念、具体表现和体制特征本身，作者此前已在多处作了介绍，本文就不展开了。所谓"职责同构"，是指在政府间关系中，不同层级的政府在纵向上职能、职责和机构设置上的高度统一、一致。"职责同构"不仅是关于当代中国政府间关系总体特征的一个理论概括，而且在国家的法律和制度基础、政府经济和社会管理体制等各个领域有着多方面的表现。

的张力。前一逻辑取代后一逻辑所造成的后果是，职责"长驱直下"，基层"兜底"被强化。这就为基层负担过重现象的产生埋下了第一重"伏笔"。在条块关系层面表现为，"属事管理"逻辑与"属地管理"逻辑之间的张力。前一逻辑超越后一逻辑所造成的后果是，权力"层层截留"，权责失衡被加剧。这就为基层负担过重现象的产生埋下了第二重"伏笔"。在政社关系层面表现为，"政府行政管理"逻辑与"社会自我管理"逻辑之间的张力。前一逻辑压制后一逻辑所造成的后果是，自治组织"被行政化"，基层责任被压实。这就为基层负担过重现象的产生埋下了第三重"伏笔"。由此可见，体制意图与运行结果之间的复杂关系及其内在张力，解释了基层缘何承受了其无法承受之重的基本原因（见图2）。

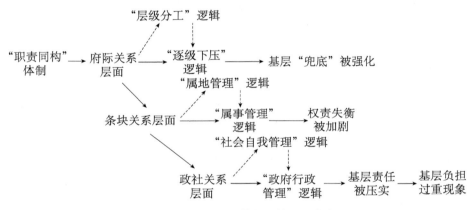

图2 "职责同构"体制下的三重张力

（二）"逐级下压-层级分工"张力下基层"兜底"被强化

与多数国家并无不同，"属地管理、分级负责"是中国国家治理的基本原则。它意味着，特定地域内的各级党政机关在纵向上应当进行合理分工。下级能够解决的事情，就交由下级负责；下级不能解决的事情，才交给上级处理。按照这一原则，作为最低层级的基层党政组织，只需承担其力所能及的职责，如基层党建、民生保障、信访维稳、脱贫攻坚等。然而，在现实中，中国是有其特殊性的。中国的基层政府所承担的职责远不止于此，辖区内的政治、经济、文化、社会等工作无所不包，除了广泛的政治责任，还涉及招商引资、征地拆迁、综治维稳、农业发展、环境保护、公共服务、社会救助、纠纷调解、城镇管理、精准扶贫、文明创建等诸多方面。由此可见，在中国，"属地管理、分级负责"事实上异化成了"基层兜底"，"分级负责"了无踪影。

之所以出现了这样的局面，是因为属地的层级管理传导了府际关系的基本结构。① 在"职责同构"体制下，党政机关在纵向上的关系不是各负其责、相互配合的，而是职责重叠、彼此覆盖的。所有职责潜在地贯穿在整个党政机关体系之中，上下级之间并无严格意义上的分权，下级的职责几乎就是上级的翻版与延伸。在这种情况下，上级非常容易将职责顺势向下传导，并在传导过程中辅之以"层层加码"。处于末端的基层党政组织，只能接受所有传导下来的职责，被迫承担起无限"兜底"的作用。然而，基层党政组织职责的增加并未带来权力的相应增加。即使保证"基层权力给基层、基层事情有人办"是改革的总体要求与基本趋势，但是上级下放的权力，往往是基层"接不住"或"不需要"的，对于它们履职的助益很有限。因而，基层只能通过非常规办法与非正式关系，"靠动员、靠人情、靠面子"来推动工作，这又势必会衍生出其他方面的问题。总之，在"逐级下压"逻辑取代"层级分工"逻辑的情况下，基层党政组织便成为"兜底机构"，以有限的权力承担着无限的职责。

（三）"属事管理-属地管理"张力下权责失衡被加剧

"属地管理"的基本要求是"条块结合、以块为主"。与当年计划经济不同的是，在市场经济的资源配置逻辑下，"块"在工作中的权重总体呈现增加的态势。这就意味着，辖区党政机关对辖区内所有部门和单位都具有协调与指导的权力，而各部门、单位都应当尊重辖区党政机关的统一安排，配合辖区内部的各项工作。只有这样，才能将"条"的属事和技术优势与"块"的属地和统筹优势结合起来，使"条"与"块"各尽其能，共同推动工作的完成。然而，在现实中，基层党政组织却总是受制于条条。它们承担了诸多任务，但没有获得与之匹配的资源，总是需要从包括"条"在内的多方去获取资源，权责失衡的现象非常突出。

之所以出现这种局面，是因为条块关系的失衡格局随着属地的层级管理复制到了基层，并在基层表现更甚。每个"条条"都有扩张其权力范围与利益空间的倾

---

① 陈家建、张洋洋：《"非对称权责"结构与社区属地化管理》，《社会学评论》2021 年第 3 期。

向。它们常常互不沟通，同时在接近的区域或领域内设置项目，致使资源分配的"条条分散"现象相当普遍。更有甚者，同一条线内部也存在相互竞争与交叉重叠，"部门化"进一步向"司处化"下滑。由此，造成了资源使用上的"撒芝麻盐"现象，不仅分割了"块"上工作的整体性，还加剧了"条"与"块"之间关系的失衡。

而这一失衡在基层治理中表现得尤为明显。因为，基层党政组织的组织架构并不完整，在资源使用上本来就受到诸多限制。加之，市、区、县党政职能部门和垂直管理部门又有截留资源、下放任务的倾向，这就使得基层党政组织原本就难以平衡的权责更加难以平衡。总之，在"属事管理"逻辑超越"属地管理"逻辑的情况下，"条块结合、以块为主"便成为"以条为主、条辖制块"。

（四）"政府行政管理-社会自我管理"张力下基层责任被压实

随着"单位社会"的解体和村（居）委会的成立，中国基层社会进入了实现自治的历史进程。然而，其后的发展实践却表明，在"职责同构"体制下，政府权力可以随时深度介入基层社会，社会自治的努力收效甚微。虽然组织法并未否定村（居）委会的行政性，规定它们具有自治性与行政性的双重属性，但是在实践中，其行政性明显高于自治性。这主要表现在三个方面：其一，村（居）委会组成人员的选拔考核、职位安排、补贴来源等基本参照公务员的标准执行；其二，其组织设置、组织功能、工作制度、经费收支、考核机制等与行政机关日益趋同；其三，其工作议程由上级政府布置安排，各项工作都要按照科层制的程序完成。与此相对的是其自治功能的弱化，特别是组成人员的公职化削弱了它们回应村（居）民服务性诉求的动力，而运作方式的机关化与工作内容的任务化则占用了它们开展多样化群众性工作的资源。

以如此面目出现的自治组织，与社会自我管理逻辑几乎无关，却与政府行政管理逻辑基本一致。从政治发展的角度来看，自治组织自治功能的强化，需要通过双重政治发展过程来实现：一是，逐渐减弱政府的控制和干预；二是，逐步提高社会的韧性与活力。然而，当前的诸多工作恰是"反向工程"。虽然这些工作的初衷是"放权赋能"与"政社分离"，但在操作中，"放权赋能"是通过"条"的"纵向到底机制"来实现的，实质上变成了任务的"层层下压"；而"政社分离"是通过"条"的"逐级外溢机制"来实现的，实质上变成了责任的"向外转移"。以至于自治组织承接了太多自上而下的行政事务，由法定的"协助"变成了实际的"承担"，政府则由法定的"指导"变成了实际的"命令"。① 总之，在"政府行政管理"逻辑压制"社会自我管理"逻辑的情况下，基层社会必然会处于行政权力的支配之下，自治组织饱受"守土有责"之累。

四、构建政府职责体系：化解基层负担问题的根本出路

"基层"是治理结构和制度体系形塑的结果，它与国家治理体系的运行存在着深层次的逻辑碰撞，这是理解基层负担过重现象何以发生与何以发展的主线。从这一角度来看，发生在不同领域中的各类现象并非独立，而是有着内在联系，都主要根源于"职责同构"体制及其衍生的问题与后果。因此，要切实解决基层负担问题，就不能陷入事务多了就减一点，权限少了就加一点的"加减逻辑"，而应当在制度设计上另辟蹊径，也即合理确认各级党政机关的职责和基层群众自治组织的任务，构建科学的政府职责体系，同时逐步培育和谐的府际伙伴关系。

（一）准确理解基层治理的规律

与中高层党政机关相比，基层党政组织直接管理与服务的对象，不是相对整齐划一的党政机构和大型高端企事业单位，而是在利益诉求、观念认知、行为取向等方面都存在一定差异的社会群众与中小企业、社会组织等。因此，在机构设置上，应当是不需要与"上级"保持"同构"，而是要在相当程度上注意"异构"的。也即，不能简单照搬"上下对口、左右对齐"的模式，而应该在考虑面向人民群众、符合基层事务特点的基础上，既允许"一对多"，由一个基层机构服从多个上级机构的命令要求；也允许"多对一"，由不同基层机构面向一个上级机构请示汇报。

此外，基层党政组织具有"在地"的信息、时间和空间优势，有条件达到"问

① 许宝君：《超越"去行政化"迷思：社区减负思路廓清与路径优化》，《中国行政管理》2023年第3期。

题发现在基层、矛盾解决在基层"的效果。因此，在职责配置上，应当切实落实"直接面向基层、量大面广、由地方管理更方便有效的经济社会事项，一律下放地方和基层管理"① 的原则，使基层党政组织具有相对稳定的职责范围，能够集中精力和资源提供更加优质、更加合意的基层管理与服务。当然，在事项下放过程中，也要充分考虑基层的承接能力。对此，上级应当通过向其倾斜编制资源、提供专项拨款、移转文件资料、接通信息网络，并通过为其制发指导文件、组织专题培训、开展现场指导等方式，来补齐基层在工作力量、物质条件、执法水平、履职经验等方面的不足，确保下放的事项其都能接得住、管得好。

（二）优化"治理重心下移"的思维观念与操作方式

推动治理重心向基层下移，不能简单等同于向基层"放权、送物、派人"，而应当理解为，这是基层治理体系的某种程度上的系统性重构。也即，在切实转变政府职能的背景下，根据需要，权力、经费、编制等既要有选择性地向下"放"，也要有针对性地向上"收"。这是一个对权力和职责"确认"的过程。应当通过系统性改革推进基层治理现代化，而不是使它们的负担越来越重。也就是说，不论是高层领导，还是学界同人，在基层负担过重的条件下，但凡论及"治理重心下移"和"向基层赋能"的时候，一定要格外谨慎——这不是当然正确的，要区分不同的情况，要实事求是，要在"确权"上下功夫。

要真正实现治理重心下移，就必须合理划分各个层次与各个部门的职责，确保基层履行的是与其能力相匹配的职责。当前，在这一方面的一项重要的基础性工作就是做好街乡权责清单制度。这是合理确权的前提。切实加强街乡权责清单制度建设，才能规范街乡与政府职能部门的关系，减少并细化街乡的政府职责，规范社区党组织和派驻公务人员的职责，从而为"条块结合、以块为主"的治理体制的成熟定型打下基础。

此外，还需要改变行政导向思维，真心接受多元共治理念，主动吸纳市场主体、社会组织和公民个人参与基层的部分管理和服务工作。通过充分调动多方主体

---

① 《中共中央关于全面深化改革若干重大问题的决定》，《人民日报》2013 年 11 月 16 日。

的积极性与创造性，借助不同主体的资源优势与专业能力，提高基层治理的效率与效果；通过不同主体的频繁交流与深入互动，重塑基层社会的公共理性和公共精神，推动形成共建共治共享的基层治理格局。

（三）在职能转变中理顺基层党政组织和自治组织的关系

基层负担问题及其体制基础"职责同构"体制，说到底是职能问题，是职能转变和职责调整问题。机构问题、体制问题，都是职能问题的衍生物。要认真研究党的十八大、十九大、二十大关于政府职能转变问题的一以贯之的系统论述。在此基础上，正确处理基层党政组织和自治组织的关系，主要包含以下三个方面。

首先，明确街乡的核心职责，突出街乡工作的应有重点。《中共中央　国务院关于加强和完善城乡社区治理的意见》提出，"推动街道（乡镇）党（工）委把工作重心转移到基层党组织建设上来，转移到做好公共服务、公共管理、公共安全工作上来，转移到为经济社会发展提供良好公共环境上来"[1]。由此可见，中央层面已经把基层党组织建设、公共服务、公共管理、公共安全、提供良好公共环境作为街乡的核心职责。在实践中，突出街乡的工作重点，关键在于逐步弱化它们的经济建设、招商引资、财政管理等职责，防止出现专注"比拼"优惠政策，而忽视社会服务供给等现象。

其次，理顺街乡与政府职能部门之间的关系。一方面，要明确街乡独立承担的职责，以及需要配合职能部门行动的事项，防止职能部门随意将行政事务派发给街乡，避免街乡成为无所不包的全能化平台。另一方面，要保障街乡在处置部门综合性事务时，能够统筹和协调相关职能部门及其派出机构。"街乡吹哨、部门报到"改革是这一方面的有益探索。它以社会问题为导向，赋予了属地组织调集执法资源的权力，将条线部门牵引到执法过程中，从而形成了高效的"条块协同"治理机制。[2]

最后，理顺街乡与自治组织、社会组织之间的关系。其一，要搭建区域化党建平台，发挥党协调各方的优势，联系和动员辖区内自治组织、社会组织和居（村）

---

① 《中共中央　国务院关于加强和完善城乡社区治理的意见》，《人民日报》2017年6月13日。

② 孙柏瑛、张继颖：《解决问题驱动的基层政府治理改革逻辑——北京市"吹哨报到"机制观察》，《中国行政管理》2019年第4期。

民等社会力量参与基层治理。其二，要依法厘清街乡党政机构的社区延伸部分、村居自治组织、基层社工组织三者的界限，防止街乡干涉后两者的日常工作。其三，要完善自治资金撬动、社区精英带头、民主协商会议、兴趣团体带动、议题设置引导、专业服务购买等机制，创新街乡对自治组织、社会组织等主体的指导和监督。

（四）培育政府之间的"伙伴关系"

随着合理"确权"思路的确立及相关工作的推进，政府之间的职责交叉终究会逐渐减少，各级政府的职责范围也会逐渐清晰，五级政府"职责同构"与地方政府"职责错位"并存的问题将得到有效缓解。在这种情况下，不同层级政府之间相互配合与相互支持、相互制约与相互监督的关系不但不会被削弱，反而还会得到加强。因为，各级政府虽然是各负其责的，但并非完全各行其是的，它们在履行自身职责时，难免需要牵涉其他层级政府相关权能的调配，进而需要其他层级政府的协调与配合。在此过程中，不同层级政府之间交汇观念、展开协商，不断往复，最终形成合力。

这意味着，在合理"确权"的思路下，上下级政府之间单一的"命令-服从"工作方式会发生改变，增强伙伴关系意识，形成"协商-合作"工作方式成为重要趋向。伙伴关系的发展有助于增加协商与妥协的合作性互动行为，减少矛盾与冲突的对抗性互动方式，进而适当淡化层级观念与隶属关系，突出相互平等与相互尊重的工作关系，促进政府纵向间的有效分工与密切合作。然而，需要说明的是，伙伴关系不会也不可能会取代上下级政府在政治上的等级关系。在伙伴关系中，原有的权威不但不会被削弱，反而会以资源依赖、信息互通、利益共担等方式被强化。因而，增强伙伴关系的意识，实际是一种"双赢"。

解决基层负担问题任重道远，改革的系统性与艰巨性不容忽视，改革的阶段性与差异性也需要得到重视。可喜的是，相关工作已经开始，正在积极推进。可以预见，在党中央的领导和各方面的努力下，能够深化和细化对基层治理规律的认识，逐步推动政府工作"按层归类、形成体系"，最终列出一张具有中国特色的"政府职责配置表"。这是转变政府职能工作真正到位的具体体现，也是基层负担问题切实解决的根本出路。

政府职责体系与公共服务体系建设

数字政府建设职责体系研究报告

张志红　亢玉静

2023 年，中国经济进入全面复苏之后，社会治理围绕着高质量发展和新质生产力整体推进。建设数字中国、数字政府和数字社会成为高质量发展的重要战略之一。数字政府建设进入中央政府统筹推进阶段，地方政府有关数字政府和数据管理的相关机构陆续建立。与此同时，数字政府建设已经从单纯的场景管理，迈向"平台即政府"的阶段，与政府职责体系优化改革同行并向。一方面，数字化改革是推动政府职能转变和规则制度重塑的重要动力；另一方面，政府职责体系优化是推动数字政府建设并充分发挥效能的前提和保障。完善数字政府职责体系已经成为当今数字政府建设的改革重点。本报告尝试从实践发展和理论研讨两个维度，对数字政府建设进程中职责体系的相关情况进行梳理，推动中国治理体系和治理能力的现代化发展。

一、2023 年数字政府职责体系建设现状综述

（一）中央政府全面统筹引领数字政府建设

进入 2023 年，数字政府职责体系的建设和改革呈现新的特点。一方面，数字政府改革由中央倡导地方推进的试点改革上升到由中央主导的整体性推进的系统性改革；另一方面，从中央到地方，数字政府管理的相关机构陆续建立，数字政府建设已经从可选项成为地方政府管理的必选项。在中央政府的全面统筹下，数字政府由基础到机制、由数据到管理的升级迭代之路顺利推进。

首先，数字政府的相关制度建设持续推进。2023 年 2 月，中共中央、国务院印

发了《数字中国建设整体布局规划》，提出到 2025 年"政务数字化智能化水平明显提升、数字安全保障能力全面提升、数字治理体系更加完善"的目标，把"发展高效协同的数字政务"作为推进数字技术与"五位一体"总体布局深度融合的重要方面，指出要"构建国家数据管理体制机制，健全各级数据统筹管理机构"。同年 3 月，中共中央、国务院印发《党和国家机构改革方案》，组建国家数据局，负责"协调推进数据基础制度建设，统筹数据资源整合共享和开发利用，统筹推进数字中国、数字经济、数字社会规划和建设"等职责，由国家发展和改革委员会管理。省级政府数据管理机构结合实际组建。同年 8 月，国务院办公厅印发《政务服务电子文件归档和电子档案管理办法》，就进一步规范政务服务电子文件归档和电子档案管理，推动各行业各领域政务服务电子文件从形成办理到归档管理全流程电子化，从机制和流程上提出明确要求。同年 9 月，国务院办公厅发布《关于依托全国一体化政务服务平台建立政务服务效能提升常态化工作机制的意见》，针对企业和群众普遍关注、反映强烈、反复出现，涉及责任不明或职责交叉等问题，通过建立专门台账、专班负责、联席会议等方式，强化跨部门、跨层级集中会商、协同办理，推动清单管理、责任到人、限时办结。

表 1 　2023 年关于数字政府建设的文件汇总

文件名称	发布时间
《数字中国建设整体布局规划》	2023 年 2 月
《政务服务电子文件归档和电子档案管理办法》	2023 年 8 月
《关于依托全国一体化政务服务平台建立政务服务效能提升常态化工作机制的意见》	2023 年 9 月
《"数据要素×"三年行动计划（2024—2026 年）》	2023 年 12 月

其次，数据要素得到高度重视，数据基础制度建设步伐加快，上下联动、横向协同的全国数据工作体系初步形成。2022 年 12 月 2 日，《中共中央　国务院关于构建数据基础制度更好发挥数据要素作用的意见》公布，从数据产权、流通交易、收益分配、安全治理四方面初步搭建我国数据基础制度体系，提出 20 条政策举措。此后，诸多省（区、市）发布了数据要素相关规定。2023 年 12 月 31 日，国家数据局等 17 部门联合印发《"数据要素×"三年行动计划（2024—2026 年）》，提出到

2026 年底，数据要素应用场景广度和深度大幅拓展，在经济发展领域数据要素乘数效应得到显现，打造 300 个以上示范性强、显示度高、带动性广的典型应用场景。同日，财政部印发《关于加强数据资产管理的指导意见》，提出构建"市场主导、政府引导、多方共建"的数据资产治理模式，逐步建立完善数据资产管理制度，不断拓展应用场景，不断提升和丰富数据资产经济价值和社会价值，推进数据资产全过程管理及合规化、标准化、增值化。《全国数据资源调查报告（2023 年）》显示，我国数据资源"产-存-算"规模优势基本形成，数据"供给-流通-应用"主体逐渐丰富，海量数据和丰富场景优势潜力亟待释放，数据资源管理和利用整体处于起步阶段。

最后，数字政府建设进入新的结构调整期，更加强调精细化、集约化、联动化发展。近年来，我国数字基础设施规模能级大幅跃升，数字技术和产业体系也日臻成熟。《数字中国发展报告（2023 年）》指出，我国数字基础设施不断扩容提速，算力总规模达到 230EFLOPS，居全球第 2 位，先进技术、人工智能、5G/6G 等关键核心技术不断取得突破，高性能计算持续处于全球第一梯队。在此基础上，我国的数字政府建设更加注重充分发挥数字治理效能，改善管理和服务质量。2023 年我国数字政府在线服务指数继续保持全球领先，积极推进"高效办成一件事"，92.5％的省级行政许可事项实现网上受理和"最多跑一次"。此外，我国数据管理组织的联动化、体系化程度也在提高。国家数据局挂牌成立后，多个省市数据局密集挂牌，如表 2 所示。省市数据局大致分为两种类型：一种在发改条线并单独成立；另一种在政务服务条线，涉及政务服务和数据两种内容。省市数据局与国家数据局"对齐"，有利于建立起上下协同、标准统一、运行高效的数据管理组织体系。但值得注意的是，部门机构的建立并不等于数据管理职责的清晰划分和衔接。特别是，许多地方的数据管理机构在此前就有一定基础，在设置新的条条部门之后，如何理顺数据管理、政务服务和信息安全保护等不同部门的职责，还需要进一步规定。并且，地方政府也没有必要盲目复刻国家数据局的机构配置，因为中央和地方的数据管理职责侧重点本就有所区别。地方政府应在当地数据管理模式的现实基础上，厘清横向和纵向不同维度的部门职责，从而做好治理衔接。

表 2　各省市数据管理机构成立情况

时间	机构名称	规格
2024 年 1 月 5 日	江苏省数据局	正厅级
2024 年 1 月 11 日	四川省数据局	正厅级
2024 年 1 月 14 日	上海市数据局	正厅级
2024 年 1 月 15 日	云南省数据局	副厅级
2024 年 1 月 15 日	青海省数据局	副厅级
2024 年 1 月 15 日	河北省数据和政务服务局	正厅级
2024 年 1 月 16 日	湖南省数据局	副厅级
2024 年 1 月 18 日	广东省政务服务和数据管理局	正厅级
2024 年 1 月 19 日	天津市数据局	正厅级
2024 年 1 月 21 日	福建省数据管理局	副厅级
2024 年 1 月 25 日	湖北省数据局	正厅级
2024 年 1 月 25 日	河南省数据局	副厅级
2024 年 1 月 26 日	内蒙古自治区政务服务与数据管理局	正厅级
2024 年 1 月 26 日	浙江省数据局	正厅级
2024 年 1 月 29 日	甘肃省数据局	副厅级
2024 年 1 月 30 日	海南省数据局	副厅级
2024 年 1 月 31 日	辽宁省数据局	正厅级
2024 年 1 月 31 日	山西省数据局	副厅级
2024 年 2 月 1 日	陕西省数据和政务服务局	正厅级
2024 年 2 月 6 日	西藏自治区数据管理局	正厅级
2024 年 2 月 8 日	江西省数据局	正厅级

（二）地方因地制宜细化实施路径

在中央的统筹规划和政策引导下，数字政府建设呈现多层级、多地域的立体化发展趋势。各地结合实际发展需求，稳步推进数字技术与社会治理相结合，并以此联动数字经济、数字社会与数字生态全面发展。在实践中，基于技术的需要，地方政府的部门职责被进一步梳理。如何在二进制的算法中精准定位具体职责，成为地方政府数字政府建设部门与编制部门协同推进政府职责体系建设的内在动力。必须指出，不同区域之间的数字政府建设的模式不同，面临的问题不同，数字政府建设的地区差距与改革开放的梯度差距基本并行，经济发达地区先行探索数字政府建设领域的重点与难点问题，经济欠发达地区采用多种模式统筹规划推进数字政府建设工作，提升政务服务能力。

1. 经济发达地区的创新性探索

（1）北京

北京市数字政府职责体系建设的创新主要体现在以下三个方面。一是持续推动数字技术在基层治理领域的应用和创新。北京市东城区充分发挥 12345 市民服务热线和网格化城市管理平台的作用，通过"接诉即办"提高区级快速响应能力，驱动超大城市治理。以问题为导向的社会治理格局的形成，促进了政府职责体系的末端传导机制的成熟，实际上也有利于突破北京作为首都五级政府叠加形成的政治势差。技术与治理的高度融合，提升了首都地区的整体治理水平。二是深化政务服务"跨省通办"，不断提升企业和群众异地办事便捷度。持续加强高频事项的"跨省通办"线上线下融合，提升线下服务效能，并通过对"跨省通办"事项的标准化和动态管理，加强服务支撑。这样既有利于非首都功能的全面疏解，也减少了不必要的人员及交通流量。三是持续打造数字经济标杆城市，不断优化营商环境。北京市 2024 年政府工作报告指出，2023 年北京率先建成全球性能领先的区块链基础设施，新增 5G 基站 3 万个，获准向公众开放的生成式人工智能大模型产品占全国近一半，"京通""京办""京智"三个智慧城市应用终端快速升级拓展，高级别自动驾驶示范区实现 160 平方公里连片运行，全国首个数据基础制度先行区启动建设，数字经济增加值占地区生产总值比重达 42.9%。

（2）广东

广东省作为中国经济和社会发展强省，高度重视数字政府建设，以提升政务服务能力，赋能实体经济。2023 年，广东省的数字政府职责体系在以下四个方面重点发力，取得了显著成果。一是以区域顶层设计整体持续推进数字政府领域的制度建设。2023 年 6 月 8 日，《广东省人民政府关于进一步深化数字政府改革建设的实施意见》出台，从提升政府数字化履职能力、筑牢数字政府网络安全防线、优化数字政府体制机制、夯实数字政府基础支撑底座、释放数据价值、数字政府引领经济社会数字化发展等方面提出具体措施，以推动数字政府 2.0 的任务顺利达成。2023 年 11 月 23 日，广东省发布《广东省政务服务数字化条例》，全国首部强调以数字化推进政务服务转型升级的地方性法规出台，率先在全国人口最大的省份推进，取得了良好的示范效果。二是充分发挥数字政府建设的牵引驱动作用。《广东省数字政府改革建设2023年工作要点》中明确指出加快"数字机关"建设，通过数字平台优化涉企政务服务，统筹推进先进算力基础设施建设，持续优化实体经济的营商环境，同时加快数据产业发展，充分释放数据价值。三是持续优化政务服务，健全数字化治理体系。2023年，广东省扎实推进数字政府2.0建设，数据资源"一网共享"、政府运行"一网协同"能力有效提升，省级政府一体化政务服务能力连续5年居全国首位。四是广东省重视省域合作，以数字政府建设为契机深化改革开放。2023年，广东省全面加强规则机制"软联通"，启动"数字湾区"建设，发布110项"湾区标准"，108项高频政务服务事项实现粤港跨境通办，"港车北上"、"澳车北上"、"经珠港飞"、人才签注、利率"互换通"等落地实施。必须指出，广东省在数字政府职责体系建设中，始终坚持统分结合，既有通过技术框架供给确保自上而下的职责保持一统性，同时在技术端口为地方政府提供自我特色管理的开放性和包容性，对于数字政府建设水平不一的地方政府没有采取简单粗暴的切口管理，是非常值得肯定的。

（3）上海

上海作为超大城市之首，具有规模巨大的人口流量与经济体量，治理事务更加动态庞杂。为此，上海持续推进数字治理变革，推动政府职能转变，实现城市治理现代化。特别是，政务服务"一网通办"聚焦群众需求，城市运行"一网统管"聚焦政府治理，二者融合互促，共同支撑起上海精细化治理的生动实践。2023年，上海持续打造"智慧好办"金牌服务，提升政务服务线上线下全过程智能化水平，同时优化拓展线上线下帮办服务，200个高频事项实现"好办"，296项政策服务实现"免申即享"，152项政务服务事项实现跨省市"一网通办"，以数据流动代替人员流动，增强了区域间的政务一体化；不断丰富城市运行"一网统管"的应用场景，推动数字赋能城市治理。促进公共数据开放共享，推动数据要素产业创新发展。推进公共数据上链，建立健全公共数据全生命周期管理机制，完善公共数据目录体系，完善公共数据开放分级分类指南，将更多关系到企业群众办事的高频数据纳入共享范围，推进市、区、街镇间多向流动，建立面向基层的数据快速响应机制，同时聚焦重点领域开展公共数据授权运营试点。

2. 其他地区的发展概况

正如前文所言，数字化改革已经成为地方政府优化职责体系的必然选择，不同地区数字政府建设的均衡化程度也相对提高。在多数地区，数字政府实践都彰显出提升党政机关运行效率、增强政府履职能力、改善政务服务的效能。例如，陕西省咸阳市探索建立"沙盒监管"市场主体名录，为其提供包容审慎监管和动态监管，推动电商企业等"四新经济"市场主体健康发展。但是，由于数字政府建设仍然需要较高的前期成本投入，因此在欠发达地区，数字政府建设需要通过省级政府借助政治势能统筹推动，呈现明显的高位驱动特征。在政企合作方面，政府数字化的发展程度落后于市场，因此市场力量在政企博弈过程中占据相对优势地位。并且，政府在数字化改革过程中也呈现技术支撑、人力资本较为欠缺等问题，有待进一步探讨和解决。总之，我国数字政府建设仍然表现为"东强西弱、南强北弱"的发展格局，需要进一步消解"数据鸿沟"，推动数字政府建设标准化、规范化和普惠化。

二、数字政府职责体系建设研究现状综述

（一）数字政府职责体系的调整逻辑

2023 年度，学界针对数字政府建设过程中的政府运行、职责体系演变、治理模式重塑等内容进行了相应探索，形成了丰富的理论成果。

赵娟等运用事件史的方法分析数字政府政策在全国地级市的扩散模式与影响机制。研究发现，数字政府政策在我国地级市的扩散呈现趋同性兼具多样性特征。当地方政府在面对相似的制度环境和外部压力时，会选择采纳相似的政策策略和实践，然而在具体的实施过程中，由于地方政府之间的资源、能力、压力和需求存在差异，政策的扩散效果也存在一定差异。具体而言，政府对战略管理类政策和政务场景类政策的采纳主要受强制性机制和规范性机制影响，数据治理类政策和生态场景类政策的扩散则主要由模仿性和规范性机制所推动。

数字既赋能于政府，也赋权于社会。数字赋能政府也是政府组织民主化的过程：在纵向上压缩政府层级，使科层组织变得"扁平化"，决策重心日趋下移，基层政府结构日益团队化、项目化和弹性化；在横向上改变基于专业化分工形成的"碎片化"部门间关系，使"串联式"的业务流程变为所有部门同时面向公众诉求和治理问题的"并联式"的业务流程，实现"整体政府"、"开放政府"与"回应政府"的目标。数字赋权社会，重塑了社会的组织形态，如网络化生态、虚拟化社群、平台化运作、员工化用户、无边界发展、自组织管理等。数字化时代新型现代国家建设需要形成公众个人、社会和政府三者协作共治的新组织格局。[1]

从过程维度分析，技术赋能是治理模式重塑的逻辑起点，组织变革是治理模式重塑的触发条件，系统重构是治理模式重塑的政府端结果。[2] 郁建兴等聚焦浙江省"三张清单"数字化改革，阐释数字技术应用与科层组织形态之间动态的双向互构关系。数字技术应用通过对政府需求、流程规范、权力关系的三重嵌入，在赋能政府的同时引发其内部运行的调适难题。政府因而寻求体制机制创新予以应对，形成"由横到纵"的政府平台化与"调适性协同"的协作矩阵两种新型组织形态。同时，政府组织形态变迁也对数字技术应用产生反作用，体现为对技术深度应用环境与动力的重构。[3] 翁士洪以上海市的"一网统管"平台为切口，阐述超大城市数字化转型过程中技术与制度的交互影响机制，体现为虚实互映、感行合一、双轨合力、人机融合四大运行机制，来解决数字技术的悬空化、治理行为的形式化、治理体系的碎片化三重悬浮问题。[4] 当然，数字治理平台受制于技术、组织和环境层等因素的影响，也会表现出韧性的缺失和不足，面临失灵困境。[5]

（二）数字政府职责体系的纵向调整

政府纵向职责体系调整与数字政府建设双向并行，相互影响。学者对政府数字

---

① 陈明明：《数字化治理：现代国家的技术、组织与价值》，《浙江社会科学》2023 年第 1 期。

② 郁建兴、周幸钰：《超越技术赋能：数字化改革中的治理模式重塑何以可能》，《学术月刊》2023 年第 11 期。

③ 郁建兴、周幸钰：《数字技术应用与政府创新的双向互构——基于浙江省"三张清单"数字化改革的分析》，《经济社会体制比较》2023 年第 1 期。

④ 翁士洪：《技术驱动与科层整合：城市治理数字化转型的交互机制》，《中国行政管理》2023 年第 6 期。

⑤ 樊博、贺春华、白晋宇：《突发公共事件背景下的数字治理平台因何失灵："技术应用-韧性赋能"的分析框架》，《公共管理学报》2023 年第 2 期。

化转型过程中的央地关系、政府体系内部的权责分配等议题都进行了充分研讨。

张克将数据行政管理的基本内涵界定为：政府为推动数字经济、数字社会、数字政府建设及营造良好数字生态而履行的决策、执行和监管执法等法定行政管理职责，同时系统分析了中央部委层面数据行政管理的宏观和具体管理职责配置情况，如表3所示。国家数据局作为部委管理的国家局，职责范围聚焦在数字经济和数据资源整合共享和开发利用方面。省级大数据局机构设置和职能配置主要分为数据综合治理型、数字政府建设引领型、数字经济发展驱动型等3种主要模式。在机构设置上，省级大数据局和国家数据局不完全一致，国家数据局机构设置模式有其特殊性。在职能配置上，省级大数据局和国家数据局主要职责基本对应，而且职责整合集中程度普遍比国家数据局更高。应当分类推进地方数据行政管理机构改革，持续深化数据行政管理机构职能运行机制，在地方试点基础上探索数据行政管理大部门体制。[①]

表3　数据行政管理职责在中央部委层面配置情况

职责类型	职责描述	主要责任部门		
宏观管理职责	顶层设计、战略规划和政策法规制定	网信办	国家发展改革委	工信部
	统筹协调	网信办	国家发展改革委	工信部
具体管理职责	数字基础设施	国家发展改革委	工信部	
	数字产业化	网信办	国家发展改革委	工信部
	产业数字化（信息化建设）	网信办	工信部	其他有关部委
	数字政府建设	网信办	国务院办公厅	国家信息中心
	网络数据安全监管	网信办	公安机关、国家安全机关	工信部等有关部委

吴晓林等引入"结构-过程"分析框架，探讨广东省数字政府建设中的纵向间政府职责配置问题。广东省的数字政府建设经历了"条块分散、市区统筹"、"省级

---

① 张克：《从地方数据局到国家数据局：数据行政管理的职能优化与机构重塑》，《电子政务》2023年第4期。

统筹、同构分责"和"省统强化、分责细化"3 个阶段，转换路径主要受到"以效统构、以用分责、因时异责"三重逻辑影响（见图 1）。①

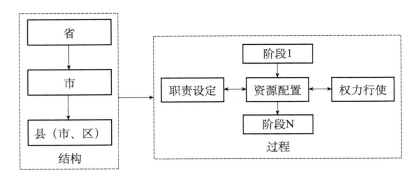

图 1　数字政府纵向职责配置的"结构-过程"分析框架

高翔以决策权配置为切入点，分析数字技术运用对政府组织结构的总体影响。研究发现，街头官僚在数字政府中的工作被支配感更强，自由裁量权空间得到限制，党政干部则更有可能感受到数字赋权。由此可见，数字政府建设正在推动政府内部决策与执行的分离、管理者与被管理者的分离，形成了以决策权集中、行政科层化为主要特征的政府组织结构变革趋势。②

首席数据官制度成为当前推进数字治理制度建设和公共组织数字化改革的新焦点。在组织结构方面，地方政府选择成立依托权威的层级制协同组织，形成包括战略领导层、协调管理层和业务执行层等三级政府首席数据官体系，并配合设立团队式、专家型等组织模式；在职能配置方面，政府首席数据官通常具备"治数""统数""用数""监数"等 4 项核心职能，扮演数据战略领导者、数据资产运营者、数据开发赋能者、数据安全监管者等数字治理角色。③

（三）数字政府职责体系的横向调整

数字技术的嵌入对科层组织形态、运行机制和治理模式等都有一定的形塑作用，使其呈现一定的领域化、平台化特征，甚至能够实现政府、市场、社会等不同

---

① 吴晓林、邢羿飞：《同构分责：数字政府建设中的纵向间政府职责配置——对广东"省-市-区"三级的调查研究》，《中国行政管理》2023 年第 4 期。

② 高翔：《决策权集中与行政科层化：数字时代的政府组织变革》，《广西师范大学学报》（哲学社会科学版）2023 年第 1 期。

③ 陈新明、高小平：《地方政府首席数据官制度运行的现实审视与优化路径》，《探索》2023 年第 6 期。

治理主体之间的权责再分配，从而推动国家治理体系和治理能力现代化。

张舜禹将平台型政府作为数字时代的新政府组织形态，具备"敏捷中介重构"的特征。① 从组织视角分析，数字平台以流量分发者、数据定义者和权限部署者的三重角色参与社会治理，在社会治理的议题生产、治理对象的认证和治理结构的定型中发挥着重要作用。② 就政府内部来看，数字赋能政府部门协同的内在机理表现为边界重塑，也即政府部门的主体结构、互动关系、行动空间、制度权责与业务流程边界。③ 就不同主体的合作样态来看，平台建设能够通过"牵头组织"的统筹机制、混合型组织的多维制度关系内嵌机制、"项目处置"为中心的治理机制、数字生态价值网的共建机制等互动机制作用于政企互动过程，从而实现地方政府和企业共赢的合作目标。④

数据要素作为数字政府建设场景中的关键要素，促使不同合作主体关系发生新的变革。一方面，政企合作形态由政府主导的购买服务方式转化为新型的合作治理，以企业为代表的社会主体真正参与到数字政府的实质性建设过程中。⑤ 另一方面，数据要素本身有望成为新的"核心行动者"，在权责界定、网络协同及信任提升等方面发挥积极作用。⑥ 王英等也指出"数据飞轮效应"是数字政府建设实现整体智治的内在机理。地方政府通过启动阶段的高位推动、转动阶段的体制微调、加速阶段的场景赋能及惯性阶段的平台运作，形成"数据（归集）—底座（融合）—场景（转化）—平台（循环）—数据（再归集）"的自我加速与运转过程。该建构过程中蕴含不同主体的行动逻辑：党政主要领导为推动数据汇聚传递数字化转型信号所遵循的政治逻辑；政府职能部门为统一数据底座实现数据融合所遵循的科层逻辑；技术部门与政府职能部门释放数据潜力建构场景回应治理问题所遵循的技术逻辑；

---

① 张舜禹：《平台型政府：数字时代的新政府组织形态及其挑战应对》，《宁夏社会科学》2023 年第 3 期。
② 刘学：《数字平台参与社会治理的三重角色——基于组织的视角》，《浙江社会科学》2023 年第 11 期。
③ 吴克昌、唐煜金：《边界重塑：数字赋能政府部门协同的内在机理》，《电子政务》2023 年第 2 期。
④ 蔡聪裕：《地方数字政府建设的政企合作实践样态与运行机制——基于广东省"粤省事"平台的扎根理论研究》，《电子政务》2023 年第 11 期。
⑤ 叶林、侯雪莹：《数据驱动下的数字政府建设：从购买服务走向合作治理》，《甘肃行政学院学报》2023 年第 1 期。
⑥ 李晴、郁俊莉、刘海军：《数据赋权、网络协同、信任支撑：数字政府建设中政企合作的路径优化》，《新视野》2023 年第 4 期。

指挥中心为释放"数据飞轮效应"协调运作各方主体所遵循的平台逻辑。[1]

（四）基层场域下的数字政府职责配置

朱光磊指出，中国基层治理的传统特点是地方政府和基层组织职能广泛、负担过重，超出了它们的实际承受能力，造成这一问题的体制根源则是政府纵向间的"职责同构"。为此，我们应当深化对基层治理规律的认识，适时适度调整基层治理理念，构建中国特色的政府职责体系。[2]

当前，数字技术的嵌入已成为基层治理实践改善与创新的重要力量，为构建中国特色的政府职责体系提供了新的可能，数字治理的平台化是其重要的表现形式。例如，北京市"接诉即办"数字治理改革构建起了精准高效的数字治理平台与机制，突破了党政体制下基层治理条块分割的制度藩篱，实现了政府治理从以行政为中心到以人民为中心的转变和演进。[3] 浙江省"基层治理四平台"也彰显了数字技术驱动下科层组织领域运作的逻辑倾向，科层组织的决策策略和行为方式更加系统化，表现为行动模式由条条分割到块块融合、组织关系由线性联系到交互网络、功能价值由追求部门绩效到追求整体效能等。[4] 孟子龙等通过研究上海市的"一网统管"案例发现，数字治理的平台化保障了科层体制对数据与人员的有效统合，科层体制内外资源的动员与协同确保了数字技术的有效赋能，制度化的治理流程和民意回应机制则进一步规范了数字治理过程。[5]

在基层数字治理中的职责界定方面，张志红提出，随着数字政府建设的不断深入，"数字归责"成为基层网格化治理的显著特征，在一定程度上体现为用数据刻画政府流程，内在逻辑表现为"以事定责"。在实践中，这种职责优化的路径却扩大了政府职责的具体边界，在一定程度上导致基层政府责任在"问责统领"的体制

---

[1] 王英、魏姝、吴少微：《"数据飞轮效应"：数字政府建设实现整体智治的内在机理》，《中国行政管理》2023 年第 6 期。

[2] 朱光磊：《构建政府职责体系是解决基层治理负担过重问题的根本出路》，《探索与争鸣》2023 年第 1 期。

[3] 江文路、张小劲：《地方政府数字化转型的变革逻辑与路径演进——以北京市"接诉即办"数字治理改革为例》，《南昌大学学报》（人文社会科学版）2023 年第 3 期。

[4] 唐трав华：《数字技术驱动科层组织领域化运作的逻辑——基于浙江"基层治理四平台"的案例分析》，《治理研究》2023 年第 1 期。

[5] 孟子龙、任丙强：《地方政府数字治理何以有效提升基层治理效能？——基于 S 市 A 区"一网统管"的案例研究》，《中国行政管理》2023 年第 6 期。

下日渐累积加重。① 当前的基层数字治理未能完全适配相应的制度、工具、组织、主体等社会基础，因而陷入一种"内卷化"困境，在实现中主要表征为数字治理的"有效性"困境、数字治理创新行为的"合法性"困境以及数字治理的"可持续性"困境。②

三、展望与分析

进入 2023 年之后，受限于财政压力，基于"数字迷思"的数字政府的简单建设被紧急刹车。数字政府建设与政府职责体系建设的"互嵌"式改革正在地方上有序推进。应当注意的是，数字政府的建设与线下政府建设并不是一一对应的关系。一方面，数据作为重要战略资源的地位日益凸显，"数据安全"也成为数字政府建设的重要铁律。数字政府的技术藩篱和制度限制实质上开始彰显。过度扩张的数据收集已经成为过去时，积极有为有限管理成为数字政府建设的自律性的体现。另一方面，在实践中，由于党政融合和党政分工同时存在，数字政府职责体系建设目前主要集中体现在民生领域。在可见的未来，数字中国、数字政府和数字社会的三方共进，特别是随着 AI 在政府管理体系中的广泛应用，数字鸿沟将不减反增，区域差距也将不断拉大，融合与割裂并存，数字红利也将不断减少，因此，与之相对应的政府管理体制改革将被提上日程。

（一）总体分析

1. 顶层设计日趋完善，但依然相对迟滞

数字化改革是政府在应对数字时代更加复杂的治理场景、更加多元的治理需求和更加繁杂的治理压力的必然选择，是一个系统性、长期性、复杂性的工程，需要中央层面发挥集中领导优势，确保改革方向正确、步调一致，集中突破难点、堵点问题。近年来，国家高度重视数字政府建设，作出相应的决策部署，不断明确数字政府建设的目标和方向，规划不同阶段的重点任务和配套措施，为构建职责明确、

---

① 张志红：《数字归责：基层网格化治理运行机制与优化路径研究》，《南开学报》（哲学社会科学版）2023 年第 6 期。

② 曹银山、刘义强：《技术适配性：基层数字治理"内卷化"的生发逻辑及超越之道》，《当代经济管理》2023 年第 6 期。

依法行政的数字政府治理体系提供了根本遵循。特别是国家数据局的成立作为我国强化国家数据资源建设顶层统筹和队伍建设的重要举措，有利于逐步完善数据要素治理体系和市场规则，提升数字中国建设的整体性、系统性、协同性。

数字社会的发展需求和数字政府的建设内容是动态适应的，数字政府建设的相关政策需要数字经济发展、数字社会运行等外部因素及时调整。但在实践中，我国的数字政府建设明显存在"基层先进，上层后促"的特点，一些发达省市涌现出了丰富的数字治理创新实践，但却未及时上升至中央制度加以扩散。国家层面在数字政府建设标准、政务数据标准规范等方面的制度供给仍有欠缺，导致各地区各部门采集数据所依据的技术标准和管理规范不尽相同，政务数据目录不全、底数不清、来源不一，这在一定程度上制约了数字政府的深入发展。

2. 地方创新不断涌现，实用导向更为鲜明

我国数字政府建设虽相对较晚，但目前已呈现多层级、全领域的立体式发展趋势，创新成果充分涌现，能够有效赋能治理实践。特别是 2023 年 6 月以来，按照国务院机关党组部署，政务服务效能提升"双十百千"工程在全国开展，取得了良好效果。

首先，数字政府日益表现为平台政府，以充分整合数字资源，改善业务流程。例如，北京市为推动国际消费中心城市建设，促进营业性演出、体育赛事、展览展销市场繁荣发展，依托全国一体化政务服务平台，重塑审批流程，统一受理层级，优化大型活动审批环节，便利企业快捷办理。其次，数字政府建设更加强调现实和需求导向，特别是在基层治理领域，突破治理重心下移的传统困境，充分释放治理效能。例如，河北省创新开展基层电子证明工作，建设全省统一的基层电子证明系统，实现基层群众自治组织开具的无固定模板类证明网上申请、审批、开具、签发、领用，在全省 5.3 万个村（社区）上线应用，为基层群众提供便利，截至 2023 年 7 月，全省已线上开具居住证明、家庭经济状况证明等各类基层电子证明 50 多万份，每年可减少群众近百万次跑动。

3. 数字政府建设进入政府职责整合新阶段

数字政府建设是一个系统性、多维度的过程，涉及政府治理理念、方式和技术

应用等多个层面。在初期阶段，数字政府建设是一种被动迎合策略，数字技术被组织单向采纳进政府治理过程，行政主导和管控色彩强烈。在此后的发展过程中，数字作为重要的治理资源，逐渐释放治理效能，使政府主体从"技术遴选者"向"技术适应者"转变。当前，数字政府建设已经进入深层结构调整阶段，这需要政府提供更多的制度革新和体制机制创新，才有可能将改革重点转向职责体系优化，更新数字化治理导向下的机构配置和相应的职责清单，从而实现整体智治。

新型数字化权力已经成为重塑政府治理格局的重要力量。2023年10月至今，从中央到地方的数据局相继成立，央地的政策协同性进一步增强，数据行政管理机构的职责体系得到优化。同时，数字技术的嵌入使得我国部分地方政府的职责划分和履职流程发生变革，"高效办成一件事"的政务服务改革从解决用户需求角度，聚焦以业务为核心的闭环管理和整体优化，从而突破部门分工限制，重塑治理流程。在可预见的未来，"高效办成一件事"的改革范围将逐步扩大，如果没有相应的政府内部职责体系的重新梳理，改革的绩效将难以提高。此外，数字政府建设也充分吸纳市场、社会、公民等其他治理力量踊跃入局，将进一步推动政府职责体系运行公开化、规范化、标准化，为全流程监督与评估提供可能。

（二）未来展望

1. 更加重视数据赋能

数据作为新型生产要素，已经快速融入生产、分配、流通、消费和社会服务管理等各个环节，成为生产方式、生活方式和社会治理方式的重要变革力量。充分发挥数据要素价值，是发展新质生产力、推动国家治理体系和治理能力现代化乃至构建国家新型竞争力的核心要义。这需要尽快建立和完善数据基础制度，充分发挥数字政府的引导作用。

首先，应当明确不同阶段和类型的数据权归属。例如，政务数据、商业数据和社会数据的应用主体应该有何限制，不同主体之间的数据交换规则应该如何细化，这些问题急需政策供给加以规范。其次，以公共数据开发利用助推数据要素市场化。公共数据具有应用场景多、乘数效应明显、标准规范和安全保障制度更健全等特征，因此公共数据的资源化、产品化、资产化和价值化成为全社会数据要素市场建设的关键任务和突破口，政府应当不断创新公共数据的资产化及授权经营模式，推出相关数据产品，与各企事业单位合作交流，充分激发数据要素市场活力。最后，应当高度重视数据安全问题，充分保护数据要素各参与方的合法权益。数据安全是数字政府建设的生命线，是保障数据要素市场有序发展的必要前提。在商业和社会数据收集过程中，要严格防控"一揽子授权"、强制同意等过度收集个人信息的行为，以及任何可能导致数据泄露威胁国家安全的市场行为。在政务数据运营过程中，也要谨防数据泄露和违规使用等风险。

2. 更加强调数字善治

大数据在驱动国家治理的过程中不可避免地遭遇数据垄断、数据壁垒和数据鸿沟等结构异化现象。[①] 在治理方面，数字政府建设也可能会助长重建设、轻应用等形式主义问题，技术刚性的放大也会在一定程度上压抑基层执行人员的自主性，降低公众接受政府服务的幸福感。技术赋能并不等于技术万能，数字技术嵌入政府职责体系的过程不仅是工具理性的应用，更蕴含着价值理性的转变。首先，数字治理应当始终坚持以人民为中心，深度开发各类便民应用，不断提升政务服务的便捷化和可及化水平，降低居民享受公共服务的行政成本，推动基本公共服务均等化，让数字政府建设落在实处。其次，数字治理应当坚持安全和发展并重，建立与数字政府相适应的网络安全综合防御体系，在数据保护和数据利用之间找到合适平衡点。此外，应当统筹好技术发展和治理应用的关系，谨防陷入"唯技术论"陷阱。数字技术的运用不能只考虑技术上能不能，还要考虑到制度上行不行，更要关注到公众感受上好不好。[②] 特别是在当前数字治理仍处于摸索前进的阶段，对于大规模进行数字政府投入仍然需要保持审慎态度，营造健康良好的数字发展生态。

3. 更加强调数字确权

传统的政府职责体系强调合法化和理想化，基本上遵循先外后内、先上后下的逻辑框架。但这与现实场景中的治理流程并不匹配，因此会生发出政府部门间"权责不清、相互推诿"等问题。以物联设备、大数据平台等为代表的数字技术能够如

---

① 陈潭：《国家治理的数据赋能及其秩序生产》，《社会科学研究》2023 年第 6 期。

② 郑磊：《数字治理的效度、温度和尺度》，《治理研究》2021 年第 2 期。

实刻画人民需求产生、政府需求识别、回应和解决的全过程，"用数据说话""按数据评判"真正成为可能，治理对象、治理主体、治理事责、治理资源等要素更为明晰化，此外，面临当前社会治理风险频发的不确定性问题，数字化和智慧化手段能够克服传统巡查管理的弊端，及时感知社会运行中的风险并触发预防、管理机制，促使政府部门及时"在场"，避免风险过度演化。因此，这种数字确权模式有望成为重塑政府职责体系的新方向，使得基于事件和场景的无缝隙治理能够真正得以实现。

然而，在推动数字确权的过程中，以下几点需要特别注意。其一，应当充分发挥制度的规范性作用。通过智慧化手段来重新分配责任，需要原则性的指导和固定化的处理流程，例如，属事原则与属地原则怎样权衡、具体事件应当如何编码处理，以及对复杂性治理需求的拆解需要不同政府部门共同协商等。其二，不同地区和政府部门应当量力而行。数字政府的前期投入和改革成本较高，包括基础设施建设、信息处理系统和相关制度规定创建等，在建成后应当发挥实际效果。其三，关注不同层级政府的权责划分，避免基层负担过重。通过数字技术刻画政府管理职责和治理流程，会在一定程度上增加绩效考核压力，由此可能导致原本不属于基层治理主体的行政事务打包下发，使得基层治理任务更加繁重。为此，应当实现各级政府目标任务和重点工作的清单化、可视化、可量化，克服形式主义，实实在在为基层减负。

4. 建设整体集治的数字政府

随着各地数字政府建设的实践探索，我国目前已进入算力集中、数据集中、业务集中、服务集中为特色的数字政府新阶段，[①] 更应强调数字政府的一体化建设和集约化发展，统筹推进技术融合、业务融合、数据融合，提升跨层级、跨地域、跨系统、跨部门、跨业务的协同管理和服务水平。其一，构建智能集约的平台支撑体系，整合现有信息基础设施，为数字政府提供坚实的技术基础，同时推动政务数据的一体化布局，驱动数据安全高效共享，重点促进数据跨部门流转，向基层回流赋能治理。其二，推动公共服务标准化规范化，构建全国一体化政务服务体系，实现

---

① 郭明军、陈东、王建冬、姜志强：《数字化转型背景下数字政府的建设模式与实践探索——基于琼黔鲁粤等地的调研思考》，《电子政务》2023 年第 1 期。

政务服务线上线下标准统一、全面融合、服务同质，助推"一网统管""一网协同"等一体化数字化履职应用场景建设，形成"高效办成一件事"常态化推进机制。其三，构建数字政府标准体系，推动数据的互通共享。中央层面建立专门的数字政府标准制定部门，完善数字政府的标准体系，地方政府部门应当摸清所掌握的数据底数，为实现政务数据的开放和共享奠定基础。

四、报告要点

本报告对 2023 年度中国数字政府职责体系建设的实践进展和理论研究情况进行了系统性梳理，在此基础上对数字政府职责体系的现状进行整体分析，并对未来发展提出展望。总体而言，本报告涉及以下几方面要点：

坚持党的领导，将党的领导全面贯穿数字政府建设各领域与各环节。习近平总书记强调，"必须旗帜鲜明、毫不动摇坚持党管互联网，加强党中央对网信工作的集中统一领导，确保网信事业始终沿着正确方向前进"。坚持党对数字政府的全面领导，是新时代新形势下管好用好互联网的关键所在。一方面，需要根据技术发展趋势、社会需求变化、制度环境等因素，综合考虑层级关系、推进主体、地域范围的差异，做好数字政府建设的顶层设计。另一方面，在数字政府建设的具体落实过程中，也需要充分发挥党建引领作用。政府部门可能会打破传统的职责划分界限，需要共同应对新涌现出的治理事项。应充分发挥党的统筹优势，建立跨部门、跨层级的协调机制，确保数字政府建设项目能够高效协调、快速推进，保证治理流程的有效衔接。

坚持整体协同，鼓励地方创新。数字政府建设作为一项持续性、系统性工程，需要加强顶层设计和整体创新，构建上下联动、纵横协同、条块结合的数字政府创新发展格局。同时值得注意的是，不同层级、不同地域的数字政府建设都具有其特殊性，所面临的治理需求、任务和挑战都有所不同，需要数字技术赋能的维度和方式也理应不同。一个"好"的数字政府应当是立于真实的治理场景之中的，而不是停留于空中楼阁的形式主义表象。因此，中央在整体布局的同时，应当在权责配置、治理模式等方面为其留有一定的自由裁量空间，鼓励多元化的创新发展。在此过程中，也可利用试点示范机制，通过科学选择实施创新的区域，评估创新带来的影响，并在成功的基础上推广政策方案，形成较为一致的政策创新试点路径和方法。

鼓励多元主体的共同参与。数字政府建设是在数字经济发展、数字社会进步的驱动下进行的。这意味着社会主体不只是数字治理和服务的对象，也是数字治理的重要参与者。数字化改革稳步推进绝不能单靠政府部门的单打独斗，而应在制度引领下与社会力量跨领域合作，形成多中心、开放型的网络治理结构。一方面，政府应当明确企业、科研机构、社会组织等主体的角色定位与功能发挥，在数据开发、应用运维、平台建设等方面合理评估权责主体，并厘清不同主体之间的互动关系，共同探索政府数字化转型的实践方案，并且始终保证群众的参与权、知情权和监督权；另一方面，政府也应始终在场，不断提升履职效能，改善政府内部的业务流程与组织结构，同时做好市场和社会主体行为全过程的引导、规范和监督，确保数字政府建设的有序推进。

推动技术与制度的深度融合。技术的深度应用驱动业务流程优化，从而推动国家治理运行模式发生变革，这是数字政府建设的核心逻辑。但政府职责体系的数字化转型，若真正实现也需要充分发挥制度力量，配套相应的法律法规、政策措施、标准规范等加以保障。只有优化政府职责体系和组织结构，数字政府建设才能有可靠基础。同时，数字政府建设的目标是更好地履行政府职能，切实为社会和人民服务。因此，应当将数字政府建设与政府职责和部门业务紧密联系起来，体现出更强的问题导向、场景驱动和业务牵引，在财力有限的前提下，以简捷为主基调，有针对性地开发和创新平台、系统和应用程序，以解决治理场景中的真实问题。总之，数字化转型推动的政府职责体系建设，应当是在技术与制度共振的背景下，突出需求和问题导向，由顶层设计者、先行探索者、共同参与者共同驱动完成。

（作者单位：南开大学周恩来政府管理学院）

政务服务改革与营商环境优化研究报告

宋林霖

政务服务是由各级政府及其所属部门、法律法规授权的组织对社会公众、法人、各类组织依循一定条件和程序申请的事项给予合法确认、信用保障和许可批准的授益行为。作为行政审批制度改革的深化和延伸，政务服务是转变政府职能和推进行政体制改革的主要内容，也是深化经济体制改革、不断突破体制机制障碍、持续优化营商环境的重要举措。推进"放管服"改革和优化营商环境以来，政务服务改革不断走深走实，办事指南化、方式可选择、需求响应快、结果可预期、权利有救济等构成新时代政务服务品质的重要体现。面向新阶段，深化政务服务改革不仅便利企业和群众生产经营与办事创业、畅通国民经济循环，也为加快构建新发展格局和建设人民满意的服务型政府提供支撑，更是从深层次上推进国家治理体系和治理能力现代化。

一、2023 年地方政务服务改革实践综述

2023 年 9 月，国务院办公厅印发《关于依托全国一体化政务服务平台建立政务服务效能提升常态化工作机制的意见》（以下简称《意见》），标志着我国全国一体化政务服务平台技术支撑体系已经基本建成，优化政务服务工作的重心正在从系统平台建设转向服务效能的全面提升。《意见》从惠企政策直达、惠民政策完善、智慧化服务、协同化提高等角度对政务服务效能提升经典案例的经验做法进行了梳理和总结。各地区通过不断健全完善常态化管理运行机制，实现政务服务从"能办"向"好办"转变，并把不断提升跨地区、跨部门、跨层级业务协同能力作为重要原则和工作重点。

（一）深入实施政务服务"一件事一次办"改革

"一件事一次办"作为政务服务改革的升级措施，生动展现了中国式政务服务

的治理思维与运行逻辑。（见图1）各地将"一件事"改革作为营商环境改革和助推高质量发展的有力抓手，坚持用户思维、客户体验，以企业群众办事的堵点、难点为突破口，不断拓展"一件事"应用场景和覆盖面，持续提升企业群众的体验感与获得感，以集成、便利、高效的政务服务换取企业群众体验"最满意"，擦亮"最舒心"营商服务品牌。江苏省太仓市聚焦企业、群众"最期盼""最关切"领域积极拓展服务场景，以利企便民的初心换取用户满意体验。与此同时，进一步拓展开办企业、不动产登记、施工许可三证照集成事项，冲刺审批速度"最极限"。企业开办在集成营业执照办理、公章刻制、银行开户等事项的基础上，拓展社保、公积金开户，实现6部门事项"一环节一次办"。宁夏中宁县以持续提升政务服务效能为目标，紧紧围绕为民办实事、惠企优服务，坚持问题导向、需求导向、实效导向，通过减负、提速、增效"三驾马车"深化"一件事一次办"改革，创新推行"服务一扇门、事项一清单、受理一窗口、事情一次办"的服务模式，打造"审批最少、流程最优、效率最高、服务最好"的服务环境，推动更多关联事项好办易办、一次办成，企业和群众的获得感、满意度持续增强。河南省洛阳市完成两批基础清单改革任务，并结合实际拓展一批具有洛阳特色的高频"一件事"，企业和个人全生命周期重要阶段涉及的高频政务服务事项基本实现"一件事一次办"，推动企业和个人全生命周期涉及面广、办理量大、办理频率高、办理时间相对集中的政务服务事项由"多地、多窗、多次"办理向"一地、一窗、一次"办理转变。

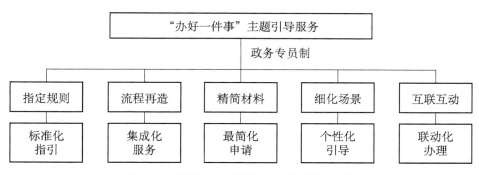

图1　政务服务"一件事一次办"服务机制

（二）突出惠企政策供给的赋能作用

随着需求收缩、供给冲击、预期转弱三重压力传导到微观经济层面，市场主体发展面临成本压力加大、发展动力不足等困难，为促进企业加快复工复产，各地区各部门充分发挥政策引导作用，大幅提升纾困政策供给密度和直达效力，在减降税费、金融服务、援企稳岗等多方面精准发力，对提高企业经营绩效起到了良好作用。2023 年，四川省从促进消费提质增效、帮助企业降本减负、推进企业快速成长、推进产业转型升级 4 个方面推出 3 大类、37 项惠企政策，进一步明确各领域有关政策措施支持范围、支持对象、支持标准、支持方式等内容（见图2）。江苏省盐城市先后出台"市 56 条""民营经济发展 20 条""盐政 20 条""服务业 10 条"等政策，形成市县联动、部门协同的政策体系。通过开展企业大走访活动，创新政策解读形式，实施市场准入负面清单，发放盐商服务卡，让企业听得到、看得懂、够得着、用得上政策。梳理惠企政策清单，建立服务企业政策"点对点"送达机制，做到知晓企业需求、政策在线共享、上门宣讲答疑，加快惠企政策免申即享、即申即享。

与此同时，为破解过去长期存在的惠企政策兑现迟、慢、繁、难等问题，一些地方创新推出"免审即享"，即惠企政策制定出台后，无须企业提出政策兑付申请，由政府部门依托大数据技术，精准筛选符合条件的企业并主动开展政策兑付，实现企业免于申请直接享受政策优惠。（见图3）这一举措可有效节省时间成本，提升政务效率，最大限度地方便企业和群众，实现政策红利的精准直达，助力市场主体快速得到政策帮扶，激发市场活力，提振市场信心。同时，也推动各级政府部门从被动服务向主动服务转变，从"人找政策"向"政策找人"转变，进一步提升政务服务的智能化和精准化水平。

（三）探索政务服务事项办理弹性化举措

各地区以便民利企为导向，深化政务服务事项告知承诺、容缺受理制度改革，通过建立申请人书面承诺、审批部门当场许可、监管部门履诺核查三方联动工作机制，降低制度性交易成本，方便企业和群众办事创业。这种信用赋能是基于申请人的良好信用记录，通过提升制度弹性空间，将原本遏制办事流程推进的办事条件予以放松，以达到促进政务服务流通和优化办事体验的目的。在这其中，信用背书是支撑制度运行韧性的重要力量。其典型特色在于：第一，对信用背书支持下的流程和规则限制予以放松，在相关条件缺场的情况下仍可通过预期确信实现政务服务下

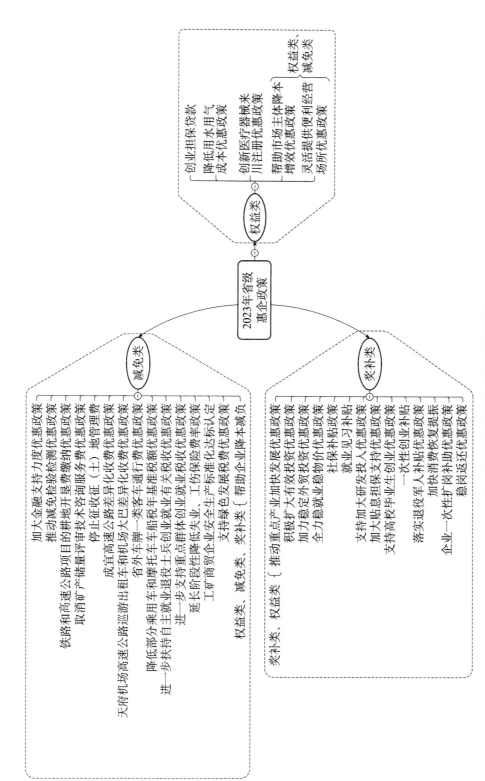

图 2 四川省省级惠企政策的主要类型

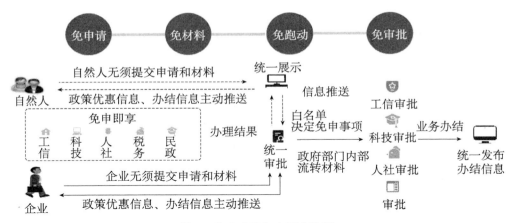

图 3　惠企政策免审即享流程

沉；第二，通过信用背书可以减小政务服务情境差异带来的供需交易成本，提升政务服务的流动性，改善政务服务的供给效率。改革改进了申请人和许可机关之间的关系，其管理哲学在于给予行政相对人充分的信任，通过引入自律承诺使申请人更好地参与到许可审查的过程之中，各级政府一般都会配套设置信用惩戒措施。这种审批模式体现出政务服务供给中的刚性约束与自由裁量的灵活性调适，是一种具有实质正当性的授益行为。

当然，"告知承诺制"和"容缺受理制"不可能实现对传统行政审批制度的完全替代，行政审批作为一种法律制度，对于保障国家和社会安全、公众生命健康等重大公共利益仍有十分重要的作用。因此，在上述两项制度改革的适用范围上，应将范围设定在纠错成本不高的经济性领域，对涉及国家和社会安全、公众生命健康等社会性领域应当通过法律进行排除。同时，两种弹性制度的实施是对政府治理能力的全面考察，其效果的实现有许多限制条件。其中，建立健全完善的信用监管制度以强化事中事后监管尤为重要。未来，随着社会信用体系的不断完善，市场主体的信用画像和等级会越来越全面、细致、真实，对于同一种行政审批事项，就可以对不同信用等级的市场主体实行不同的审批条件，门槛也可以进行不同的等级划分。

（四）创新试点政务服务增值化改革

2023 年 4 月，在浙江省营商环境优化提升"一号改革工程"大会上，浙江省率先提出"全面推动营商环境再优化再提升，紧扣市场化、法治化、国际化，加快从便捷服务到增值服务的全面升级"。7月，浙江省印发《关于开展政务服务增值化改革试点的指导意见》，在衢州、杭州等7个地方开展试点。9月，浙江省委深改委会议审议通过了《推进政务服务增值化改革的实施意见》，提出要总结提炼、完善提升、复制推广衢州市、杭州市钱塘区政务服务增值化改革经验，打造更多标志性成果。至此，增值服务的定义最终明确，即在基本政务服务便捷化的基础上，为企业提供的精准化个性化衍生服务。相较于传统意义上的政务服务，增值化改革是一种新的生态，是政务服务理念深层次的改变，对政务服务体制机制、组织架构、方式流程、手段工具进行变革性重塑。

一般来说，"增值式"政务服务具有以下五个特征：一是非法定性。政府在法定职能之外所提供的额外衍生服务。二是自主选择性。政府部门提供服务不应附加前提条件，由企业自主选择是否接受和终止增值服务项目。三是系统集成性。"增值式"政务服务要求各级政府系统梳理跨部门、跨领域、跨层级多个"一件事"间的逻辑关系、法律关系、数据关系。四是精准定制性。"增值式"政务服务对企业进行精准画像，提供私人定制式的政务服务套餐、政策支持套餐，增强服务供给的精准性。五是数字牵引性。"增值式"政务服务在一体化智能化公共数据平台支撑下，用数据流重塑审批流、监管流、服务流，打造更多数字化应用场景。

总体来看，2023年在中央和地方层面都推出了一系列政务服务改革的重要政策部署。各地区政务服务创新突出以行政相对人为中心，为其提供沟通顺畅、流程优化、服务良好的现实体验，展现出一种在"动态"过程中追求服务品质提升的积极行政体现。作为新时代推进行政体制改革和转变政府职能的重要内容，政务服务彰显了在内外部环境复杂深刻变化背景下政府"积极求变"和"敏捷应变"的治理逻辑。随着国内自上而下全覆盖的政务服务治理体系的形成，政务服务开始深度接触市场和社会，引发各改革领域的联动效应，成为感知"有为政府"效能的重要视角。

二、2023 年政务服务改革研究综述

"放管服"改革优化营商环境激活了"政务服务"改革创新动能。在此意义上，各地区积极推进政务服务创新为同时应对经济转型、社会转型和治理转型提供了重

要空间，成为达成公共治理"善治"目标的基本表征。2023 年，学界围绕构建政务服务适应性治理模式展开深入研究，进一步丰富和拓展了中国场景下人民满意的服务型政府的话语内涵。

（一）关于政务服务治理界面迭代主题的研究

"界面"通常被理解为外部环境和内部结构之间的边界。对于界面治理理论而言，治理界面是内外部不同治理主体进行交互的平台，也是治理绩效得以实现的载体。政务服务实践的嬗变历程，折射出国家与社会交互界面的持续生产图景。从碎片化界面到集中式界面，再升级为智慧态界面，体现出政府服务界面的演进趋势，即界面形态上从碎片主义到整合集成、界面载体上从物理空间到数字空间、界面层次上从单向供给到双向互动、界面规则上从条块分割到协同合作。学界代表性观点认为，政务服务界面的持续生产，是内外部环境的倒逼逻辑、战略与结构的调适逻辑、软硬层面上技术的支撑逻辑叠加作用的复合结果。[①] 各级政府运用界面互动平台协调关系、共享信息、交换资源，将条块关系转变为交互关系，将自上而下的管理转变为自下而上的诉求回应，将部门壁垒转变为部门协同，将分散服务转变为集成服务。在此过程中，服务形象、服务供给、服务创新是影响行政相对人对政务界面公共服务感知绩效的主要维度。[②]（见图 4）

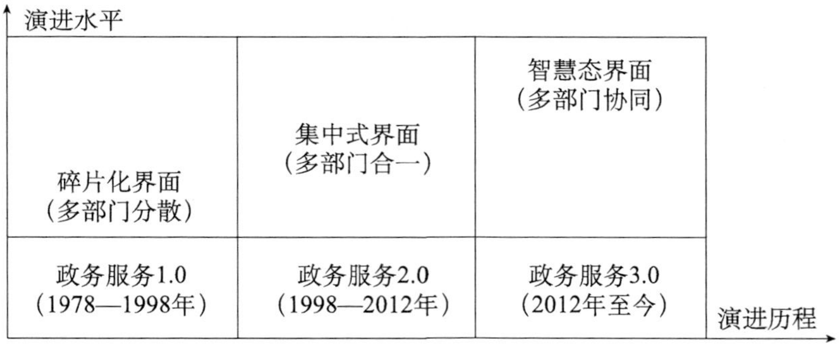

演进水平		
		智慧态界面 （多部门协同）
	集中式界面 （多部门合一）	
碎片化界面 （多部门分散）		
政务服务1.0 （1978—1998年）	政务服务2.0 （1998—2012年）	政务服务3.0 （2012年至今）　演进历程

图 4　政务服务治理界面的演进过程

---

① 文宏、李风山：《治理界面何以持续生产——基于政务服务实践的历时性考察》，《探索与争鸣》2023年第 4 期。

② 朱佳君、兰雨潇、杨巨声：《数字政府视域下政务界面公共服务感知绩效的影响因素研究》，《甘肃行政学院学报》2024 年第 1 期。

（二）关于优化政务服务供给适配性的研究

鉴于不同类型服务对象对不同服务要素需求程度不同，因此，识别各类服务对象诉求，有针对性地设计高满意度服务交付模式，满足用户多样化需求，有利于弥合政务服务供需侧偏差，优化服务资源配置，提升服务对象满意度和获得感。其中，缩短办事时长、优化办事环境、完善窗口服务是提升政务服务中心服务满意度的基础性要素；法人事项办理者更强调事前政策知悉，希望及时了解各类利企新政，青年群体更关注信息化服务，中老年群体则更关注进入大厅后的服务流程。[①]有学者注意到，老年人使用政务服务 App 不易产生也不关注享乐和美学体验，而是关注政务服务 App 的实用价值。因此，感知有用性是老年用户体验最重要的方面，只有当老年人获取足够的感知价值，才能产生较高的满意度和持续使用意愿。根据系统易用性、系统包容性、情感支持度、服务有效度等评价指标体系，现阶段政务服务 App 适老化设计需要重点关注老年用户应用的可理解性、可操作性和服务的适配性。[②]

（三）关于提升政务服务智能化治理效能的研究

人工智能是引领新一轮科技革命和产业变革的战略性技术，具有溢出带动性很强的"头雁"效应。在政务服务中，人工智能能够同时处理多项任务，并根据任务的执行情况及时给出反馈与分析，在提升行政效率的同时也降低了行政成本。随着人工智能技术的创新迭代，生成式人工智能（AIGC）正在成为塑造政务服务智能体的新型引擎，构思并衍生出行政领域的人工智能通用大模型——Gov-GPT。部分学者研究指出，相较于传统治理范式，政务服务智能化转型的内在机理可以概括为四个部分：一是价值引领，即以"以人民为中心"的善治思维引领政务服务智能化转型的全过程；二是组织调试，即政府应构建具有适应性的组织结构、运用多样化技术工具主动拥抱风险；三是流程再造，即打造需求导向的、极简化和弹性化的智

---

① 唐家蕙、郑毅、李晓轩：《数据驱动的政务服务高满意度交付模式研究》，《智库理论与实践》2023 年第 5 期。

② 张晓宇、薛翔、朱庆华、赵宇翔：《移动政务服务 App 适老化设计的评价指标体系构建及实证研究》，《情报资料工作》2023 年第 2 期。

能化政务服务流程；四是关系重塑，即以智能技术运用为契机实现部门协作、社会协同。① 具体到生成式人工智能驱动的政务服务主要体现为以下四个方面：一是空间场景的虚拟，政务情境的自动化与虚实共生；二是虚拟公务员的兴起，政务管理的无人化与政府"智"转；三是组织和资源要素的集成，政务运作的整合化与无缝隙政府；四是政务服务的技术主义范式，服务供给的智能化与需求革命。②

（四）关于实施政务服务"跨省通办"扩容升级路径的研究

推进政务服务"跨省通办"，对优化营商环境、畅通要素流动、建设统一市场等方面具有重要作用，各地区改革探索越发呈现多样化推进的态势。地方政府间与区域协作体的"跨省通办"本质上属于地方政府间横向自发开展的创新实践，能够解决有限范围的跨省事务，但难以满足流动性与全域性显著增强的异地办事数量增加的需要。有学者基于国家推进政务服务"跨省通办"历程的研究发现，为破解地方自发协作的集体行动困境，国家政务服务一体化平台向外积极回应异地办事诉求，向内整合区域和地方层面局部性"跨省通办"先行探索的经验，通过生成高频事项清单推动全域性政务服务"跨省通办"的渐进治理。有别于传统意义上的权威命令形态，中央政府推动政务服务"跨省通办"的纵向干预机制以精准识别需求为基础，以清单制的柔性运作为抓手，以渐进调适下的可治理性为目标，呈现典型的敏捷治理特征，构成理解数字时代国家统筹能力现代化的重要维度。③ 在敏捷治理理念贯彻推动下，城市的通办签约网络密度在历时维度上平稳增长，在空间维度上由单一中心格局演变为多中心格局。进一步的田野调查显示，通办签约网络的整体扩容受到需求满足、交易成本和合法性规范三重逻辑的共同作用，并因此形成差异化的城市伙伴匹配类型。④

---

① 孙妍、张成福：《敏捷致智：敏捷治理引领政务服务智能化转型的内在机理研究——以济南市智慧审批实践为例》，《甘肃行政学院学报》2023 年第 5 期。

② 汪波、牛朝文：《从 ChatGPT 到 GovGPT：生成式人工智能驱动的政务服务生态系统构建》，《电子政务》2023 年第 9 期。

③ 韩万渠、袁高辉：《构建敏捷治理协同机制 推进政务服务"跨省通办"》，《中国行政管理》2023 年第 5 期。

④ 范梓腾、王雪纯：《政务服务"跨城通办"的扩容与升级——基于府际合作的视角》，《中国行政管理》2023 年第 11 期。

（五）关于政务服务改革增进公共价值问题的研究

政务服务成为社会生活中不可或缺的公共服务产品，这正是满足"人民群众美好生活需要"、解决"不平衡不充分发展"的关键领域，服务质量高低将显著影响公众和企业获得感。基于政务服务改革的价值取向演进过程分析发现，在（线下）创建政务服务中心、（线上）打造网上虚拟政府、（线下＋线上）政务服务平台一体化过程中，政务服务改革着力改变传统政务注重政府内部行政原则、过程与程序管理，逐步析出、整合面向全体公民的政务服务，使政务服务供给从围绕政府权力"转"变为围绕公民需求"转"，从而促成其价值取向从以政府为中心向以公民为中心转变。以公民为中心的价值取向引领和促进政府在数字化转型中持续创设以公民需求为导向的政务服务场景，提升"用户体验"、共创公共价值、促进公民发展。[①]但是，一些研究发现，地方政府在政务服务建设过程中存在透明度呈现低、数字化转型迟滞、回应反馈实效差等显性问题，改革注意力较关注"效率""技术"等工具价值，而"回应""便捷"等权益价值被消解弱化，改革政策呈现一定漂移状态。为避免政务服务改革陷入"孤芳自赏""自弹自唱"的误区，有效解决治理碎片化、公共性缺失、效率质量低下及合作生产匮乏等问题，地方政府需要以公共价值视角构建政务服务绩效测度指标体系，将用户体验评价引入政务服务领域，从公众和社会的需求端角度观察政务服务绩效真实状况。[②]

三、展望与分析：营商环境改革创新视域下完善政务服务治理体系的前瞻思考

在中国式现代化新征程上，政务服务的高位推动和有效落地是优化营商环境的重要支撑，是提振信心、改善预期和提高招商引资实效的重要举措。各地区、各部门不断加大政务服务重点领域改革力度，推动政府职能向减审批、强监管、优服务转变，营商环境持续优化改善。但是由于基础条件、发展状况不平衡等影响，各地

---

① 赵映、张鹏：《政务服务改革的价值取向：演进、型塑及实现路径》，《上海行政学院学报》2023年第4期。

② 包国宪、彭虹九：《公共价值视角下的政务服务绩效测度——基于A市10个县区的用户体验评价》，《公共管理与政策评论》2023年第5期。

落实改革事项的成效有差异，部分地方仍然存在"办事繁、问询难、多头跑、来回跑"等现象。深化政务服务改革更加强调坚持标杆引领、问题导向、数字赋能、协同联动，一体推进政务服务体系建设，实现行政相对人同政务服务部门之间平等互动关系。

（一）坚持明确属性差异，分类推进政务服务事项综合改革

建议由国家层面统一明确政务服务事项中的申请类行政权力事项、授益类公共服务事项、涉批类中介服务事项属性差异，在法律位阶、实施主体、风险防范等方面进行针对性设计，分类实施政务服务事项改革。一是申请类的行政权力事项改革坚持"存量"与"增量"相统一。一方面，面向特定审批领域、关键审批事项、部分审批环节进行针对性改革，可以起到精准发力、定向突破、积聚势能的作用，并有望引发改革连锁效应。另一方面，注重从经济社会发展的全领域、产业发展的全链条、企业经营的全生命周期出发，系统剖析行政审批制度关联主体、动力机制、权责配置和创新路径。二是授益类公共服务事项改革突出便利化取向。以落实"最多跑一次"改革要求为重点，围绕行政相对人全生命周期需求，将可协同、可联办的多个公共服务事项梳理整合成"一件事"，通过数据共享、业务协同，将企业和群众依次在不同部门窗口被动办理的外部流程，转变为政务服务部门之间主动协作的内部流程。推动更多公共服务事项向基层延伸下沉，让企业和群众就近能办、少跑快办。三是涉批类中介服务事项改革注重法治化和集成性。依法取消无法律法规依据设立的中介服务事项，编制中介服务项目清单，明确中介服务项目名称、性质与类别、设置依据等，实现同一中介服务事项在纵向不同层级、横向不同区域之间保持目录清单基本要素一致。积极探索组建中介机构服务联合体，集合项目审批全过程中的各类工程咨询、测绘、检测、评估、评价、勘测等中介服务于一体，为项目提供全过程一次性中介服务。

（二）围绕企业所需所盼，提升惠企政策集成性和精准度

一是严格执行关于市场主体纾困解难政策部署。全面梳理汇集各类支持市场主体发展的税收减免、降费缓缴费、财政贴息、财政补助、金融支持等惠企政策，坚持科学分类、统筹联动，进一步强化惠企政策综合整合效力。鼓励各地区建立"免

申即享"惠企政策兑现平台，细化企业法人库信息分类和数据综合利用效率，实现符合条件的市场主体无须跑腿申请就可以直接享受相关政策。二是高度重视市场主体权益保障机制建设。严格落实市场主体平等使用各类生产要素、平等适用各类涉企法律政策、平等参与市场竞争等基本权益。建立健全法律制度，建议国家层面出台中小企业保护法，对中小企业全生命周期提供全方位的服务，促进中小企业健康有序发展。落实政府采购促进中小企业发展相关政策措施，强化各级采购人主体责任，通过面向中小企业的价格评审优惠、优先采购等支持措施，进一步提升其市场竞争力。三是充分把握县城城镇化补短板强弱项的政策要求。围绕公共服务设施提标扩面、环境卫生设施提级扩能、公用设施提档升级、产业培育设施提质增效等方面作出系统部署。依托各类工业（科技）园区，组织开展大中型企业和小微企业在项目、技术、供需等方面的交流。四是健全各类税费减免、财政补贴、创新扶持等政策落地绩效评估机制。地方党委政府督查部门牵头开展惠企政策落实情况督查，广泛听取相关部门及企业的意见建议。借助"万人助万企""企业大走访""政商洽谈会"等活动，了解企业对政策落实情况的意见建议，为进一步提升政策落实工作提供参考依据。

（三）锚定异地可办，推进政务服务"跨省通办"落地见效

立足新发展阶段，推动政务服务"跨省通办"做实做细，需要各级政府尤其是政务服务主责部门积极作为、主动担当，切实打破地区壁垒、部门壁垒、信息壁垒。

一是完善"跨省通办"事项清单、业务规则和流程标准。根据推进"跨省通办"工作要求，国务院办公厅负责全国政务服务"跨省通办"的统筹协调，组织编制并发布全国高频政务服务"跨省通办"事项清单，协调解决有关重大问题。国务院各部门要按照职责分工，加大对主管行业领域政务服务"跨省通办"的政策、业务、系统、数据支持力度，加强部门间协同配合。聚焦政务服务"跨省通办"流程优化再造面临的政策制度障碍，及时清理和修改完善与政务服务"跨省通办"中"全程网办""异地代收代办""多地联办"等不相适应的有关法规规章和规范性文件，细化制定相关配套政策和规则标准。

二是创新政务服务省际合作模式。聚焦保障改善民生、助力惠企利企，与毗邻省份、产业协作区、对外劳务输出地、帮扶地区开展点对点跨省通办合作。围绕企业异地经营、职工社会保险转移接续、车辆驾驶证照办理、公积金异地提取等领域梳理通办事项。建立健全"跨省通办"协同办理授信机制，明确收件地和办理地的审批职责、业务流转职责、监管职责、数据安全保护职责。建立异地收件、问题处理、监督管理、责任追溯机制，提升政务信息跨省互认互信水平。坚持主动谋变、大胆创新，推动由"单一事项"向"一件事"跨省联办转型，助力"跨省通办"更便捷易办。

三是依托技术支撑打破地理藩篱。充分发挥国家一体化政务服务平台实体化运行能力，强化数据资源集成体系建设，通过统一身份认证体系，推动垂直业务系统向省级一体化政务服务平台对接联通。推进证照、报告、证明等各类政务服务办理结果电子化，借助远程视频、在线"云签"、智能咨询等智能技术实现跨区域互认共享、在线核验。高标准建设数据跨省流动通路，建立权威高效的数据共享协调机制，明确数据共享供需对接、规范使用、争议处理、安全管理、监督考核、技术支撑等制度流程，满足"跨省通办"数据需求。创新基于"数据＋算力＋算法"的智能工具，以适配性主动服务满足公众多变需求。

（四）提升协同联动效能，推进政务服务治理能力再造

创新各级政务服务管理体系，不断强化督查问责实效，形成"领导小组全面统筹，各牵头单位牵头推进，责任单位狠抓落实，相关部门全力配合"的工作机制，全力打造一流政务营商环境。在数字政府建设方面，始终坚持多层级协同定位。以省级统筹推进机制、共享、数据、标准及事项基本要素为主；市级重点建设"一平台多终端"，并进行事项标准化要素的统一；县区围绕最终应用场景，更多从具体实施应用角度去推进，如以政务服务中心现场管理、县镇村综窗人员的统筹及最终实际业务最小颗粒度收件标准的确定为主，以期实现多层级发挥自身特点，共同协力推进的模式。为避免上层统筹但无力专注，基层业务紧密但无力统筹的问题，建议坚持用建一体、试点联动、形成标准和持续迭代的原则，推进省市县多级联动共建的模式。

运用大数据、人工智能、区块链等信息技术手段加强部门间联系，提升政策执行协同性，消除政策在不同领域、部门和层级之间的障碍，提高政策的连贯性、一致性和协同性。加强政府和市场中的多主体协同，充分发挥行业协会在市场主体运行过程中的协调、连接作用，保障市场主体利益。在硬件方面，政务服务中心建设要科学调理，优化布局，提升效率。此外，还要持之以恒强化政务服务数据共享实效，做好数据使用监督工作。首先，对于跨层级政务服务数据共享，应当明确规定各层级政府政务服务数据的采集、利用与共享权责，避免政务数据"上得来，下不去"的问题。针对基层政府跨层级使用数据资源较多的情况，建议从市级政府层面出发构建政务服务数据认可和数据协商机制，实现不同业务系统对同一服务对象的同一数据相互认可。其次，针对跨地域政务服务数据共享，可通过签订各种形式的政府间合约形式来推动区域政府间数据协同。最后，推动跨部门政务服务数据共享应当致力于打破部门间的数据利益壁垒，提升部门间彼此的信任水平，构建并完善部门间政务服务数据共享的考核激励机制，提升政府各部门数据共享意愿。

（五）强化法治保障引领，积极拓展政务服务改革创新空间

作为上位法的行政许可法所涉事项的单一性难以满足政务服务改革的整体性要求。政府信息数据开放共享共用、个人隐私与安全分享、数据资源管理与使用等方面还缺少相应的法律规范，对于跨层级、跨地域、跨部门的协同管理事项，由于缺乏制度化的联动体系，开展"一件事一次办"还停留在形式整合层面上，无法成为深化政务服务改革的战略性行为指引。地方政务服务改革中所推行的材料精简、事项归并、权力划转、信用管理等改革创新举措缺乏清晰的法律条款依据，政府面临改革议题研判不足、切口认识模糊、协调成本过高、改革创新扩散存在深层次制约等诸多短板问题。建议加快研究制定国家和地方的《政务服务管理条例》，在政务服务内涵与外延、政务服务事项范围、政务服务管理体制机制、政务服务平台建设、政务服务数据管理等方面发挥立法引领作用，着力解决政务服务政策规划时间较短、规律不明、战略方向不清等系列问题。同时，还要加快法律法规和各类规范性政策立改废释步伐，出台统一规范，强化工作要求，为地方改革"保驾护航"。

鼓励各地区加快立法调研进度，率先完成地方性行政法规和政府规章起草工作。以法治保障各项工作的顺利开展，推动政务服务和法治政府建设更上新台阶。

四、报告要点

全面总结了政务服务在优化营商环境中的主题主线功能。2023 年 12 月 20 日，在国务院第五次专题学习会上，国务院总理李强指出，"提升政务服务水平，既是优化营商环境的重要内容，也是加强政府自身建设、切实转变职能提升效能的应有之义"。2023 年，各地区继续围绕市场主体关切，深化政务服务改革，着力优化营商环境。统一开放、竞争有序的市场体系初步建立，市场主体获得了更加公平可及、优质高效的政务服务，社会主义市场经济制度更加成熟、更加定型。各级政府聚焦企业反映突出的"办事难、办事慢""多头跑、来回跑"等问题，不断创新服务方式、优化服务流程，推进"互联网＋政务服务"建设，打造出"马上办"、"就近办"、"一次办"、"网上办"、"指尖办"、"协同办"和"异地办"等新型服务模式，让企业在全生命周期都能享受到高效便捷、公平可及的政务服务。

深刻揭示了政务服务改革趋向实现整体性政府治理的预期目标。基于政府职责体系建设的视角，中国式政务服务改革趋向于各地区、各层级、各部门通过协同合作构建"横向到边、纵向到底"的完整政务服务体系，追求服务事项在逻辑关系、业务关系、法律关系间的一体化耦合形态，共同还原一个"整体施政"的政府。其中，建立区域性政务服务创新联盟成为新亮点。围绕联合开展创新研究、开展创新评估、组织创新培训交流、设立创新基金等方面，搭建区域性政务服务多方合作沟通纽带和桥梁，通过有效的联盟机制，充分发挥各自优势，激活市场机制，开创合作共赢新模式，共同推动把政务服务建设成为新时代服务型政府的新高地。探索建立地方政务服务创新领跑者制度，营造开放、包容、实干的创新氛围，通过鼓励地方先试先行，进一步发挥地方改革积极性，畅通政务服务改革创新扩散渠道，形成可在全国复制推广的经验做法。

完整呈现了政府数字化转型加持是政务服务便利度提升的关键支撑。政务服务创新的主要表现是数字化转型，要通过新兴数字技术应用加快政务服务流程再造与模式转型。"皖事通""津心办""渝快办"等一系列政务服务移动客户端和小程序的"谐音梗"走红网络，成为群众和企业办事服务的重要渠道，也让"指尖上的政务服务""一网通办"成为主流。中国政务服务掌办指数评估发现，数字化的移动政务客户端，提高了政务服务的包容性、有用性、便利性、个性化和安全感，使政务服务对群众和企业而言更加可用、管用、好用、爱用和敢用。要正确认识数字化转型同信息化和数字化的本质区别，不能只有数字化而没有转型，注重通过数字化带动政务服务模式转型。要从"互联网＋政务服务"走向"数据要素×政务服务"，变被动的"人找政策"为主动的"政策找人"，通过数据共享与业务协同增强政务服务的前瞻性、预见性与敏捷性。

创新提出了中国式政务服务改革迈向"最佳行政"的治理范式。一直以来，我国行政立法和治理实践仅关注行为合法性，看其是否有具体明确的"根据规范"或条文依据。但是，法律的滞后性决定了法律不可能覆盖社会生活的方方面面，也不可能始终适应动态的社会，行政主体在行政活动中不可避免地会遇到法律规定不明甚或空白之处。此时，行政主体不可能等待立法机关制定法律之后再作处理。由于行政事务通常具有一定的时效性，行政机关此时要做的就是尽快解决问题。因此，在现代社会中，必须推进"合法性行政"与"最佳性行政"的二维结构互动。政务服务中"最佳行政"的表现：在政务服务领域，法律法规往往仅规定服务的底线，而"最佳行政"必须要高于底线，始终追求"没有最好只有更好"，实现行政关系中各方利益的平衡，最大限度为社会公众提供优质服务。2023年，国内已有部分地区贯彻落实"全面实施绩效管理"要求，开展政务服务绩效第三方评估制度，严格政务服务绩效评估指标体系设计，确保客观反映政务服务提供状况与服务质量、行政相对人满意度等方面基本信息。

（作者单位：天津师范大学政治与行政学院，天津师范大学国家治理研究院）

城乡统筹医疗保障制度体系建设研究报告

高连欢

2023 年，全国医保系统坚持以习近平新时代中国特色社会主义思想为指导，深入学习贯彻党的二十大精神，坚决贯彻落实党中央、国务院决策部署，完整、准确、全面贯彻新发展理念，加快构建新发展格局，持续完善中国特色医疗保障制度，实现管理服务提质增效，医保制度运行总体平稳，群众待遇巩固完善，基金运行安全可持续。

一、2023 年医疗保障制度体系建设与运行情况

（一）医疗保障工作概述

2023 年，全国医保系统坚决贯彻落实习近平总书记重要指示批示精神，全面落实党中央、国务院决策部署，将学习贯彻习近平新时代中国特色社会主义思想主题教育成果转化为医保改革发展惠民实效，推动医保工作取得新进展。

1. 在制度体系方面

全民参保工作稳步推进。国家医保局高度重视全民参保工作，截至 2023 年底，全国基本医保参保人数达到 13.34 亿人，按应参人数测算，参保率保持在 95％以上，总量规模得到巩固。其中，参加职工基本医疗保险 3.71 亿人，参加居民基本医疗保险 9.63 亿人，职工医保参保人数增加 900 万人，占全部参保人数的 27.8％，参保结构进一步优化。农村低收入人口参保率持续稳定在 99％以上，有效保障弱势群体利益，"基本医疗有保障"成果持续巩固。在 2022 年剔除省（自治区、直辖市）内重复参保、无效数据近 4000 万人的基础上，2023 年继续剔除跨省重复参保 1600 万人，考虑"去重"影响后，参保人数在 2023 年实际净增约 400 万人，参保

质量进一步提升。①

待遇水平巩固提高。三重制度保障惠及群众门诊、住院就医超 1.5 亿人次，减负超 1700 亿元。职工医保基本建立普通门诊统筹，覆盖超 40 万家医药机构，年内报销人次超 25 亿、报销金额超 2000 亿元。② 居民医保"两病"门诊用药保障机制持续优化。

支付方式改革有序开展。2023 年 11 月，第二届 CHS-DRG/DIP 支付方式改革大会在北京召开。大会以"支付改革全面推进 医保医疗高效协同"为主题，通过交流学习与总结经验，进一步推动医保、医疗、医药协同改革，在全面展现医保支付方式改革成果，宣传贯彻全国统一标准规范的同时，广泛动员医疗机构和医务工作者深入参与改革，确保改革有序推进、行稳致远。此次大会上，国家医保局表示，通过全面大力推进 DRG/DIP 支付方式改革，已经初步显示出医疗机构内部管理加强、运行机制改变，群众就医便捷性改善、费用负担减轻、满意度提高，医保管理手段加强、基金使用绩效提高的积极效果。DRG/DIP 付费后，大部分地区的医疗机构与患者之间仍然实行按项目计费与支付，在结算流程上做到了对患者的"无扰"。与此同时，患者次均费用下降明显，自负水平普遍得到控制，群众获得感显著增强。随着医疗服务更加透明、医疗行为更加规范，患者的服务体验也在进一步提高，群众就医满意度不断提升。

监管体系更加健全。2023 年 5 月，国务院办公厅发布了《关于加强医疗保障基金使用常态化监管的实施意见》，全面压实各方责任，做实常态化监管，健全完善制度机制，推动加快构建权责明晰、协同发力、系统集成、法治高效的医保基金使用常态化监管体系。9 月，国家医保局发布《关于进一步深入推进医疗保障基金智能审核和监控工作的通知》，并要求到 2023 年底前全部统筹地区上线智能监管子系统，智能审核和监控数据准确上传国家医保信息平台。通过全面推进智能审核工作，规范定点医药机构服务行为，加强协议处理与行政监管、经办核查与行政执法相衔接，初步实现全国智能监控"一张网"。

定点医药机构管理水平有所提升。2023 年 2 月，国家医保局发布《关于进一步

---

① 《"基本医疗有保障"成果持续巩固——国家医保局有关负责人回应相关热点问题》，https://www.gov.cn/zhengce/202404/content_6944820.htm。

② 《今年国家和省级集采药品数至少达 500 个》，《人民日报》2024 年 1 月 10 日。

做好定点零售药店纳入门诊统筹管理的通知》（以下简称《通知》），积极支持定点零售药店开通门诊统筹服务，优化申请条件、完善服务流程，及时为符合条件的定点零售药店开通门诊统筹服务。《通知》的出台，进一步规范了定点零售药店管理，提升服务质量。

长期护理保险制度不断完善。2023年12月，国家医保局会同财政部发布《长期护理保险失能等级评估管理办法（试行）》，明确了适用范围、遵循原则、各级医保部门职责等，具体从五个方面对评估实施作出规定：一是对开展评估的机构实行定点管理；二是对实施评估的人员明确基本条件；三是对评估使用的标准作出统一规定，明确国家制定全国统一的失能等级评估标准，统筹地区医疗保障部门统一执行，探索建立评估结果跨部门互认机制等；四是对评估遵照的流程予以规范明确；五是明确其他评估情形和监督管理等方面要求。

2. 在医药管理方面

2023年3月，国家医保局发布《关于做好2023年医药集中采购和价格管理工作的通知》，进一步完善医药价格形成机制，促进医保、医疗、医药协同发展和治理，向人民群众提供优质高效、经济合理、方便可及的医药服务。3月，第八批国家组织药品集中带量采购在海南省陵水黎族自治县开标，这次集采涵盖抗感染、心脑血管疾病、抗过敏、精神疾病等39种常见病、慢性病用药，中选药品平均降价56％，每年可节省药费167亿元。11月，第九批国家组织药品集中带量采购在上海奉贤区开标，此次集采有41种药品采购成功，涵盖精神疾病、心脑血管疾病、肿瘤治疗等领域用药，中选药品平均降价58％，每年可节约药费182亿元。此次集采还同步优化了药品价格治理，要求中选企业在非主供、非备供的地区按不能高于中选价格的1.5倍或同品种最高中选价进行挂网，进一步规范挂网价格。11月，第四批国家组织高值医用耗材集采在天津开标，本次集采包括人工晶体及运动医学2大类医用耗材，中选产品平均降价70％左右，其中人工晶体类耗材平均降价60％，预计每年可节约费用39亿元，运动医学类耗材平均降价74％，每年可节约费用67亿元。共有128家企业参与本次集采，其中126家企业中选，中选率达到98％。[1] 市场占

---

[1] 《首次纳入运动医学类耗材　第四批国家组织高值医用耗材集采开标》，https://www.gov.cn/yaowen/liebiao/202311/content_6917890.htm。

有率高的国内外头部企业均有产品中选，保持了临床使用稳定性，产品供应丰富多元。

2023 年 12 月，国家医保局举行新闻发布会，公布 2023 年国家医保药品目录调整结果，新增 126 个药品，调出 1 个药品。经过此轮调整，国家医保药品目录内药品总数达到 3088 种，新版目录于 2024 年 1 月 1 日起实施。此次新增的药品中，包括肿瘤用药 21 种，新冠、抗感染用药 17 种，糖尿病、精神病、风湿免疫等慢性病用药 15 种，罕见病用药 15 种（其中阿伐替尼片同为肿瘤用药），其他领域用药 59 种。在谈判或竞价环节，143 个目录外药品参加，其中 121 个谈判或竞价成功，成功率为 84.6%，平均降价 61.7%，成功率和价格降幅与 2022 年基本相当。叠加谈判降价和医保报销因素，预计未来两年将为患者减负超 400 亿元。

3. 在管理服务方面

飞行检查更加规范。2023 年 3 月，国家医保局发布《医疗保障基金飞行检查管理暂行办法》，规定了飞行检查的遵循原则、启动条件、组织方式、检查要求、检查程序、问题处理等内容，为进一步规范飞行检查提供重要制度保障；同时，还发布了《骨科高值医用耗材专项检查工作指南（2023 版）》等 3 个工作指南，进一步提升专项检查的专业性和规范性。7 月，国家医保局发布《关于开展 2023 年医疗保障基金飞行检查工作的通知》，加强医保基金使用常态化监管，聚焦整治重点，严厉打击医保领域违法违规行为，并首次将统筹药店纳入飞检范围，保障医保基金安全规范使用，提高基金使用效率。2023 年检查核查 75 万家医药机构，处理 36.3 万家，追回医保基金 171.5 亿元。

开展打击欺诈骗保专项整治行动。2023 年 4 月，国家医保局等 5 部门发布《关于开展医保领域打击欺诈骗保专项整治工作的通知》，聚焦骨科、血透、心内、检查、检验、康复理疗等重点领域，针对重点药品耗材、虚假就医、药品倒卖等重点骗保行为，加强大数据监管应用，强化部门协同，深入推进 2023 年专项整治工作。

医保服务更加便民。2023 年 6 月，国家医保局发布《关于实施医保服务十六项便民措施的通知》，推出了 16 项医保便民举措，针对医保关系转移接续、异地就医直接结算、医保信息查询、医保电子凭证就医购药等百姓医保业务的堵点问题，简化手续、精简材料、压缩时限、创新服务模式。医保服务"网上办"，变"群众跑腿"为"数据跑腿"，依托数字赋能，让医保服务更精细、高效。6月，国家医保局在全国范围内开展了跨省异地就医直接结算政策集中宣传月活动，国家医保局官网、国家医保局微信公众号等新媒体平台每天都展播地方优秀的宣传作品，以歌曲、快板、微电影、戏曲等群众喜闻乐见的形式进行了宣传。活动期间，全国开展线上线下宣传活动900多万次，覆盖人群超过了7亿人。截至2023年底，跨省异地就医联网医药机构达到55万家、惠及群众就医1.3亿人次、减少群众垫付1536.7亿元。

经办管理更加规范。2023年8月，国务院公布《社会保险经办条例》，自2023年12月1日起施行。条例共7章63条，紧扣社会保险法，明确条例调整范围；明确经办机构职责，强化服务管理监督；要求减少证明材料，明确办理时限；完善管理制度，强化监督措施；明确法律责任，严惩违法犯罪行为。《社会保险经办条例》的出台，在简化流程便捷办理、补齐短板优化服务、维护医保基金安全等方面作了规范，为实现高品质服务和严要求管理的"双赢"提供政策依据和有力支撑，对于规范医疗保险经办机构与定点医药机构的合作关系、服务监督机制及违反服务协议的处理具有重要意义。

医保码应用更加广泛。2023年11月，国家医保局召开"医保码全国用户超10亿"新闻发布会，国家医保局办公室副主任付超奇在会上介绍我国医保码用户超过10亿人，31个省区市和新疆生产建设兵团均已支持医保码就医购药，超过80万家定点医药机构接入医保码。从各省份激活的情况来看，浙江和青海两省已率先实现了全省参保人的覆盖，半数以上的省份医保激活码的激活率超过了75%。目前医保码的合作渠道包括支付宝、微信等互联网平台，农业银行、招商银行等银行渠道及定点医药机构的渠道，总计已经达到了234个。医保码自2019年上线以来，医保部门持续推动医保码实现"全场景通""全流程通""全国通"，实现群众看病买药三个"转变"：一是服务方式从"持卡"向"脱卡"转变；二是服务场景从"单点"向"全程"转变；三是服务范围从"本地"向"全国"转变。整体来看，"医保码"推广应用情况较好，群众看病就医获得感持续增强，医保信息惠民不断取得新的进展。

（二）医疗（生育）保险运行情况①

2023 年全国医疗保障事业发展统计公报显示，截至 2023 年 12 月 31 日，全国基本医疗保险参保 133389 万人。2023 年，全国基本医疗保险（含生育保险）基金总收入 33501.36 亿元，全国基本医疗保险（含生育保险）基金总支出 28208.38 亿元，2023 年统筹基金当期结存 5039.59 亿元，累计结存 33979.75 亿元。

1. 职工基本医疗保险运行情况

参保人数。截至 2023 年 12 月 31 日，职工医保参保 37095 万人，比 2022 年增加 852 万人，增长 2.3%，其中，在职职工 27099 万人，比 2022 年增长 1.9%；退休职工 9996 万人，比 2022 年增长 3.7%，在职退休比为 2.71（见图 1）。

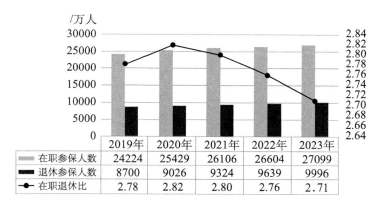

	2019年	2020年	2021年	2022年	2023年
在职参保人数	24224	25429	26106	26604	27099
退休参保人数	8700	9026	9324	9639	9996
在职退休比	2.78	2.82	2.80	2.76	2.71

图 1　2019—2023 年职工医保参保人员结构

企业、机关事业、灵活就业等其他人员参保人数（包括在职职工和退休人员）分别为 24367 万人、6668 万人、6060 万人。职工医保统账结合和单建统筹参保人数分别为 34525 万人、2569 万人。

基金收支。2023 年，职工医保基金（含生育保险）收入 22931.65 亿元，比 2022 年增长 10.3%。基金（含生育保险）支出 17750.73 亿元，比 2022 年增长 16.4%。2023 年，职工医保统筹基金（含生育保险）收入 16580.30 亿元，比 2022

---

① 《2023 年全国医疗保障事业发展统计公报》，https://www.nhsa.gov.cn/art/2024/7/25/art_7_13340.html。

年增长 26.0%；统筹基金（含生育保险）支出 11652.77 亿元，比 2022 年增长 21.9%；统筹基金（含生育保险）当期结存 4927.53 亿元，累计结存（含生育保险）26316.05 亿元。2023 年，职工医保个人账户收入 6351.35 亿元，个人账户支出 6097.95 亿元，个人账户当期结存 253.39 亿元，累计结存 13954.21 亿元。

待遇享受。2023 年职工参保人员待遇享受人次较快增长，达 25.3 亿人次，比 2022 年增长 20.2%。其中，普通门急诊 21.8 亿人次，门诊慢特病 2.7 亿人次，住院 0.8 亿人次。此外，享受药店购药 23 亿人次（见图 2）。

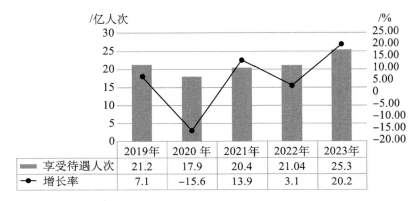

/亿人次	2019年	2020 年	2021年	2022年	2023年
享受待遇人次	21.2	17.9	20.4	21.04	25.3
增长率	7.1	−15.6	13.9	3.1	20.2

图 2 2019—2023 年职工医保享受待遇人次

2023 年，职工医保参保人员住院率 21.86%。其中，在职职工住院率为 11.93%，退休人员住院率为 49.02%。次均住院费用为 12175 元，其中，在三级、二级、一级及以下医疗机构（含未定级）的次均住院费用分别为 14586 元、8665 元、6310 元。次均住院床日 9.8 天（见图 3）。

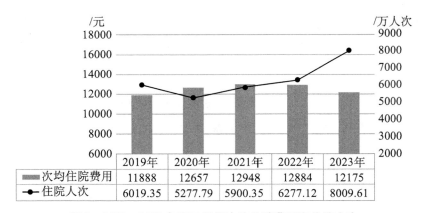

/元	2019年	2020年	2021年	2022年	2023年
次均住院费用	11888	12657	12948	12884	12175
住院人次	6019.35	5277.79	5900.35	6277.12	8009.61

图 3 2019—2023 年职工医保次均住院费用和住院人次

2023 年职工医保参保人员医药总费用 19879.79 亿元，比 2022 年增长 21.3%，其中，在医疗机构发生 17408.48 亿元，在药店发生 2471.31 亿元。医疗机构发生费用中，在职职工医疗费用 7501.76 亿元，退休人员医疗费用 9906.71 亿元。职工医保住院费用目录内基金支付比例 84.6%，三级、二级、一级及以下医疗机构支付比例分别为 83.5%、87.4%、89.4%。

2. 城乡居民基本医疗保险基本情况

参保人数。截至 2023 年底，城乡居民基本医疗保险（以下简称居民医保）参保 96294 万人。

基金收支。2023 年，居民医保基金收入 10569.71 亿元，支出 10457.65 亿元，当期结存 112.06 亿元，累计结存 7663.70 亿元（见图 4）。

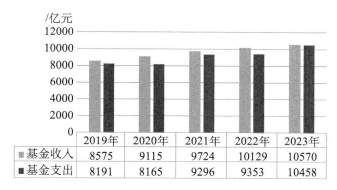

/亿元	2019年	2020年	2021年	2022年	2023年
基金收入	8575	9115	9724	10129	10570
基金支出	8191	8165	9296	9353	10458

图 4　2019—2023 年居民医保基金收支情况

待遇享受。2023 年，参加居民医保人员享受待遇 26.1 亿人次，比 2022 年增长 21.1%。其中，普通门急诊 20.8 亿人次，门诊慢特病 3.4 亿人次，住院 2 亿人次。次均住院费用 7674 元，其中，在三级、二级、一级及以下医疗机构（含未定级）的次均住院费用分别为 12765 元、6205 元、2943 元。居民医保参保人员住院率为 20.7%，次均住院床日 8.8 天（见图 5、见图 6）。

2023 年，居民医保参保人员医药费用 19581.56 亿元，其中，在医疗机构费用 19426.97 亿元，在药店购药费用 154.59 亿元。比 2022 年增长 19.4%。居民医保住院费用目录内基金支付比例 68.1%，三级、二级、一级及以下医疗机构支付比例分别为 63.2%、72.4%、80.8%。

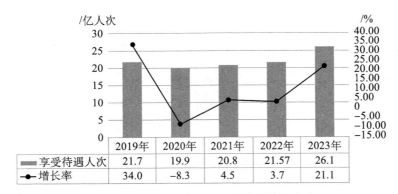

图 5　2019—2023 年居民医保享受待遇人次

	2019年	2020年	2021年	2022年	2023年
享受待遇人次	21.7	19.9	20.8	21.57	26.1
增长率	34.0	−8.3	4.5	3.7	21.1

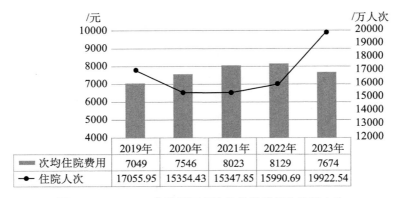

图 6　2019—2023 年居民医保次均住院费用和住院人次

	2019年	2020年	2021年	2022年	2023年
次均住院费用	7049	7546	8023	8129	7674
住院人次	17055.95	15354.43	15347.85	15990.69	19922.54

3. 生育保险基本情况

2023 年，全国参加生育保险 24903 万人，比 2022 年增加 282 万人。从 2023 年起，进一步规范统一生育保险待遇享受统计口径，将产前检查、计划生育人次纳入生育保险待遇统计，享受各项生育保险待遇 2834 万人次，比 2022 年增加 1065 万人次，增长 60.2%。生育保险基金支出 1177.23 亿元。（见图 7）

	2019年	2020年	2021年	2022年	2023年
参加生育保险人数	21417	23567	23752	24621	24903
生育保险待遇享受人次	1136.4	1167	1321	1769	2834

图 7　2019—2023 年参加生育保险人数和待遇享受人次

（三）医疗救助和医保扶贫情况

2023 年，全国医疗救助支出 746 亿元，医疗救助基金资助 8020 万人参加基本医疗保险，实施门诊和住院救助 15340 万人次，全国次均住院救助、门诊救助分别为 1241 元、132 元。[①] 2023 年，中央财政安排医疗救助补助资金 297 亿元。（见图 8）全国纳入监测范围农村低收入人口参保率稳定在 99％以上。各项医保综合帮扶政策惠及农村低收入人口就医 1.86 亿人次，减轻农村低收入人口医疗费用负担 1883.5 亿元。

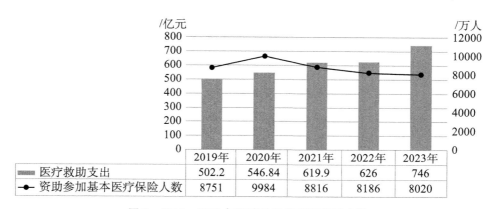

	2019年	2020年	2021年	2022年	2023年
医疗救助支出	502.2	546.84	619.9	626	746
资助参加基本医疗保险人数	8751	9984	8816	8186	8020

图 8　2019—2023 年医疗救助支出和资助人数

（四）医保药品目录情况

《国家基本医疗保险、工伤保险和生育保险药品目录（2023 年）》收载西药和中成药共 3088 种，其中，西药 1698 种，中成药 1390 种，另目录含中药饮片 892 种。2023 年调整中新纳入药品 126 种（见图 9）。自 2018 年国家医保局成立以来，连续 6 年开展医保药品目录动态调整，累计 744 种药品新增进入目录范围。2023 年，协议期内谈判药品报销 2.4 亿人次，通过谈判降价和医保报销，当年累计为患者减负近 2300 亿元。

（五）药品耗材集中采购和医药价格治理情况

2023 年，开展第八批、第九批国家组织药品集采，涉及 80 种药品，平均降价 57％。开展第四批国家组织人工晶体及运动医学类耗材集采，平均降价 70％。截至 2023 年底共开展九批国家组织药品集采，覆盖 374 种药品，开展四批国家组织高值医用耗材集采，覆盖冠脉支架、人工关节、骨科脊柱类耗材、人工晶体和运动医学类耗材等大类。

---

① 　不含其他部门资助参保人数。

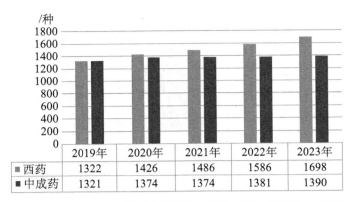

图 9　2019—2023 年版国家医保药品目录收载的西药和中成药

2023 年，启动挂网药品价格治理，开展统一挂网药品价格数据信息规范工作。监测国家短缺药品清单和国家临床必需易短缺药品重点监测清单药品价格和配送情况，提取 256 条异常高价和 182 条异常配送信息，督促企业主动纠正异常高价 275 次。强化药品价格常态化管理监督，约谈相关医药企业 23 家，涉及 30 个品种，约谈药品平均降价超 40%。有序推进医疗服务价格改革试点，指导 5 个试点城市开展首轮调价。稳步加快医疗服务价格动态调整，指导 28 个具备条件的省份开展调价工作。指导各省医保局加快审核新增医疗服务价格项目，全年各省新增医疗服务价格项目合计达到 1900 余项。

（六）医保支付改革情况

截至 2023 年底，全国 384 个统筹地区开展了按病组和病种分值（DRG/DIP）付费，其中，开展 DRG 付费的城市 190 个，开展 DIP 付费的城市 192 个，天津、上海两个直辖市 DRG 和 DIP 并行付费。

（七）异地就医情况

2023 年，全国普通门急诊、门诊慢特病及住院异地就医 2.43 亿人次，其中，职工医保异地就医 1.61 亿人次（包括省内异地就医 1.01 亿人次，省外异地就医 0.6 亿人次），居民医保异地就医 8214.36 万人次（包括省内异地就医 5196.78 万人次，省外异地就医 3017.58 万人次）。全国普通门急诊、门诊慢特病及住院异地就医费用 7111 亿元，其中，职工医保异地就医费用 2806.5 亿元，居民医保异地就医费用 4304.5 亿元（见图 10）。

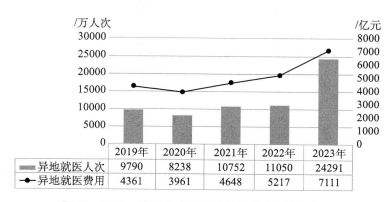

图 10　2019—2023 年全国异地就医人次和就医费用

（八）医疗保障基金监管、协议管理情况

2023 年，全国医保系统共检查定点医药机构 80.2 万家，处理违法违规机构 45.1 万家，其中，解除医保服务协议 4176 家，行政处罚 20586 家，移交司法机关 367 家；处理违法违规人员 32690 人，其中，暂停医疗费用联网结算 4883 人，移交司法机关 1399 人。2023 年，追回医保基金 186.5 亿元。2023 年，国家医保局组织飞行检查 34 组次，检查定点医疗机构 66 家、医保经办机构 32 家，查出涉嫌违法违规资金 9.2 亿元。被检查的医药机构中通过协议处理拒付及追回资金 134.07 亿元，收取违约金 14.47 亿元。拒付或追回资金涉及定点医药机构 19.87 万家。

（九）长期护理保险试点运行情况

2023 年，49 个试点城市参加长期护理保险人数共 18330.87 万人，享受待遇人数 134.29 万人（见图 11）。2023 年基金收入 243.63 亿元，基金支出 118.56 亿元（见图 12）。长期护理保险定点服务机构 8080 家，护理服务人员 30.28 万人。

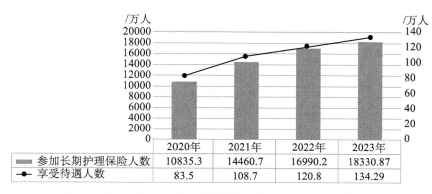

图 11　2020—2023 年参加长期护理保险人数和享受待遇人数

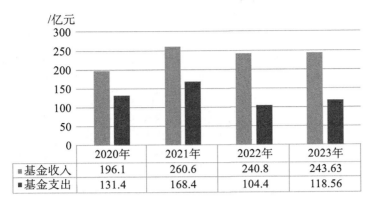

图 12　2020—2023 年长期护理保险基金收支情况

二、2023 年医疗保障制度体系建设研究综述

2023 年，理论界围绕医疗保障制度体系建设的研究热度有所降低，围绕医药集采、支付方式改革等专项工作开展研究有所增长，以"医疗保障""医疗保险""医保制度""医药集中采购""医保支付方式"为检索词的学术论文统计信息，具体如表 1 所示。

表 1　2023 年"医疗保障"相关文献检索统计表

数据库名称	收录时间	覆盖期刊	检索词	检索方式/篇				
				篇名	关键词	摘要	全文	主题
中国知网	2023 年 1 月—12 月	所有期刊	医疗保障	500	550	1692	20850	1779
			医疗保险	548	530	2183	57642	2710
			医保制度	17	34	143	1839	112
			医药集中采购	16	1	158	13962	65
			医保支付方式	77	56	569	14266	178

笔者围绕"多层次医疗保障制度建设"重点分析其中的三篇论文，浅析 2023 年我国医保制度建设和改革的方向、思路和举措。

（一）医疗保障制度建设方向：中国式现代化与多层次医疗保障体系建设

郑功成在《中国式现代化与多层次医疗保障体系建设》一文中指出，我国建构多层次医疗保障体系必须厘清不同层次制度安排的功能定位和轻重缓急：在第一层次应充分发挥有为政府的作用，第二层次应充分发挥有效市场的功能，第三层次则应尽展社会向善的力量。当前我国医疗保障多层次的轮廓已经呈现，但不能称之为体系化，主要原因有三点：一是法定医疗保障尚未成熟，多层次医疗保障体系主体性制度安排基石不稳。二是不同层次医疗保障制度之间存在功能紊乱现象，对各自发展明显不利。三是不同层次医疗保障之间缺乏有序衔接，弱化了多层次医疗保障体系的综合效能。建构多层次医疗保障体系，需要健康的医疗服务与医药供应系统相协调，需要依据其功能定位厘清不同层次制度安排的地位与作用，在政策上分清轻重缓急精准施策，在实践中厘清主次分类推进。总体的政策取向应当是加快优化法定医疗保险制度并使之定型，同时精准支持商业健康保险，有效对接慈善医疗，以法定医保制度主导的多层次医保体系来满足全体人民的多层次医保需要，进而向健康中国稳步迈进。具体的实践路径则应当是在有序协调的条件下，让不同层次的医疗保障分层推进，做到各循其道、各显其长、各尽其责。一是法定医疗保障制度需要尽快走向成熟、定型，并快速提升其统筹保障能力，为解除全体人民疾病医疗后顾之忧提供清晰、稳定的安全预期。二是着力促进商业健康保险发展，让其真正满足中高收入阶层对更高水平医疗保障与健康提升的需要。三是将慈善医疗真正纳入多层次医疗保障体系建设范畴，与法定医疗保障实现有机衔接。此外，还应当为多层次医疗保障体系建设创造良好的环境。切断医疗服务收费与医院自身利益、医生个人收益之间的链条，让公立医院真正成为"治病救人"的公益性医疗服务机构；完善药品、医用耗材价格谈判与集中带量采购政策，让药品价格、医用耗材价格回归到正常、合理区间。[①]

（二）医疗保障制度建设思路：高质量发展视角下的我国医疗保障制度分析

朱坤、施文凯、张璐莹、张小娟在《高质量发展视角下的我国医疗保障制度分析》一文中指出，医保制度高质量发展的内涵至少应包括三个方面：一是医保制度自身的高质量发展，既要体现《中共中央 国务院关于深化医疗保障制度改革的意见》提出的四个方面要求（待遇保障机制、筹资运行机制、医保支付机制和基金监管机制），又要适应就业形态（平台经济和灵活就业人口增加）和人口流动变化趋

---

① 郑功成：《中国式现代化与多层次医疗保障体系建设》，《学术研究》2023 年第 9 期。

势；二是医保制度作为医改的重要组成部分，要实现与医疗、医药的协同发展；三是医保制度作为社会保障制度的组成部分，要体现二次分配的功能。推动我国医疗保障制度高质量发展的政策建议：一是推动强制参保，强化基本医疗保险的社会保险属性。二是合理划分医保筹资的各方责任，强化个人筹资责任。三是推动医保基金管理从纵向积累向现收现付转变，提高基金使用效率。四是加快建立多层次医疗保障筹资机制，提升待遇水平。五是加强就医管理，促进分级诊疗制度落地。六是探索以费率为基础的统一的基本医疗保险制度，发挥医保的二次分配作用。[①]

（三）医疗保障制度建设举措：按病种分值付费

应亚珍在《按病种分值付费：理论探索与实践思考》一文中指出，医保在与医疗、医药协同发展治理中，面临诸多重大挑战：一是从医保制度运行现状来看，最为突出的挑战是筹资条件的变化和解决保障不平衡、不充分的压力。二是从医保制度特性来看，其制度价值并不仅仅在于维持基金的收支平衡，而是要以战略购买者的身份，为参保人购买有价值的医疗服务和医药产品；不仅仅是为参保人分担医药费用，更要促使医疗服务规范诊疗，让参保人获得有品质的医疗服务。三是医药服务供给侧具有规模扩张的内驱力。四是人口老龄化、高龄化导致对医疗服务需求的更快增长，以及对医疗服务能力、质量的更高要求，伴随着新药、新材料、新技术、新设备的快速增加和应用，医药费用上升也成为必然趋势。DIP是利用大数据优势建立的医保支付管理体系，核心特征在于既源于临床实际，基于临床真实世界，反映病种的诊断、操作及资源消耗共性特征，又借助大数据予以必要的校正，并以此主导支付体系的完整构建。其优势在于：一是以病种为付费和管理评价单元，比项目更具整体性。二是按病种打包付费，有效防范医疗服务供给方过度提供部分项目。三是实现各病种的治疗方式、资源消耗等在纵向、横向维度更具可比性，有利于医保、医院各方改进管理。医保高质量发展需要系统集成、协同高效。支付方式改革要取得预期成效，需要与医疗服务供给侧协同治理，也需要与医保待遇保障政策、医疗服务项目价格、药耗集采等改革协同发力。此外，还要关注医保

---

① 朱坤、施文凯、张璐莹、张小娟：《高质量发展视角下的我国医疗保障制度分析》，《卫生经济研究》2023年第12期。

统筹层次调整、区域医疗中心建设等重大环境变化，还要探索门诊支付方式改革、医共体下的付费方式搭配、跨区域支付方式推进等拓展与融合。DIP付费方式及各项关键技术，还要在理论与实践的互动中不断完善、深化运用、发挥价值。[①]

三、展望与分析：中国医疗保障制度建设的发展趋势

习近平总书记强调，要把人民健康放在优先发展的战略地位，深刻指出"我们建立全民医保制度的根本目的，就是要解除全体人民的疾病医疗后顾之忧"。2024年是中华人民共和国成立75周年，是全面实施"十四五"规划目标任务、全面建设社会主义现代化大都市的关键一年，医保工作要以习近平新时代中国特色社会主义思想为指导，坚持稳中求进工作总基调，坚定不移地走具有中国特色的医疗保障发展道路。笔者围绕制度体系、医药治理、管理服务等方面，提出几点展望与思考。

（一）制度体系方面

2020年中共中央、国务院发布的《关于深化医疗保障制度改革的意见》明确提出，"到2030年，全面建成以基本医疗保险为主体，医疗救助为托底，补充医疗保险、商业健康保险、慈善捐赠、医疗互助共同发展的医疗保障制度体系"。这为我们把握多层次医疗保障体系提供了基本依据。当前我国建立健全基本医疗保险、大病保险、医疗救助三重梯次减负的基本医疗保障制度，制定医保待遇清单，统一全国医保药品目录，推动全国范围内医保制度、政策和保障范围规范统一，较好地满足了人民群众多元化医疗保障需求。

2024年继续把全民参保作为战略着力点，进一步巩固拓展基本医保全民覆盖成果，研究健全参保长效激励约束机制，依法依规推进分类参保，重点实施精准参保扩面，用制度保证连续缴费的群众受益，保障全民参保。虽然我国基本医疗保险为主体，医疗救助为托底，补充医疗保险、商业健康保险、慈善捐赠、医疗互助等共同发展的多层次医疗保障制度框架基本形成，但是与人民群众日益增长的医疗健

---

① 应亚珍：《按病种分值付费：理论探索与实践思考》，《中国医疗保险》2023年第5期。

康需求相比还有差距。一方面，医保有限的筹资水平与人民群众无限的医疗需求相矛盾；另一方面，医保制度相对统一与地域性医保需求差异相矛盾，同时，医保支付范围相对稳定，也无法很好适应医疗技术水平飞速发展。这就要求我们要不断完善多层次医疗保障体系，强化三重制度梯次减负功能，积极发展商业医疗保险，促进各类医疗保障互补衔接，精准减轻大病患者医疗费用负担。

同时，应继续巩固拓展医保脱贫攻坚成果，做好困难群众资助参保和医疗救助工作。长期护理保险制度作为"第六险"，试点期间就饱受关注，2024年，应在着力构建长期护理保险制度政策框架上再下功夫，围绕长期护理保险的覆盖范围、筹资标准、待遇支付、经办管理、审核监督等方面，协同促进长期照护服务体系建设，探索建立互助共济、责任共担的多渠道筹资机制，探索将城乡居民纳入长护险服务保障范围，更好地适应我国经济社会发展水平和老龄化发展趋势，满足人民群众"老有所医""老有所护"的新期待。

（二）医药治理方面

医药服务管理工作是多层次医疗保障制度体系的重要支撑，是保障医保制度平稳安全可持续运行的关键所在。

2023年，我们严把定点机构入口关，规范定点退出机制，探索医保定点资源规划、优化定点评估和协商谈判机制等工作。2024年，应着眼于更好发挥医保在"三医"协同中的基础性作用，持续抓好制度、管理、服务等关键环节的改革思路谋划、任务落实。通过总额预算、协议管理、绩效考核等多种管理手段，加强两定机构协议管理，促进区域医疗服务资源供给和医保基金支撑能力相匹配，引导两定机构公平竞争、规范诊疗、健康发展。

2023年，我们进一步扩大医保药品目录范围，推动将辅助生殖技术纳入医保，探索建立医用耗材目录管理制度，提升参保群众获得感、幸福感。2024年，应更加科学合理调控医保支付范围，强化医药、医耗产品管理，进一步加强民族药、医院制剂、中药饮片等医保支付管理工作。继续开展新批次国家组织药品耗材集采，做好集采中选品种协议期满接续，推进挂网药品价格专项治理。发挥医保赋能医药产业创新发展作用，支持创新药良性竞争，支持临床新药耗技术应用，增强医保对医药服务领域激励约束作用，提高基金使用效能。

目前，各省医疗服务项目、医用耗材报销范围差异较大，立项标准、项目内涵、价格等无法进一步规范统一。2024 年，应进一步深化医疗服务价格改革和管理，合理调整医疗服务项目价格，强化全国医疗服务项目技术规范的应用，健全医用耗材管理制度，做好大型检查检验设备价格治理等工作。

同时，还有一项数据需要重点关注，《2023 年全国医疗保障事业发展统计公报》显示，2023 年我国职工医保参保人员住院率达到 21.86％，居民医保参保人员住院率达到 20.7％；《2023 年我国卫生健康事业发展统计公报》显示，2023 年我国居民年住院率达到 21.4％，然而国际平均住院率通常低于 15％。人口老龄化是造成住院率偏高的因素之一，但医疗机构快速扩张和医疗服务供给侧改革，也会形成高住院率趋势，高住院率对医保基金安全和制度可持续发展带来的挑战不容小觑，需要源头治理、系统施治。2024 年，我们应着眼于加强和规范医疗服务行为管理，在更好地发挥医保支付对医疗卫生资源配置总量和结构的杠杆作用，引导医疗机构主动控制成本、主动规范行为、主动优化流程的基础上，加强与卫生、市场监管等部门的协同，引导医疗机构在临床实践中贯彻精细化管理理念，注重规范疾病诊疗行为，提高医保基金使用效率，更好达到医保赋能医疗机构高质量发展的效果。

（三）管理服务方面

习近平总书记强调"让人民群众在信息化发展中有更多获得感、幸福感、安全感"，总书记的重要指示为医保信息化发展指明了方向，提供了根本遵循。近年来，我国医疗保障信息化、标准化建设取得突破，医疗保障信息国家平台建成并投入使用，"医保码"应用更加广泛。

笔者认为，2024 年应在信息平台建设方面有新的思路和观点：一方面应该做实参保数据库，为每名参保人员建立个人健康档案，做好个人权益和医疗记录，真正做到服务一生、保障一生；另一方面，应加强平台对业务的支撑与保障，提升医保标准化、精细化管理水平。以现有 DRG/DIP 分组方案为例，我们虽然实现了从"按项目付费"向"按病种病组付费"转变，实现了从"后付制"向"预付制"转变，实现了从手工审核向大数据运用转变，但客观上仍存在分组方式不够精细、医疗机构规范诊疗动力不足、群众就医体验不佳等问题，需要我们进一步优化医保按病种、按病组付费的技术标准和配套政策，重点解决特例单议、阈值调节、协商谈判、数据收集等方面的难点问题，建立 DRG/DIP 付费的动态调整机制，这就需要平台提供强大的数据支持和分析应用能力。

在公共服务方面，2023 年，国务院公布了《社会保险经办条例》，国家医保局先后发布 16 项便民举措和《全国医疗保障经办政务服务事项清单（2023 年版）》，将医保经办服务提升到新的水平。笔者认为，2024 年是医保数字化转型关键时期，也是推进医保经办全流程数字化服务的有利契机，尤其是《社会保险经办条例》对构建全国统一医保经办服务体系作出部署要求，我们应从服务思维和服务理念开始转变，变"群众跑腿"为"数据跑路"，提高医保政务服务事项线上的可办率，打造"15 分钟医保服务圈"，将医保高频服务事项下放至乡镇（街道）、村和社区来办理，方便群众就近办、身边办。

医保基金是人民群众的"看病钱""救命钱"。近年来，医保基金监管形势越发严峻，监督管理手段更加严格，2023 年国务院办公厅发布了《关于加强医疗保障基金使用常态化监管的实施意见》，将医保基金使用监管上升到新的高度。2024 年，应进一步强化基金监管高压态势，通过日常检查、协议管理、审核拒付、监督检查等多种手段，采取现场检查与非现场检查相结合的方式，加大打击欺诈骗保的力度。联合多部门聚集重点领域开展专项治理，结合医药领域腐败问题治理和整治工作，做好药品追溯码全程溯源，切实发挥好"以查促改"作用。

四、报告要点

本报告重点对 2023 年中国医疗保障制度体系建设和研究情况，以及重点工作任务和重大改革事项的进展情况进行了系统的梳理，在此基础上，对中国医疗保障制度体系建设中需要重点关注的问题和趋势性的发展方向进行了简要分析。报告要点总结如下：

2023 年，我国基本医疗保险覆盖人群进一步扩大，基本医保基金收支相当。 2023 年全国基本医疗保险参保 13.34 亿人。2023 年，全国基本医疗保险（含生育保险）基金总收入 33501.36 亿元，全国基本医疗保险（含生育保险）基金总支出 28208.38 亿元，2023 年统筹基金当期结存 5039.59 亿元，累计结存 33979.75 亿元。

2023 年，全国医疗保障工作实现管理服务提质增效，医保制度运行总体平稳，群众待遇巩固完善，基金运行安全可持续。在制度体系方面，全民参保工作稳步推进，待遇水平巩固提高，支付方式改革有序开展，监管体系更加健全，定点医药机构管理更加规范，长护险制度不断健全。在医药管理方面，年内开展两批 80 种药品国家集采，平均降价 57%。开展人工晶体和运动医学类耗材集采，平均降价 70%。开展口腔种植医疗服务收费和耗材价格专项治理。新版目录内药品新增 126 种。在管理服务方面，飞行检查更加规范，医保服务更加便民，经办管理更加规范，"医保码"应用更加广泛。

出台各项制度办法，确保我国医保事业健康发展。2023 年 3 月，国家医保局发布《医疗保障基金飞行检查管理暂行办法》，为进一步规范飞行检查提供重要制度保障。5 月，国务院办公厅发布《关于加强医疗保障基金使用常态化监管的实施意见》，加快构建权责明晰、协同发力、系统集成、法治高效的医保基金使用常态化监管体系。6 月，国家医保局发布《关于实施医保服务十六项便民措施的通知》，医保服务"网上办"，变"群众跑腿"为"数据跑路"，依托数字赋能，让医保服务更精细、高效。8 月，国务院公布《社会保险经办条例》，在简化流程便捷办理、补齐短板优化服务、维护医保基金安全等方面作了规范。11 月，第二届 CHS-DRG/DIP 支付方式改革大会在北京召开，主题为"支付改革全面推进　医保医疗高效协同"。2023 年，全国医保码用户超过 10 亿人，31 个省区市和新疆生产建设兵团均已支持医保码就医购药，超过 80 万家定点医药机构接入医保码。

2024 年，应继续把全民参保作为战略着力点，进一步巩固拓展基本医保全民覆盖成果，研究健全参保长效激励约束机制，保障全民参保。继续巩固拓展医保脱贫攻坚成果，做好困难群众资助参保和医疗救助工作。着力构建长期护理保险制度政策框架，探索将城乡居民纳入长护险服务保障范围，满足人民群众"老有所医""老有所护"的新期待。继续深化医疗服务价格改革和管理，扩大医药集采范围，加强中选药品应用，发挥药品价格治理效能。加强医保信息化、标准化建设，建立一人一档一库，健全 DRG/DIP 分组动态调整机制，加强医保规范治理能力和水平。提高医保政务服务事项线上的可办率，推动医保服务变"群众跑腿"为"数据跑路"，打造"15 分钟医保服务圈"。严厉打击欺诈骗保行为，加强部门联动、协同配合，开展药品追溯码溯源，加强事前提醒和事中审核、事后监管，守住人民群众的"看病钱""救命钱"。

（作者单位：天津市医疗保障局）

公共文化服务体系建设研究报告

王雪丽

健全现代公共文化服务体系是党的二十大明确提出的重要任务，也是习近平文化思想的重要内容。2023 年 7 月和 9 月，习近平总书记在江苏、浙江考察时，两次对公共文化服务体系建设与发展作出重要指示，为新时代公共文化事业发展指明了方向。本报告系统梳理了 2023 年公共文化服务体系建设领域的实践情况与科研成果，为全面推进公共文化服务体系高质量发展提供有益参考。

一、2023 年公共文化服务体系建设情况梳理

报告从公共文化服务政策和建设数据两个方面对 2023 年度公共文化服务体系建设领域的情况进行梳理。

（一）2023 年公共文化服务体系建设相关政策

2023 年，文化和旅游部加快推进现代公共文化服务体系建设，提升乡镇综合文化站服务效能，推动新型公共文化空间建设，推进全国智慧图书馆体系和公共文化云项目建设，进一步推动落实基本公共文化服务标准。国家部委层面相继出台了系列政策。（见表 1）

2023 年 1 月 6 日，商务部、文化和旅游部、国家市场监管总局、国家文物局、国家知识产权局联合印发《中华老字号示范创建管理办法》的通知。通知要求，立足新发展阶段，完整、准确、全面贯彻新发展理念，促进老字号创新发展，充分发挥老字号在商贸流通、消费促进、质量管理、技术创新、品牌建设、文化传承等方面的示范引领作用，服务构建以国内大循环为主体、国内国际双循环相互促进的新发展

格局。2023 年 2 月 17 日，文化和旅游部印发《关于推动非物质文化遗产与旅游深度融合发展的通知》。通知从重点任务和组织实施两个方面对推动非物质文化遗产与旅游深度融合发展工作作出明确部署。

为深入实施乡村振兴战略，全面推进乡村文化振兴，2023 年 2 月 6 日，文化和旅游部办公厅、农业农村部办公厅、国家乡村振兴局综合司联合发布《关于印发〈"大地欢歌"全国乡村文化活动年工作方案〉的通知》，要求各地相关部门结合实际，充分发挥各自优势，加强协同配合，组织发动农民群众广泛参与。2023 年 3 月 15 日，文化和旅游部办公厅印发《关于开展"四季村晚"活动的通知》，鼓励引导具备条件的乡村在农闲期间开展村民自编自导、自演自赏的"村晚"，生动呈现乡村振兴的丰硕成果，促进文旅融合，激发新时代乡村振兴的文化活力。2023 年 8 月 28 日，为进一步强化乡镇综合文化站在乡村文化建设和基层治理中的阵地作用，文化和旅游部办公厅印发了《关于持之以恒推动乡镇综合文化站创新发展的实施方案》的通知，要求各地进一步优化基层文化资源配置，广泛组织乡村品牌文化活动，充分发挥乡镇综合文化站阵地作用，加强基层文化队伍建设。

为规范文化和旅游标准化工作，发挥标准对文化和旅游高质量发展的引领和支撑作用，根据《中华人民共和国标准化法》及相关规定，文化和旅游部于 2023 年 2 月 21 日印发《文化和旅游标准化工作管理办法》的通知。通知明确了文化和旅游部科技教育司归口管理文化和旅游标准化工作，并对文化和旅游标准化工作应当遵循的原则、机构职责、标准制定、实施、监督等内容作出规定。2023 年 6 月 29 日，文化和旅游部发布了《非物质文化遗产数字化保护　数字资源采集和著录》系列行业标准的公告。该系列标准包括总则、民间文学、传统音乐、传统舞蹈、传统戏剧、曲艺、传统体育、游艺与杂技、传统美术、传统技艺、传统医药、民俗等部分，上述标准自 2023 年 9 月 29 日起实施。

2023 年 5 月 6 日，文化和旅游部、国家民委联合印发《"春雨工程"——文化和旅游志愿服务边疆行计划实施方案》的通知。通知要求，要紧密结合各地各单位对口支援、定点帮扶、东西部协作、旅游促进各民族交往交流交融计划等现有政策和工作机制，采取"走出去＋请进来"等方式，支持各地与边疆民族地区建立结对合作机制，确定一批重点志愿服务结对合作项目，推动优质文化和旅游资源以志愿、公益的形式向边疆民族地区流动，实现从"送文化"到"种文化"再到"兴文化"，扎实推进"文化润疆"等重大工程落地生根，助力边疆民族地区文化和旅游高质量发展，促进各民族广泛交往、全面交流、深度交融。

2023 年 10 月 23 日，财政部、税务总局、中央宣传部联合发布《关于延续实施文化体制改革中经营性文化事业单位转制为企业有关税收政策的公告》。公告对经营性文化事业单位转制为企业可以享受的税收优惠政策和适用条件等作出明确规定。

2023 年 10 月 26 日，中央宣传部、文化和旅游部、国家文物局等十三部门联合印发《关于加强文物科技创新的意见》的通知。通知要求，要认真学习贯彻习近平总书记关于文物工作的重要论述，围绕落实科教兴国战略、人才强国战略、创新驱动发展战略，着眼建设文化强国、推动文物事业高质量发展，坚持新时代文物工作方针，坚持问题导向和目标导向相统一，以文物科技创新能力提升为核心，以平台建设和重大项目为抓手，以文博单位、高校、科研院所等为依托，集中资源培育行业中坚力量，统筹加强人才培养和基础条件建设，破除体制机制障碍，为保护文物、延续文脉、繁荣文化提供科技支撑。

表 1 2023 年公共文化服务体系建设领域政策一览

序号	规范性文件名称	发布机构	发布时间
1	《关于印发〈中华老字号示范创建管理办法〉的通知》	商务部、文化和旅游部、国家市场监管总局、国家文物局、国家知识产权局	2023 年 1 月 6 日
2	《关于印发〈"大地欢歌"全国乡村文化活动年工作方案〉的通知》	文化和旅游部办公厅、农业农村部办公厅、国家乡村振兴局综合司	2023 年 2 月 12 日
3	《关于推动非物质文化遗产与旅游深度融合发展的通知》	文化和旅游部	2023 年 2 月 22 日
4	《关于印发〈文化和旅游标准化工作管理办法〉的通知》	文化和旅游部	2023 年 2 月 21 日
5	《关于开展"四季村晚"活动的通知》	文化和旅游部办公厅	2023 年 3 月 15 日
6	《关于印发〈"春雨工程"——文化和旅游志愿服务边疆行计划实施方案〉的通知》	文化和旅游部、国家民委	2023 年 5 月 9 日
7	《关于印发〈非物质文化遗产数字化保护 数字资源采集和著录〉系列行业标准的公告》	文化和旅游部	2023 年 6 月 29 日

续表

序号	规范性文件名称	发布机构	发布时间
8	《关于印发〈关于持之以恒推动乡镇综合文化站创新发展的实施方案〉的通知》	文化和旅游部办公厅	2023年9月6日
9	《关于延续实施文化体制改革中经营性文化事业单位转制为企业有关税收政策的公告》	财政部、税务总局、中央宣传部	2023年10月26日
10	《关于印发〈关于加强文物科技创新的意见〉的通知》	中央宣传部、文化和旅游部、国家文物局等十三部门	2023年11月10日

（二）2023年公共文化服务体系建设主要数据

2023年公共文化服务体系建设惠及更多群众。基层文化馆、图书馆分馆和服务点数量超10万个；各类新型公共文化空间超3.35万个；在贵州举办的"广场舞之夜"带动全国举办广场舞活动超2.4万场；曾经独属于春节的"村晚"变为"四季村晚"，参与人次约1.3亿。① 公共文化服务体系建设领域的一系列"硬核"数据，进一步彰显了新时代以来我国公共文化服务领域高质量发展的强大实力。

2023年，全国文化和旅游事业费达1280.4亿元，比上年增加78.6亿元，同比增长6.5%；全国人均文化和旅游事业费90.8元，比上年增加5.7元，同比增长6.7%。文化和旅游事业费占财政总支出的比重为0.47%，比上年提高0.01个百分点。② 全国文化和旅游事业费中，县以上文化和旅游事业费597.6亿元，占比为46.7%，比重比上年提升了1.5个百分点；县及县以下文化和旅游事业费682.7亿元，占比为53.3%，比重比上年下降了1.5个百分点。东部地区文化和旅游事业费560.0亿元，占比为43.7%，比重比上年下降了1.4个百分点。中部地区文化和旅游事业费324.1亿元，占比为25.3%，比重比上年提高了0.1个百分点。西部地区文化和旅游事业费367.4亿元，占比为28.7%，比重比上年提高了1.4个百分点（见图1、表2）。③

---

① 刘江伟：《行进中国的文化新风景——2023年文化发展述评》，《光明日报》2023年12月30日。
② 《2023年文化和旅游发展统计公报》，https://zwgk.mct.gov.cn/zfxxgkml/tjxx/202408/t20240830_954981.html。
③ 《2023年文化和旅游发展统计公报》，https://zwgk.mct.gov.cn/zfxxgkml/tjxx/202408/t20240830_954981.html。

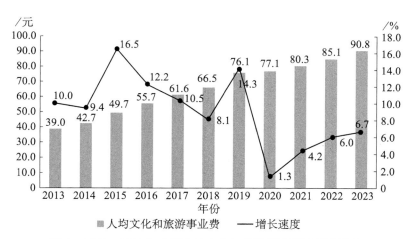

图1 2013—2023 年全国人均文化和旅游事业费及增速情况

表2 2000—2023 年全国文化和旅游事业费按城乡和区域分布情况

项目		2000 年	2005 年	2010 年	2015 年	2020 年	2022 年	2023 年
总量/亿元	全国	63.2	133.8	323.1	686.0	1088.3	1201.8	1280.4
	县以上	46.3	98.1	206.7	352.8	501.0	544.3	597.6
	县及县以下	16.9	35.7	116.4	330.1	587.3	658.6	682.7
	东部地区	28.9	64.4	143.4	287.9	491.6	542.5	560.0
	中部地区	15.1	30.6	78.7	164.3	269.8	302.6	324.1
	西部地区	13.7	27.6	85.8	193.9	301.6	328.1	367.4
所占比重/%	全国	100.0	100.0	100.0	100.0	100.0	100.0	100.0
	县以上	73.4	73.3	64.0	51.7	46.0	45.2	46.7
	县及县以下	26.7	26.7	36.0	48.3	54.0	54.8	53.3
	东部地区	45.7	48.1	44.4	42.1	45.1	45.1	43.7
	中部地区	23.8	22.9	24.3	24.1	24.8	25.2	25.3
	西部地区	21.7	20.6	26.6	28.4	27.7	27.3	28.7

　　2023 年，全国共有公共图书馆 3246 个，从业人员 6.1 万人。全国公共图书馆实际使用房屋建筑面积 2259.6 万平方米，同比增长 7.7%；全国图书总藏量 14.4 亿册，同比增长 5.6%；阅览室座席数 168.0 万个，同比增长 8.3%。全国平均每万人公共图书馆建筑面积 160.3 平方米，比上年末增加 11.7 平方米；全国人均图书藏量 1.02 册，比上年末增加 0.06 册；全年全国人均购书费 1.6 元，与上年基本持平（见图 2）。① 开展了第七次全国县级以上公共图书馆评估定级工作，共评定一

---

　　① 《2023 年文化和旅游发展统计公报》，https://zwgk.mct.gov.cn/zfxxgkml/tjxx/202408/t20240830_954981.html。

级公共图书馆 1302 家、二级公共图书馆 680 家、三级公共图书馆 741 家。[①]

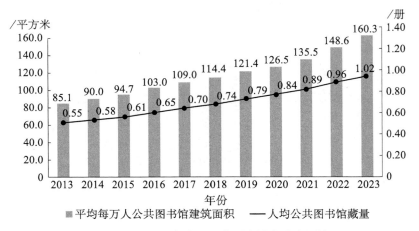

图 2　2013—2023 年全国公共图书馆人均资源情况

2023 年，全国共有群众文化机构 4.4 万个，从业人员 19.9 万人。全国群众文化机构实际使用房屋建筑面积 5631.6 万平方米，同比增长 7.8%。全国平均每万人群众文化设施建筑面积 399.5 平方米，同比增长 6.5%。[②]（见图 3）

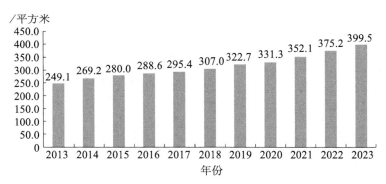

图 3　2013—2023 年全国平均每万人群众文化设施建筑面积

2023 年，全国群众文化机构共组织开展各类文化活动 412 万场，同比增长 53.5%；服务人次 183537 万人次，同比增长 91.6%。全国群众文化机构共有馆办文艺团体 9843 个，全年演出 14.9 万场，观众 10651.7 万人次。[③]（见表 3）

---

① 《2023 年文化和旅游发展统计公报》，https：//zwgk. mct. gov. cn/zfxxgkml/tjxx/202408/t20240830_954981. html。

② 《2023 年文化和旅游发展统计公报》，https：//zwgk. mct. gov. cn/zfxxgkml/tjxx/202408/t20240830_954981. html。

③ 《2023 年文化和旅游发展统计公报》，https：//zwgk. mct. gov. cn/zfxxgkml/tjxx/202408/t20240830_954981. html。

表3　2023年全国群众文化机构活动开展情况

项目	总量		同比增长/%	
	活动次数/万场次	服务人数/万人次	活动次数	服务人次
文艺活动	246	139298	54.0	103.7
训练班	135	10462	55.6	54.4
展览	25	32673	41.9	64.5
公益性讲座	6	1104	41.8	44.8
各项活动总计	412	183537	53.5	91.6

二、2023年公共文化服务体系建设研究综述

（一）专著发表与主要观点

2023年公共文化服务体系建设领域的专著研究范畴主要涉及公共文化服务高质量发展、公共文化政策、公共文化服务绩效评价、新型公共文化空间建设、数字公共文化服务、乡村公共文化服务体系建设等方面。（见图4）

表4　2023年公共文化服务体系建设代表性专著

序号	作者	专著名称	出版社	关注主题
1	中央文化和旅游管理干部学院	《公共文化服务高质量发展研究报告》	社会科学文献出版社	公共文化服务高质量发展
2	王凤姣等	《乡村公共文化服务高质量发展研究》	知识产权出版社	公共文化服务高质量发展
3	傅才武、陈庚	《中国公共文化政策研究实验基地观察报告（2022—2023）》	武汉大学出版社	公共文化政策
4	尚子娟	《公共文化服务绩效评价与体系构建》	社会科学文献出版社	公共文化服务绩效评价
5	唐晓睿	《新型公共文化空间培育与建设——以成都市为例》	四川大学出版社	新型公共文化空间建设
6	温泉	《"互联网＋"时代公共数字文化工程的服务模式转变研究》	首都师范大学出版社	数字公共文化服务
7	罗云川、祁艳	《公共数字文化资源共建共享模式研究》	中国旅游出版社	数字公共文化服务
8	任红梅	《农村公共文化服务供给改革研究》	中国经济出版社	乡村公共文化服务体系建设
9	孟祥林	《乡村公共文化服务研究——理论分析与实践探索》	经济科学出版社	乡村公共文化服务体系建设

公共文化服务高质量发展是满足广大人民群众精神文化需求的必然要求和文化强国建设的重要基础。中央文化和旅游管理干部学院编著的《公共文化服务高质量发展研究报告》，以"公共文化服务高质量发展"为主题，以实践创新为线索，全书由总报告、理论思考、研究报告和实践案例四部分组成，全景式呈现了我国公共文化服务发展的新情况、新做法和新经验。①

王凤娆等编著的《乡村公共文化服务高质量发展研究》一书，通过多途径调查剖析了乡村公共文化服务的供给需求现状、典型案例及其创新举措，最后基于调查结果分别阐述和提出了乡村公共文化服务高质量发展的态势和路径。②

傅才武和陈庚主编的《中国公共文化政策研究实验基地观察报告（2022—2023）》，立足于100家"国家公共文化政策研究实验基地"的观察数据，对近年来我国在公共文化发展、文化体制改革等方面的政策效应进行检视和评价，为了解我国基层公共文化改革发展的前沿与趋势提供了观察"窗口"，并为完善国家公共文化政策提供了实践支撑和理论支持。③

尚子娟在《公共文化服务绩效评价与体系构建》一书中，基于整体性治理理论，创新性地提出以治理要素为基础的公共文化服务体系 TSDEP 理论分析框架，尝试通过公共文化服务绩效评价的实证研究，科学、准确把握公共文化服务建设现状和存在的问题，对文化强国建设背景下公共文化服务的高质量发展具有重要的实践应用价值。④

新型公共文化空间的建设和发展，是推动城乡公共文化服务高质量发展的重要途径。唐晓睿在《新型公共文化空间培育与建设——以成都市为例》一书中，以中式美学视野，通过对新型公共文化空间的理论解读，探讨成都市新型公共文化空间的培育与建设问题。⑤

随着人工智能、大数据等数字技术的跨越式发展，公共数字文化服务日益成为

① 中央文化和旅游管理干部学院：《公共文化服务高质量发展研究报告》，社会科学文献出版社 2023 年版。
② 王凤娆等：《乡村公共文化服务高质量发展研究》，知识产权出版社 2023 年版。
③ 傅才武、陈庚：《中国公共文化政策研究实验基地观察报告（2022—2023）》，武汉大学出版社 2023 年版。
④ 尚子娟：《公共文化服务绩效评价与体系构建》，社会科学文献出版社 2023 年版。
⑤ 唐晓睿：《新型公共文化空间培育与建设——以成都市为例》，四川大学出版社 2023 年版。

公共文化服务领域研究的热点。温泉在《"互联网＋"时代公共数字文化工程的服务模式转变研究》一书中，从公共数字文化工程服务模式、国外公益性文化机构及项目的服务实践、国内"互联网＋公共文化"服务创新探索、公共数字文化服务参与情况及需求、公共数字文化工程服务策略、公共数字文化工程服务评价体系及应用等八个方面系统探讨了"互联网＋"背景下公共数字文化工程的服务模式转变问题。①

罗云川、祁艳在《公共数字文化资源共建共享模式研究》一书中，通过对"国家公共文化云"等公共数字文化资源共建共享案例的深度剖析，探讨公共数字文化资源共建共享发展中的根本问题，并从制度建设、版权许可、关键技术路线、应用示范、运行保障等维度探讨了公共数字文化资源共建共享的新模式，为应用新科技推动公共文化高质量发展研究提供借鉴。②

乡村公共文化服务体系建设作为全面推进乡村振兴工作的重要内容之一，对于推动城乡公共文化服务均衡发展具有重要支撑作用。任红梅在《农村公共文化服务供给改革研究》一书中，指出农村公共文化服务面临供给总量规模扩张的低效运行、供给结构"软""硬"失衡和供给效能边际收益递减的困境，并尝试提出通过构建网络化供给机制，矫正供需偏差，提高公共文化服务供给效能。③

孟祥林在《乡村公共文化服务研究——理论分析与实践探索》一书中，分别从乡村文化记忆空间、乡村公共文化空间的解构与建构、乡村公共文化服务发展状况调查、乡村公共文化服务发展的主体结构、国外乡村振兴的发展实践、乡村公共文化发展的力量组合、乡村公共文化的党建引领、乡村文化振兴视域下图书馆治理、乡村公共文化发展的资源博弈、乡村公共文化的空间建构等方面，对乡村公共文化服务问题进行了理论和实践层面的解读和思考。④

（二）论文检索与研究综述

2023年度理论界对公共文化服务体系建设相关问题的研究热度不减，以"公

① 温泉：《"互联网＋"时代公共数字文化工程的服务模式转变研究》，首都师范大学出版社2023年版。
② 罗云川、祁艳：《公共数字文化资源共建共享模式研究》，中国旅游出版社2023年版。
③ 任红梅：《农村公共文化服务供给改革研究》，中国经济出版社2023年版。
④ 孟祥林：《乡村公共文化服务研究——理论分析与实践探索》，经济科学出版社2023年版。

共文化""公共文化服务""公共文化服务体系"为检索词的学术论文统计信息，具体如表5所示。

表5 2023年"公共文化服务体系建设"文献检索统计

数据库名称	收录时间	覆盖期刊	检索词	检索方式/篇				
				篇名	关键词	摘要	全文	主题
中国学术期刊网	2023年1月—12月	所有期刊	公共文化	440	59	1431	11500	1734
			公共文化服务	293	305	1133	10700	1262
			公共文化服务体系	58	45	527	9287	115

通过对北大核心期刊和南京大学 CSSCI 期刊相关研究主题的分析，2023年公共文化服务体系建设的研究主题主要涉及公共文化服务政策、公共文化服务高质量发展、公共数字文化服务、新型公共文化空间等方面。

1. 公共文化服务政策研究

公共文化服务政策的创新扩散是推动公共文化服务提质增效、迈向高质量阶段的重要路径。袁硕和李少惠以创建国家公共文化服务体系示范区政策为例，基于事件史与机器学习研究方法分析后发现，公共文化服务政策创新扩散具体表现为以强经济逻辑为基础，以需求驱动逻辑为导向，以效率考量逻辑为支撑，服务于国家战略规划，兼顾地区间公平的创新扩散逻辑。[①] 赵军义和李少惠运用扎根理论研究方法，采用公众参与视角构建公共文化服务政策空传的生成及其消解理论模型，分析发现，由环境因素、实施条件、主体认知、主体行为构成的公共文化服务政策执行"四要素"是导致政策空传的主要原因，其中环境因素和实施条件是外部原因，主体认知是内部原因，而主体行为是衡量政策空传与否的关键变量，其消解机制实质上是地方政府在完成核心任务过程中所达成的意外后果。[②] 李俊清等以间断均衡理论为基础，分析1952—2021年边疆民族地区公共文化服务政策的变迁过程，研究发现：民族地区公共文化服务政策变迁呈现阶梯式的发展趋向，在政策图景和政策

---

① 袁硕、李少惠：《公共文化服务政策创新扩散的逻辑分析——基于示范区创建政策的考量》，《国家图书馆学刊》2023年第6期。
② 赵军义、李少惠：《公共文化服务政策空传的生成及其消解——公众参与的视角》，《山东大学学报》（哲学社会科学版）2023年第5期。

场域的转化下，分别经历了"信息传递"的基础打造、"鼓励发展"的自我提升、"文化惠民"的中央扶持、"服务标准"的"硬"约束等多个阶段的议题呈现。经济社会发展、政府注意力分配、文化堕距规避、民族自治情景共同构成了推动政策变迁的驱动因素，但不同因素的作用机理存在一定的差异。① 李少惠等从府际关系视角出发，分别从各级政策主体与其政策视野相协同、政策目标同向且切合其政策视野、政策工具切合目标和主体职能三个维度，探讨公共文化服务政策的层级协同问题，并尝试从调适政策目标、细化并健全政策目标分级体系、优化政策工具组合等方面提出优化公共文化政策层级协同的策略与建议。② 还有学者分别从城市和乡村视角出发，对公共文化服务政策进行有针对性的研究。严贝妮等采用内容分析法和统计分析法，从价值取向、政策效力、政策工具 3 个角度构建分析框架，对长三角城市群八大城市公共文化服务政策进行分类统计，并从内容、主体和发展机制三个方面提出优化建议。③ 孙万君等尝试从加强资金保障和人才保障、明确权责关系、提升公共文化服务能力及健全政策执行保障机制等方面提出优化农村公共文化政策的建议。④

2. 公共文化服务高质量发展研究

推动公共文化服务高质量发展是中国式现代化的内在要求。金栋昌等认为需要从公共文化服务的使命担当、发展特质及其在文化强国中的角色定位中认识公共文化服务高质量发展与中国式现代化的内在关联，从转型起步发展、跨越式发展、高质量发展的"三步走"中系统把握公共文化服务高质量发展的历史进程，从回应"人本"需求、"效能"要求、"时代"诉求三大着力点中彰显推动公共文化服务高质量发展的实践要义，从"空间-人-资源"三位一体的总体逻辑中邃密空间再造、

① 李俊清、李泽锋：《边疆治理：民族地区公共文化服务政策变迁的政治过程——一个间断均衡理论的分析框架》，《河南师范大学学报》（哲学社会科学版）2023 年第 2 期。
② 李少惠、袁阁臣、王婷：《公共文化服务政策层级协同的几点思考——基于中央—C 市—N 区政策文本分析》，《理论探索》2023 年第 2 期。
③ 严贝妮、李泽欣：《长三角城市群公共文化服务政策研究》，《图书馆论坛》2023 年第 6 期。
④ 孙万君、姚娟娟：《乡村振兴视角下农村公共文化服务政策执行现状与提升对策》，《农业经济》2023 年第 1 期。

供需匹配与资源融合逻辑。① 建立科学的公共文化服务高质量发展评价指标体系，是推动公共文化服务高质量发展、提升公共文化服务水平的关键。彭雷霆等从过程质量和结果质量入手，构建包含过程改进、价值控制、绩效控制和受众感知四个维度的公共文化服务高质量发展评价指标体系，对 2016—2021 年我国公共文化服务高质量发展水平进行量化测度。研究认为，当前我国公共文化服务高质量发展水平整体不高、各省域间差异较大，存在较大提升空间，且品质化、数字化和均等化是制约公共文化服务高质量发展水平的主要短板。② 2023 年理论界还特别关注数字化与公共文化服务高质量发展问题。杨博和王连基于"要素-产业-空间"三位一体理论框架，解构数字化赋能公共文化服务体系内涵式转型的学理逻辑，并尝试从完善数字基础设施建设、强化区域数字化协同、数字技术推动公共文化服务产业融合及提高数字化社会化程度四个方面提出了数字化赋能公共文化服务体系现代化转型的妥适性路径。③ 项松林等以数字化为论域，探讨公共数字文化服务动态均衡的高质量发展问题，提出通过构建以供给端、需求端、服务端为外三螺旋，理念、机制、体系为内三螺旋的双三螺旋模型，推动公共数字文化服务高质量发展的创新路径。④

3. 公共数字文化服务研究

陈朝兵和刘翰林对公共数字文化服务供给的概念与特征、现实困境、国外经验与优化路径等方面进行综述，认为公共数字文化服务相关研究经历了萌芽探索、快速发展和稳定推进三个阶段，受政策与实践驱动性强，并日益重视国外经验的引介。⑤ 华钰文等以江苏省 12 个乡镇公共文化服务点作为调研对象收集语料数据，利用扎根理论对 28 份语料数据进行梳理与凝练，构建出基于用户需求的乡村公共文化服务数字化建设优化框架，并尝试从个人使用需求、系统需求、内容需求、专业

---

① 金栋昌、王宇富、徐梦真：《中国式现代化进程中推动公共文化服务高质量发展的理论逻辑与实践进路》，《图书馆论坛》2023 年第 5 期。

② 彭雷霆、张璐：《公共文化服务高质量发展评价研究》，《宏观质量研究》2023 年第 2 期。

③ 杨博、王连：《数字化赋能公共文化服务体系高质量发展：逻辑、困境与路径》，《图书与情报》2023 年第 5 期。

④ 项松林、杨彪：《公共数字文化服务高质量发展：内涵、逻辑与路径》，《图书馆理论与实践》2023 年第 6 期。

⑤ 陈朝兵、刘翰林：《我国公共数字文化服务供给研究进展与评析》，《国家图书馆学刊》2023 年第 6 期。

人员需求四个方面提出乡村公共文化服务数字化建设的优化建议。① 陶成煦等认为我国在城乡公共数字文化服务一体化建设方面仍然存在服务标准落后与僵化、服务投入失衡与不足、服务人员数量与素质偏低、设施分布不均且管理水平较低、服务利用程度与效果不佳等问题，建议通过制定服务一体化建设标准、扩大资金来源渠道、密织城乡服务设施网络、扩充乡村服务人员队伍、培育人员专业能力、建设本土化特色服务体系等推动城乡公共数字文化服务一体化建设。② 冯献等基于 TOE 模型，从技术条件、组织条件和环境条件三个维度出发探讨乡村公共数字文化服务可及性的关键影响要素，并从技术赋能、组织规制、环境优化三个方面提出我国乡村公共数字文化服务可及性的提升路径。③

4. 新型公共文化空间研究

新型公共文化空间的建设和发展，是推动公共文化服务高质量发展的重要途径。何义珠结合对新型公共文化空间人文性、开放性、公益性、传播性、审美性等基本特征的分析，界定了新型公共文化空间的概念内涵和生成过程，认为新型公共文化空间是由物质系统、制度系统和价值系统构成的新型公共文化空间的结构。④ 李国新等认为，进一步推进以新空间建设促进公共文化设施的布局优化，扎实推进公共文化空间体系建设，坚持提升设施品质与强化服务功能并重，完善社会力量参与新型公共文化空间运营管理机制，推动新型公共文化空间服务融合发展，充实服务业态，将是新型公共文化空间未来发展的重点方向。⑤ 洪芳林等从政策、理念、实践三个层面阐述了国家新型公共文化空间的行动路向：政策行动路向体现为明晰空间定位发展部署、鼓励空间功能跨界融合、呼吁空间主体协同联动和形成公共文化空间品牌；理念行动路向体现为数字中国战略下趋向"数字空间"弥合城乡差距、拓展公共文化空间服务场景、强化空间新型产品装备应用；实践行动路向主要

---

① 华钰文、陈雅、王锰：《我国东部乡村公共文化服务数字化建设的用户需求研究——以江苏省为例》，《国家图书馆学刊》2023 年第 6 期。

② 陶成煦、完颜邓邓、李佳雯：《城乡公共数字文化服务一体化建设的实践进展、关键问题与推进策略》，《图书馆》2023 年第 12 期。

③ 冯献、李瑾：《乡村公共数字文化服务可及性：理论框架与提升路径》，《图书馆工作与研究》2023 年第 11 期。

④ 何义珠：《新型公共文化空间：概念、生成过程及结构》，《图书馆理论与实践》2023 年第 4 期。

⑤ 李国新、李斯：《我国新型公共文化空间发展现状与前瞻》，《中国图书馆学报》2023 年第 6 期。

是指地方公共文化空间建设创新形成的四类代表性样态，包括服务文化生活场景的未来社区公共文化空间、注重社会力量参与的最美公共文化空间、强化文化空间品牌的新型公共阅读空间和数字技术赋能的图书馆智慧空间。[①]

三、分析与展望：公共文化服务体系建设的未来指向

2023 年，我国公共文化服务高质量发展稳步推进，广大人民群众的精神文化生活更加充实、更加丰富，理论研究与实践创新相得益彰。2023 年 10 月，全国宣传思想文化工作会议在北京召开，会议正式提出和系统阐述了习近平文化思想。未来，在持续推进高质量公共文化服务体系建设过程中，要在深入学习贯彻习近平文化思想的基础上，牢牢把握高质量发展这个根本要求，扩大优质文化产品和服务供给，在持续推动城乡公共文化服务均衡发展、着力推进新型公共文化空间高质量发展、稳步促进区域公共文化服务协同发展、加快构建公共文化服务共同体等方面重点发力。

（一）持续推动城乡公共文化服务均衡发展

党的二十大报告中强调："健全基本公共服务体系，提高公共服务水平，增强均衡性和可及性，扎实推进共同富裕。"推动城乡公共文化均衡发展是保障广大农民群众文化权益、满足其文化需求的必然要求。在迈向共同富裕的道路上，推进城乡公共文化服务体系一体建设，促进农村、城市社区公共文化服务资源整合和互联互通，解决好城乡之间、区域之间公共文化服务不平衡问题，使人民群众都能享有更高质量、更有效率、更加公平、更可持续的公共文化服务，是推动公共文化服务高质量发展的应有之义。当前，我国在公共文化新型空间建设、公共文化数字服务体系建设方面仍然存在城乡区域之间发展不均衡的情况，亟须立足城乡特点，扎实推进城乡公共文化服务体系一体建设，以优化城乡文化资源配置为原则，以完善农村文化基础设施网络为重心，以增加农村公共文化服务总量供给、缩小城乡公共文化服务差距为目标，不断创新拓展城乡公共文化空间，逐步缩小城乡公共文化服务

---

① 洪芳林、龚蛟腾：《国家新型公共文化空间行动路向》，《国家图书馆学刊》2023 年第 5 期。

发展差距。

（二）着力推进新型公共文化空间高质量发展

新型公共文化空间在全国范围内的推广普及，是公共文化服务高质量发展的显著标志。新型公共文化空间，是指近年来在城市更新、乡村振兴过程中，由政府与社会力量建设，嵌入各种生活场景，为群众提供综合性公益文化服务、灵活多样的"小而美"的新型公共文化空间，如城市书房、文化驿站等。《"十四五"文化发展规划》确立了新型公共文化空间建设行动，随后新型公共文化空间建设进入快速发展期，目前全国已建成新型公共文化空间 3.35 万个。[①] 湖南的"门前十小"、北京的"27 院儿"、成都的"留灯书房"等新型公共文化空间，贴合百姓需求，不仅颜值高，而且服务内容和形式灵活多样，打通了基层公共文化服务的"最后一公里"。新型公共文化空间延展了公共文化服务的空间范围，提升了公共文化服务的可及性和服务效能；在运营体制上也有突破，通过引入社会力量共建共享，把公共文化服务模式从"政府＋文化场馆"转变为"空间＋多元主体"，与传统的公共文化设施共同构成了我国公共文化服务的网络体系。当前新型公共文化空间建设与运营过程中仍然存在诸如城乡发展不均衡、社会力量参与不足、专业化运营人才短缺、空间服务不规范等短板问题，需要通过多方发力、多措并举，全面优化升级新型公共文化空间的服务质量和服务效能。

（三）稳步促进区域公共文化服务协同发展

区域公共文化服务协同发展旨在以地缘相近性和文化共通性为前提，以强化区域文化认同为实施保障，以文化多样性和构建整合互促的发展格局为目标，以促进公共文化资源的跨地区流通为手段，达到促进区域内公共文化要素共建共享，公共文化服务体系建设融合互补的效果。提升区域公共文化服务协同水平，不仅可以促进区域内公共文化服务的均衡发展，提升服务效能，还有助于推动区域经济社会的一体化进程。近年来，党和政府对区域公共文化服务协同发展高度关注，出台了一系列促进政策，长三角、京津冀、粤港澳大湾区等也分别从政策支持、文化活动开

---

① 韩业庭：《全国新型公共文化空间超 3.35 万个》，《光明日报》2024 年 1 月 4 日。

展、馆际合作、文化设施和数字化建设等方面持续推动区域公共文化服务协同发展，取得了一定的成效。与此同时，我国区域公共文化服务协同在推进过程中也面临诸如协同观念淡薄、文化区隔严重、协同缺乏持续性、协同基础薄弱和数字化建设不协调等困境。[①] 未来，如何跳出"一亩三分地"思维，通过凝聚文化共识，建构协同保障机制，进一步强化区域政府间在公共文化服务供给中的协同意识，促进公共文化资源的共建共享，形成优势互补的集合发展效应，将是公共文化服务体系创新发展的努力方向。

（四）加快构建公共文化服务共同体

我国公共文化服务体系建设从一开始就建立了政府主导、社会力量参与的基本原则。现代公共文化服务体系的重要标志，是形成政府、市场、社会多元主体共同参与的供给格局。未来，探索跨区域、跨部门、跨层级的联动机制，深化社会化发展，引导和鼓励社会力量参与，搭建多元项目平台，以不同服务主题链接多元主体，推动公共文化服务共同体建设，将成为我国公共文化服务体系深化发展的重点方向。2023 年 6 月 5 日，广州市文化广电旅游局首次以政策文件方式旗帜鲜明地提出"公共文化共同体"概念，将公共文化服务社会发展又向前推进了一步。广州市以构建"公共文化共同体"为抓手，破除行业壁垒，通过组建各类设施和服务联盟链接多元主体，打通体制内外、部门之间资源和服务的堵点，不论体制内体制外、上一级下一级，全社会的公共文化资源和服务都可以通过"共同体"平台实现聚拢和联动，是凝聚全社会力量参与现代公共文化服务体系建设、推动公共文化服务高质量发展的创新举措，值得各地参考借鉴。[②]

四、报告要点

本报告对 2023 年度公共文化服务体系建设和研究情况进行了系统梳理，在此基础上，对公共文化服务体系建设中需要重点关注的问题和趋势进行了简要分析。

报告要点总结如下：

---

① 杨凤云、马中红：《区域一体化背景下我国公共文化服务协同发展研究》，《图书与情报》2023 年第 5 期。
② 李国新：《"公共文化服务共同体"建设的引领示范意义》，《图书馆论坛》2024 年第 3 期。

2023 年，文化和旅游部加快推进现代公共文化服务体系建设，提升乡镇综合文化站服务效能，推动新型公共文化空间建设，推进全国智慧图书馆体系和公共文化云项目建设，进一步推动落实基本公共文化服务标准。 国家部委层面相继出台了《中华老字号示范创建管理办法》、《"大地欢歌"全国乡村文化活动年工作方案》《关于推动非物质文化遗产与旅游深度融合发展的通知》、《文化和旅游标准化工作管理办法》、《关于开展"四季村晚"活动的通知》、《"春雨工程"——文化和旅游志愿服务边疆行计划实施方案》、《非物质文化遗产数字化保护　数字资源采集和著录》系列行业标准、《关于持之以恒推动乡镇综合文化站创新发展的实施方案》、《关于延续实施文化体制改革中经营性文化事业单位转制为企业有关税收政策的公告》、《关于加强文物科技创新的意见》等政策文件，进一步支持和鼓励公共文化事业发展。

2023 年公共文化服务体系建设惠及了更多群众。 基层文化馆、图书馆分馆和服务点数量超 10 万个；各类新型公共文化空间超 3.35 万个；在贵州举办的"广场舞之夜"带动全国举办广场舞活动超 2.4 万场；曾经独属于春节的"村晚"变为"四季村晚"，参与人次约 1.3 亿。[①] 公共文化服务体系建设领域的一系列"硬核"数据，进一步彰显了新时代以来我国公共文化服务领域高质量发展的强大实力。

2023 年，我国公共文化服务体系建设取得了显著成果。 2023 年，全国文化和旅游事业费为 1280.4 亿元，同比增长 6.5%；全国人均文化和旅游事业费 90.8 元，同比增长 6.7%；文化和旅游事业费占财政总支出的比重为 0.47%，比上年提高 0.01 个百分点。截至 2023 年 12 月 31 日，全国共有公共图书馆 3246 个，从业人员 6.1 万人，公共图书馆实际使用房屋建筑面积 2259.6 万平方米，公共图书馆总藏量 14.4 亿册，平均每万人公共图书馆建筑面积 160.3 平方米，人均图书藏量 1.02 册。开展了第七次全国县级以上公共图书馆评估定级工作，共评定一级公共图书馆 1302 家、二级公共图书馆 680 家、三级公共图书馆 741 家。全国共有群众文化机构 4.4 万个，群众文化机构从业人员 19.9 万人，群众文化机构实际使用房屋建筑面积 5631.6 万平方米，平均每万人群众文化设施建筑面积 399.5 平方米。

---

① 刘江伟：《行进中国的文化新风景——2023 年文化发展述评》，《光明日报》2023 年 12 月 30 日。

2023 年公共文化服务体系建设领域研究依旧热度不减。研究范畴主要涉及公共文化服务高质量发展、公共文化政策、公共文化服务绩效评价、新型公共文化空间建设、数字公共文化服务、乡村公共文化服务体系建设等方面。

我国公共文化服务高质量发展稳步推进。未来，在持续推进高质量公共文化服务体系建设过程中，要在深入学习贯彻习近平文化思想的基础上，牢牢把握高质量发展这个根本要求，扩大优质文化产品和服务供给，在持续推动城乡公共文化服务均衡发展、着力推进新型公共文化空间高质量发展、稳步促进区域公共文化服务协同发展、加快构建公共文化服务共同体等方面重点发力。

（作者单位：天津商业大学公共管理学院）

政府生态环境保护职责体系建设研究报告

赵志远

随着中国生态文明建设持续推进，做好生态环境保护的各项工作意义日益凸显。2023 年 2 月 16 日至 17 日，生态环境部在北京召开 2023 年全国生态环境保护工作会议。会议指出，2023 年及未来几年生态环境保护工作将面临更大压力，部分领域存在较大风险。7 月 17 日至 18 日，全国生态环境保护大会在北京召开，习近平总书记在大会上的发言总结了过去 10 年间生态文明建设所取得的成就，指明了未来 5 年中国生态文明建设的方向："今后 5 年是美丽中国建设的重要时期"，要"以高品质生态环境支撑高质量发展，加快推进人与自然和谐共生的现代化"。[①] 作为实施"十四五"规划承前启后的关键一年，2023 年的相关工作主要围绕积极推进美丽中国建设实践、扎实推动绿色低碳高质量发展、深入打好污染防治攻坚战、切实维护生态环境安全、严格核与辐射安全监管、依法推进生态环境保护督察执法、加快健全现代环境治理体系等 7 项重点任务展开。

一、2023 年政府生态环境保护职责体系构建的实践现状

从国家层面来看，据不完全统计，2023 年全年中共中央、国务院及生态环境部等部门共发布相关文件 28 份（见表 1）。

---

① 《全面推进美丽中国建设　加快推进人与自然和谐共生的现代化》，《人民日报》2023 年 7 月 19 日。

表 1　2023 年生态环保领域相关文件

部门	公布时间	文件名称	文件内容
生态环境部、交通运输部	2023 年 1 月 4 日	《关于推进原油成品油码头和油船挥发性有机物治理工作的通知》	提出将原油成品油码头和油船作为当前挥发性有机物治理的重要领域
生态环境部等十六部门	2023 年 1 月 5 日	《关于印发〈"十四五"噪声污染防治行动计划〉的通知》	完善噪声污染防治管理体系，有效落实治污责任，稳步提高治理水平，持续改善声环境质量
国家发展改革委、住房城乡建设部	2023 年 1 月 12 日	《关于加快补齐县级地区生活垃圾焚烧处理设施短板弱项的实施方案的通知》	到 2025 年，全国县级地区生活垃圾收运体系进一步健全，收运能力进一步提升
国家发展改革委等三部门	2023 年 1 月 18 日	《国家发展改革委　住房城乡建设部　生态环境部印发〈关于推进建制镇生活污水垃圾处理设施建设和管理的实施方案〉的通知》	到 2025 年，建制镇建成区生活污水垃圾处理能力明显提升。到 2035 年，基本实现建制镇建成区生活污水收集处理能力全覆盖和生活垃圾全收集、全处理
住房城乡建设部	2022 年 12 月 1 日	《住房和城乡建设部关于修改〈城镇污水排入排水管网许可管理办法〉的决定》	城镇排水主管部门应当因地制宜，按照排水行为影响城镇排水与污水处理设施安全运行的程度，对排水户进行分级分类管理等
生态环境部办公厅、水利部办公厅	2022 年 12 月 22 日	《关于贯彻落实〈国务院办公厅关于加强入河入海排污口监督管理工作的实施意见〉的通知》	要求各省份于 2025 年底前，全面完成《实施意见》要求的各项目标任务
生态环境部	2022 年 11 月 28 日	《环境监管重点单位名录管理办法》	根据不同污染类型，设置明确条件，包含水环境重点排污等单位
生态环境部	2022 年 12 月 27 日	《生态环境部关于印发〈生态保护红线生态环境监督办法（试行）〉的通知》	要求坚持生态优先、统筹兼顾、绿色发展、问题导向、分类监督、公众参与的原则，提升生态系统质量和稳定性
生态环境部、工信部等六部门	2022 年 12 月 29 日	《重点管控新污染物清单（2023 年版）》	要求对列入清单的新污染物，应当按照国家有关规定采取禁止、限制、限排等环境风险管控措施；应当按照职责分工依法加强对新污染物的管控、治理
财政部办公厅、生态环境部办公厅	2023 年 2 月 21 日	《关于开展 2023 年农村黑臭水体治理试点工作的通知》	中央财政对纳入支持范围的城市，根据项目投资额和申报治理的农村黑臭水体总面积给予相应定额奖补

续表

部门	公布时间	文件名称	文件内容
生态环境部办公厅	2022年12月30日	《关于印发流域海域局入河排污口设置审批范围划分方案的通知》	提出到2025年，水资源、水环境、水生态等要素系统治理、统筹推进格局基本形成
生态环境部等五部门	2023年4月21日	《重点流域水生态环境保护规划》	水生态环境根本好转，生态系统实现良性循环，美丽中国水生态环境目标基本实现
生态环境部、国家发展改革委	2023年5月8日	《关于印发〈危险废物重大工程建设总体实施方案（2023—2025年）〉的通知》	到2025年，为全国危险废物特别是特殊类别危险废物利用处置提供托底保障与引领示范
中共中央、国务院	2023年5月25日	《国家水网建设规划纲要》	到2025年，建设一批国家水网骨干工程，水网工程智能化水平得到提升，国家水安全保障能力明显增强
国家铁路局	2023年6月14日	《国家铁路局关于印发〈铁路机车车辆鸣笛噪声污染防治监督管理办法〉的通知》	为加强铁路机车等铁路机车车辆联系和报警产生的鸣笛噪声污染防治监督管理等，制定本法
国家发展改革委等三部门	2023年8月24日	《国家发展改革委等部门关于印发〈环境基础设施建设水平提升行动（2023—2025年）〉的通知》	部署推动补齐环境基础设施短板弱项，全面提升环境基础设施建设水平
国家发展改革委办公厅等六部门	2023年7月17日	《关于补齐公共卫生环境设施短板　开展城乡环境卫生清理整治的通知》	提出加强农村生活污水垃圾、禽畜养殖废弃物、废旧农膜等治理
国家发展改革委等七部门	2023年9月1日	《关于进一步加强水资源节约集约利用的意见》	提出加强污水资源化利用
财政部等四部门	2023年9月4日	《关于从事污染防治的第三方企业所得税政策问题的公告》	对符合条件的从事污染防治的第三方企业（以下称第三方防治企业）减按15％的税率征收企业所得税
水利部	2023年7月1日	《水利部关于印发〈中小河流治理建设管理办法〉的通知》	提升中小河流治理信息化管理水平，为数字孪生水利建设提供支撑

续表

部门	公布时间	文件名称	文件内容
生态环境部办公厅等三部门	2023 年 9 月 13 日	《关于印发〈地下水污染防治重点区划定技术指南（试行）〉的通知》	针对不同分区，提出差别化对策建议，编制地下水污染防治重点区划定报告和图件
生态环境部办公厅	2024 年 10 月 7 日	《关于开展工业噪声排污许可管理工作的通知》	依法逐步将排放工业噪声的企业事业单位和其他经营者纳入排污许可管理
国家发展改革委	2023 年 11 月 6 日	《国家发展改革委关于印发〈国家碳达峰试点建设方案〉的通知》	按照国家碳达峰碳中和工作总体部署，在全国范围内选择 100 个具有典型代表性的城市和园区开展碳达峰试点建设
生态环境部等十一部门	2023 年 11 月 7 日	《生态环境部等 11 部门关于印发〈甲烷排放控制行动方案〉的通知》	要求"十四五"期间，甲烷排放控制政策、技术和标准体系逐步建立，全国城市生活垃圾资源化利用率和城市污泥无害化处置率持续提升
国务院	2023 年 12 月 7 日	《国务院关于印发〈空气质量持续改善行动计划〉的通知》	要求到 2025 年，全国地级及以上城市 $PM_{2.5}$ 浓度比 2020 年下降 10%，重度及以上污染天数比率控制在 1% 以内等
生态环境部、国家市场监督管理总局	2023 年 10 月 19 日	《温室气体自愿减排交易管理办法（试行）》	为了推动实现我国碳达峰碳中和目标，控制和减少人为活动产生的温室气体排放等
生态环境部等	2023 年 12 月 25 日	《关于印发〈京津冀及周边地区、汾渭平原 2023—2024 年秋冬季大气污染综合治理攻坚方案〉的通知》	针对 56 个城市及区，按照稳中求进的原则，提出 2023 年年度目标和"十四五"空气质量改善要求
国家发展改革委、住建部、生态环境部	2023 年 12 月 29 日	《关于推进污水处理减污降碳协同增效的实施意见》	提出到 2025 年，污水处理行业减污降碳协同增效取得积极进展，能效水平和降碳能力持续提升等

资料来源：根据生态环境部等官方网站公布资料整理。

生态环境治理是一项系统工程，需要统筹考虑环境要素的复杂性、生态系统的完整性、自然地理单元的连续性及经济社会发展的可持续性。因此，政府在生态环境保护领域必须具备系统性观念，要同时强化目标协同、部门协同、区域协同、政策协同，从而不断加强各项工作之间的系统性、整体性和协同性。[①] 从实践层面来看，生态环境治理的任务兼具战略重要性与时间紧迫性；要实现政府生态环境保护职责的制度化与规范化，应当首先搭建起现代化的环境治理体系框架，从而在此基础上不断完善政府生态环境保护的职责结构与治理工具。大体上，2023 年政府生态环境保护领域的工作主要集中于中央生态环境保护督察制度、生态环境保护部门机构改革、生态环境保护综合执法改革及生态环境公益诉讼制度等方面，它们为政府生态环境保护职责体系的构建和优化创造了重要的条件。

（一）中央生态环境保护督察制度

2019 年 6 月，中共中央办公厅、国务院办公厅根据《中共中央　国务院关于全面加强生态环境保护　坚决打好污染防治攻坚战的意见》《中华人民共和国环境保护法》等要求，制定并印发《中央生态环境保护督察工作规定》。规定明确中央实行生态环境保护督察制度，设立专职督察机构，对省、自治区、直辖市党委和政府、国务院有关部门及有关中央企业等组织开展生态环境保护督察。督察主要采取听取汇报、调阅资料、个别谈话、走访问询、受理举报、现场抽查、下沉督察等方式开展工作。

2023 年 11 月 21 日，经党中央、国务院批准，第三轮中央生态环境保护督察全面启动。第一批共组建 5 个中央生态环境保护督察组，分别对福建、河南、海南、甘肃、青海 5 个省开展为期一个月的督察进驻工作。[②] 2023 年 12 月 2 日，中央第五批生态环境保护督察组向青海省交办了群众信访举报件共 40 件（来电 36 件，来信 4 件），涉及全省 7 个市州。群众举报反映问题涉及噪声污染 10 件、生态破坏 7 件、大气污染 6 件、水污染 6 件、土壤污染 7 件、辐射污染 2 件、其他污染 2 件。根据生态环境部发布的消息，2023 年 12 月 6 日第三轮第一批 5 个中央生态环境保护督察组全面进入下沉工作阶段。各地已约谈党政领导干部 43 人，问责党政领导干部 17 人。2023 年 12 月 15 日，第三轮第一批中央生态环境保护督察组通报 5 省

---

① 《继续推进生态文明建设要正确处理几个重大关系》，《人民日报》2013 年 7 月 21 日。
② 为便于对比，本报告梳理出 2016 年以来的三轮中央环境保护督察相关信息。

典型案例。12月18日，福建、河南、海南、甘肃、青海各督察组已完成下沉工作任务。各督察组共收到群众来电、来信举报 16309 件，受理有效举报 13718 件，经梳理合并重复举报，累计向有关省转办 11102 件。有关省已办结或阶段办结 5222 件。其中，立案处罚 608 家，立案侦查 43 件；约谈党政领导干部 234 人，问责党政领导干部 180 人。总体来看，中央生态环境保护督察制度在不断运行过程中已经形成了一定的规范；从数据层面来看，这一制度已经具有了一定的接受度，成效比较明显。

表 2　2016 年以来中央环境保护督察进驻对比表

组别	被督察地方	进驻时间（最早—最晚）
2016 年第一批中央环境保护督察组	内蒙古自治区、黑龙江省、江苏省、江西省、河南省、广西壮族自治区、云南省、宁夏回族自治区	2016 年 7 月 12 日—8 月 19 日
2016 年第二批中央环境保护督察组	北京市、上海市、湖北省、广东省、重庆市、陕西省、甘肃省	2016 年 11 月 24 日—12 月 30 日
2017 年第三批中央环境保护督察组	天津市、山西省、辽宁省、安徽省、福建省、湖南省、贵州省	2017 年 4 月 24 日—5 月 28 日
2017 年第四批中央环境保护督察组	吉林省、浙江省、山东省、海南省、四川省、西藏自治区、青海省、新疆维吾尔自治区和新疆生产建设兵团	2017 年 8 月 7 日—9 月 15 日
2018 年第二批中央生态环境保护督察"回头看"	辽宁省、吉林省、陕西省、山西省、安徽省、山东省、湖北省、湖南省、四川省、贵州省	2018 年 10 月 30 日—12 月 6 日
2019 年第二轮第一批中央生态环境保护督察组	上海市、福建省、海南省、重庆市、甘肃省、青海省、中国五矿集团有限公司、中国化工集团有限公司	2019 年 7 月 10 日—8 月 15 日
2020 年第二轮第二批中央生态环境保护督察组	北京市、天津市、浙江省、中国铝业集团有限公司、中国建材集团有限公司、国家能源局、国家林业和草原局	2020 年 8 月 30 日—10 月 1 日
2021 年第二轮第三批中央生态环境保护督察组	山西省、辽宁省、安徽省、江西省、河南省、湖南省、广西壮族自治区、云南省	2021 年 4 月 6 日—5 月 9 日
2021 年第二轮第四批中央生态环境保护督察组	吉林省、山东省、湖北省、广东省、四川省、中国有色矿业集团有限公司、中国黄金集团有限公司	2021 年 8 月 26 日—9 月 30 日

组别	被督察地方	进驻时间（最早—最晚）
2021 年第二轮第五批中央生态环境保护督察组	黑龙江省、贵州省、陕西省、宁夏回族自治区	2021 年 12 月 3 日—2022 年 1 月 5 日
2022 年第二轮第六批中央生态环境保护督察组	河北省、江苏省、内蒙古自治区、西藏自治区、新疆维吾尔自治区和新疆生产建设兵团	2022 年 3 月 23 日—4 月 25 日
2023 年第三轮第一批中央生态环境保护督察组	福建省、河南省、海南省、甘肃省、青海省	2023 年 11 月 21 日—12 月 22 日

资料来源：根据生态环境部官方网站公布资料整理。

（二）生态环境保护部门机构改革

2023 年 9 月，中共中央办公厅、国务院办公厅发布《关于调整生态环境部职责机构编制的通知》，根据《党和国家机构改革方案》和《党中央、国务院议事协调机构优化调整方案》，经报党中央、国务院批准，对生态环境部职责、机构、编制进行了相关调整。这主要包括：（1）将科学技术部的组织拟订科技促进生态环境发展规划和政策职责，及其内设的社会发展科技司 4 名行政编制、1 名司局级领导职数划入生态环境部。（2）不再保留京津冀及周边地区大气污染防治领导小组及其办公室。生态环境部大气环境司不再加挂京津冀及周边地区大气环境管理局牌子。（3）将生态环境部的内设机构中央生态环境保护督察办公室更名为中央生态环境保护督察协调局，并将其职责表述中"承担国务院生态环境保护督察工作领导小组日常工作"修改为"承担中央生态环境保护督察工作领导小组办公室具体事务"。经过调整后，生态环境部目前的机构和人员组成为内设机构 21 个，机关行政编制 504 名，司局级领导职数 79 名。

总体来说，本次环保部门的机构改革对于推进生态环境事业发展主要具有以下重要意义。

第一，将科学技术部的部分职责和人员划入生态环境部，有助于健全生态环境领域科技管理体制，特别是相关职责的划入，对于进一步强化生态环境领域科技工作职责，通过科技创新来提升生态环境治理能力有所助益。

第二，将生态环境部的内设机构中央生态环境保护督察办公室进行更名，重新表述其职责，有利于完善中央生态环境保护督察体制，使得其机构层级设置与职能配置更加科学化与协调，这有助于进一步促进中央生态环境保护督察制度性作用的发挥。

第三，这一机构调整有助于深化重点区域的大气污染防治工作。通过上述机构改革中的调整，京津冀及其周边地区的大气污染防治工作能够通过中央生态环境保护督察等手段得到有效统筹推进，从而进一步提升大气污染防治工作的权威性。

（三）生态环境保护综合执法改革

2016 年，省以下环保垂直管理改革正式启动以来，省以下环保垂直管理改革适度上收了基层环境治理权限，提升了省级环保部门的监管能力和基层环保部门的执法独立性，是生态环境保护部门在机构改革层面的重大探索。改革过程中，由于涉及环境监察权、环境监测权及环境执法权的再配置，地市环保部门的人事管理、职责划分、运行模式与程序等方面都受到了比较大的影响。

2023 年，部分地方政府进行了生态环境保护综合执法改革。以上海市松江区为例，2023 年 8 月，为全面推进生态环境保护综合行政执法机构规范化建设，提高生态环境执法能力和水平，上海市松江区生态环境局印发了《松江区生态环境保护综合行政执法机构规范化建设工作方案（2023—2025 年)》（以下简称《方案》）。《方案》指出，要在 2025 年前构建完备的执法制度体系、高效的执法运行体系、系统的执法监督体系和完善的执法保障体系。

在执法制度体系方面，主要措施包括制定动态调整执法事项目录清单、健全生态环境行政执法配套制度、完善生态环境行政执法相关流程、规范生态环境保护行政处罚裁量基准等；在执法运行体系方面，主要措施包括建立新型执法监管机制、优化生态环境执法方式、推进综合执法协调机制，以及加大重大案件查办力度等；在执法监督体系方面，主要措施包括建立执法队伍内部约束机制、健全执法成效考核机制、发挥环境稽查纠偏作用、畅通外部监督执法渠道等；在执法保障体系方面，主要措施包括坚持和加强党的全面领导、加强执法队伍能力建设、强化环境执法培训力度、改善执法办公环境、统一执法标识和着装管理，以及配齐行政执法基本装备等。此外，松江区还建立了生态环境保护综合行政执法机构规范化建设标准的指标体系与打分表（见表3）。

表3　松江区生态环境保护综合行政执法机构规范化建设标准打分表

一级指标	二级指标	考核内容
构建执法制度体系	动态调整执法事项目录清单	完善执法事项目录清单
	健全生态环境行政执法配套制度	健全执法制度、健全执法队伍建设方案、健全行政执法"三项制度"
	完善生态环境行政执法相关流程	规范执法流程、建立案件审查监督流程、推行问题整改清单核销制
构建执法运行体系	建立新型执法监管机制	完善执法监管工作机制
	优化生态环境执法方式	实施差异化执法、推行非现场执法、第三方辅助执法、鼓励公众参与
	推进综合执法协调机制	部门协调联动机制、行刑衔接机制
	加大重大案件查办力度	完善专案查办工作机制
构建执法监督体系	建立执法队伍内部约束机制	全员配备情况、全流程使用情况、及时上报执法数据情况、执法电子回单制度
	健全执法成效考核机制	立功表彰奖励机制、建立执法成效考核机制
	发挥环境稽查纠偏作用	稽查长效机制、稽查突出问题、加强执法监督
	畅通外部监督执法渠道	建立主动接受外部监督机制
构建执法保障体系	坚持和加强党的全面领导	坚持党建引领、建立临时党组织、党建业务融合
	加强执法队伍能力建设	学历结构、专业结构、法律职业资格人员配备、在编在岗、新招录人员锻炼、主要负责人经验、实施执法人才培养工程
	强化环境执法培训力度	培训计划、全员轮训、继续教育政策、执法检测联合培训、岗位培训、大练兵活动、军训队列活动、监督帮扶、持证上岗和资格管理
	改善执法办公环境	执法机构场所设置与管理、执法办公区域设置、执法车辆停放场地配备
	统一执法标识和着装管理	统一执法标识、统一制服标志、制式服装管理
	配齐行政执法基本装备	制定配备方案、装备管理与使用培训、标配装备、选配设备

资料来源：根据松江区政府官网资料整理。

（四）生态环境公益诉讼制度

生态环境公益诉讼制度是我国为了应对日益严重的环境危机而引入的一种制度安排。在学术界，引入环境公益诉讼制度的观点早已有之。但是真正在实践层面启动建立环境公益诉讼，则是以 2005 年 12 月国务院发布的《关于落实科学发展观加强环境保护的决定》作为标志的。经过一段时期的理论探讨，2013 年，我国才在立法层面首次确立了环境公益诉讼。事实上，尽管中央政府在普通法律中规定环境公益诉讼制度的时间比较迟，但地方司法机关曾经较早地在环境公益诉讼领域进行了一系列有益的探索。[①] 例如，江苏省无锡市两级法院相继成立环境保护审判庭和环境保护合议庭，无锡市中级人民法院和市人民检察院联合发布了《关于办理环境民事公益诉讼案件的试行规定》；贵州省贵阳市中级人民法院设立了环境保护审判庭，贵阳市清镇市人民法院设立了环境保护法庭；云南省昆明市中级人民法院、市检察院、市公安局、市环保局联合发布了《关于建立环境保护执法协调机制的实施意见》，规定环境公益诉讼的案件由检察机关、环保部门和有关社会团体向法院提起诉讼。

2023 年，地方政府在生态环境行政执法与刑事司法公益诉讼衔接联合机制方面进行了有益尝试。以广西壮族自治区崇左市凭祥生态环境局为例。在 2023 年 6 月印发的《凭祥市生态环境行政执法与刑事司法公益诉讼衔接联合机制工作方案》（以下简称《方案》）中，凭祥市成立生态环境违法行为查处行政执法与刑事司法衔接联合工作领导小组。领导小组成员分别由凭祥市人民法院、凭祥市人民检察院、凭祥市公安局、凭祥市司法局、崇左市凭祥生态环境局等分管领导担任。此外，建立联席会议制度，办公室设在市生态环境局。联席会议由生态环境部门组织召集，主要对重要生态环境保护事项进行研究和讨论。

在职责与分工方面，《方案》规定，生态环境部门的主要职责在于认真贯彻执行各项环境保护法律法规，依法查处环境违法行为，包括加大环境行政执法力度、及时对相关证据进行保全措施，以及向辖区公安机关通报、配合公安机关取证、认真研究司法和检察建议并及时落实措施给予反馈等；公安机关的主要职责在于依法及时立案、加强侦查工作，包括依法受理案件、积极展开线索排查、会同有关部门

---

① 马腾：《我国环境公益诉讼制度完善研究——对常州毒地案一审判决的法理思考》，《中国政法大学学报》2017 年第 4 期。

一同展开调查工作等；人民检察院的主要职责在于切实履行法律监督职责，加大提起公益诉讼力度，包括严格及时审查生态环境部门移送案件、加强案件侦查的监督、适时介入相关案件等；人民法院的主要职责在于依法审判，严格打击环境违法行为，包括落实宽严相济的刑事政策、建立完善刑事诉讼与附带民事公益诉讼的衔接工作机制等。总体来看，2023 年我国生态环境公益诉讼制度在地方环保工作中取得了一定的进展，但由于我国现有体制约束等结构性问题的限制，其发展还受到一定程度的制约。

除了上述方面，2023 年我国政府生态环境保护领域的工作在企业环境治理责任制度，公众监督、参与和举报反馈机制等方面也取得了一定的进展。这些领域工作的开展，都为我国政府生态环保领域职责的制度化与规范化奠定了坚实的基础。

二、2023 年政府生态环境保护职责体系建设研究综述

2023 年，以中国期刊全文数据库 CNKI 为样本框，在高级检索中设置主题词为"环保"或"生态保护"，将时间限制为 2022 年 12 月 31 日至 2023 年 12 月 31 日，文献来源类别选取"全部期刊"，共检索到 8635 篇文献；其中，来源为"北大核心"与"CSSCI"的共检索到 427 篇文献。从研究内容上来看，2023 年关于生态环境保护领域的文献数量并不少，对生态领域的问题进行了比较丰富的研究。但事实上，关于中国政府生态环境保护职责的文献却并不多。当设置主题词中加入"职责"或"职能"概念时，对应的文献数量就减少至 19 篇。总体来看，相关研究可以分为以下五个方面。

（一）生态环保法制建设研究

第一类研究聚焦于生态环保法制建设。目前，我国现有的生态环境法治体系存在诸多不足，应当适应生态文明建设路径调整的需求，将减污降碳协同增效理念融入生态环境法律制度体系中，为减污降碳协同治理提供法律依据，为实现协同增效提供制度保障。[①] 新环保法对重污染企业转型升级具有显著的促进作用，[②] 能

---

① 叶榅平：《"双碳"目标下减污降碳协同增效法制保障体系之重塑》，《中国地质大学学报》（社会科学版）2023 年第 2 期。

② 刘建江、熊智桥、石大千：《新〈环保法〉如何影响重污染企业转型升级？——基于内部创新与外部竞争的双重视角》，《软科学》2023 年第 11 期。

够通过增加生产经营成本、提高外部融资难度、优化环境战略决策和改善创新决策效率等渠道促进重污染企业绿色技术创新。[①] 王晓祺等也认为，新环保法能够发挥"波特效应"，对企业绿色创新的"倒逼"作用更为明显。[②]

有学者强调，通过强化环境分权与环保立法的交互合作，厘清政府环境治理过程中职能交叉、元制度冲突等现实问题，保障社会力量参与环境监督和制约，实现环境利益协调和相互制衡，增强环境治理动力。[③]

当然，也有研究涉及职责的配置问题，认为在环境立法领域，统一性法典与多样化地方立法存在协调配置纵向地方政府环境职责的体系化张力，集中体现为职责纵向划分在中央、央地、地方立法中产生的职责不清、职责重复、职责缺位的递进式困境，应将省、市、县、乡四级政府的环境职责纵向序构为制度建构、综合管理、具体执法 3 种类型，进而通过"生态环境法典"与地方环境立法协调配置授权、组织及程序规范，合理分配三类纵向职责，加强法典向下引领与地方立法向上兼容的体系协调。[④]

（二）环保领域综合执法研究

第二类研究聚焦于环保领域的综合执法。例如，有学者认为，由于协作规范缺位、权限划分不明、执法目标差异等因素影响，生态环境保护综合行政执法协作中存在协作纠纷，为此应当明确线索移送、证据互认、联合执法等协作内容，通过制定权责清单、成立协调机构、规范协作程序等措施推进生态环境保护综合行政执法协作，妥善化解执法协作纠纷，提高执法协作效能，实现生态环境保护的整体性目标。[⑤] 汤瑜等考察了中国环境执法体制 50 余年的改革变迁过程，发现环境执法体制在改革主线上呈现强化监督与推动综合执法特征，在改革过程上呈现"间断—均

---

① 唐亮等：《生态法治建设如何引领绿色发展转型：新〈环保法〉实施对企业绿色技术创新的影响》，《中国软科学》2023 年第 8 期。

② 王晓祺、郝双光、张俊民：《新〈环保法〉与企业绿色创新："倒逼"抑或"挤出"?》，《中国人口·资源与环境》2020 年第 7 期。

③ 李强、唐诗慧：《长三角环境治理动力机制研究——环境分权抑或环保立法》，《重庆大学学报》（社会科学版）2023 年第 5 期。

④ 黄锡生、叶舟：《法典化背景下地方政府环境职责的纵向划分与规范配置》，《内蒙古社会科学》2023 年第 5 期。

⑤ 邹立刚、周建成：《论生态环境保护综合行政执法中的协作》，《南京工业大学学报》（社会科学版）2023 年第 3 期。

衡"演进特征，在改革模式上呈现强制性变迁与诱致性变迁相结合特征，在改革趋势上呈现专业化、独立化和法治化特征。① 齐晓亮从生态环境行政监督职能入手，提出通过完善生态环境行政监督的内外部体系可以强化执法的结果保障；将生态环境执法的恢复性效果纳入执法清单，可促进行政监督质效的发挥；厘清各部门监督职责，明确监督主体责任，可提高行政执法效能，从而健全生态环境行政监督职能体系。②

相比之下，张锋则认为，环境行政执法是环境治理体系的关键一环，应当着力于促进环境行政机构垂直改革，引入环境行政约谈，适用环境行政合同等柔性执法方式，兼以适用刚性的"党政同责"追责制度，刚柔并济推动环境行政执法方式的生态化发展。③ 李卫兵等结合 2012—2019 年的水质和气象数据考察了省以下环保监测监察执法机构扁平化改革与边界水污染之间的因果关系，其在研究中揭示出政府环保监测监察执法机构的扁平化改革更符合中国现阶段的污染特征和环境需求，认为政府应适度强化中央或较高级别政府的环境监测监察执法能力，并有效加强地方政府在行政边界处的治污激励和较高级别政府的监督效力，削弱地方政府在环境检测和监察事务中的决策权。④

（三）环保领域督察制度研究

第三类研究聚焦环保督察制度。中央生态环境保护督察是推进我国生态文明建设的重要创新举措，经历了从督查到督察、间接到直接、短效到长效的制度演进。⑤该制度运行 8 年来取得了显著成效，实现了环境治理委托-代理机制下央地纵向关系的良性运转，也体现了环境保护与经济发展的内在统一。⑥

有研究认为，中央环保督察通过建立中央、地方和社会之间的良性互动关系和

---

① 汤瑜、刘哲：《中国环境执法体制改革中的制度变迁与多重逻辑——全球环境治理中的中国经验》，《暨南学报》（哲学社会科学版）2023 年第 12 期。

② 齐晓亮：《生态环境行政监督职能的运行与完善建议》，《环境保护》2023 年第 Z3 期。

③ 张锋：《环境行政执法方式生态化研究》，《济南大学学报》（社会科学版）2023 年第 5 期。

④ 李卫兵、杨咏文：《环保监测监察执法机构扁平化改革与边界水污染》，《中国人口·资源与环境》2023 年第 4 期。

⑤ 李冬：《中央环保督察的生成逻辑、制度演进与实践反思》，《湘潭大学学报》（哲学社会科学版）2023 年第 2 期。

⑥ 姜雅婷、杜焱强：《中央生态环保督察如何生成地方生态环境治理成效？——基于岱海湖治理的长时段过程追踪》，《管理世界》2023 年第 11 期。

制度安排，有效化解了环境领域的治理矛盾，对推进环境领域多元共治体系建构具有重大的意义。① 并且，生态环境保护督察制度的设计与执行能够很好地补足现行法律等其他制度的缺陷。② 赵海峰等在其研究中应用双重差分的评估方法，发现中央环保督察能够显著推动地区环境治理效率的提高，并且在财政收入规模较小的地区，这种推动作用更加突出。③

在中央环保督察与地方环境治理行为的关系层面，张国兴等探讨了政治晋升和公众参与两大抓手在其中所发挥的影响，发现中央生态环境保护督察实施后，地方环境治理呈现"环保资格赛"的强激励逻辑，基于经济考核的政治晋升压力弱化了中央生态环境保护督察的政策效果，以及涉及大气污染的公众参与对中央生态环境保护督察实施效果起到强化作用。④ 也有研究指出，当前中央环保督察能够有效激励污染企业进行整改，但对地方政府监管策略的激励作用有待进一步提高。⑤ 同时，中央环保督察也需要进一步发挥问责规范效应，明晰党政各部门职权配置及清单制度、完善督察异体问责机制、建构科学的责任认定及绩效评估机制，以及进一步规范督察问责程序，这些是提升中央环保督察问责实效的关键。⑥

（四）环保领域协同治理研究

第四类研究可以归纳为环保协同治理研究。研究认为，随着中国特色社会主义进入新时代，在生态治理理论和实践持续优化创新的探索进程中，构建了共建共治共享的特色生态治理制度，并借助一系列制度化过程实现向治理效能的转换。⑦ 政府环境监管与公众环境诉求在多主体和多区域层面存在环境协同治理的非对称效

① 陈贵梧、陈俐：《地方环境治理何以从"运动式应对"转向"创造性落实"？——一个中央、地方与社会的整合性视角》，《公共管理学报》2023年第3期。
② 陈贵梧：《制度互补理论视角下生态环境保护督察制度的逻辑及其演变——兼与经济治理比较》，《公共管理与政策评论》2023年第1期。
③ 赵海峰、张颖：《政府注意力视角下环保督察效果异质性及路径研究》，《软科学》2023年第10期。
④ 张国兴、林伟纯、Bin SU：《中央生态环境保护督察何以生效？——基于弱排名激励视角的实证分析》，《中国人口·资源与环境》2023年第5期。
⑤ 张明、孙欣然、宋妍：《中央环保督察与大气污染治理——基于纵向政府和污染企业的演化博弈分析》，《中国管理科学》2023年第4期。
⑥ 陈海嵩：《中央环保督察问责的规范分析及完善路径》，《浙江工商大学学报》2023年第4期。
⑦ 张静：《新时代生态环境治理体系视域下的共建共治共享研究》，《西南大学学报》（社会科学版）2023年第6期。

应，即环境协同治理效果因环境规制的实施主体与区域不同而存在差异。①

治理机制方面，在常规的科层治理形态下，上级通常是与下级签订"环保责任书"来划定环境治理的责任主体，在运动式治理中上级重塑地方环保责任、破解地方治污困境的重要政策工具之一就是"环保军令状"，其通过将环保任务上升到政治任务的高度，强化下级党政主体的环保责任以此获得环境治理的极致效力。② 走向协同治理需要进一步明晰生态环保督察与自然资源督察这两种制度的职责权限，搭建制度间信息共享平台，并着力构建生态文明督察制度的联合执法机制，完善生态环保与自然资源一体化督察体系。③

陆益龙等考察了青海省杂多县的"1＋N"牧区垃圾处理新模式，以及这一模式所反映的政府主导、部门协同、上下联动、社会参与的多元共治的环境治理机制，提出优化多元共治机制，需坚持问题导向、目标导向、结果导向、全局导向，推进牧区环境治理的高质量发展，助力牧区的生态现代化建设。④

（五）环保职责和清单研究

还有少数研究直接对生态环境保护职责和清单进行研究。研究认为，环境责任清单一类特殊的公权力自治规范，具有约束、整合功能，应当以事后备案审查方式补强环境责任清单颁行主体正当性，对责任清单编制依据加以有效约束或规范，将"地方实际需要"有序转化为地方立法或者地方规章，以及在内容结构安排上，更多明确职责问题而非追责问题，强化定责、追责和免责的一体化及联动性。⑤

当然，有研究指出，环境事权的过度下沉，导致地方政府环境治理存在激励不相容、"逐底竞赛"和跨界污染问题。环保机构垂直化改革显著提高了地区环境规制力度和企业环保投资水平，但同时也需要进一步完善配套措施，打破地方政府对环保部门执法监管的行政干预，因此，可以将难以激励相容、受益范围大的事权适

---

① 徐乐、王海霞、邵帅：《长三角环境协同治理的非对称效应：基于多主体与多区域的双重视角》，《西安交通大学学报》（社会科学版）2023年第2期。
② 李尧磊：《运动式环境治理中的"环保军令状"——重塑地方环保责任的政策工具选择》，《吉首大学学报》（社会科学版）2023年第4期。
③ 张一、白敏：《生态环保督察与自然资源督察协同治理及其优化》，《环境保护》2023年第7期。
④ 陆益龙、山永久、孟根达来：《"大环保"格局下牧区环境治理多元共治机制及优化路径——青海省杂多县垃圾处理的新模式》，《青海社会科学》2023年第5期。
⑤ 王清军：《环境责任清单的规范进路》，《吉首大学学报》（社会科学版）2023年第3期。

当上收；对于信息复杂度较高的事权，可适当下沉。[1]

此外，环保与数字政府、环保与乡村振兴、环保与经济增长也是 2023 年这一领域研究涉及的相关内容。总体上来看，政府生态环境领域问题相关研究与实践保持基本一致：热点问题偏多，而关于政府生态环保职责特别是纵向间生态环保职责配置的问题研究还比较少。

三、展望与分析：政府生态环境保护职责体系建设与优化的方向

习近平总书记在全国生态环境保护大会上深刻阐述了新征程上推进生态文明建设要处理好的 5 对关系，这包括正确处理好高质量发展和高水平保护的关系、重点攻坚和协同治理的关系、自然恢复和人工修复的关系、外部约束和内生动力的关系、"双碳"承诺和自主行动的关系。这为政府生态环境保护职责体系的优化与建设提供了理论和方向上的指导。基于对 2023 年生态环境领域相关工作和既有研究的梳理，本报告对政府生态环保职责的发展提出如下展望与分析。

（一）围绕政府生态环境保护职责开展相关工作

政府生态环境保护职责既是政府职责体系中的一个重要构成，同时也是政府职能发展的产物。因此，政府生态环保职责首先具有政府职责的一般性特征。政府生态环保职责在完成了"由谁做"的基本判断后，就应当及时回答"如何做"的问题。也即，随着"生态环境这一公共产品应当由政府、市场和社会等多元主体共同提供"这一观点达成共识，从政府的角度出发，更为重要的问题就落在了政府内部相关职责的划分与厘清上，这就涉及职责结构和履责方式两方面的问题。

在职责结构方面，新修订的环境保护法明确了各级环保部门的职责划分，强化了中央环保部门的综合决策、跨部门跨区域协调及环保督察等具体职责；同时下放大量执行性事权，这表明中央政府正在有意识地综合运用选择性集权和针对性放权的方式实现政府环保职责体系的优化。[2] 下一阶段，无论是督察制度的进一步完善，

---

① 马光荣、刘孟鑫、戚庆源：《政府间环境事权划分与污染治理——基于省以下环保机构垂直化改革的研究》，《财贸经济》2023 年第 8 期。
② 王智睿：《重心转换与优化配置：中国环境治理改革的职能逻辑》，《云南行政学院学报》2024 年第 3 期。

还是生态环境综合执法制度的推进，都应当开始关注政府内部职责结构的优化问题，从而进一步巩固生态环保职责在纵向上的差异化配置，实现履责的全面性与科学性。在履责方式方面，履责工具的不断丰富已经成为环境保护职责体系优化的主要趋势之一。特别是在具体工作的运用中，已经体现出立法、行政、司法手段综合使用的特征。这使得相关工作的开展在一定程度上能够反映出职责体系优化这一基本目标。

同时要注意的是，政府生态环境保护职责又是具有时代特征的产物。作为政府职责体系中的"新要素"，它又有其自身的特征。区别于政府其他职责，生态环境保护职责体系的优化又是滞后于督察制度、综合执法制度等具体工作开展的。这使得政府不得不在"双线"并行的环境中探索环保职责体系的优化路径。总体而言，政府生态环保职责体系的优化是常态化工作和非常态化工作的"叠加"。在这一过程中，必须抓住职责体系化与制度化的主线，从而更好地开展相关工作，并使其为职责体系优化创造条件。

（二）牢牢把握"双碳"目标实现职责的整体性优化

"十四五"时期，我国"双碳"目标已经进入减污降碳协同治理的全新阶段。这意味着政府的生态环境保护职责不仅要完成自身的制度化与体系化目标，还面临与政府其他职责相互协调、相互促进的挑战，特别是要处理好生态环境保护职责与经济发展职责、公共服务提供职责等职责之间的协同关系。

现阶段，我国还处在现代化与后现代化"两化叠加"的时期，"两化叠加"所带来的背景特征是我国政府发展，乃至推进政府职能转变所不得不面对与应对的重要问题。而政府职责的复杂关系正是其集中反映之一。中国在现阶段要建立"管理-服务型"政府，这就意味着要在某项具体的政府职责上同时处理好管理与服务之间的关系；在不同领域的政府职责之间也要处理好管理与服务之间的关系。

正确认识和把握"双碳"目标，要实现三对关系的平衡。第一是目标与行动的关系。在"双碳"目标的实现过程中，要充分考虑地区发展形势、产业结构等因素，因时因地制宜开展工作。第二是发展与减排的关系。作为发展中国家，我国仍然处于工业化和城镇化快速发展阶段，碳减排需要考虑经济发展、能源安全、社会民生等诸多因素。必须充分考虑和平衡发展与减排之间的关系，从而在发展中实现"双碳"目标。第三是政府与市场的关系。碳排放总量和强度"双控"，是实现"双碳"目标的重要举措，本质是解决市场失灵问题。这一点同样体现在生态环境保护职责应当通过政府、市场等多元主体协同行动上。总体来看，这三对关系的平衡，与"两化叠加"背景下政府职责本身和职责之间的管理与服务关系的平衡高度一致。把握"双碳"目标，为政府生态环境保护职责在政府职责体系的整体性优化中实现制度化和规范化提供了发展路径。

值得注意的是，职责的整体性优化在实践过程中体现为具体工作的"叠加效应"。在"双碳"目标的指引下，充分发挥不同领域工作的叠加效应，对于生态环境保护职责的优化一定是有所助益的。

四、报告要点

本报告以 2023 年政府生态环境保护职责为研究对象，从实践层面梳理了 2023 年以来政府在生态环境领域所做的主要工作和改革内容；从理论层面对 2023 年相关领域的研究作出总结与评述。本报告要点总结如下：

2023 年，中国政府生态环境保护职责体系建设的实践取得了一定的进展。在中央生态环境保护督察制度方面，第三轮中央生态环境保护督察全面启动，从其落实与数据反馈来看，这一制度已经显现出比较明显的效果。在机构改革方面，生态环境部率先对职责、机构与编制进行了一定程度的调整，为职责体系的形成创造了一定的条件。在生态环境保护综合执法方面与生态环境公益诉讼制度方面，地方政府进行了卓有成效的探索。总体来看，2023 年各方面工作的开展为生态环境保护职责体系的健全与优化创造了良好的条件，奠定了基础。

我国生态环境保护职责领域的研究已较全面，但仍有待完善。2023 年生态环境保护职责领域的研究主题主要包括生态环保法制建设研究、环保领域综合执法研究、环保领域督察制度研究、环保领域协同治理研究及环保职责和清单研究。总体来说，环保领域的研究能够反映当下实践的热点，但涉及政府生态环境保护职责体系建设与优化的研究还较少。未来，随着相关领域工作逐渐进入稳定期，这方面的研究或许有增加的趋势。

现阶段政府生态环境保护职责体系的优化，首先应当坚持围绕政府生态环境保护职责开展相关工作。生态环境保护职责作为政府职责体系的重要构成部分，一方面具有政府职责的一般性特征，这要求从职责结构和履责方式两方面开展相关工作；另一方面，作为职责体系中的"新"要素，生态环保职责又有一定的时代性特征，在具体工作开展上有所反映。因此要围绕职责体系化这一主题，在常态化与非常态化双线并行的基础上开展工作。现阶段应当牢牢把握"双碳"这一目标，对政府职责体系做整体性优化。这就要求在具体工作中处理好生态环境保护职责与经济发展职责、公共服务提供职责等相关职责的协同与协调关系，充分发挥不同领域工作的"叠加"效应。

（作者单位：南开大学周恩来政府管理学院）

02

第二部分

府际关系与机构改革

条块关系研究报告

周振超

2023 年，党的二十届二中全会通过的《党和国家机构改革方案》结合新的时代条件和实践要求，突出重点行业和领域，统筹考虑当前突出问题和未来发展需要，在各领域基础性制度框架基本建立的基础上进行再调整、新改革。科学技术、金融监管、数据管理、乡村振兴、知识产权、老龄工作等重点领域的机构改革推动条块关系呈现新气象、新格局。

一、2023 年条块关系发展现状综述

根据《党和国家机构改革方案》相关规定，党中央机构、全国人大机构、国务院机构、全国政协机构进行了相应调整。在党的二十届二中全会精神及国家法律、党内法规、中央文件等多重因素推动下，条块关系的宏观格局发生了较大变化。

（一）机构改革推动条块关系调整

职能决定机构。不同层级各有其职能重点，因此需要合理配置各层级间职能。健全政府纵向职责体系是确保各层级政府高效运转，实现国家治理体系和治理能力现代化的重要举措。2023 年机构改革重点强化了金融监督管理的中央事权地位，减少中央和地方职责交叉、共同管理的事项。属于中央事权、归中央负责的事项，由中央设立垂直机构实行规范管理。组建国家金融监督管理总局，深化地方金融监管体制改革，统筹推进中国人民银行分支机构改革等体现了进一步科学设置中央和地方事权、理顺中央和地方职责关系的改革方向。金融监督管理主要是中央事权，规则标准要由中央统一制定。为加强金融监管，确保金融机构安全、稳健、高效运

行，2023 年机构改革统筹优化中央金融管理部门地方派出机构设置和力量配备，进一步明确监管事权和职责，实现差别化监管，强化属地风险处置责任。地方政府设立的金融监管机构专司监管职责，不再加挂金融工作局、金融办公室等牌子。事权调整后，行政资源配置、中央与地方财政事权和支出责任划分改革也向纵深推进。

确保机构设置上下贯通，提高政府执行力。维护党中央权威和集中统一领导，保证全国政令畅通的基本要求是优化机构体系。机构是职责的载体，明确了各级政府之间的职责划分，也就确定了权力的划分与机构的归属。中国政府机构设置的典型特征是"横平竖直""上下对口""左右看齐"。在明确中央事权、中央和地方共同事权的基础上，还需要优化组织结构，完善政令统一、运行顺畅、执行高效、充满活力的工作体系。对于中央专有的事项由中央垂直管理，其设在地方的机构均属中央在地方的派驻机构，由中央政府进行垂直管理，在人事、财政和编制上与地方政府脱钩，地方政府没有必要设立类似的主管部门。这样既能更好地发挥中央政府管全局、管方向的作用，又可以使地方政府集中精力做好自己职责范围内的事项，从而精简地方政府机构、降低行政成本。

优化条块关系，规范垂直管理体制和地方分级管理体制。坚持中央和地方一盘棋，在中央统一指挥和统筹下理顺条块关系，形成条块畅达的局面。条条和块块的职责是执行党中央决策。中央部委发挥属事责任，做好对本行业本系统的指导和监督；地方政府履行属地责任，结合地方实际创造性开展工作。中央部委创新监管方式，在金融等领域强化机构监管、行为监管、功能监管、穿透式监管、持续监管，让条块权责更加协同、监管更加有力、运行更加高效。在地方分级管理的事项上突出条抓块统的导向。为确保上下贯通、执行有力，省、市、县各级涉及党中央集中统一领导和国家法制统一、政令统一、市场统一的机构职能都与中央部委基本对应。中央部委统管本领域的重要业务，对口领导或者指导下级职能部门开展工作。理顺条块关系的方向是既要有利于中央部门集中精力抓大事、谋全局，又要赋予地方更多自主权、因地制宜做好工作。健全政府职责体系是把这二者有机结合起来的重要措施。①

① 本部分内容发表于 2023 年 4 月 26 日《中国社会科学报》。

（二）条块关系的表现形式

条条和块块组成了纷繁复杂但错落有致的组织体系。本部分通过整理 2023 年国家法律、党内法规和中央文件中涉及条块关系的相关规定，力图简明扼要地勾勒出条块关系模式（见表 1、表 2），重点在于描述条块关系的制度安排应该是什么样子。现实运作与法律规范之间经常出现一定的偏离。然而，国家法律和党内法规是影响条块关系的基本规范，它们规定并制约着条块关系的构成及运作。

表 1　2023 年出台的中央文件涉及条块关系的内容列表

文件名称	相关内容表述	条块关系指向
《关于加强新时代水土保持工作的意见》	"建立水土保持部际协调机制，强化协调配合，形成工作合力。水利部要切实履行主管部门职责，发挥好牵头组织和统筹协调作用……发展改革、财政、自然资源、生态环境、农业农村、林业草原等部门要按照职责分工做好相关工作，加强政策支持协同，推动重点任务落实。"	建立部际协调机制，加强政策支持协同
《关于印发食品安全工作评议考核办法的通知》	"考核对象为各省（自治区、直辖市）人民政府和新疆生产建设兵团。考核工作由国务院食品安全委员会统一领导。国务院食品安全委员会办公室受国务院食品安全委员会委托，会同国务院食品安全委员会相关成员单位实施考核工作。国务院食品安全办及相关成员单位根据职责分工，对各省级人民政府和兵团食品安全工作情况进行评价。"	上级部门对地方政府进行考核评价
《关于印发中医药振兴发展重大工程实施方案的通知》	"国家中医药局、国家卫生健康委、国家发展改革委要牵头建立跨部门工作机制……国务院中医药工作部际联席会议有关成员单位要将重大工程实施纳入本单位重点工作，明确工作任务，加强组织协调，抓好落地落实。"	建立跨部门工作机制
《关于加强新时代法学教育和法学理论研究的意见》	"中央依法治国委加强统筹规划，国务院教育主管部门和司法行政部门会同有关法治工作部门密切协作、形成合力，推动各项任务落到实处。各级党委要加强组织领导，及时研究解决重大问题，统筹推进任务落地落实。"	党中央决策议事协调机构统筹，部门形成合力，地方落实
《关于进一步深化改革促进乡村医疗卫生体系健康发展的意见》	"建立省级统筹、市负总责、县抓落实的工作机制。""党委农村工作部门牵头，机构编制、发展改革、教育、财政、人力资源社会保障、自然资源、农业农村、乡村振兴、医保、疾控、中医药等部门和单位参与的工作推进机制。"	省级统筹、市负总责、县抓落实的工作机制；一个部门牵头，多部门参与的工作推进机制

续表

文件名称	相关内容表述	条块关系指向
《关于深入推进跨部门综合监管的指导意见》	"对涉及多个部门、管理难度大、风险隐患突出的监管事项，建立健全跨部门综合监管制度，强化条块结合、区域联动，完善协同监管机制。"	建立健全跨部门综合监管制度，强化条块结合、区域联动
《关于进一步加强财会监督工作的意见》	"加强财会监督主体横向协同。构建……横向协同工作机制……建立健全部门间财会监督政策衔接、重大问题处理、综合执法检查、监督结果运用、监督线索移送、监督信息交流等工作机制，形成监督合力，提升监督效能。""强化中央与地方纵向联动。压实各有关方面财会监督责任，加强上下联动。国务院财政部门……指导推动各地区各部门各单位组织实施……国务院有关部门派出机构依照法律法规规定和上级部门授权实施监督工作。地方各级政府和有关部门……及时向上一级政府和有关部门反映财会监督中发现的重大问题。"	横向协同；纵向联动
《关于进一步构建高质量充电基础设施体系的指导意见》	"加强协同推进。国家发展改革委、国家能源局会同各有关方面统筹推进本指导意见实施，加强部门协同配合，强化对各地的指导监督……地方各级政府……实现信息共享和政策联动。"	部门协同，上级部门对地方政府进行指导监督
《关于加强医疗保障基金使用常态化监管的实施意见》	"完善部门间协同监管机制。加强医保部门与公安、财政、卫生健康、中医药、市场监管、药品监管等部门的贯通协同，推进信息互通共享，实现部门间线索互移、标准互认、结果互通。"	完善部门间协同监管机制
《关于全面加强新形势下森林草原防灭火工作的意见》	"健全指挥体系。完善各级森林草原防灭火指挥机构，实现上下基本对应。"	机构上下对口
《提升行政执法质量三年行动计划（2023—2025年)》	"实行垂直管理或者双重领导并以上级单位领导为主的国务院部门的行政执法突出问题专项整治情况，由垂直管理或者双重领导并以上级单位领导为主部门汇总后报送国务院司法行政部门。""地方各级司法行政部门要切实履行行政执法体制改革的法治协调职责，督促指导各级行政执法部门于2024年底前研究制定本部门行政执法事项目录。""大力推进行政执法协作。健全事前事中事后监管有效衔接机制。建立健全跨部门、跨区域、跨层级的行政执法协作机制，实现违法线索互联、执法标准互通、处理结果互认。"	垂直管理部门信息报送机制；一个部门督促指导其他部门；建立健全跨部门、跨区域、跨层级的协作机制

续表

文件名称	相关内容表述	条块关系指向
《关于推进普惠金融高质量发展的实施意见》	"优化推进普惠金融发展工作协调机制，由金融监管总局……等31个单位参加，根据职责分工落实本意见，协调解决重大问题。强化中央与地方联动，因地制宜、协同推进普惠金融高质量发展。"	优化部门协调机制，强化中央与地方联动
《关于释放旅游消费潜力推动旅游业高质量发展的若干措施》	"健全旅游工作协调机制。完善工作机制，及时开展工作调度和研究会商，加强跨部门统筹协调和综合监管，推动解决旅游业发展中的重点难点堵点问题。"	健全工作协调机制
《保障农民工工资支付工作考核办法》	"考核工作在国务院领导下，由国务院就业促进和劳动保护工作领导小组负责实施，领导小组办公室具体组织落实。"	上级对下级进行考核
《深化集体林权制度改革方案》	"各省（自治区、直辖市）要结合实际加快制定实施方案……市县两级原则上不制定配套文件。国家林草局负责协调推进本方案提出的各项任务措施，有关部门要加强沟通、密切配合，形成工作合力。" "支持先行探索。支持福建、江西、重庆建设深化集体林权制度改革先行区，充分发挥引领作用，为全国深化集体林权制度改革提供可复制可推广的经验和模式。" "森林公安由公安机关直接领导管理，职能保持不变，基层森林公安队伍框架和力量布局保持基本稳定。"	支持地方先行探索
《专业技术类公务员管理规定》	"中央公务员主管部门负责全国专业技术类公务员的综合管理工作。县级以上地方各级公务员主管部门负责本辖区内专业技术类公务员的综合管理工作。上级公务员主管部门指导下级公务员主管部门的专业技术类公务员管理工作。各级公务员主管部门指导同级机关的专业技术类公务员管理工作。"	上级部门指导下级部门工作
《中共中央　国务院关于支持福建探索海峡两岸融合发展新路　建设两岸融合发展示范区的意见》	"完善工作落实机制。中央台办、国家发展改革委要牵头协调……中央和国家机关有关部门要提出创新举措，加强政策支持，全力支持福建探索深化两岸融合发展新机制新路径新模式。福建省要强化主体责任，建立协同落实机制，发挥各方作用，创新工作方法，确保各项举措落地见效。"	完善工作落实机制，中央部门牵头协调，有关部门加强政策支持

续表

文件名称	相关内容表述	条块关系指向
《关于进一步加强矿山安全生产工作的意见》	"健全国家矿山安全监察体制，国家矿山安全监察部门负责监督检查地方矿山安全监管工作，向地方政府提出改善和加强矿山安全监管工作的意见和建议。"	上级部门监督检查地方工作
《空气质量持续改善行动计划》	"完善区域大气污染防治协作机制。国家统筹推进京津冀及周边地区大气污染联防联控工作，继续发挥长三角地区协作机制、汾渭平原协作机制作用……各省级政府加强本行政区域内联防联控。鼓励省际交界地区市县积极开展联防联控，推动联合交叉执法。"	地区合作

1. 上级条条与下级块块的关系

上级政府职能部门与下级块块的关系是条块关系的主要形式。中国国家制度和国家治理体系的一个显著优势是条块协商治理。中央部委或派出机构在决策时经常征求地方政府的意见建议，在政策执行过程中为地方政府提供指导和帮助，条块双方加强联系和沟通，经常性地交流信息。2023 年出台的多部法律法规、中央文件对上级条条与下级块块的关系进行了明确的规定。例如，2023 年 3 月 17 日，国务院第一次全体会议通过的《国务院工作规则》对国务院部门与省级政府关系的要求是："国务院各部门召开的全国性会议，未按有关规定报经批准，不得请省、自治区、直辖市人民政府负责人出席。未经国务院授权，国务院各部门不得向省级政府发布指令性公文或者在公文中向省级政府提出指令性要求。国务院各部门不得以贯彻落实、督查考核等名义擅自要求地方制发配套文件。"

2. 垂直管理的条条与块块的关系

2023 年机构改革的一个特点是强化垂直管理的力度。垂直管理有利于确保中央政令的统一、畅通和政府过程的高效快捷。党和国家机构改革建立了以中央金融管理部门地方派出机构为主的地方金融监管体制；统筹推进中国人民银行分支机构改革，在 31 个省（自治区、直辖市）设立省级分行；中国证券监督管理委员会由国务院直属正部级事业单位调整为国务院直属机构，并且继续实行在全国范围内的垂直管理模式。中国人民银行、国家金融监督管理总局、中国证券监督管理委员会、国家外汇管理局及其分支机构和派出机构均使用行政编制，工作人员纳入国家公务员统一规范管理，执行国家公务员工资待遇标准。需要特别注意的是，垂直管理的条条与地方政府的关系并不是"井水不犯河水"，在工作上应该相互支持、配合和协作。

3. 上下级块块的关系

以加强党中央集中统一领导为统领，充分发挥中央和地方两个积极性。发挥好中央和地方两个积极性是解决大国治理难题的基本经验。机构改革的关键是要实现宏观调控得好和微观放得开相结合。一方面，要健全总揽全局、协调各方的党的领导制度体系，完善党中央决策议事协调机构。组建中央金融委员会和中央科技委员会两个党中央决策议事协调机构；组建中央金融工作委员会，作为党中央派出机关；加强党中央对金融工作、科技工作等重大工作的集中统一领导和顶层设计，对坚持党中央权威和集中统一领导体制进行调整和完善。另一方面，完善党中央重大决策部署落实机制，在人员编制上实行瘦身、强化和赋能相结合。中央和国家机关各部门人员编制按照 5% 的比例进行精减，收回的编制主要用于加强重点领域和重要工作；中央垂管派出机构不纳入统一精减范围；为确保基层有人有权有物，保证基层事情基层办、基层事情有人办，对县、乡两级人员编制不作精减要求。

2023 年 12 月 8 日，中共中央政治局会议第三次修订的《中国共产党纪律处分条例》也是对政府间关系的一次调整。例如，第五十六条规定："党员领导干部在本人主政的地方或者分管的部门自行其是，搞山头主义，拒不执行党中央确定的大政方针，甚至背着党中央另搞一套的，给予撤销党内职务、留党察看或者开除党籍处分。贯彻党中央决策部署只表态不落实，或者落实党中央决策部署不坚决，打折扣、搞变通，在政治上造成不良影响或者严重后果的，给予警告或者严重警告处分；情节严重的，给予撤销党内职务、留党察看或者开除党籍处分。不顾党和国家大局，搞部门或者地方保护主义的，依照前款规定处理。"

2023 年 3 月 13 日，第十四届全国人民代表大会第一次会议通过的《全国人民代表大会关于修改〈中华人民共和国立法法〉的决定》，涉及的政府间关系调整和变动如下：第一，将第七十二条改为两条，第一款作为第八十条；第二款作为第八十一条第一款，修改为："设区的市的人民代表大会及其常务委员会根据本市的具体情况和实际需要，在不同宪法、法律、行政法规和本省、自治区的地方性法规相抵触的前提下，可以对城乡建设与管理、生态文明建设、历史文化保护、基层治理等方面的事项制定地方性法规，法律对设区的市制定地方性法规的事项另有规定的，从其规定。设区的市的地方性法规须报省、自治区的人民代表大会常务委员会批准后施行。省、自治区的人民代表大会常务委员会对报请批准的地方性法规，应当对其合法性进行审查，认为同宪法、法律、行政法规和本省、自治区的地方性法规不抵触的，应当在四个月内予以批准。"第二，增加一条，作为第八十三条："省、自治区、直辖市和设区的市、自治州的人民代表大会及其常务委员会根据区域协调发展的需要，可以协同制定地方性法规，在本行政区域或者有关区域内实施。""省、自治区、直辖市和设区的市、自治州可以建立区域协同立法工作机制。"

2023 年 12 月 29 日，第十四届全国人民代表大会常务委员会第七次会议通过《全国人民代表大会常务委员会关于完善和加强备案审查制度的决定》，指出："全国人民代表大会常务委员会工作机构应当加强对地方各级人民代表大会常务委员会规范性文件备案审查工作的联系和指导……推动地方各级人民代表大会常务委员会提高备案审查工作能力和质量。"

2023 年 12 月 26 日，国务院办公厅印发《知识产权领域中央与地方财政事权和支出责任划分改革方案》。该方案旨在健全充分发挥中央和地方两个积极性的体制机制，厘清权责关系，适当加强中央在知识产权保护方面的财政事权，减少并规范中央和地方共同财政事权，赋予地方更多自主权，优化政府间事权和财权划分，建立权责清晰、财力协调、区域均衡的中央和地方财政关系，形成稳定的各级政府事权、支出责任和财力相适应的制度。

4. 上下级条条的关系

《国务院工作规则》第七条规定："各部、各委员会、人民银行、审计署根据法律、行政法规和国务院的决定、命令，在本部门的职权范围内，制定规章，发布命令，全面履行相关行政管理职能，统筹研究部署本领域本行业工作，抓好组织实施和督促落实。"

5. 同级条条的关系

《国务院工作规则》第二十九条规定："各部门报送国务院的请示性公文，凡涉及其他部门职权的，应主动与相关部门充分协商，由主办部门主要负责人与相关部门负责人会签或联合报国务院审批。部门之间有分歧的，部门主要负责人要加强协商；协商后仍不能取得一致意见的，主办部门应列明各方意见及理据，提出办理建议。部门之间征求意见或会签文件时，除主办部门另有时限要求外，一般应在 7 个工作日内回复；特殊情况不能按期回复的，应主动与主办部门沟通并商定回复时限及方式，逾期不回复视为无不同意见。"

6. 同级块块的关系

同级地方政府之间是平等、合作互助的关系，属于政府间横向关系的范畴。这一关系从总体上受制于中央和地方关系、条块关系的状况。

表 2　2023 年出台或修改的法律涉及条块关系的内容列表

法律名称	相关内容表述	条块关系指向
《中华人民共和国慈善法》	"具体管理办法由国务院民政部门会同网信、工业和信息化等部门另行制定。"	同级条条协同
《全国人民代表大会常务委员会关于完善和加强备案审查制度的决定》	"地方性法规、自治州和自治县的自治条例和单行条例、经济特区法规、浦东新区法规、海南自由贸易港法规……依法报送全国人民代表大会常务委员会备案。" "加强工作联系指导。全国人民代表大会常务委员会工作机构应当加强对地方各级人民代表大会常务委员会规范性文件备案审查工作的联系和指导。"	加强地方性法规备案审查
《中华人民共和国粮食安全保障法》	"县级以上人民政府发展改革、自然资源、农业农村、粮食和储备等主管部门依照本法和规定的职责，协同配合，做好粮食安全保障工作……并建立粮食安全监管协调机制和信息共享机制，加强协作配合。" "国务院发展改革、自然资源、农业农村、粮食和储备主管部门应当会同有关部门，按照规定具体实施对省、自治区、直辖市落实耕地保护和粮食安全责任制情况的考核。" "对耕地保护和粮食安全工作责任落实不力、问题突出的地方人民政府，上级人民政府可以对其主要负责人进行责任约谈。被责任约谈的地方人民政府应当立即采取措施进行整改。"	同级部门协同；中央部门对省级政府考核；上级政府约谈下级政府负责人

法律名称	相关内容表述	条块关系指向
《中华人民共和国青藏高原生态保护法》	"国家建立青藏高原生态保护协调机制，统筹指导、综合协调青藏高原生态保护工作，审议青藏高原生态保护重大政策、重大规划、重大项目，协调跨地区跨部门重大问题，督促检查相关重要工作的落实情况。" "青藏高原相关地方根据需要在地方性法规和地方政府规章制定、规划编制、监督执法等方面加强协作，协同推进青藏高原生态保护。"	国家建立协调机制；地方政府合作
《中华人民共和国对外关系法》	"中华人民共和国外交部依法办理外交事务，承办党和国家领导人同外国领导人的外交往来事务。外交部加强对国家机关各部门、各地区对外交流合作的指导、协调、管理、服务。"	一个部门对其他部门进行指导、协调、管理、服务
《中华人民共和国海洋环境保护法》	"沿海县级以上地方人民政府可以建立海洋环境保护区域协作机制，组织协调其管理海域的环境保护工作。" "跨区域的海洋环境保护工作，由有关沿海地方人民政府协商解决，或者由上级人民政府协调解决。" "跨部门的重大海洋环境保护工作，由国务院生态环境主管部门协调；协调未能解决的，由国务院作出决定。"	建立区域协作机制；跨地区和跨部门协同

二、2023 年条块关系研究综述

（一）解析条块关系的具体形态

一是整体性把握条块关系、条块体制，以实现既集大成又联通古今的具体形态展示。"条条和块块形成了纷繁复杂但错落有致的政府组织结构"[①]，条块体制承担着维护国家统一与激发地方活力的功能。二是细分不同层级、时间维度的条块关系，展示其动态变化。对条块关系形态的认识不应将条与块"打包"处理，笼统研究，而应细分层级要素与时间要素。从层级维度来看，"条块关系并没有发生自上

---

① 周振超、黄洪凯：《中国条块体制的内涵意蕴与独特功能》，《学术界》2023 年第 1 期。

而下的层层复制"①。从时间维度上看,条块关系伴随中央与地方关系变化而相应滞后变化,这种复杂性与差异性形态本质上取决于政府过程中的权力对比关系。三是以部门工作"中心化"为分析工具,强调跳出"条强块弱""条弱块强"二分法,展现条块关系的多元、微妙互动。部门工作"中心化"后,条条权力实现扩张,其与块块之间由制约补充、动态平衡转向条对块的单向支配,② 而这一转变从根本上源于权力配置结构变革与权力运行机制转换。四是专门把握"条条"间的竞争关系。"'条条'部门间由于'同伴效应'使纵向压力发生了横向传导,并且与纵向压力产生叠加效应,进一步加剧了地方政府部门间的竞争"③,竞争体现在条条对上级注意力、同级话语权或对下级的指挥权的争夺上。因而,条块关系实则处于复杂多变的关系形态之中。

(二)探究条块分割矛盾的应对之策

应对条块分割困境,要应对"碎片化"难题,解决纵向与横向权力统合问题。明确实现纵向与横向权力统合的发展指向后,应注意以下两个方面。一方面,以理论分析寻踪觅源条块分割困境的深层因果。政府组织架构、政府职责体系与事权关系为理解和应对条块分割提供了"抓手"。从机构设置、机制创新层面应对"条块分割"困境;政府职责"脱节"、职责不清、职责不当是条块分割的困点,要做好条块间的权限配置、强化属地管理、完善监督机制④以理顺政府职责关系。另一方面,以实证研究汲取应对条块分割困境的实践智慧。学界探究议事协调机构、综合行政执法改革、数字技术等治理行为的内在逻辑,发现应对条块分割困境要增强县域党委政府的统合能力,实现组织结构整合、科层权力流转清晰和行政行为灵活柔和。议事协调机构有效满足解决治理难题需要,以增强县域党委政府的统合能力完成对各部门资源的统合调动;⑤ 综合行政执法改革直接变革组织结构,实现"条块

---

① 成婧:《政府过程中的复杂性条块关系及其产生逻辑——基于干部调配数据的观察》,《公共行政评论》2023 年第 1 期。
② 仇叶:《部门工作"中心化":县域条块关系的重组及其治理后果》,《经济社会体制比较》2023 年第 2 期。
③ 翟磊:《C 位策略:地方政府部门间竞争的政策发布逻辑》,《中国行政管理》2023 年第 4 期。
④ 邱实:《中国市辖区体制改革研究》,上海三联书店 2023 年版。
⑤ 田先红:《统合治理与中国县域治理现代化——基于县域议事协调机构的经验分析》,《甘肃社会科学》2023 年第 2 期。

职能结构的多重调整、条块合作机制的重新建立"①，以交互协作实现集体行动；数字技术影响组织结构、权力运行机制与组织关系，进而打破条块分割。②

（三）领悟条块整合的关系形态

条块整合不仅是条块关系的一种理想形态，而且其作用已在实践中多次彰显。条块之间此消彼长、非此即彼的思维并不可取，而应看到条块间的协作、互动关系。综合行政执法改革、议事协调机制的建立、对干部调配数据的实证研究及对县域条块关系的实践观察为此提供了理论和现实支撑。

整合关系意味着主体间存在利益联结，即块块赋能条条或条条赋能块块。有研究关注"条赋块能"，在一定的公共用品供给领域，条条具备利用自身资源优势赋能地方发展的条件，③ 而后携带资源补给块块或与块块展开合作，实现共赢。整合关系还意味着具有利益辐射作用，即以整合性影响政治行为运行情况与实现国家有效治理。沿着这一思路，有学者把条块整合的理念带入区域协同立法研究中，看到区域协同立法实践背后国家治理逻辑朝条块双向统合的转向趋势，认为"整个国家治理逻辑中都存在协同思想、整体主义的影子"④，并将条块协同的理论价值直接作用于区域协同立法实践。

（四）运用条块关系作为研究视角

从条块关系的角度研究请示报告制度。请示报告制度伴随条条与块块的相对强势情况依时依势依地逐渐形成与完善，⑤ 以条块关系的历史变化与时代特征为切入点挖掘请示报告制度不同时期变化的深层机理。地方金融监管制度是条块关系视角的又一作用领域，"地方金融监管只能沿着我国'条块关系'的双重领导方向发展完善"⑥，条块关系视角为理解地方金融监管体制的领导体系、实现目标和优化路径

---

① 黄俊尧、朱得良：《综合行政执法改革中的条块关系重塑：一个分析框架》，《党政研究》2023 年第 2 期。

② 陈天祥、蓝云、胡友芳：《双重嵌入：以数字技术打破基层治理中的条块分割》，《江苏行政学院学报》2023 年第 1 期。

③ 马啸、翁霆威、周银圣：《地方发展中的"条赋块能"——基于铁路的案例研究》，《经济社会体制比较》2023 年第 5 期。

④ 钱大军、郭金阳：《碎片整合与条块重构：区域协同立法兴起的二重逻辑》，《河北法学》2023 年第 12 期。

⑤ 王芳：《"条""块"关系视野下请示报告制度在上海的确立与运行（1949—1953）》，《党史研究与教学》2023 年第 5 期。

⑥ 李有星、潘政：《"条块关系"视角下地方金融监管双重领导体制构建》，《治理研究》2023 年第 1 期。

提供了分析工具。还有学者围绕整合、协调与激励三个关系维度建立条块关系重塑框架，[①] 发现行政执法改革中的条块合作问题并提出发展进路；以县域条块关系构建叙事框架，[②] 县级政府、县职能部门、乡镇政府统筹平衡的三角互动关系转型，为认识县域治理的现实样态、转型障碍与深层因素提供窗口；以条块协调策略构建权力分析框架，形成高位推进、审慎威慑、身份强调、渐进追踪四类运作策略，[③] 进而清晰运作策略的生成机制与选择考量。

总体而言，现有条块关系研究以解析具体形态的方式绘制条块关系微妙、多样、复杂的图景。同时，从应然层面把握应对条块分割困境以实现理想条块关系的策略与路径，又从实然层面展示条块协调、整合、统合的现实形态。此外，将条块关系视为具有丰富理论内涵的研究工具以实现对更多研究领域、研究对象的准确认识。这体现了条块关系研究不仅在用不同的方式"解释世界"，更在用多种方式"改变世界"。把握其研究特征，应注意以下三个方面。一是现有研究呈现将条块关系研究与统合治理、整体性治理等研究理论或与综合行政执法改革、议事协调机制建立、小组办公室设置、金融监管体制建设、数字技术嵌入基层治理等实践相结合的研究形式，在与不同主题、对象的联系互动中实现对条块关系的多面、动态把握。二是研究范式实证化。多数研究运用实证研究范式，尤其是以案例研究法展开，围绕现实实践中的典型案例，提取经验，完善条块关系理论。三是研究内容深度化。现有研究并非对条块关系形态的简单描述，无论解析条块关系具体形态抑或追寻优化之道、理想形态的研究，都体现着深挖关系构造逻辑、展现复杂形态、多角度铺就实现路径、转变研究思路、丰富研究视野的特征。

三、展望与分析

准确把握充分发挥中央和地方两个积极性的内涵要求。一是理顺中央和地方权

---

① 黄俊尧、朱得良：《综合行政执法改革中的条块关系重塑：一个分析框架》，《党政研究》2023 年第 2 期。

② 仇叶：《部门工作"中心化"：县域条块关系的重组及其治理后果》，《经济社会体制比较》2023 年第 2 期。

③ 齐晨然、陆亚娜：《"弱马拉大车"：小组办的权力聚散与条块协调策略》，《公共管理评论》2023 年第 1 期。

责关系。中央和地方权责一致、清晰、法定，能够在确保党中央政令畅通的前提下，发挥中央和地方各自比较优势，实现维护国家统一和党中央权威、增强地方治理能力和活力的有机统一。二是推进各级政府事权规范化。发挥两个积极性，既包括中央和省市，也包括基层政府。不同层级的政府工作性质和任务有差别，行使事权的范围、内容和方法也不尽相同。三是完善垂直管理体制和地方分级管理体制，健全垂直管理机构和地方协作配合机制。四是形成稳定的与各级政府事权、支出责任和财力相适应的制度。

条块关系优化涉及机构设置、职能配置、体制机制、运行管理等诸多方面。2023年，条块关系变动体现如深化金融体制改革，优化政府职责体系和组织结构，完善党中央决策议事协调机构，优化机构编制资源配置，推进以党建引领基层治理等方面。一是条条要有部门权责清单，部门职责清晰、边界清楚、责任明确。二是地方机构改革与中央层面改革统筹衔接，有的机构必须对应，有的机构不一定完全与中央层面对应。要解决地方议事协调机构过多的问题。在中央层面机构改革完成后，改革的重点是地方，地方机构改革和条块关系变革要对行政执法体制改革、基层管理体制改革、优化配置人员编制和落实领导职数管理要求等作出部署。地方改革中，对条块关系协调力度比较大的是重庆，主要做法是：推动乡镇（街道）职能体系重构、运行机制重塑、资源力量重组，乡镇（街道）构建"一中心四板块一网格"基层智治体系，按照"一对一""多对一"的模式，将现有乡镇（街道）综合办事机构和事业站所、派驻机构对应纳入"四板块"统筹管理，健全平台化、模块化。

四、报告要点

2023年是条块关系变动较大的一年，主要动因是启动了新一轮党和国家机构改革。回顾条块关系的实践探索和理论研究，本报告的基本结论如下：

条块关系变动的趋势是强调党中央的集中统一领导。一是加强顶层设计和整体谋划。本次机构改革统筹党中央机构、全国人大机构、国务院机构、全国政协机构，统筹中央和地方，改革涉及部门较多、触及的问题较深。设立新的党中央决策议事协调机构，组建新的党中央职能部门和办事机构，在重要领域设立新的党中央派出机关，是为了加强党中央对重大工作的集中统一领导。二是推进一些重点领域的机构职责调整，加大垂直管理的力度，主要体现在组建国家金融监督管理总局、深化地方金融监管体制改革、统筹推进中国人民银行分支机构改革等方面。三是在一些双重领导的领域也加大了自上而下统筹的力度。

组建机构以便适应构建新发展格局、推动高质量发展的需要。在理顺部门职责分工中推进职能划转，确保权责一致。职能划转和机构调整紧密相连，改革的内在关联性和互动性很强。2023 年机构改革中，涉及中央社会工作部、民政部、中央和国家机关工作委员会、国务院国有资产监督管理委员会、中央精神文明建设指导委员会办公室、科学技术部、农业农村部、国家发展和改革委员会、生态环境部、国家卫生健康委员会、工业和信息化部、人力资源和社会保障部、中国证券监督管理委员会、中央网络安全和信息化委员会办公室、全国老龄工作委员会办公室等若干个党和国家机构相关职责的划入、调整和优化。为实现履职到位、流程通畅的目标，在改革中涉及职能有机统一、机构人员职能整合、业务工作融合、机制流程衔接等多个重点任务。

在条块关系调整中，越来越强调在统一领导下的横向跨部门合作、跨区域合作。一是注重横向协同和政策支持协同，主要表现是建立一个部门牵头、多部门参与的工作推进机制，健全跨部门综合监管制度。二是鼓励条块结合、区域联动，国家层面审议重大政策、重大规划、重大项目，协调跨地区跨部门重大问题，鼓励相关地方在地方性法规和地方政府规章制定、规划编制、监督执法等方面加强协作，协同推进一些重大工作。

（作者单位：西南政法大学政治与公共管理学院）

地方政府对口支援研究报告

徐明强

作为一项体现中国政治制度比较优势的地方政府合作模式，对口支援的主要目的就在于通过地方政府间的对口支援关系，实现各类资源的横向流通和跨域合作。特别是在推进区域协调、增强资源流通、促进民族团结、提高干部能力等方面，对口支援发挥了重要作用。在不断的探索创新过程中，地方政府逐渐形成多领域、多层次、多形式、多内容的对口支援格局，形成了对口支援的经验性做法，对经济社会发展具有重要意义。对口支援这种地方政府合作模式根植于中国特定的政治制度和政治文化，内嵌于国家治理体系和治理能力现代化进程之中，是中国式现代化的重要推动力量。

一、2023 年地方政府对口支援的发展现状综述

对口支援是一项具有历史延续性的工作机制。[①] 中华人民共和国成立以来，特别是改革开放以来，党和国家高度重视对口支援工作，并在实践过程中形成了一系列切实有效的对口支援工作机制。在 2023 年，中央及各部委多次召开专题会议、出台政策文件，讨论对口支援工作，提高对口支援效能（见表 1）。在党和国家的政策支持下，地方政府的对口支援工作稳步推进，并在既有工作基础上不断创新发展，取得了新的成绩，探索出一些具有创新性的工作思路，进一步巩固了对口支援工作在党和国家工作中的重要性。具体而言，2023 年地方政府对口支援的发展情况主要包含三个方面。

---

① 钟开斌：《对口支援：起源、形成及其演化》，《甘肃行政学院学报》2013 年第 4 期。

表 1　2023 年中央层面对口支援部分重大事件列表

序号	事件内容	时间
1	民政部、国家乡村振兴局印发《全国性社会组织、东部省（直辖市）社会组织与 160 个国家乡村振兴重点帮扶县结对帮扶名单》	2023 年 6 月
2	全国东西部协作和中央单位定点帮扶工作现场会在内蒙古自治区兴安盟召开	2023 年 7 月
3	司法部办公厅印发《关于建立健全律师行业东中西部对口帮扶机制的方案》的通知	2023 年 7 月
4	中央单位选派的第十一批援疆干部人才抵达乌鲁木齐，开始为期三年的援疆工作	2023 年 7 月
5	教育部与新疆维吾尔自治区、新疆生产建设兵团会商会议，教育对口支援新疆工作会议在乌鲁木齐举行	2023 年 8 月
6	教育部在西藏拉萨召开教育部与西藏自治区会商会议、教育对口支援西藏工作会议、教育系统援藏干部人才座谈会	2023 年 8 月
7	第九次全国对口支援新疆工作会议在新疆喀什召开	2023 年 9 月
8	2023 年全国卫生健康系统援疆工作会议在乌鲁木齐召开	2023 年 9 月
9	国家卫生健康委在新疆维吾尔自治区喀什市召开新闻发布会，介绍医疗人才"组团式"支援工作有关情况	2023 年 10 月
10	水利部、重庆市人民政府、湖北省人民政府在重庆市万州区共同主办第十四届全国对口支援三峡库区经贸洽谈会	2023 年 10 月
11	国家卫生健康委召开 2023 年全国卫生健康系统援藏工作电视电话会议	2023 年 12 月

（一）巩固拓展东西部协作的工作力度

2023 年，国家持续推进对口支援工作，增强对口支援的工作力度。特别是在东西部协作、中央单位定点帮扶方面，对口支援的工作力度进一步加强，已经发展成为区域协调发展、巩固拓展脱贫攻坚成果同乡村振兴有效衔接的重要方式。

一是继续开展全国东西部协作和中央单位定点帮扶工作。2023 年 7 月 26 日至 27 日，全国东西部协作和中央单位定点帮扶工作现场会在内蒙古自治区兴安盟召开。会议要求落实全国巩固拓展脱贫攻坚成果同乡村振兴有效衔接工作推进会部署要求，总结推广京蒙协作等经验做法，部署深化东西部协作和定点帮扶工作。对于具体的工作安排，会议提出三个方面的具体要求，"帮扶方向上，要做到抓帮扶促成果巩固、抓示范促乡村振兴、抓合作促区域发展；帮扶区域上，要聚焦国家乡村振兴重点帮扶县和易地扶贫搬迁集中安置区，加大倾斜支持；帮扶内容上，要更加注重助力帮扶产业发展、稳岗就业、扶志扶智、和美乡村建设，推动东西部协作和定点帮扶工作再上新台阶"①。

二是进一步拓展东西部协作的内容与形式。特别是在民政、司法等领域，拓展了东西部对口支援的内涵。在民政领域，2023 年 6 月，民政部、国家乡村振兴局联合印发《全国性社会组织、东部省（直辖市）社会组织与 160 个国家乡村振兴重点帮扶县结对帮扶名单》，组织开展 700 余个全国性社会组织、东部省（直辖市）社会组织与 160 个国家乡村振兴重点帮扶县建立结对关系，推进乡村振兴工作。在工作方式上，参与结对的社会组织要与特定的国家乡村振兴重点帮扶县订立书面结对帮扶协议、建立"一对一""多对一"的结对帮扶关系，有针对性地开展工作。在重点任务方面，参与结对的社会组织要"结合自身优势和工作实际，立足国家乡村振兴重点帮扶县资源禀赋和基础条件，有针对性地开展产业、就业、教育、健康、养老、消费帮扶或多样化帮扶，助力巩固拓展脱贫攻坚成果"。与此同时，参与结对的社会组织还要"积极参与乡村振兴，围绕乡村发展、乡村建设、乡村治理等重点工作，打造社会组织助力乡村振兴公益品牌。要针对乡村振兴重点区域和重点领域，开展社会组织乡村行活动，搭建项目对接平台，促进帮扶项目落地实施"②。

在司法领域，2023 年 7 月，司法部办公厅印发《关于建立健全律师行业东中西部对口帮扶机制的方案》，要求律师人数较多的河南、安徽、湖南、湖北等中部省参与结对帮扶工作。同时也鼓励山西、辽宁、吉林、黑龙江、江西、海南等 6 省立足本省实际，对西部省（区、市）律师行业开展对口支援和结对帮扶工作。支持东中部省（市）根据实际情况，积极参与对非对口其他西部省（区、市）的帮扶，以解决部分地方没有律师和欠发达地区律师资源不足的问题，满足西部地区人民群众对法律服务的需求，解决律师行业东中西部发展不平衡的问题，实现律师行业高质量发展。针对西部地区的现实需求，司法部在方案中制定了"三项工程、三项活

---

① 《全国东西部协作和中央单位定点帮扶工作现场会在内蒙古自治区兴安盟召开》，https://www.gov.cn/lianbo/bumen/202307/content_6895077.htm。

② 《关于印发〈全国性社会组织、东部省（直辖市）社会组织与 160 个国家乡村振兴重点帮扶名单〉的通知》，https://www.mca.gov.cn/n152/n165/c1662004999979993479/content.html。

动"的帮扶项目。其中"三项工程"是指"千名青年律师"对口培养工程，包括开展实战训练、组织跟班学习；律师事务所"一对一"结对帮扶工程，包括帮扶党建工作、培养律师人才、指导律师事务所建设、推动发展协同；律师协会结对互助工程，包括共享培训课程、加强业务交流、强化人才培养、提供资金支持。"三项活动"则是指"援藏律师服务团"活动，包括建立"一对一"或"多对一"结对帮扶关系、强化政策扶持帮助、拓展业务；"1＋1"中国法律援助志愿者行动；全国律协西部公益活动。①

（二）持续推进"援疆""援藏"工作

新疆和西藏一直是对口支援工作的重点地区。2023年，党和国家持续推进"援疆""援藏"工作，特别是在教育和医疗领域的对口支援工作，对新疆、西藏地区的经济社会状况起到了重要的促进作用，在很大程度上提高了新疆、西藏地区的发展水平。

在教育对口支援方面，2023年8月1日和8月7日，教育部分别与新疆维吾尔自治区、新疆生产建设兵团及西藏自治区召开教育对口支援工作会议。对于教育"援疆"工作，教育部将"紧紧围绕建设教育强国，优化教育人才援疆，强化职业教育援疆，深化高校对口援疆等方面的工作"②。对于教育"援藏"工作，教育部提出五个方面的重点工作。"一是深入落实立德树人根本任务，把铸牢中华民族共同体意识作为工作主线，坚持用习近平新时代中国特色社会主义思想铸魂育人，充分挖掘西藏历史文化和红色资源，增进民族团结。二是助力西藏加快建设高质量教育体系，支持学前教育普及普惠优质发展，义务教育优质均衡发展，推动职业教育和高等教育服务区域经济社会发展。三是推动西藏教育实现系统性跃升和重点突破，帮助受援学校建立健全教育教学和管理制度，深入推进教育数字化，推动国家通用语言文字教育教学高质量普及。四是建设高素质教师队伍，继续做好援藏教育人才选派，加强在职教师定向培养和教师后备人才培养，稳定提高教师待遇。五是加强

---

① 《关于建立健全律师行业东中西部对口帮扶机制的方案》，https://www.moj.gov.cn/pub/sfbgw/zwxxgk/fdzdgknr/fdzdgknrtzwj/202307/t20230725_483385.html。

② 《教育部与新疆维吾尔自治区、新疆生产建设兵团会商会议，教育援疆工作会议在乌鲁木齐举行》，http://www.moe.gov.cn/jyb_xwfb/gzdt_gzdt/moe_1485/202308/t20230801_1071897.html。

党的全面领导，推进高质量党建，全力维护西藏教育系统安全稳定"①。

在医疗对口支援方面，2023 年 9 月和 12 月，国家卫生健康委员会分别在乌鲁木齐、北京召开"援疆"工作会议和"援藏"工作电视电话会议。对于医疗"援疆"工作，国家卫生健康委员会提出，要深入学习贯彻第九次全国对口支援新疆工作会议精神，完整准确全面贯彻新时代党的治疆方略，聚焦铸牢中华民族共同体意识主线，统筹推进新疆医疗资源均衡布局、公共卫生服务体系建设、巩固拓展健康扶贫成果、探索推进健康乡村建设等各项工作，以更强责任、更高质量做好新时代卫生健康援疆工作。② 对于医疗"援藏"工作，国家卫生健康委提出，要全面贯彻新时代党的治藏方略，全力做好新时代卫生健康援藏工作。要以铸牢中华民族共同体意识为主线，更加注重凝聚人心，多措并举提升西藏医疗卫生服务能力，筑牢公共卫生防护网，巩固拓展健康扶贫成果，推动西藏和涉藏州县卫生健康事业高质量发展，把卫生健康援藏工作打造成为促进民族团结的民心工程。③

在"援疆""援藏"工作方面，教育和医疗发挥了明显作用，也取得了显著的成绩。例如，在"援疆"工作中，根据 2023 年 7 月教育部的数据，党的十八大以来，"援疆"省市累计向新疆维吾尔自治区选派干部教师 3.2 万人次，投入教育资金 271 亿元，实施教育援疆项目 5671 个，捐赠各类物资 9 亿元。④ 2023 年 10 月，国家卫生健康委在新疆维吾尔自治区喀什市举办新闻发布会，介绍医疗"援疆"工作情况。在 7 年时间里，7 个"援疆"省市向新疆选派高水平人才 1463 名，其中，既有医疗人才，也有管理人才；累计为新疆帮带医疗团队 1000 余个、医务人员 3547 名；有计划有步骤地派出 2362 名受援地医务人员到对应的支援医院接受培训。⑤ 这些数据充分体现了国家对新疆、西藏工作的重视，也充分体现了对口支援

---

① 《教育部与西藏自治区会商会议、教育援藏工作会议、援藏干部人才座谈会在拉萨召开》，http://wap. moe. gov. cn/jyb_zzjg/huodong/202308/t20230807_1072854. html。

② 《2023 年全国卫生健康系统援疆工作会议在乌鲁木齐召开》，http://www. nhc. gov. cn/caiwusi/s3578c/202309/6ec1722ddeb941bfba2a9ee6514f3a5f. shtml。

③ 《国家卫生健康委召开 2023 年全国卫生健康系统援藏工作电视电话会议》，http://www. nhc. gov. cn/caiwusi/s3578c/202312/3600ccc953cd4920a3d72df3e78b47c1. shtml。

④ 《大爱洒满天山南北——教育对口支援新疆工作十年纪实》，http://wap. moe. gov. cn/jyb_xwfb/s5147/202307/t20230731_1071614. html。

⑤ 《"小组团"释放"大能量"——医疗人才"组团式"援疆走过不平凡的 7 年》，https://wjw. xinjiang. gov. cn/hfpc/xwxc1/202311/bfe71b85c9314ac081074699368c5b0a. shtml。

工作在推进新疆、西藏地区发展方面所发挥的重要作用。

（三）地方政府探索对口支援新思路

经过长时间的工作积累，地方政府在对口支援工作方面已经形成了大量具有经验性的工作思路。与此同时，2023 年，地方政府不断守正创新，探索对口支援的新思路。具体包括创新推进"组团式"对口支援、开展市场化对口支援、推进"数字＋"对口支援等内容。这些具有一定创新性的工作思路，既强化了对口支援工作的延续性和稳定性，同时也结合市场变化、技术发展，提出了适应新要求的对口支援新方法。

首先是创新推进"组团式"对口支援。所谓"组团式"对口支援，是当前对口支援的重要方式之一，其核心特征就在于按照"精准、可实现、可持续、有成效"的要求，坚持"因地制宜、分类施策，理顺关系、整合力量，内涵建设、弥补短板，压实责任、激发动力"的原则，通过"组团"的方式，将资金、技术、人力、制度等要素，"打包转移"到对口支援接受地，以此形成支援合力，在总体层面提高支援接受地的发展水平。

在实践过程中，"组团式"对口支援已经成为地方政府开展对口支援的重要方式。例如，在天津与甘肃的东西部协作和对口支援工作中，"组团式"人才支援就发挥了非常重要的作用。截至 2023 年 7 月，天津市各区派往甘肃参与对口支援的专业技术人才 586 人，其中"组团式"专业技术人才 125 名，"组团式"帮扶教育人才 84 名，"组团式"帮扶医疗人才 41 名。除教育、医疗等专业人才之外，天津市还增派 52 名园区管理人才、46 名城乡管理人才、39 名农业技术人才，丰富和拓展了专技人才的专业和领域。[①]"组团式"对口支援人才已达到全部对口支援人才的42％。（见图 1）其中的具体方式包括"组团式＋示范校"帮扶教育、"组团式＋院包科"帮扶医疗、"组团式＋科技特派员"帮扶产业等多种类型，在教育、医疗、产业发展等领域，"组团式"对口支援都发挥了重要作用。

其次是开展"项目化"对口支援。从核心特征上讲，对口支援的运行逻辑带有

---

① 《携手打造人才引擎　激活协作源头活水——天津市"组团式"人才支援有力助推甘肃乡村振兴》，http://www.gansu.gov.cn/gsszf/gsyw/202307/169876856.shtml。

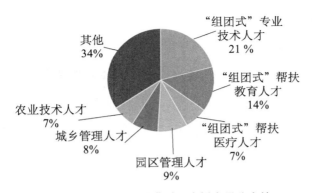

图1　天津市选派至甘肃对口支援人员分布情况

一定的"行政主导性"，社会及市场力量发挥的作用相对更为薄弱。而"项目化"对口支援也就是强调通过市场机制实现跨区域合作与资源横向转移。这种方式要比行政化对口支援更加突出市场在资源配置过程中的决定性作用，更有利于减少行政命令带来的重复建设，提高对口支援的资源利用效率。随着对口支援工作的不断推进，项目化、市场化转型已经成为对口支援工作的发展方向。对此，地方政府也采取了多种策略，并取得了一定的成绩。

例如，天津市在与甘肃的对口支援工作中就围绕推进"十项行动"，以项目合作、劳务协作的方式推进对口支援的项目化、市场化转型。在项目合作方面，2023年，天津向甘肃拨付财政帮扶资金23.92亿元，实施东西部协作项目653个。按照部署，天津重点深化产业合作，推动天津、甘肃两地政府部门、企事业单位达成合作项目58个，投资意向额达118.27亿元，涉及石油化工、新能源、特色农业、农产品深加工、消费帮扶等领域，投资、采购金额为104.79亿元。这些合作项目大多是以招商引资、市场合作的形式开展的。在劳务协作方面，天津市开展劳务协作"春风行动"，举办线上、线下招聘推介会107场次，上千家企业提供就业岗位9.07万个，帮助结对地区农村劳动力新增就业1.46万人。[①] 截至2023年10月底，天津市累计帮助甘肃农村劳动力实现就业10.43万人，脱贫劳动力就业8.57万人。

---

① 《今年天津已实施东西部协作项目653个　拨付财政帮扶资金23.92亿元》，https://baijiahao.baidu.com/s?id=1763675422026222660&wfr=spider&for=pc。

2023 年新增帮助甘肃农村劳动力就业 3.68 万人，脱贫劳动力就业 2.96 万人。①

最后是推进"数字＋"对口支援。所谓"数字＋"对口支援，就是充分利用数字化、信息化技术，实现对口支援的数字赋能。在这一点上，浙江等东部沿海省份做得相对更为突出。具体来说，"数字＋"对口支援主要有两种形式：一是"数字支援"，就是由支援方在支援接受方开展数字基础设施建设，推进当地数字化发展。例如，在 2023 年 11 月，杭州市拱墅区就与巴东县政务服务和大数据管理局签订"拱墅-巴东数字赋能促发展对口合作框架协议"，由拱墅区支援巴东县建设巴东大数据中心，推进"智慧巴东"总体规划。② 二是在既有的对口支援工作上叠加数字技术，实现对口支援工作的再升级。例如，浙江利用数字技术，提高了医疗"援疆"的工作效能——在与新疆维吾尔自治区阿克苏地区的对口支援工作中，浙江省推动数智医疗落地阿克苏，开展 5G 远程机器人手术，成立浙阿数智医疗中心，共同打造智慧医疗平台，给当地百姓带来数字化就医的全新体验。③ 这些方式进一步提升了医疗援疆水平，也为其他地区开展"数字＋"对口支援提供了重要的参考借鉴。

二、2023 年地方政府对口支援的研究现状综述

对口支援集中体现了当代中国政府运行过程中的诸多特征，是一项具有中国特色的地方政府合作模式，也是影响中国横向府际关系的重要因素。在学术研究领域，对口支援也是政治学、公共管理学界关注的重要问题之一。以"对口支援""组团式""东西部协作"等为主题进行论文检索可以发现，在 2023 年，CSSCI 期刊收录的论文大概有 57 篇。④ 其中主题中含有"对口支援"的 CSSCI 期刊论文共有 44 篇，主题中含有"组团式"的 CSSCI 期刊论文共有 3 篇，主题中含有"东

---

① 《共叙山海深情　同谱协作新篇——天津持续深化援甘东西部协作对口帮扶》，https://baijiahao.baidu.com/s?id=1787177546189145516&wfr=spider&for=pc。

② 《数字赋能促发展　杭州市加强对口支援巴东工作》，https://www.cjbd.com.cn/cjbd68/2743847.html。

③ 《"组团式"援疆样本丨浙江：给边疆百姓带来数字化就医全新体验》，https://wjw.xinjiang.gov.cn/hfpc/xwxc1/202312/d675047b4f9c44cd9a0c3a156467559d.shtml。

④ 除了 CSSCI 期刊外，中文普通期刊也发表了部分与对口支援有关的论文。考虑到重要性，本报告主要分析 CSSCI 期刊论文。

西部协作"的 CSSCI 期刊论文共有 10 篇。除此之外，在 2023 年也有学者围绕对口支援问题出版学术专著。上述论文和专著的关注焦点各有侧重，方法和资料也有所不同。概括而言，2023 年关于地方政府对口支援的研究大体围绕运行机制、财政经济发展、现实功能与政治意义等多个方面展开分析。

（一）对口支援的运行机制问题

作为一项特定的地方政府合作模式，对口支援的运行方式已经形成了一套相对复杂的制度体系。对此，研究者围绕相关管理、运作过程及医疗、教育领域的对口支援运行机制进行了细致分析，揭示了地方政府对口支援的实践形态。

一是分析对口支援（特别是教育领域）运行机制的发展变化。有研究者基于历史制度主义分析框架分析发现，基础教育援藏政策在变迁历程上经历了探索、初步构建、逐步健全、长效化及精准化发展五个典型阶段，最终形成具有中国特色的基础教育援藏政策体系；在变迁路径上，基础教育援藏政策呈现从路径依赖到路径突破的特征，前者由学习效应、适应性期望、协同效应和退出成本增长所致，后者表现为由"输血式"到"造血式"的援藏理念转换及由"大水漫灌式"到"精准滴灌式"的援藏模式转向；在动力机制上，宏观社会结构决定基础教育援藏政策走向，中观制度环境影响基础教育援藏政策实践进路，微观行动者推动基础教育援藏政策变迁。[1] 也有研究者分析了高等教育对口支援，认为高校对口支援呈现"从单向援助到协同发展"的趋势，政策工具类型日趋多元，权威型、符号与规劝型等政策工具使用比例逐渐增加。同时，研究者也提出，在高等教育对口支援方面，激励型、系统变革型等"造血"类政策工具使用依然相对不足。[2]

二是当前对口支援中的"项目制管理"。项目制是对口支援的重要方式，有研究者针对 21 世纪"19 省市对口援疆大型区域扶贫项目"展开实证分析。研究发现，支援方每增加 1 亿元帮扶资金，边疆受援地区灯光亮度提升约 3.1%。上述帮扶效

---

① 陈婷、谢升梅、江长州：《历史制度主义视角下基础教育援藏政策的变迁》，《民族教育研究》2023 年第 1 期。

② 田贤鹏、曲俊利：《从单向援助到协同发展：中国高校对口支援政策回顾与展望》，《重庆高教研究》2023 年第 1 期。

果是政策引致的投资效应、集聚效应和学习效应的综合作用。[1] 因此，有研究者重点关注了对口支援中的项目化运作方式，认为对口支援需依靠行政发包制分解任务和"项目制"作为基本载体落实任务，形成"发包""支援""落实"3 个关键环节。同时研究者也提出，在实际运作过程中，对口支援中的项目制运行有可能出现"发包"环节支援方政府的避责行为、"支援"环节受援方自主发展能力提升缓慢及"落实"环节项目适配度较低等问题。对此，需要采取数字技术赋能的方式，提高对口支援中项目管理的责任性、参与性和回应性，矫正项目供给偏差。[2]

三是组团式对口支援的运作过程。组团式对口支援发挥的作用越来越突出，相关研究也越来越丰富。有研究者分析了教育领域的组团式对口支援，通过案例分析法，基于对"组团式"教育援藏政策执行过程的分析，发现真实学校情境中教师合作行为的基本样态可以概括为"了解适应"的观望合作、"各自为政"的竞争合作、"妥协调和"的探索合作和"双向奔赴"的深度合作。这些合作行为是教师在个体利益、关键人物、组织文化和政策制度综合影响下作出的理性选择。[3] 有研究者基于 G 省 T 县民族中学组团帮扶的案例研究，认为"组团式"教育帮扶在政治与文化嵌入、结构与关系嵌入、业务嵌入等多重嵌入机制作用下，形成了自上而下的"政策帮扶"与自下而上的"信息反馈"协同耦合的网络化治理结构，通过所需与所能的适配性帮扶举措，实现了"组团式"教育帮扶的善治善政与可持续发展。[4] 有研究者分析了医疗领域的组团式对口支援。认为"组团式"对口支援之所以能够发挥重要作用，关键在于对口支援的参与主体构建了"硬法授权"与"软法规约"相互包容下形成的稳定权力关系，"政绩共求"与"技艺共需"相互博弈下形成的稳定利益关系，"社会情感"与"个体情感"相互承诺下形成的稳定情感关系。[5] 当

① 徐明：《中国省际合作帮扶政策的经济效应——对 21 世纪 "19 省市对口援疆大型区域扶贫项目" 的评估》，《经济学》（季刊）2023 年第 3 期。
② 孙良顺：《中国特色对口支援的运作逻辑、实践梗阻与调适路径》，《湖南科技大学学报》（社会科学版）2023 年第 6 期。
③ 赵红艳、葛新斌：《跨区域教师合作行为的基本样态与生成机制——基于 "组团式" 教育援藏政策执行过程分析》，《教育发展研究》2023 年第 2 期。
④ 江星玲、李小勇：《嵌入式治理：东西部协作教育 "组团式" 帮扶的内在机理——基于 G 省 T 县的治理实践探析》，《广州大学学报》（社会科学版）2023 年第 2 期。
⑤ 黄亚新、丁强：《 "组团式" 对口支援的发生逻辑与维持机制——以 J 省医疗援 K 为例》，《湖南科技大学学报》（社会科学版）2023 年第 6 期。

然，也有研究者分析了组团式对口支援中存在的问题，发现对口支援下的教育空间布局重构忽视了本地教师的空间属性，教育空间秩序重构冲蚀了本地教师的空间权利，教育空间区隔引发了本地教师复杂的空间体验。这在很大程度上增加了教育对口支援的负效应。[1]

（二）对口支援中的财政经济问题

对口支援的重点内容之一是财政资金的横向转移，通过招商投资、项目引进等方式推动中西部地区的经济发展。因此有研究者围绕财政支出、经济效益等内容，从定性与定量两个路径入手，讨论对口支援工作中的经济发展问题。

一是对口支援对地方财政的影响。有研究者基于 2003—2019 年西部地区地级城市数据，在对纵向财政失衡和横向财政失衡进行测度的基础上，运用双重差分模型实证检验了对口支援横向转移支付矫正财政失衡的有效性。研究发现，对口支援横向转移支付显著降低了纵向财政失衡；经济欠发达地区在接受对口支援横向转移支付后人均财力水平有所提高，横向财政失衡程度有所缓解。研究者认为，与经济欠发达地区相比，对口支援横向转移支付在经济相对发达地区的政策效应更强。[2]也有研究者利用 2010 年在新疆地区实施的"19 省市对口支援政策"带来的外生变化，采用双重差分方法评估横向转移支付引致的政府规模膨胀和支出结构偏向特征。研究发现，在政府规模方面，省际对口支援推进了地方政府财政支出规模显著扩张；在政府支出偏向方面，地方政府获得的援助资金在支出结构上存在典型的非对称特征，即严重偏向"可视性强、容易考核和见效快"支出方向。该研究认为，对口支援的扶贫目标使地方政府财政支出具有一定的民生指向，但依然主要体现在可视性强的生产性民生项目方向，而非生产性民生支出相对不足。[3]

二是对口支援对地方经济发展的影响。有研究者基于"代偿性"制度的理论视角理解央地对口支援制度，并利用 2005—2019 年 96 个城市的面板数据，采用合成

---

[1] 葛新斌、李佳：《"组团式"教育援藏中本地教师教育空间重构的困境及对策》，《民族教育研究》2023 年第 1 期。

[2] 孙开、牛晓艳、张磊：《对口支援横向转移支付能够矫正财政失衡吗？——基于双重差分模型的实证研究》，《财经问题研究》2023 年第 10 期。

[3] 徐明：《省际对口支援与地方政府支出结构》，《财政论丛》2023 年第 4 期。

控制法（SCM）检验了央地对口支援制度的区域经济增长效应。实证结果表明，央地对口支援政策促进了区域经济增长，使赣州（对口支援接受地）的实际 GDP 和人均实际 GDP 分别增长约 11.56％和 5.66％，吉安（对口支援接受地）的实际 GDP 和人均实际 GDP 分别增长了约 8.60％和 3.87％。① 有研究者重点关注"援藏""援疆"中的对口支援工作，运用 1990—2020 年 32 个地级市面板数据，通过多期双重差分法研究了对口支援对西藏、新疆经济增长的影响。结果表明，对口支援政策的实施促进了受援地的经济增长，推动了西藏、新疆各地级市（州、地区）的发展。对口支援政策在促进受援地经济增长的过程中，通过基础设施建设有力推动了受援地经济增长。在公共服务方面，对口支援政策通过促进受援地教育水平和医疗水平提升促进受援地经济增长，相较于基础设施建设来说，短期间接效应相对较弱。② 也有研究者基于 2000—2019 年中国 11 个省级面板数据，利用合成控制法精准评估对口援疆政策的旅游经济效应。研究表明，对口援疆政策对新疆旅游经济增长具有正向促进效应，且该效应在 2015 年对口援疆进一步聚焦旅游工作后更为显著；对口援疆政策主要通过激发旅游市场活力、优化旅游就业结构和加强人才队伍建设的方式共同促进新疆旅游经济的增长。③

三是对口支援对共同富裕的影响。党的十九大报告提出了共同富裕的发展目标，并提出多种措施促进共同富裕。在此政策背景下，研究者高度重视对口支援对区域协调发展、共同富裕的影响。有研究者认为，东西部协作既是调适区域发展失衡问题、促进共同富裕的经济政策，又是以政府为主导、具有鲜明政治属性的跨区域协作治理政策。通过政府主导作用的发挥，对口支援能够帮助西部地区破解物质资本匮乏、人力资本短缺、技术禀赋不足等发展难题，共担了西部地区经济社会发展领域的超大治理负荷，有效促进东西部地区的共同富裕。中国特色社会主义政治制度蕴含的显著组织动员优势、市场经济体制的宏观调控优势、有效的府际沟通协

① 王凡凡：《央地对口支援的区域经济增长效应研究——基于中央单位对口支援原中央苏区的 SCM 分析》，《城市问题》2023 年第 9 期。
② 李曦辉、王贵铎、段朋飞、黄基鑫：《对口支援的政策逻辑与经济效果评估——以对口援藏援疆为例》，《管理世界》2023 年第 9 期。
③ 谢霞、赵冬莹、梁增贤、高俊：《对口援疆政策对新疆旅游经济增长的效应评估》，《旅游学刊》2023 年第 9 期。

调机制、完善的政策落实保障机制和多元主体参与的协作治理机制，为东西部协作长期有效运转并取得显著治理绩效提供了制度保障。[①] 也有研究者重点关注高等教育领域，认为通过教育对口支援，能够推动中西部高等教育体系结构的优化，提升中西部高校学科的"造血"功能，在与东部高校优势学科的协作发展中形成强强联合、各取所需的可持续发展协作关系。在此基础上，教育领域也能够通过"先富带动后富"的方式，带动相关支撑学科群不断实现迭代发展，实现各方的合作共赢。[②]

（三）对口支援的现实功能与政治意义

对口支援在多个领域取得了较为明显的治理绩效，而且在很大程度上体现了中国政治制度在国家治理方面的比较优势。对此，有研究者从破解大国非均衡难题、促进特定地区经济社会发展、铸牢中华民族共同体意识等多个角度进行了总结。

一是对口支援在破解大国非均衡难题方面的作用。有研究者认为，均衡发展是国家治理的主导原则和重要目标。而在当代中国，自然资源、经济资源和治理资源在空间分布上具有鲜明的非均衡性特征，构成了中国国家治理的主要困境。对口支援是中国共产党基于中国国情，探索出的一项破解大国非均衡性难题的创新成果。对口支援在破解大国非均衡性难题的实践中，通过空间集聚实现了空间适度均衡，兼顾了发展与平衡，推动了国家治理效能的提升。[③] 而且在研究者看来，对口支援重塑了府际关系，既加强了中央政府的主导作用和层级节制，又强化了不同层级及有隶属关系的地方政府间的彼此互动合作，培育出一种中央主导下的共同解决全国性问题的伙伴关系；促进了空间均衡，既解决了区域发展非均衡性难题，又有利于培育统一市场，推动地区间的优势互补。[④]

二是对口支援在促进特定地区经济社会发展方面的作用。有研究者以 2008 年东西部协作实施考核政策作为准自然实验，讨论 362 个受援县产生的地区经济增长效应。研究发现，东西部协作政策显著提升受援县的实际 GDP 和人均 GDP。东西

---

① 丁忠毅、李梦婕：《迈向共同富裕的跨域协作治理：东西部协作的政治经济学阐释》，《经济问题探索》2023 年第 1 期。

② 陈先哲：《从帮扶到共赢：共同富裕视野下的东中西部高校学科协同发展》，《教育发展研究》2023 年第 1 期。

③ 王宏伟、周光辉：《对口支援：破解大国非均衡性难题的创新实践》，《南京社会科学》2023 年第 1 期。

④ 周光辉、王宏伟：《对口支援：大国治理的中国经验》，安徽人民出版社 2023 年版。

部协作政策促进结对县间要素流动，呈现劳动力要素"逆梯度流动"、人力资本和资本要素"顺梯度流动"的特征；政策冲击显著促进受援县地方化经济发展和制造业结构优化升级，增强结对县间产业结构互补性。政策冲击对于结对县间发展差距更大、产业互补性更强、地理距离较近、使用"县县结对"模式、施援县经济实力更强、受援县政府生产性公共品支出比例更高的样本具有更好的政策效果。[①] 也有研究者关注应急管理，以汶川地震和新冠疫情为背景，用道德情感理论和社会交换理论研究湖北对汉源的对口支援与汉源人民对湖北的慈善捐赠行为的关系。发现对口支援提升了汉源人民对湖北的感恩情感和责任知觉，促进了慈善捐赠行为；特质感恩正向调节对口支援与感恩情感的关系及通过感恩情感影响慈善捐赠行为的中介过程。[②]

三是对口支援对铸牢中华民族共同体意识的意义。有研究者围绕"援桂"工作，重点分析了全国人才"援桂"项目，认为全国人才"援桂"这种工作方式是当代中国促进各民族交融的一个局部和中国特色解决民族问题正确道路的题中之义。这种方式为新广西建设作出了突出贡献，多方位促进了广西与全国各民族的交融，显著增进了各民族的共同性。[③] 有研究者聚焦"文化润疆"，认为文化润疆应在不断完善体制机制、持续提升公共文化服务水平、深入推广普及国家通用语言文字、扎实推进大中小学铸牢中华民族共同体意识教育、着力推动文化产业高质量发展、充分发挥对口支援在文化交流互鉴中的特殊作用上精准发力。[④] 有研究者关注对口支援、共同富裕和中华民族共同体意识之间的关系，倡导在对口支援增进共同富裕、共同富裕促进中华民族共同体意识的逻辑链条中，不断完善民族工作和边疆地区发展工作，在物质共同富裕和精神共同富裕的推动下，构筑中华民族共有精神家园。[⑤]

---

① 张可云、冯晟、席强敏：《东西部协作政策效应评估——基于要素流动的视角》，《中国工业经济》2023 年第 12 期。

② 王桃林、周浩、周立影、陈志、张勇：《对口支援对慈善捐赠行为的作用——基于汉源县的实证研究》，《软科学》2023 年第 2 期。

③ 杨须爱：《中华民族共同体建设的区域性历史实践——以全国人才援桂促进各民族交往交流交融为视角》，《中南民族大学学报》（人文社会科学版）2023 年第 11 期。

④ 吴琼、赵桓、申林琛：《文化润疆的历史基础、理论遵循和实践路径》，《新疆大学学报》（哲学社会科学版）2023 年第 3 期。

⑤ 田烨、陈新：《在推进共同富裕中增强中华民族共同体意识》，《中南民族大学学报》（人文社会科学版）2023 年第 1 期。

也有研究者重点关注对口支援过程中所采取的"简约治理"，认为简约治理内嵌于对口支援民族地区政策设计，体现为"简洁的政策定位"和"集约的政策系统"。其中，简洁的政策定位有助于协调差异性，实现低成本治理；集约的政策系统具有整体性，保障高效能。[①]

三、地方政府对口支援的展望与建议

经过长时间的工作积累，特别是党的十八大以来的新情况、新发展，中国地方政府的对口支援已经形成了相对成熟的制度体系。落实在实践层面，对口支援在制度安排、组织机制、运行方式和具体策略等方面，都已经形成一定的工作规范，也形成了一些具有典型性的工作做法，在边疆治理、贫困治理及区域协调发展等方面发挥了突出作用，有力地推进了中国式现代化进程。因此从这个角度讲，地方政府对口支援已经逐渐发展为体现中国政治制度比较优势的地方政府合作模式，是国家治理体系和治理能力现代化的重要一环。对此，可以从政治基础、不足之处和优化路径等角度展开进一步讨论。

（一）地方政府对口支援的政治基础

悬置意识形态方面的分歧，从普遍价值追求的角度讲，在国家方位内统筹布局、协调发展，实现全体人民的共同富裕，是绝大多数国家的共同目标。但从比较政治的角度讲，并不是所有国家都能够通过对口支援的方式实现这个目标。换言之，对口支援的有效运行需要具备特定的制度基础。其中，党中央的政治权威、以人民为中心的政治理念及以公有制为主体多种所有制经济共同发展的基本经济制度是对口支援工作能够有效展开的重要前提。

首先是党中央的政治权威为对口支援提供了推进动力。在对口支援工作中，党中央权威和集中统一领导制度、党中央对重大工作的领导体制和决策落实机制，是对口支援制度构建和有效运行的政治基础。与之相一致，党的中央、地方和基层组织构建的严密组织体系为对口支援的组织动员提供了组织基础；党的各级组织通过

---

① 王玉玲、徐峻、刘潇奕：《对口支援民族地区政策：简约治理视角的分析》，《民族研究》2023年第1期。

各种奖惩机制，为对口支援的有效实施提供了党员力量保障；党对国家事务的全面领导从政治上确保了对口支援的执行有效。因此可以说，对口支援制度与党中央的政治权威密不可分。

其次是以人民为中心的政治理念为对口支援提供了价值基础。社会主义本质要求解放生产力、发展生产力，最终实现全体人民的共同富裕。而改革开放以来，中国经济社会发展的客观进程存在一定的不均衡性，要实现经济的快速发展、从不均衡到均衡、逐步实现共同富裕，需要坚持发展为了人民、发展依靠人民、发展成果由人民共享，走全体人民共同富裕道路的发展理念。这种具有社会主义特征的政治理念为对口支援奠定了重要的价值基础。反映到现实层面，沿海内地次第发展进程中中央统筹的对口支援，实际上就成为实现渐进共享、区域协调发展、逐步共同富裕最直接的生动实践，使全体人民都能够参与到社会主义现代化建设中，共享社会发展成果、共筑社会主义基石。

最后是公有制为主体、多种所有制经济共同发展的基本经济制度为对口支援提供了客观条件。在生产资料的公有属性方面，公有制为主体、多种所有制经济共同发展的基本经济制度保证了对口支援的公共性。在对口支援中，无论是支援方，还是受援方，在国家完成重大任务及公共事件应急救援的生产、建设、物流等环节，都能够充分利用市场规律，提高资源利用效率，更为重要的是，在对口支援的过程中，双方能够围绕国家和人民利益，代表产权方进行快速、高效的决策与调配资源。这种经济制度能够有效避免私有产权的阻力，避免出现资本逐利性、短期性特征，充分发挥公有制经济（如国有企业、集体所有制企业）集中资源的优势，使得有限的资源能够承担社会发展的任务，彰显资源的公共性与长期性。

（二）地方政府对口支援的不足之处

作为一种实践中的制度安排，对口支援发挥了重要作用。但同时也应该看到，当前的对口支援工作依然存在一定的不足，特别是在运行逻辑、互动方式及考核机制方面依然存在一些制度障碍，影响了对口支援制度的现实绩效。在新时期，如何进一步巩固、发展、创新对口支援的工作方式，将是一个新的时代课题。

首先是对口支援的主导方式。从运行机制上讲，当前地方政府所开展的对口支援主要强调行政力量，其运行机制带有较为明显的"行政主导性"，社会及市场力量发挥的作用相对更为薄弱。这种情况很可能会产生若干不利后果。一是对口支援的财政负担过大，特别是对支援方政府而言，对口支援的财政支出会成为一个重要的财政负担。在经济发展进入新常态的情况下，各地财政收入增长速度减缓，如何保证对口支援的财政支出将成为一个新问题。二是对口支援的措施相对单一，在行政主导的运行机制下，支援方政府主要采取援助资金、选派干部、建设项目投资等方式，在支援措施的针对性、聚焦性、精细性方面可能有所不足。三是行政主导的对口支援在一些支援项目的可持续性方面较为薄弱。一些支援方政府和选派的干部可能会出于短期政绩考虑，上马一些"面子工程"，开展一些"亮点工作"，这些短期项目和短期行为不排除出现"人亡政息"的情况。

其次是对口支援的互动与合作方式。尽管当前的对口支援强调支援方与受援方之间的互动关系，部分地区的对口支援也已经转化为"对口支援和合作"，浙江省杭州市和宁波市还成立了负责对口支援的工作部门，名称即为"对口支援和区域合作局"，在对口支援工作中增加了"合作"的内容。但当前地方政府对口支援在双方的互动与合作方面依然存在不足，支援方提供项目、选派干部，受援方接受援助，仍然是当下对口支援的主要方式。这在一定程度上限制了对口支援的实践绩效。一方面，这种单方面的赠与行为可能会影响对口支援的可持续性，单纯的支援并不持续，也并不一定能够形成稳定的互动关系。另一方面，这种单方面的支援也可能会限制受援方发挥能动性，形成单方面的依赖行为，甚至产生依赖心理，不利于受援方发挥在自然资源、环境条件、劳动力资源、政策资源方面的比较优势，不利于树立受援方的自力更生意识，也不利于提高受援方的自我发展能力。

最后是对口支援的绩效考核与反馈。尽管在2017年，国家颁布《关于进一步加强中央单位定点扶贫工作的指导意见》和《关于进一步加强东西部扶贫协作工作的指导意见》，逐步创设了对口支援反贫困的评估考核机制。要求通过监督巡查、年度考核及对考评结果的反馈，促进对口支援及其相关政策调整优化。但是在当前的实际工作中，地方政府对口支援工作依然存在考核不足、不准的问题，要么是由支援方按照干部管理方式进行常规考核，要么是由受援方按照属地管理的方式进行绩效考核，无论是前者还是后者，都存在一定的不足。地方政府对口支援工作长期以来一直缺乏一套科学合理的绩效评估体系。而绩效评估不足、不准，对地方政府的对口支援工作就无法形成有效的反馈机制，这在一定程度上影响了对口支援的激励作用，也不利于对口支援工作的长期发展。

（三）地方政府对口支援的优化路径

如前所述，当前地方政府对口支援工作在运行逻辑、互动方式及考核机制方面依然存在一些不足，对此需要有针对性地采取措施，进一步优化对口支援工作。

表 2　地方政府对口支援的不足之处与优化路径

项目	不足之处	优化路径
运行逻辑	行政主导	充分发挥政府、市场和社会在对口支援中的优势
互动方式	单向输入	增强对口支援过程中支援方和受援方的互动与合作
考核机制	考核不足	建立相对完善的对口支援绩效评估-考核-反馈机制

首先是要正确认识政府、市场和社会在对口支援中的作用。对口支援是一个综合性的立体工程，需要充分发挥政府、市场和社会各自的优势。在实施对口支援政策时，一方面要通过政府引导，鼓励和支持各地区搭建区域协作和技术、人才合作的良好平台，建立制度化的区域合作机制，开展多层次、多形式、多领域的区域合作，形成以东带西、东中西共同发展的格局；另一方面也要充分利用市场的力量，促进生产要素在区域间自由流动和合理配置，引导产业由东部沿海地区向中西部地区有序转移，逐步改变西部地区市场经济落后的局面，通过市场机制的作用将内地发达省市的外生援助转化为西部地区自我发展的内生机制。同时还要把全社会的力量纳入政府主导的对口支援的框架中来，鼓励社会各界共同参与到对口支援工作中，在社会各界的共同努力下推动对口支援。

其次是要增强对口支援过程中支援方和受援方的互动与合作。在经济合作方面，可以通过产业转移的方式，将支援方的产业向受援方地区转移，同时也可以通过劳务输出、职业技能培训、订单培养学习等方式，将受援方的劳动力向支援方地区转移，实现资金、人力等资源的合理配置。在干部选派方面，不仅支援方可以向受援方选派挂职干部，受援方也可以向支援方选派挂职干部，或者通过交流学习、考察调研、顶岗实习等方式，在支援方学习更为先进的发展经验和管理理念。除此之外，支援方和受援方还可以通过消费扶贫、定向旅游、文化交流等方式，实现双方的有效互动，特别是实现双方民众的相互了解、相互沟通，避免对口支援的过度行政化，同时也避免对口支援的单向性问题。

最后是要建立相对完善的对口支援绩效评估-考核-反馈机制。一是需要建立对口支援绩效评估体系，对此可以由国家部委牵头，建立全国层面的统一体系，也可以由地方政府先行试点，建立地方性体系，为对口支援评估工作提供制度基础。二是需要建立相对具体的对口支援绩效考核指标，对此需要将对口支援工作予以"拆解"，按照经济发展、财政支出、基础设施、工程项目、医疗卫生、文化教育、生态环境、社会稳定、人才培养、干部挂职等不同种类进行指标划分，形成可测量、可操作的绩效考核指标体系。三是需要建立明确有效的反馈制度。既要将对口支援工作绩效纳入地方主官及选派干部的考核内容当中，作为提拔重用或惩罚降级的重要指标，以此增强对口支援在地方工作中的权重；同时也需要将对口支援考核成绩向双方反馈，形成优化、改进工作的出发点。

四、报告要点

本报告对我国 2023 年地方政府对口支援工作的最新情况和理论研究进行了初步的归纳和总结，并在现实回顾和理论回顾的基础上进行了分析与展望，为进一步发展完善对口支援工作提供参考。概括而言，本报告的要点总结为以下几个方面：

对口支援是一项具有中国特色的地方政府合作模式。在当前地方政府实践过程中，对口支援形成了相对稳定的工作体系。作为一种重要的地方政府合作模式，对口支援也逐渐嵌入到国家治理体系和治理能力现代化进程之中，在推动边疆地区发展，促进区域协调、实现共同富裕等方面发挥了重要作用，成为中国式现代化的重要推动力量。

我国中央和地方在对口支援工作方面持续守正创新。在 2023 年，中央各部委及各级地方政府多次召开会议、出台政策文件，讨论东西部协作及对口支援工作，地方政府的"对口支援"工作也结合时代要求，既延续了以往对口支援工作的方式，同时又出现了一些新思路和新方法，实现了对口支援工作的守正创新。具体包括巩固拓展东西部协作的工作力度、持续推进"援疆""援藏"工作、探索对口支援新思路等。

在学术研究领域，2023 年发表的论文主要聚焦于对口支援的运行机制问题、对口支援中的财政经济问题及对口支援的现实功能与政治意义等内容。研究者普遍认为，对口支援在当前中国国家治理中发挥了重要作用，有利于协调区域发展、增强资源流通、促进民族团结、提高干部能力。对口支援是一项体现中国政治制度比较优势的政府合作模式，有必要在中国式现代化过程中予以坚持、发扬。

当前地方政府的对口支援工作依然存在不足之处。首先，当前地方政府所开展的对口支援主要强调行政力量，其运行逻辑带有一定的"行政主导性"，社会及市场力量发挥的作用相对更为薄弱；其次，当前地方政府对口支援在双方互动方面依然存在不足，支援方支援资本、提供项目、选派干部，受援方接受援助，仍然是对口支援的主要方式；最后，地方政府对口支援工作长期以来一直缺乏一套科学合理的绩效评估体系，这在一定程度上影响了对口支援的激励作用，也不利于对口支援工作的长期发展。

对于对口支援的完善优化路径，本报告提出三个政策建议。首先是要正确认识政府、市场和社会在对口支援中的作用，需要充分发挥政府、市场和社会各自的优势和长处，避免过度的"行政主导性"。其次是要增强对口支援过程中支援方和受援方的互动性，避免对口支援的单向性弊端。最后是要建立相对完善的对口支援绩效考核体系，明确考核主体、建立考核指标，以绩效考核倒推对口支援的提档升级。

（作者单位：南开大学周恩来政府管理学院）

中央对地方专项转移支付研究报告

史普原

专项转移支付是全面深化改革、推动国家治理现代化的重要抓手和着力点。特别是考虑到世界经济和社会形势日渐复杂，国内经济和社会转型进入"深水区"之时，如何发挥专项支出在其中的衔接、杠杆作用，可谓紧迫性日显。为此，在专项运作中，自上而下、理性设计的现代化意图，应与自下而上、灵动鲜活的社会公共需求对接，条条与块块"两个积极性"应被更合理、更完整、更科学地重视。

2023 年，专项转移支付在制度建设、结构调整、重大战略、区域平衡、经济安全、共同富裕等层面均有较大成绩。虽然地方财政吃紧、社会活力不足，但专项转移支付发挥了灵活、机动的优势，体现了目标性和规范性、经济性和社会性、稳定性和创新性、理性化与参与度等多个层面的辩证统一。当然，在具体管理、绩效发挥、建管过渡等层面，还有值得商榷之处。对此，我们不仅应看到成绩，还应正视不足，才能推动专项转移支付更加完善，在将来发挥更大效益。

一、中央对地方专项转移支付体系现状

（一）中央对地方专项转移支付制度建设

关于专项转移支付，2023 年的国家治理制度建设突出体现在如下几个层面（见表 1）：

第一，继续坚持和加强对农业农村地区的专项补助。中共中央、国务院发布"1 号文件"——《关于做好 2023 年全面推进乡村振兴重点工作的意见》，坚持把农业农村作为一般公共预算优先保障领域，而其中的关键部分依然是专项转移支付。此外，《重大水利工程等农林水气项目前期工作中央预算内投资专项管理办法》《耕

地建设与利用资金管理办法》《农业相关转移支付资金管理办法》《农业防灾减灾和水利救灾资金管理办法》《中央财政油茶产业发展奖补政策》《中央财政农村危房改造补助资金管理办法》等文件，保障了原则性与灵活性、规范性与创新性、中央与地方两个积极性等方面的辩证统一。

第二，提升社会资金的参与度，刺激社会活力，从而发挥"大金融"的联动效应。在当前财政资金吃紧、社会投资意愿不足的困难情况下，如何推动"两难互解"是2023年的重要课题。为此，在国家发展改革委、财政部等的协调推动下，形成了一系列制度措施，包括《关于进一步抓好抓实促进民间投资工作努力调动民间投资积极性的通知》《关于规范实施政府和社会资本合作新机制的指导意见》《关于下达2023年中央专项彩票公益金支持地方社会公益事业发展资金预算的通知》等，有利于充分发挥市场机制作用，拓宽民间投资空间，遏制新增地方政府隐性债务。此外，《普惠金融发展专项资金管理办法》颁布，支持各省确定的普惠金融发展示范区自主开展普惠金融工作，缓解普惠群体融资难、融资贵问题，也有助于发挥财政资金、社会资金、金融资金"三叉戟"效应。

表1　2023年中央有关专项转移支付部分典型性制度文件梳理

发布时间	发布机构	文件名称	相关规定
2023年1月	中共中央、国务院	《关于做好2023年全面推进乡村振兴重点工作的意见》	坚持把农业农村作为一般公共预算优先保障领域，压实地方政府投入责任。健全政府投资与金融、社会投入联动机制，鼓励将符合条件的项目打捆打包按规定由市场主体实施
2023年1月	国家发展改革委	《国家以工代赈管理办法》	以工代赈专项资金主要投向欠发达地区。以工代赈专项资金重点支持公益性基础设施和产业发展配套基础设施建设
2023年2月	国家发展改革委	《重大水利工程等农林水气项目前期工作中央预算内投资专项管理办法》	重点支持中央单位推进的重大前期工作项目，适度支持西部省（区、市）推进的纳入相关规划或重大战略的重大水利工程前期工作项目，支持中央企事业单位等机构承担的重大前期工作项目
2023年3月	国家发展改革委	《固定资产投资项目节能审查办法》	地方可结合本地实际，在各类开发区、新区和其他有条件的区域实施区域节能审查，明确区域节能目标、节能措施、能效准入、化石能源消费控制等要求

续表

发布时间	发布机构	文件名称	相关规定
2023 年 4 月	财政部	《关于下达 2023 年中央专项彩票公益金支持地方社会公益事业发展资金预算的通知》	省级财政部门应督促指导市（县、区）财政部门加强项目资金与一般公共预算、地方留成彩票公益金及中央专项彩票公益金支持中央部门项目转移支付资金的统筹衔接，避免在同一具体项目上资金重复安排。将绩效评价情况作为以后年度各省（区、市）项目资金分配的重要因素
2023 年 4 月	财政部、农业农村部	《关于印发农业相关转移支付资金管理办法的通知》	农机购置与应用补贴支出主要采用因素法测算分配，包括基础因素（85％）、任务因素（10％）、脱贫地区因素（5％）。农业产业融合发展支出采取定额测算分配方式
2023 年 6 月	财政部、工信部	《关于开展中小企业数字化转型城市试点工作的通知》	中央财政对试点城市给予定额奖励。财政部切块下达奖补资金，由试点城市统筹使用。专项资金专款专用，试点城市应确保专项资金使用规范、安全和高效
2023 年 9 月	财政部	《普惠金融发展专项资金管理办法》	着力改善小微企业、"三农"融资发展环境，专项资金安排支出用于中央财政支持普惠金融发展示范区奖补
2023 年 10 月	国家发展改革委、教育部、民政部、国家卫生健康委	《产粮大县公共服务能力提升行动方案》	各地要依托国家重大建设项目库，做好投资项目储备工作，区分轻重缓急，形成"储备一批、开工一批、建设一批、竣工一批"的滚动接续机制。区分中央、地方事权与支出责任，地方要切实承担产粮大县公共服务相关主体责任
2023 年 12 月	国家发展改革委	《中央预算内投资项目监督管理办法》	指导和协调投资项目的监督管理工作，推动建立健全分工明确、各司其职、纵横联动、协同高效的监督管理体制机制，促进中央预算内投资更好发挥综合效益

　　第三，进一步加强环保、安全等工作，推动可持续发展。"绿水青山就是金山银山"的理念落实到多个行业和领域。《固定资产投资项目节能审查办法》《环境基础设施建设水平提升行动（2023—2025 年)》《关于补齐公共卫生环境设施短板

开展城乡环境卫生清理整治的通知》《煤矿安全改造中央预算内投资专项管理办法》《关于做好推进有效投资重要项目中废旧设备规范回收利用工作的通知》等制度措施陆续出台，有利于推动逐步形成由城市向建制镇和乡村延伸覆盖的环境和安全基础设施网络，提升城乡人居环境，促进生态环境质量持续改善，推进美丽中国建设。

第四，加强公共服务体系的标准化建设，并在此过程中提升基层社会的参与度。在繁杂的服务专项资金中，如何保障其符合基本的建设标准，发挥技术化和规模化优势，是一项重要难题。为此，《国家基本公共服务标准（2023 年版）》《关于补齐公共卫生环境设施短板 开展城乡环境卫生清理整治的通知》《服务业发展资金管理办法》《产粮大县公共服务能力提升行动方案》等相继出台。尤其值得一提的是，《国家以工代赈管理办法》开始施行，主要包括使用以工代赈专项资金实施以工代赈项目、在农业农村基础设施建设领域中推广以工代赈方式、在政府投资的重点工程项目中实施以工代赈等，主要目的是向参与工程建设的群众发放劳务报酬、开展技能培训，促进其就地就近就业增收。

第五，继续完善专项资金管理制度，保障实效性与规范性的统一。组织制度是保障，是上述制度措施能够真正落地的基础。为此，《中央预算内投资项目监督管理办法》和《关于印发投资项目可行性研究报告编写大纲及说明的通知》的颁布，成为加强中央预算内投资监管，提升政府投资有效性的重要举措，也是全面推进依法行政，用法治方式加强和改进投资管理的客观要求。

（二）专项转移支付规模与结构

通过对比 2019—2023 年专项转移支付规模与结构的相关数据（见表 2），可以发现如下规律性特征：

其一，就中央直接支出而言，大致稳定在 30% 上下，但总体趋势下滑。这依然鲜明地体现着中国式分权的特征，特别是由于近年来地方财政吃紧，更加离不开中央财政转移资金的扶持。

其二，税收返还呈现稳中有降趋势。2019 年以前，税收返还单列，但 2019 年后转列于一般性转移支付名目之下，并且包含固定补助。但在统计口径扩大后，反而有持续下降的态势。考虑到其均衡作用相对较小，它的占比下降符合均等化、公平化的支出倾向。

其三，小口径专项转移支付看起来较不稳定，但除了个别年份，大致维持在12%上下，但构成部分更加复杂。比如，2023年，除了基础性的专项支出，还有支持基层落实减税降费和重点民生等专项转移支付 4758.74 亿元，以及灾后恢复重建和提升防灾减灾救灾能力补助资金 5000.00 亿元。① 总体上，几经调整，该部分属于最核心的专项补助，并且主要以更加灵活、机动的项目形式呈现，在一定意义上与项目制运作特点相契合。

其四，在财政部官网公布的一般性转移支付中，均衡转移支付最符合国际通用含义，即上级对地方没有明确的用途、用地等要求，主要用于补充地方财力。在当前地方财政乏力的态势下，该部分有上升趋势。

其五，"整块转移支付"或"分类转移支付"，介于均衡和专项之间，大类上往往被上级指定方向，整块打包给地方，后者拥有一定的、具体的自主安排权，报备上级即可。自2019年以来，这部分在36%上下浮动。自2019年以来，原专项转移支付口径中被划出央地共同财政事项支出，并转列于一般性转移支付门类之下。但是如果仔细比较子门类，我们会看到该部分大多原属于专项补助的子类。调研也显示，地方对其的理解也主要是科目划分层面的调整，具有一定的过渡性质。总体上看，在目前中央财政的支出格局中，专项类（专项＋整块）转移支付，或者说大口径专项转移支付较稳定地占据一半。

表2　2019—2023 年以来中央财政支出规模与占比情况

年份	本级支出		税收返还		均衡转移支付		整块转移支付		专项转移支付	
	数额/亿元	占比/%	数额/亿元	占比/%	数额/亿元	占比/%	数额/亿元	占比/%	数额/亿元	占比/%
2019	35115.15	32.0	11251.78	10.3	15632.00	14.3	39914.38	36.5	7561.70	6.9
2020	35095.57	29.7	11275.64	9.5	17192.00	14.5	40992.22	34.6	13758.07	11.7

① 2020 年专项转移支付中，除了基础性的专项支出，还包括特殊转移支付 5992.15 亿元，专门用于突发疫情防控，占比 5.1%；2022 年，除了基础性的专项支出，还加上单列的支持基层落实减税降费和重点民生等专项转移支付 8533.49 亿元，占比 6.4%。

续表

年份	本级支出		税收返还		均衡转移支付		整块转移支付		专项转移支付	
	数额/亿元	占比/%	数额/亿元	占比/%	数额/亿元	占比/%	数额/亿元	占比/%	数额/亿元	占比/%
2021	35049.96	29.9	11569.67	9.9	18929.00	16.1	44300.62	37.8	7353.05	6.3
2022	35570.83	26.8	11836.90	8.9	21179.00	16.0	47795.40	36.1	16130.52	12.2
2023	38219.48	27.1	11309.48	8.0	23649.00	16.8	50078.43	35.5	17799.41	12.6

注：数据来源于 2019—2023 年财政决算数据，表中数额指一般公共预算支出。

如表 3 所示，进一步分析中央对地方的专项补助，我们可以发现如下鲜明特征：

首先，除了困难群众救助补助资金、节能减排补助资金、林业（草原）改革发展资金、车辆购置税收入补助地方等少数科目外，其他科目大致保持稳中有增的态势，反映了这些专项类别的稳定性和黏性。

其次，社会福利性补助占比很高，体现出我国在共同富裕、福利国家方面健步前进。其中，困难群众救助补助资金、就业补助资金、优抚对象补助经费、基本公共卫生服务补助资金、城乡义务教育补助经费、医疗服务与保障能力提升补助资金等均为大额支出。特别是基本养老金转移支付已超万亿元，既体现出福利增长的喜人态势，也从侧面反映出老龄社会带来的巨大挑战。

表 3　2021—2023 年专项性质转移支付主要门类同口径比较　单位：亿元

补助专项	2021 年	2022 年	2023 年
义务教育薄弱环节改善与能力提升补助资金	298.50	300.00	330.00
学生资助补助经费	650.97	688.16	717.18
支持地方高校改革发展资金	376.45	393.87	403.87
困难群众救助补助资金	1473.21	1616.83	1566.83
就业补助资金	557.10	617.58	667.43
优抚对象补助经费	593.24	628.36	655.80
退役安置补助经费	597.76	613.86	646.69
基本公共卫生服务补助资金	653.94	684.50	725.09
节能减排补助资金	651.35	688.73	381.30

续表

单位：亿元

补助专项	2021 年	2022 年	2023 年
林业草原生态保护恢复资金	477.70	476.23	527.11
林业（草原）改革发展资金	548.62	551.52	500.12
水利发展资金	574.27	603.21	618.21
目标价格补贴	767.77	685.09	894.84
车辆购置税收入补助地方	3260.00	3546.30	3205.00
中央财政城镇保障性安居工程专项（补助）资金	701.57	707.72	707.80
中央政法纪检监察转移支付资金	542.26	568.05	578.05
城乡义务教育补助经费	1769.60	1881.70	1918.34
基本养老金转移支付	8889.22	9277.63	10092.52
军队转业干部补助经费	398.41	451.86	512.77
城乡居民基本医疗保险补助	3587.65	3704.76	3839.88
成品油税费改革转移支付	693.04	693.04	693.04
土地指标跨省域调剂收入安排的支出	572.21	222.76	469.99
大气污染防治资金	275.00	330.00	330.00
农业保险保费补贴	305.35	411.58	459.11
医疗服务与保障能力提升补助资金	304.83	351.87	381.86
现代职业教育质量提升计划资金	276.91	302.57	312.57
基建支出	4536.20	4932.50	5000.00

注：可比科目以 2021—2023 年全国财政决算中，列入共同财政事项转移支付和专项转移支付中的科目为准。其中，以 300 亿元为主要门槛支出标准。数据来源于 2021—2023 年《中央对地方税收返还和转移支付决算表》。①

最后，基础设施建设依然是全面小康和治理现代化的重要支撑。其中，国家发展改革委负责的"基建支出"（见表 4）尤为关键。并且，与过往大规模的"摊大饼"，或者粗放型的"经营城市"不同，城市更新、老旧改造的重要性日显，稳居基建专项首位。此外，水利、社会事业、区域协调也在新时期体现了更为突出的意义。格外值得关注的是，2023 年新增加产业链供应链稳定安全中央基建投资563.84 亿元，说明随着世界经济形势的巨变，产业安全日渐重要。

---

① 另外大致可见科目调整导致的变化。比如，2023 年，耕地建设与利用资金 2092.34 亿元，农业产业发展资金 497.48 亿元，农业经营主体能力提升资金 288.15 亿元。这些科目大致可对应：2021—2022 年，农业生产发展资金分别为 2073.92 亿元和 2300.17 亿元；农田建设补助资金分别为 770.80 亿元和 864.98 亿元。

表4 2021—2023年中央基建专项转移支付投资主要门类及规模 单位：亿元

转移支付门类	2021年	2022年	2023年
国家重大战略中央基建投资	230.13	300.36	237.50
区域协调发展	439.56	518.37	611.30
（城市更新）与保障性安居工程（老旧小区改造）	992.27	996.00	976.48
水利	827.42	827.83	783.43
粮食安全	262.16	278.36	308.03
交通	172.81	187.86	165.35
能源	31.96	76.39	39.02
社会事业	650.43	714.29	718.95
环境保护和生态建设（生态文明建设）	388.80	411.20	482.09
合计	3995.54	4310.66	4322.15

注：数据来源于2021—2023年《中央基本建设支出决算表》。

　　分区域细看，2023年，中央对各地区专项转移支付呈现如下特征：首先，西部地区依然占比40%以上，近乎"半壁江山"。这离不开国家对区域均衡发展、共同富裕、民族和边疆地区稳定、全面小康等方面的强调。其次，东部地区整体偏低，更多扮演对中西部地区的拉动作用。最后，中部介于东部和西部地区之间，经济较不发达，但2023年专项占比竟然低于东部地区，应该引起更多的重视。

　　再看新设置共同财政事项的情况。先比较中部和东部地区，虽然2023年专项占比东部略高于中部，但共同财政事权转移支付方面，中部还是远超过东部，这反映出中部地区承担了更多的国家事权，尤其体现在河南、黑龙江、安徽及两湖领域，在中部崛起、长三角经济带、东北振兴等方面被寄予厚望，而东部地区往往采用更强调配套资金、专门用途的项目法。西部地区依然占比最高，特别是四川近乎"一骑绝尘"，体现出国家对其西部引领作用的高度重视。

表5 2022—2023年中央对各地区分类转移支付情况 单位：亿元

地区		2022年		2023年	
		专项转移支付	共同财政事权转移支付	专项转移支付	共同财政事权转移支付
东部地区	北京	95.50	342.76	103.12	356.25
	天津	46.63	360.42	42.08	381.57
	河北	487.91	1742.68	389.49	1775.79

续表

单位：亿元

地区		2022 年		2023 年	
		专项转移支付	共同财政事权转移支付	专项转移支付	共同财政事权转移支付
东部地区	辽宁	261.02	1559.25	219.41	1611.32
	上海	117.18	236.90	246.60	225.02
	江苏	195.14	864.14	248.48	832.82
	浙江	128.50	607.81	131.95	531.79
	福建	161.27	515.01	209.09	538.79
	山东	282.63	1300.28	278.50	1274.44
	广东	187.99	933.03	227.17	875.63
	海南	195.70	259.71	291.28	271.59
	东部小计（占比）	2159.47（28.4%）	8721.99（24.0%）	2387.17（29.7%）	8675.01（23.6%）
中部地区	黑龙江	275.43	1958.95	300.43	1984.97
	吉林	206.11	1191.74	330.55	1135.74
	山西	196.88	1033.31	198.21	945.13
	安徽	259.36	1628.36	319.13	1625.01
	江西	244.53	1264.26	244.64	1333.38
	河南	296.51	2360.48	288.32	2325.12
	湖北	370.43	1740.39	344.10	1834.27
	湖南	316.17	1875.75	300.54	1852.79
	中部小计（占比）	2165.42（28.5%）	13053.24（35.9%）	2325.92（28.9%）	13036.41（35.4%）
西部地区	内蒙古	197.53	1264.47	216.67	1275.48
	广西	192.68	1379.90	179.43	1435.16
	重庆	251.08	1045.06	235.63	1094.81
	四川	510.74	2701.20	538.43	2734.49
	贵州	223.85	1221.41	200.66	1322.15
	云南	301.02	1633.15	313.56	1516.43
	西藏	247.42	660.89	242.55	704.64
	陕西	272.39	1241.47	256.20	1255.96
	甘肃	304.15	1006.12	284.23	1033.64
	青海	160.38	446.52	175.50	456.47

地区		2022 年		2023 年	
		专项转移支付	共同财政事权转移支付	专项转移支付	共同财政事权转移支付
西部地区	宁夏	109.89	325.31	163.85	324.20
	新疆	501.02	1653.39	520.88	1929.18
	西部小计（占比）	3272.15 (43.1%)	14578.89 (40.1%)	3327.59 (41.4%)	15082.61 (41.0%)
全国		7597.03	36354.12	8040.68	36794.03

注：专项数据仅计算小口径专项转移支付；东中西部地区划分参考《中国卫生统计年鉴》，该划分方式的运用范围较广。此外，支出门类中，新疆包括单列的新疆生产建设兵团。

二、中央对地方专项转移支付研究现状综述

相关研究大致可分为如下三个维度：第一，专项转移支付的基本效应是什么？在统计口径与现实运作之间存在怎样的差距？第二，专项转移支付的地方应对机制是什么？对地方政府产生怎样的影响？第三，专项转移支付在社会层面的主要影响效应是什么？

（一）专项转移支付的基本效应与统计口径

第一类研究重点考察专项转移支付何以不同于其他类型的转移支付，或者说其基本效应是什么。比如，对全国村社调查数据的分析表明，一般性转移支付资金在分配中向欠发达地区倾斜，维持了村庄日常运转，具有公平效应；专项转移支付资金则促进了村庄新建公共产品，包括道路、水利设施等，体现了发展效应。[①]

按照这个逻辑划分，越是控制专项转移支付，[②] 提升一般性转移支付占比，就越会推动中央财政公平性、地方平衡性不断提升，从而缩小了各省域基本公共服务、基础设施通达程度和人民生活水平的差距，推动了各项省域协调发展指标均衡提升。[③] 但是，有研究认为，我国转移支付制度建设仍存在不足之处，在促进均等

[①] 李雪、肖唐镖：《通过公共产品治理——后税费时代的财政转移支付与村庄公共产品不平等》，《复旦公共行政评论》2023 年第 2 期。

[②] 马海涛：《新时代财政转移支付体系改革：成就与展望》，《财政监督》2023 年第 1 期。

[③] 刘长庚、巫骥：《中央财政转移支付对中国区域协调发展的促进效应》，《经济地理》2023 年第 2 期。

化等方面尚未达到令人满意的政策预期。[1]

那么就有第二类研究指出，近年来降低专项占比的呼吁和财政运作现实有一定距离。若从统计口径来看，实践中一般性转移支付的确占比较高，无论中央对省级或省级对市县均是如此，然而事实上，一般性转移支付中的绝大部分都无法由市县统筹使用，而必须按照上级指定的方向和用途使用，偏离了一般性转移支付"由下级政府统筹安排使用"的初衷。从省级层面看，2021 年 H 省下达市县一般性转移支付 3310.2 亿元，其中财力性转移支付仅 708.6 亿元，其余 2601.6 亿元均限定明确的用途和方向。[2]

还有的研究表明，专项转移支付中的基本建设资金并未减少反而增加了。即使是一般性转移支付中比重最大的"共同财政事权转移支付"，实际也暗含了"专用"资金的设置，因为其往往指定了投入何种共同财政事权或何类支出。[3] 一般性转移支付规模占比在扩大的同时，指定用途的共同财政事权转移支付占比也在飞速提升，这使一般性转移支付变得不"一般"。这种由中央指定地方特定用途的一般性转移支付，有两个短板。一方面使得中央与地方的相关财权事权的权责模糊，导致地方政府实质上失去了这部分财权的配置能力；另一方面，这种带有"专项"特点的"一般"转移支付使得监管主体模糊，责任主体不明确，阻碍了资金监管工作的开展，降低了资金在具体领域的配置效率。[4]

近年来一直呼吁的统筹整合专项资金效果如何？虽然频繁号召增强县级财政统筹能力，增强地方政府对预算编制、执行的控制力，将部分资金以激励性转移支付形式分配。[5] 然而，现实中专项资金整合并不到位。比如，子项由发改部门的不同处室分别管理，各业务处室对于其他子项的专项资金和项目的管理信息情况完全不掌握，子项整合处于形式化整合的初级阶段。部分资金与其他专项资金功能相似，

---

① 樊丽明、解垩：《转移支付与区域平衡发展》，《政治经济学评论》2023 年第 5 期。

② 刘合定：《关于完善省以下转移支付制度的思考》，《财政监督》2023 年第 3 期。

③ 游宇、张光：《基层转移支付与地方政府债务扩张——项目制的视角与四川省的实证》，《公共行政评论》2023 年第 3 期。

④ 陆怀瑾、常显昊、夏思宇：《相对贫困视域下我国转移支付资金监管问题研究》，《财政监督》2023 年第 14 期。

⑤ 山西省预算会计研究会：《山西省地方财政自给率研究》，《预算管理与会计》2023 年第 2 期。

不符合对"功能相似、投向相同、管理方式相近"专项资金的整合要求。①

总之，虽然专项转移支付采用项目制的运行机制，但是，项目制的运行机制也被广泛地运用到其他政策机制中，例如，一般性转移支付、政府债务管理及政府和社会资本合作项目（PPP）等，也就具有了专项转移支付的相近特质。②

第三类研究则指出专项转移支付的原初效应未得到有效发挥。专项本应更有利于上级政策的灵活和机动配置，但是现实中"资金跟着项目走，项目跟着政策走"的衔接关系还不够紧密，对政策层面的绩效管理有待强化。分行业、分领域、分层次的专项转移支付绩效目标和标准体系还不够健全，尤其是政策层面的目标和指标体系还需进一步完善，距离同行业核心绩效指标可比、可测还有一定差距。社会公众获取转移支付绩效评价结果相对分散，尤其是地方层面，公开范围和渠道都有待拓展。③此外，专项转移支付资金在实际运行过程中存在着目标偏离、政策悬浮和效能弱化等问题，且尚未形成完善的审计实务框架，亟待通过改进治理考核机制，形成治理效能合力。④

（二）专项转移支付的地方应对及其影响

第一类研究明确指出，地方政府在专项转移支付运作中具有策略性，进而推动府际博弈。在项目实施的全周期中，各级政府在资源配置和政策目标间互动博弈，会产生项目谋划能力不足、绩效考核机制限制县级项目分配、地方债务扩张、监管机制不完善、运维管护能力弱、运营机制还不完善等困境。⑤比如，策略性行为体现为对上级政府的指示给予服从性回应的同时，运用非正式手段运作项目，对承接项目的社会组织既支持又控制，导致项目的"悬浮"，社会服务供给效率未能满足。⑥

---

① 王春影、李文思：《财政专项转移支付绩效评价研究——以 Z 地区服务业专项为例》，《财政监督》2023 年第 1 期。

② 张凯强：《项目治国视角下完善转移支付政策体系研究》，《财会研究》2023 年第 9 期。

③ 曹堂哲、李利：《专项转移支付预算绩效管理体系研究——基于财政支出政策全生命周期和年度预算循环的分析》，《财政监督》2023 年第 20 期。

④ 姜竹、王美玲、王清玥：《"三维"视角的财政专项转移支付资金审计研究》，《审计研究》2023 年第 5 期。

⑤ 李小云、马彦军、朱永胜：《关于项目制基层实践及政策模式的研究》，《政治经济学季刊》2023 年第 2 期。

⑥ 吴月：《"悬浮"的项目：对基层政府策略性行为的考察》，《理论月刊》2023 年第 7 期。

还有的研究区分了中央与地方政府的不同逻辑，指出中国财政转移支付体系同时蕴含着政治和治理的双重逻辑：中央更关注政治逻辑，地方政府则面临一个复杂的治理逻辑，二者在实践中存在一定张力，需要有效整合和平衡。[1] 治理逻辑中，超预算比较常见，并且各省级地区差异较大。[2] 除了转移支付等激励地方政府突破预算约束实施财政扩张的制度性安排，超目标增长冲动和晋升激励也是侵蚀财政可自主抉择空间的重要因素。[3] 还有的个案研究以某省农业产业园项目为例，指出因地方管理方让权赋责、代理方相机行事导致控制权结构失衡与功能变通，出现政绩型项目、保守型项目和标杆型项目。[4]

第二类研究指出了对地方政府的多重影响。有的研究主要关注均等化，指出一般性转移支付比专项转移支付具有更强的缩小区域差距的能力，专项转移支付虽然将资金投入到地方生产性建设中，但由于对消费和投资的挤入作用有限，对于地区差距的缩小作用较弱。[5] 其实专项转移支付对均等化的影响机制更为复杂。比如，中央通过专项转移支付支持地方社会救助，对均等化的影响存在以救助标准为门槛的门限效应，只有低于门槛值时转移支付促进均等化的效应才能被捕捉到。[6]

对于那些介于一般与专项之间的转移支付而言，均等化也有一定显著性。比如，国家重点生态功能区转移支付通过促进县级政府调整发展战略，直接提高农民收入而不影响城镇居民工资，从而缩小城乡收入差距，同时还能够显著降低县域污染和碳排放。国家重点生态功能区转移支付在财政压力大的地区效果更显著。[7]

还有一些研究关注了对地方税收努力的影响。转移支付会通过降低地方政府税

---

[1] 焦长权、王伟进：《迈向共同富裕的财政再分配——政府间转移支付的动态效应与制度逻辑》，《社会学研究》2023 年第 1 期。

[2] 薛凤珍、蒙永胜：《地方财政如何实现平衡——基于地方财政压力对转移支付依赖影响的解释》，《云南财经大学学报》2023 年第 2 期。

[3] 李永友、杨春飞：《中国财政抉择弹性空间估计》，《经济研究》2023 年第 5 期。

[4] 张兴、刘畅、傅萍婷：《乡村振兴项目"去科层化"改革的实践逻辑与影响机制——以 H 省农业产业园项目为例》，《中国行政管理》2023 年第 7 期。

[5] 张明源：《基建投资、转移支付与资源空间错配——基于多区域一般均衡框架的讨论》，《经济与管理》2023 年第 2 期。

[6] 任斌、林义、周宇轩：《地区间财力差异、中央转移支付与社会救助均等化》，《山西财经大学学报》2023 年第 8 期。

[7] 鲁玮骏、张超：《生态保护补偿有助于缩小城乡收入差距吗？——基于国家重点生态功能区转移支付的经验证据》，《财政研究》2023 年第 7 期。

收努力程度，强化财政纵向失衡对提升民生性公共服务供给水平的负向影响作用。①
可以说，无论是一般性转移支付还是专项转移支付，其规模的增加都显著降低了地
方政府的税收努力。不过，专项转移支付对于税收努力的弱化作用普遍高于一般性
转移支付，因为：第一，相比于可预期的收入，不能被合理预期的收入更像一笔
"横财"，对地方政府行为的冲击更大，对税收收入的替代作用更强；第二，面对专
项支付的增加，较富裕地区的策略性反应可能是增加税收努力，以达到资金配套的
要求，而相反，贫穷地区则可能是进一步降低自身的税收努力，以争取到其他维度
的中央补贴资金。②

不同发展程度地区的影响异质性还体现在投资挤入效应。一般性转移支付和专
项转移支付的最大机制差异在于对政府投资的挤入效果，其中，一般性转移支付比
专项转移支付具有更强的政府投资挤入效应，专项转移支付虽然是直接扶持欠发达
政府的投资支出，但也让地方政府产生资金依赖，使当地政府不愿意利用本地区资
金进行基建投资而是依赖上级部门的资金转移。③

还有的研究关注了对地方债务的影响，比如通过对四川省 2016—2019 年县级
面板数据的实证分析，发现基层转移支付收入在整体上会扩张地方政府债务规模，
并加重其债务成本；这一扩张效应更多是由专项转移支付带来的，而一般性转移支
付则与债务付息支出更为相关。④

（三）专项转移支付的社会效应

一类研究重点考察专项转移支付对低收入群体的再分配调节效应。党的十八大
以来，政府再分配调节职能进一步强化，公共转移支付政策改革在提升中低收入家
庭收入增长率、缩小收入分配差距方面取得了显著成果。机制分析发现，公共转移

① 胡玉杰、高延雷、王秀东：《财政纵向失衡、转移支付与民生性公共服务供给》，《当代财经》2023 年
第 11 期。
② 田彬彬、谷雨：《转移支付与地方政府税收努力——基于断点回归设计的再考察》，《厦门大学学报》
（哲学社会科学版）2023 年第 3 期。
③ 张明源：《基建投资、转移支付与资源空间错配——基于多区域一般均衡框架的讨论》，《经济与管
理》2023 年第 2 期。
④ 游宇、张光：《基层转移支付与地方政府债务扩张——项目制的视角与四川省的实证》，《公共行政评
论》2023 年第 3 期。

支付政策变化的效果主要来自对低收入群体更好地瞄准和支付水平的提升。[①]

当然，并非所有的转移支付帮扶资金最终都会形成收入。就个体农户而言，农村最低生活保障金、特困人员救助供养金（含五保金）、资产收益分红（含光伏收益）、生产类补贴、公益性岗位补贴等五类现金转移支付政策能够直接体现收入增长，而医保倾斜帮扶资金、教育资助补贴、危房改造补助属于支出减免类帮扶资金，对收入的贡献通常难以直接获取，其具体金额在国家统计标准中也不计入家庭人均纯收入。另外，临时救助金也不属于家庭人均纯收入的计算范畴。[②]

在农村地区，政府公共转移支付还能够显著降低家庭贫困脆弱性，尤其是在"十三五"期间，发挥了良好的减贫长效作用。异质性分析的结果表明，公共转移支付对处于西部及扶贫重点地区的农村家庭发挥的减贫长效作用更为明显，并且对脆弱程度较高、有住院成员、有老年成员及无上学成员家庭的贫困脆弱性降低作用更为显著。[③]

不过，也有学者发现了一定意义上的相反效应，突出体现为劳资不对称。比如专项转移支付占 GDP 之比每提高 1 个百分点，工业企业劳动收入份额平均下降0.747 个百分点，政府转移支付规模扩大显著阻碍了劳动收入份额提升。机制层面，专项转移支付对劳动收入份额的影响主要取决于其对资本和劳动要素相对关系的作用。从资本要素来看，专项转移支付有利于当地基础设施建设，而由于资本可以自由流动，基础设施水平提高会进一步提升资本回报率，从而吸引资本要素流入，这一机制在微观企业方面则可能具体表现为资本偏向型技术进步和固定资产投资扩张。比较而言，劳动要素的获益维度和议价能力就多有不足。[④]

还有一类研究则主要考察专项目标对社会需求的"悬浮"效应。作为国家治理方式的项目制，仍存在项目微观主体易被忽视、项目治理效能不足等问题。[⑤] 比如，

① 唐高洁、闫东艺、冯帅章：《走向共同富裕：再分配政策对收入分布的影响分析》，《经济研究》2023年第 3 期。
② 程鹏飞、林万龙：《现金转移支付政策与促进低收入农户走向共同富裕》，《南京农业大学学报》（社会科学版）2023 年第 3 期。
③ 黄杏子：《公共转移支付对农村家庭的减贫长效作用分析——基于贫困脆弱性视角的检验》，《经济问题探索》2023 年第 7 期。
④ 唐盟：《政府间专项转移支付、劳动收入份额与共同富裕》，《中央财经大学学报》2023 年第 6 期。
⑤ 李俊利：《国家治理现代化视阈下项目制治理问题研究》，《河南社会科学》2023 年第 6 期。

在推进乡村建设项目过程中，地方政府过度依赖招标投标等技术治理手段，存在把复杂的乡村建设项目管理简单化，忽视乡村建设项目的多样性、复杂性和实施地的地方传统等问题。将村社集体排除在外，导致市场主体合谋行为防范困难、财政资金耗散严重、项目质量难以保障。①

在乡村振兴的其他领域也存在上述现象，② 特别是对乡村两级组织激励不足、民众参与缺乏等众多问题，项目制在农村基层治理中仍有较大改善空间。③ 苏中某镇"示范村"创建项目的案例事实表明，"项目进村"中的政策执行呈现机械执行、象征执行、偏向执行和变异执行等表征，造成村庄自主性塑造空间被挤压、公共资源被分利秩序侵蚀、基层治理能力弱化和基层政权公信力受到冲击等后果。④

从制度本质角度看，专项转移支付体系下的项目制具有的一次性、有限任务特征，与农村人居环境治理要求的整体性、持续性之间形成矛盾，"项目展示"的浅表性与农村人居环境治理所要实现的乡村"文明扎根"之间存在张力，以价值共识为前提、以责任共担为依托、以利益共享为目的的治理共同体成为破解项目制运行限度、实现农村人居环境治理升级的必然趋势。⑤

因此，在推进农村公共品项目制的县级运作实践中，还需不断增强村庄自主性和农民主体性，构建政府、村庄与农民共建共治共享的项目治理新格局，强化协同合作治理行动。⑥ 基层政府需要进一步激活村民自治平台、内生治理资源和乡村社会公共性，并将其有效吸纳进基层治理体系和治理实践中。相应地，乡村社会也应以需求制度化表达、主体性培育和资源承载力提升实现对项目资源的积极接应。⑦

---

① 刘传磊、张俊娜、靳启伟、温铁军：《村社嵌入乡村建设项目的实现路径与机制构建》，《中国农村观察》2023年第5期。

② 李思昊：《政府购买服务项目制在乡村振兴战略中的运作逻辑与实践进路——以新疆和田地区Y县B村为例》，《农业经济》2023年第11期。

③ 张良：《项目制如何形塑农村基层治理》，《浙江社会科学》2023年第5期。

④ 曹海林、吕安丽：《乡村振兴视角下"项目进村"政策执行偏差及其矫正》，《江苏社会科学》2023年第4期。

⑤ 张兴祥、何昊翰：《从项目制到共同体构建：农村人居环境治理的运行向路》，《福建师范大学学报》（哲学社会科学版）2023年第3期。

⑥ 李山：《农村公共品项目制的县级运作及其治理机制——以小型农田水利工程重点县项目制为考察对象》，《河北农业大学学报》（社会科学版）2023年第6期。

⑦ 李祖佩：《项目下乡与农村基层治理模式优化——以"嵌入的自主性"为视角》，《政治学研究》2023年第6期。

三、中央对地方专项转移支付改革的展望与分析

（一）需要进一步注意的问题

尽管专项转移支付的制度建设和实际运作日渐完善，但依然存在运作和管理问题，主要体现如下[①]：

第一，部分转移支付分配下达体系有待完善。主要表现在两个方面：一是分配不协同、不合理。如"造林补助"等2项资金与"重点区域生态保护和修复"投资专项，均用于支持地方营造森林资源。由于有关部门对任务量审核不协同，7省17县获得资金支持的造林任务比这些地区造林绿化空间的总面积还多23.51万亩。二是下达不及时、不科学。如"重大品种推广补助"等2项转移支付，直至2023年9月才明确要求提供大豆等农作物的单产目标、种植记录，并以实际单产作为主要分配依据。但各地此时大豆等农作物已经收割，无法补录种植过程并核实单产情况，资金分配缺乏依据，8省收到的16.25亿元只得结转。

第二，绩效管理存在短板弱项。一是目标设置不完整、不合理。1项转移支付未按规定设置绩效目标；7项转移支付的15个绩效目标设置不合理，其中13个应量化未量化、2个设置过低，未能有效发挥引导作用。二是对自评结果审核不严格。在"水污染防治资金"转移支付绩效评价中，23省在明确上报项目尚未完工的情况下，仍将产出数量、项目验收合规率2项指标自评满分，财政部在审核中未予纠正。

第三，部分补助资金管理使用较为混乱。比如，农村义务教育学生营养改善计划专项资金管理中，66县将19.51亿元用于偿还政府债务、基层"三保"等支出。有的被变相挤占，41县和1533所学校通过压低供餐标准、虚构采购业务等变相截留挤占2.7亿元，有的被串通套取，5县教育部门与中标供应商会谋，通过供应商分红、捐赠等方式套取4216.02万元，用于发放福利等。

第四，部分补贴资金发放不精准，还有的侵犯劳动者权益。比如，就业补助资

---

① 参见审计署2023年度及相关分季度、领域审计报告等。

金和失业保险基金管理中，9 省对 10.9 万人应发未发社会保险补贴，24 省 386 家单位通过虚构劳动关系等骗取套取各类补贴 1.3 亿元。项目运作中，部分劳务派遣企业侵害劳动者权益，如 2 省 6 家企业利用劳动者难以知晓用工单位支付的实际报酬，截留克扣劳动者报酬和社保费等共 7558 万元。

第五，部分项目衔接不力。比如，乡村振兴重点帮扶县项目衔接层面，防止返贫监测和农村低收入人口常态化帮扶未兜实兜牢。16 县未按要求将 2.36 万名群众纳入排查范围；52 县主要监测收入，却未按规定监测大额支出及负债等，影响监测准确性，有的在帮扶中还违规设置限制条件等，应帮扶未帮扶 1.83 万人；50 县 9473 人帮扶措施脱离实际或成效不实，其中 1137 人帮扶措施与致贫原因不匹配，649 人被虚报完成帮扶但实际未得到任何帮扶。

（二）进一步推进中央对地方专项转移支付改革的建议

第一，进一步将顺统计口径，合理划分事权。对"共同财政事权转移支付"的性质界定应更加符合运转实际，特别是考虑到地方当前财政困境，应将那些地方不能统筹使用的资金调整出一般性转移支付，可设置大类转移支付进行衔接或过渡。此外，应更加充分、科学地进行事权划分和设计，减少共同事权的比例，以增强央地关系的清晰性，有利于责任厘清和相应监管、激励。

第二，加强项目衔接，提升长期绩效。专项转移支付主要依靠具有时段性、周期性的项目来运行，但在项目完成后，如何管理，并推动其发挥更长期的作用，是一项重要难题。比如，如何衔接精准扶贫和乡村振兴，如何衔接新建基础设施和管理运营，如何提升城市更新的效益等，均是对未来专项制度改革的突出要求。

第三，增加社会需求的反映渠道，提升社会效益。专项转移支付由中央层层下达，途经多级地方政府，但本质上其效益发挥还是要在社会层面落地。在大规模自上而下、理性化、科学化的现代化改造之后，自下而上、大众化、社会性的公共产品需求变得更加重要，但如何促使专项的目标设计、绩效实况将之呈现出来，依然是当前管理体系并未重点着力之处，亟待深入研究、试点和推开。

第四，加强财政与金融、经济与社会在央地关系中的对接。专项转移支付作为财政资金毕竟是有限的，应将其与地方的金融资金更合理地对接，并在关注效益的同时对风险有所防范。此外，经济与社会效应的混杂不清，是当前项目运作中的重要特征，如何在发挥经济与社会联动效应的同时，避免二者间的互相干扰，是一项重要难题。回答这个难题，有利于发挥项目制与单位制的优势，规避二者的不足。

四、报告要点

2023 年，中央对地方专项转移支付的制度体系建设取得了较大进展。第一，继续坚持和加强对农业农村地区的专项补助。第二，提升社会资本的参与度，刺激社会活力，从而发挥"大金融"的联动效应。第三，进一步加强环保、安全等工作，推动可持续发展。第四，加强公共服务体系的标准化建设，并在此过程中提升基层社会的参与度。第五，继续完善专项资金管理制度，保障实效性与规范性的统一。

中央对地方专项转移支付规模与结构呈现。第一，小口径专项转移支付看起来较不稳定，但除了个别年份，大致维持在 12％上下，但构成部分更加复杂。总体上，几经调整，该部分属于最核心的专项补助，并且主要以更加灵活、机动的项目形式呈现，在一定意义上与项目制运作特点相契合。第二，"整块转移支付"或"分类转移支付"，介于均衡和专项之间，大类上往往被上级指定方向，整块打包给地方，后者拥有一定的、具体的自主安排权。总体上看，在目前中央财政的支出格局中，专项类（专项＋整块）转移支付，或者说大口径专项转移支付较稳定地占据一半。第三，社会福利性补助占比很高，体现出我国在共同富裕、福利国家等方面健步前进。第四，基础设施建设依然是全面小康和治理现代化的重要支撑。城市更新、老旧改造的重要性日显，稳居基建专项首位。第五，西部地区依然占比 40％以上，近乎"半壁江山"。

中央对地方专项转移支付还存在诸多问题。第一，部分转移支付分配下达体系有待提升。第二，绩效管理存在短板弱项，目标设置不完整、不合理，对自评结果审核不严格。第三，部分补助资金管理使用较为混乱，有的被变相挤占，有的被串通套取。第四，部分补贴资金发放不精准，还有的侵犯劳动者权益。第五，部分项目衔接不力，考虑应更长期化。

未来，进一步推进中央对地方专项转移支付改革，需要在如下方面重点发力。 第一，进一步捋顺统计口径，合理划分事权。将地方不能统筹使用的资金调整出一般性转移支付，可设置大类转移支付进行衔接、过渡。第二，加强项目衔接，提升长期绩效。第三，增加社会需求的反映渠道，提升社会效益。将自上而下、理性化、科学化的现代化改造，与自下而上、大众化、社会性的公共产品需求对接起来。第四，加强财政与金融、经济与社会在央地关系中的对接，发挥项目制与单位制的优势，规避二者的不足。

（作者单位：浙江大学社会学系、地方政府与社会治理研究中心）

政府机构改革研究报告

邱　实

政府机构改革是行政管理体制改革的重要内容，也是政府创新发展的现实呈现。改革开放以来，5 年左右就会进行一次政府机构改革，呈现较为明显的周期性特征。2023 年 2 月，党的二十届二中全会审议通过《党和国家机构改革方案》，并同意把《党和国家机构改革方案》的部分内容按照法定程序提交十四届全国人大一次会议审议。2023 年 3 月 10 日，十四届全国人大一次会议表决通过了关于国务院机构改革方案的决定，这标志着改革开放后的第九次政府机构改革正式启动。新时代以来，党中央高度重视机构改革的统筹性，将政府机构改革融入党和国家机构改革之中，着力推进机构改革的整体化。因此，2018 年后的政府机构改革研究需要放置到党和国家机构改革的大框架内，这既体现出我国"党政体制"的特征，也凸显了新时代中国特色社会主义建设的综合性要求。

一、2023 年政府机构改革概况

2018 年后，我国政府机构改革逐步拓展为党和国家机构改革，更加具有综合性和整体性。2023 年的政府机构改革是党和国家机构改革的重要组成部分，与党的机构改革密切相关。这次政府机构改革既是对 2018 年机构改革的优化完善，也是对党的二十大报告中诸多要求的贯彻落实。本报告中的政府机构改革主要围绕2023 年党和国家机构改革中的"国务院机构改革"展开，兼顾党中央及部分地方政府的机构改革。一方面突出党和国家机构改革整体性的特征，另一方面也呈现我国党政体制的特色。

相较于改革开放以来的历次机构改革，2023 年的改革并未对政府机构规模进行较大调整，这反映出本轮政府机构改革并不是以"精简"为主要目标，而是更加注重"职责"的细化（见表1）。

表1　改革开放以来历次机构改革后国务院机构设置情况（国务院办公厅除外）　　单位：个

机构设置	1982年	1988年	1993年	1998年	2003年	2008年	2013年	2018年	2023年
组成部门	42	41	40	29	28	27	25	26	26
直属特设机构	—	—	—	—	1	1	1	1	1
直属机构	15	19	13	17	18	16	16	10	14
办事机构	3	5	5	6	4	4	4	2	1
直属事业单位	—	5	8	9	14	14	13	9	7

资料来源：中华人民共和国中央人民政府官方网站。

在实现"第一个百年奋斗目标"与开启"第二个百年奋斗目标"的时间节点，"面对新时代新征程提出的新任务，党和国家机构设置和职能配置同全面建设社会主义现代化国家、全面推进中华民族伟大复兴的要求还不完全适应，同实现国家治理体系和治理能力现代化的要求还不完全适应，同构建高水平社会主义市场经济体制的要求还不完全适应，需要在巩固党和国家机构改革成果的基础上继续深化改革，对体制机制和机构职责进行调整和完善"①。2023年的机构改革正是在这样的背景下展开的。本轮机构改革虽然调整幅度不大，但影响却非常深远。2023年机构改革的总原则是"坚持党的全面领导、坚持以人民为中心、坚持优化协同高效、坚持全面依法治国"，核心目标是"构建系统完备、科学规范、运行高效的党和国家机构职能体系"。

本轮政府机构改革的内容可以分为两个层面：一是机构设置的结构化调整，包括重新组建科学技术部，组建国家金融监督管理总局、国家数据局，调整中国证券监督管理委员会为国务院直属机构，统筹推进中国人民银行分支机构改革。二是行政体制的优化性完善，包括完善国有金融资本管理体制、老龄工作体制和知识产权管理体制，深化地方金融监管体制，加强金融管理部门工作人员统一规范管理，优化农业农村部职责。根据《党和国家机构改革方案》，两个层面的改革调整均围绕"政府职责"展开，这也是本轮机构改革继续贯彻职责优化理念的体现（见表2）。

---

① 《中共中央　国务院印发〈党和国家机构改革方案〉》，《人民日报》2023年3月17日。

表 2　2023 年政府机构改革中的职责调整情况

改革层面	改革内容	职责调整与机构改革情况	改革后职责内容及机构调整
机构设置的结构化调整	重新组建科学技术部	1. 组织拟订科技促进农业农村发展规划和政策、指导农村科技进步职责（划入农业农村部，中国农村技术开发中心也划入农业农村部） 2. 组织拟订科技促进社会发展规划和政策职责（划入国家发展和改革委员会、生态环境部、国家卫生健康委员会等，中国生物技术发展中心划入国家卫生健康委员会） 3. 组织拟订高新技术发展及产业化规划和政策，指导国家自主创新示范区、国家高新技术产业开发区等科技园区建设，指导科技服务业、技术市场、科技中介组织发展等职责（划入工业和信息化部） 4. 负责引进国外智力工作职责（划入人力资源和社会保障部，国家外国专家局牌子加挂在人力资源和社会保障部） 5. 深化财政科技经费分配使用机制改革，完善中央财政科技计划执行和专业机构管理体制，调整科学技术部的中央财政科技计划（专项、基金等）协调管理、科研项目资金协调评估等职责（中国 21 世纪议程管理中心、科学技术部高技术研究发展中心划入国家自然科学基金委员会，但仍归科学技术部管理）	加强科学技术部推动健全新型举国体制、优化科技创新全链条管理、促进科技成果转化、促进科技和经济社会发展相结合等职能，强化战略规划、体制改革、资源统筹、综合协调、政策法规、督促检查等宏观管理职责，保留国家基础研究和应用基础研究、国家实验室建设、国家科技重大专项、国家技术转移体系建设、科技成果转移转化和产学研结合、区域科技创新体系建设、科技监督评价体系建设、科研诚信建设、国际科技合作、科技人才队伍建设、国家科技评奖等相关职责（为国务院组成部门）
	组建国家金融监督管理总局	1. 在中国银行保险监督管理委员会基础上组建（不再保留中国银行保险监督管理委员会） 2. 对金融控股公司等金融集团的日常监管职责、有关金融消费者保护职责（由中国人民银行划入） 3. 投资者保护职责（由中国证券监督管理委员会划入）	统一负责除证券业之外的金融业监管，强化机构监管、行为监管、功能监管、穿透式监管、持续监管，统筹负责金融消费者权益保护，加强风险管理和防范处置，依法查处违法违规行为（为国务院直属机构）
	组建国家数据局	1. 研究拟订数字中国建设方案、协调推动公共服务和社会治理信息化、协调促进智慧城市建设、协调国家重要信息资源开发利用与共享、推动信息资源跨行业跨部门互联互通等职责（由中央网络安全和信息化委员会办公室划入） 2. 统筹推进数字经济发展、组织实施国家大数据战略、推进数据要素基础制度建设、推进数字基础设施布局建设等职责（由国家发展和改革委员会划入）	负责协调推进数据基础制度建设，统筹数据资源整合共享和开发利用，统筹推进数字中国、数字经济、数字社会规划和建设等（由国家发展和改革委员会管理）

改革层面	改革内容	职责调整与机构改革情况	改革后职责内容及机构调整
机构设置的结构化调整	调整中国证券监督管理委员会为国务院直属机构	1. 强化资本市场监管职责 2. 企业债券发行审核职责（由国家发展和改革委员会划入）	统一负责公司（企业）债券发行审核工作
	统筹推进中国人民银行分支机构改革	1. 撤销中国人民银行大区分行及分行营业管理部、总行直属营业管理部和省会城市中心支行，在31个省（自治区、直辖市）设立省级分行，在深圳、大连、宁波、青岛、厦门设立计划单列市分行 2. 中国人民银行北京分行保留中国人民银行营业管理部牌子，中国人民银行上海分行与中国人民银行上海总部合署办公 3. 不再保留中国人民银行县（市）支行，相关职能上收至中国人民银行地（市）中心支行。对边境或外贸结售汇业务量大的地区，可根据工作需要，采取中国人民银行地（市）中心支行派出机构方式履行相关管理服务职能	—
行政体制的优化性完善	完善国有金融资本管理体制	按照国有金融资本出资人相关管理规定，将中央金融管理部门管理的市场经营类机构剥离，相关国有金融资产划入国有金融资本受托管理机构	根据国务院授权统一履行出资人职责
	完善老龄工作体制	拟订并协调落实应对人口老龄化政策措施、承担全国老龄工作委员会的具体工作等职责（由国家卫生健康委员会划入民政部，全国老龄工作委员会办公室设在民政部）	1. 实施积极应对人口老龄化国家战略，推动实现全体老年人享有基本养老服务 2. 强化综合协调、督促指导、组织推进老龄事业发展职责
	完善知识产权管理体制	商标、专利等领域执法职责继续由市场监管综合执法队伍承担，相关执法工作接受国家知识产权局专业指导	加快推进知识产权强国建设，全面提升知识产权创造、运用、保护、管理和服务水平（国家知识产权局为国务院直属机构）

续表

改革层面	改革内容	职责调整与机构改革情况	改革后职责内容及机构调整
行政体制的优化性完善	深化地方金融监管体制	建立以中央金融管理部门地方派出机构为主的地方金融监管体制，统筹优化中央金融管理部门地方派出机构设置和力量配备	地方政府设立的金融监管机构专司监管职责（不再加挂金融工作局、金融办公室等牌子）
	加强金融管理部门工作人员统一规范管理	中国人民银行、国家金融监督管理总局、中国证券监督管理委员会、国家外汇管理局及其分支机构、派出机构均使用行政编制，工作人员纳入国家公务员统一规范管理，执行国家公务员工资待遇标准	—
	优化农业农村部职责	牵头开展防止返贫监测和帮扶，组织拟订乡村振兴重点帮扶县和重点地区帮扶政策，组织开展东西部协作、对口支援、社会帮扶，研究提出中央财政衔接推进乡村振兴相关资金分配建议方案并指导、监督资金使用，推动乡村帮扶产业发展，推动农村社会事业和公共服务发展等职责（由国家乡村振兴局划入农业农村部）	1. 统筹抓好以乡村振兴为重心的"三农"各项工作，加快建设农业强国 2. 全国脱贫攻坚目标任务完成后的过渡期内，有关帮扶政策、财政支持、项目安排保持总体稳定，资金项目相对独立运行管理（在农业农村部加挂国家乡村振兴局牌子，不再保留单设的国家乡村振兴局）

资料来源：《中共中央　国务院印发〈党和国家机构改革方案〉》，《人民日报》2023 年 3 月 17 日。

本轮机构改革后，国务院组成部门仍为 26 个，国务院直属特设机构 1 个，国务院直属机构 14 个，国务院办事机构 1 个，国务院直属事业单位 7 个，国务院组成部门管理的国家行政机构（国务院部委管理的国家局）17 个（见表 3）。

表 3　2023 年机构改革后国务院机构设置情况（国务院办公厅除外）

国务院组成部门	外交部、国家发展和改革委员会、科学技术部、国家民族事务委员会、国家安全部、司法部、人力资源和社会保障部、生态环境部、交通运输部、农业农村部、文化和旅游部、退役军人事务部、中国人民银行、国防部、教育部、工业和信息化部、公安部、民政部、财政部、自然资源部、住房和城乡建设部、水利部、商务部、国家卫生健康委员会、应急管理部、审计署

续表

国务院直属 特设机构	国务院国有资产监督管理委员会	
国务院直属机构	中华人民共和国海关总署、国家税务总局、国家市场监督管理总局、国家金融监督管理总局、中国证券监督管理委员会、国家广播电视总局、国家体育总局、国家信访局、国家统计局、国家知识产权局、国家国际发展合作署、国家医疗保障局、国务院参事室、国家机关事务管理局	
国务院办事机构	国务院研究室	
国务院直属 事业单位	新华通讯社、中国科学院、中国社会科学院、中国工程院、国务院发展研究中心、中央广播电视总台、中国气象局	
国务院部委管理的 国家局	国家粮食和物资储备局	管理部委：国家发展和改革委员会
	国家能源局	管理部委：国家发展和改革委员会
	国家数据局	管理部委：国家发展和改革委员会
	国家国防科技工业局	管理部委：工业和信息化部
	国家烟草专卖局	管理部委：工业和信息化部
	国家移民管理局	管理部委：公安部
	国家林业和草原局	管理部委：自然资源部
	国家铁路局	管理部委：交通运输部
	中国民用航空局	管理部委：交通运输部
	国家邮政局	管理部委：交通运输部
	国家文物局	管理部委：文化和旅游部
	国家中医药管理局	管理部委：国家卫生健康委员会
	国家疾病预防控制局	管理部委：国家卫生健康委员会
	国家矿山安全监察局	管理部委：应急管理部
	国家消防救援局	管理部委：应急管理部
	国家外汇管理局	管理部委：中国人民银行
	国家药品监督管理局	管理部委：国家市场监督管理总局

资料来源：中华人民共和国中央人民政府官方网站。

　　除对机构职责及行政体制进行改革外，本轮政府机构改革还对编制管理进行了改革部署。一方面，明确要求中央和国家机关的编制精简5％，继续保持了机构的"精简"元素。但收回的编制主要用于重点领域和重点工作，突出编制使用的"聚焦"性。同时，中央垂管派出机构、驻外机构不纳入统一精减范围，但需要根据行业和系统实际盘活用好存量编制资源，体现了机构编制管理改革效能的提升要求。另一方面，地方党政机关人员编制精减由各省级党委根据实际情况确定，并强调县乡两级政府不作精减要求。

需要指出的是，议事协调机构也是机构改革的重要内容。因为我国议事协调机构具有较强的党政体制特征，职责交叉性很强，难以明确厘清党与政府的"界限"。同时，不少议事协调机构具有较强的临时性，变动性较大，难以进行固定且细致的划分。因此，本报告对议事协调机构不作过多的分析。

二、2023 年政府机构改革研究综述

2023 年是"机构改革年"，因此以机构改革为主题的文献数量较多，且研究视角和研究内容也较为丰富。基于中国知网（CNKI）的检索，选取 2023 年度关于我国机构改革较为典型的文献，对其进行分类和分析，归纳总结出既有研究成果的特色与经验。通过梳理，可以将既有文献大致分为三类：对机构改革的价值阐释、机构改革运行发展的研究和地方政府机构改革的探索。

（一）机构改革的价值阐释

党和国家机构改革具有特定的价值意蕴。习近平总书记关于深化党和国家机构改革的重要论述明确了我国机构改革的价值定位，指明了机构改革的发展方向，系统回答了机构改革的重大理论与实践问题，其论述可以归纳为主题主线、基本目标、价值导向、科学方法、系统观念等，[1] 为机构改革的价值阐析奠定了基础。基于此，首先需要明确机构改革的政治逻辑及合法性基础，即以党的全面领导为政治主题，以全面深化改革为题中之义，以全面依法治国为必然要求，建构坚实的法理基础，蕴含深刻的辩证思维，传承中国的大国体制，充分体现中国式现代化并彰显人类文明中的中国密码。[2] 因此，可以将机构改革的法理意蕴聚焦于鲜明特征、发展方向与国家治理现代化建设的实践层面之上，[3] 实现理论阐释与治理实践的契合。

---

① 张克：《习近平总书记关于深化党和国家机构改革重要论述探析》，《中国井冈山干部学院学报》2023 年第 6 期。

② 郭晔：《党和国家机构改革的法理意涵》，《浙江工商大学学报》2023 年第 3 期。

③ 郭春甫、王学渊：《党和国家机构改革的治理意涵》，《重庆行政》2023 年第 2 期。

同时，为了使机构改革的效能发挥能够得到充分的保障，还需要明确其政法逻辑，即充分加强党的全面领导，坚持以人民为中心，扎实推进国家治理现代化的基础上保持问题导向、系统协同、运转高效，在机构改革中充分融入法治理念，充分保障机构改革中认识准确、纪律严明、意志坚定、执行有效、平稳推进、统一实施，各项法律法规能够落实到位。[①] 由此，机构改革的基本逻辑可以被概括为理论逻辑、历史逻辑和实践逻辑三个层面，[②] 三重逻辑共同推进新时代党和国家机构改革的发展。在理论与逻辑明晰的基础上，就需要将机构改革的实践逐步深化，最大限度地发挥机构改革效能，这就需要运用特定的方法论。本轮机构改革的方法论立足于机构设置的科学、职能配置的优化、体制机制的完善和运行管理的高效，推动现代化国家机构体系建设的目标实现。[③]

本轮改革在充分吸取历次改革经验的基础上也充分彰显了新的特点。首先，紧扣中国式现代化的发展要求，[④] 着力推动国家治理现代化，并以满足人民群众美好生活为目标导向，抓准重点任务方面的机构职能优化协同高效，建立顺应新时代发展要求的体制机制。[⑤] 其次，秉持系统性、整体性的理念，从更好适应新发展格局、推动高质量发展的角度出发，以党和国家新的任务使命、新的战略安排、新的工作需要为基点推动机构改革。[⑥] 最后，围绕行政体制推进机构改革的实践效能。对于机构改革的研究，特别是对党的十八大后机构改革的分析，需要从演化、动因和效果三个方向进行，这样才能更加系统地认识机构改革的重要性。基于此，本轮机构改革在历来重视顶层设计的基础上，进一步明确国家治理现代化的总目标，加强党和国家机构改革的统筹性，理顺政府、市场和社会的关系，优化机构职能体系的同时推进法治政府建设。[⑦] 同时，本轮机构改革更加注重现代政府治理的时代性、规律性和人民性，如积极推动数字政府建设，优化公共服务和民生保障，完善金

---

① 王若磊：《党和国家机构改革的政法逻辑》，《浙江工商大学学报》2023 年第 3 期。
② 董伟玮：《党和国家机构改革的三重逻辑》，《新长征》2023 年第 4 期。
③ 李广德：《党和国家机构改革的方法论》，《浙江工商大学学报》2023 年第 3 期。
④ 李明：《机构改革对加快推进中国式现代化建设的三重价值意蕴》，《党政论坛》2023 年第 5 期。
⑤ 李军鹏：《新一轮党和国家机构改革的突出亮点与重大意义》，《国家治理》2023 年第 7 期。
⑥ 刘帮成：《新一轮党和国家机构改革的鲜明特点与深层逻辑》，《中国党政干部论坛》2023 年第 8 期。
⑦ 陈振明：《党和国家机构改革与国家治理现代化——机构改革的演化、动因与效果》，《行政论坛》2023 年第 5 期。

融监管体制等，并将统筹发展与安全放置到更高的高度，使政府行政管理职能形成系统化的创新格局，[①] 对行政管理体制具有重要意义。另外，随着经济社会发展与国内外形势的变化，统筹发展与安全成为本轮机构改革的重要价值导向和目标任务，这也是落实党的二十大报告指示的具体体现。[②] 同样，作为党的二十大报告中重要部署的民生工作也成为本轮机构改革的价值取向。[③]

（二）机构改革运行发展的研究

机构改革落实的关键在于其运行与发展。因为机构改革涉及面广，关系到政府治理与行政改革的方方面面，所以通过梳理 2023 年度的既有文献，选取具有代表性的机构改革运行与发展研究进行分析。

机构改革的整体性特征在本轮机构改革中得到了更加彻底的呈现，要保证机构改革整体性的落实则需要通过"体系化"的方式进行。同时，"体系化"也是新时代机构改革的特质，通过专业化整合、专业化分工、横向权责统筹、纵向权责统筹四条路径转换机构改革的逻辑，并为进一步厘清政府、市场与社会，中央与地方两组关系奠定了基础，明确了未来机构改革的原则为建构现代理性政府体系。[④] 在"体系化"的背景下，机构改革的实际操作呈现"集成化"的逻辑，即通过机构的集中将原来分散在若干个部门的相关职能集中到某一个部门行使，从而提高履职效能，不断走向科学化和高效化。机构改革的"集成"是机构改革运行的现实表现，其根据不同部门的具体职能形成大部门集成、专部门集成、流程部门集成以及平台＋部门集成 4 种模式，形成政府职能合并、机构重组、流程再造的递进关系。[⑤] 同时，也为未来政府发展中的机构进一步融合提供了基础。

另外，政府职能转变是机构改革的重要主题。现代政府理论下政府职能可以划分为政府功能与政府职责，因此机构改革就可以放置于"功能-职责"视角下审视

---

① 高小平：《我国行政管理制度创新的重大实践——对 2023 年机构改革的行政学分析》，《行政管理改革》2023 年第 5 期。

② 钟开斌：《统筹发展和安全：党和国家机构改革的基本价值取向》，《学海》2023 年第 3 期。

③ 万国威：《新一轮党和国家机构改革的民生指向》，《人民论坛》2023 年第 7 期。

④ 何艳玲、李丹：《"体系化"：新时代机构改革的特质与逻辑转换》，《公共管理与政策评论》2023 年第 6 期。

⑤ 刘杰：《寻找部门合成的"最大公约数"——政府机构改革中的集成逻辑研究》，《政治学研究》2023 年第 1 期。

其发展历程及运行机制。将功能优化和职责重构分别作为政府机构改革的内在动因和外在动因，立足现实国情，创新政府治理。① 在历次机构改革的基础上，本轮机构改革已经进入到调整和完善时期，不会发生较大的体制机制性变革。因此，机构改革需要从政府治理体系、政府治理能力和政府治理模式三个层面进一步调整和完善，特别是政府组织体系和政府治理能力需要融入到机构改革中同步进行，建构高质量的政府。② 在机构改革进入完善与调整阶段，原有的推动机构改革的深层逻辑与内生动力就会发生变化，在"职责"取代"精简"成为机构改革核心要素的同时，国家治理现代化的战略布局也成为驱动机构改革的重要因素。在战略驱动型组织变革下，机构改革形成决策层、职能层和执行层三个层次，并在机构改革的实践中形成 3 条主要路径：一是实现决策机构与总体战略重点的匹配；二是实现职能机构与职能战略的匹配；三是实现战略执行与运营战略的匹配。③ 这是对机构改革运行的总结归纳。

机构改革的运行与发展还在一些特定领域之中得到体现。例如，机构改革中从中央到地方纵向层级之间如何实现协同，最大限度发挥机构改革的效能就是一个现实问题。通过对特定部门的案例分析，聚焦不同层级政府机构改革存在的纵向对齐、横向看齐和部门竞争三条既互斥又融合的逻辑主线，并在呈现其各自所长中体现层级差异性特征，④ 实现机构改革的纵向联动性。而在热点问题之一的数字化建设方面，依托数字化平台的应用，将数字赋能于机构改革中，实现治理体系的完善与治理效能的提升。特别是基于特定案例呈现了如何利用数字赋能对跨层级、跨地域、跨系统、跨部门、跨业务的治理资源进行有机协调与整合，促进条块协同和全流程治理实现。同时，也基于数字平台充分观照到机构改革中的条块问题。⑤ 另外，在编制管理方面与各机构息息相关但却又容易被忽视的机构限额管理贯穿于历次机

① 岳嵩：《"功能-职责"视角下政府机构的改革过程与发展目标》，《学海》2023 年第 6 期。
② 竺乾威：《进入调整和完善时期的机构改革：建构高质量的政府》，《行政论坛》2023 年第 3 期。
③ 赖先进：《机构改革的创新逻辑：战略驱动型组织变革——以 2023 深化党和国家机构改革为例》，《江苏行政学院学报》2023 年第 6 期。
④ 史晓姣、马亮：《跨层级政府机构改革的多重联动逻辑——文化与旅游部门合并的案例研究》，《中国行政管理》2023 年第 8 期。
⑤ 周立、程梦瑶、郑霖豪：《数字赋能如何促进整全治理——基于浙江衢州"县乡一体、条抓块统"机构改革的案例分析》，《中国行政管理》2023 年第 8 期。

构改革之中，并成为改革的基本要求之一。机构限额管理可以分为确定限额基础、规范限额分类、守住限额底线、释放限额活力四个阶段。通过机构限额管理可以有效规制政府机构的过度膨胀，并建立一套标准化的编制管理机制。通过机构和编制管理改革可以从统筹利用机构资源、厘清政府职能边界、整合部门分散职能、调整限额内部结构等方面优化机构限额管理，持续提高机构资源使用效益。[1] 同时，围绕金融领域的机构改革而衍生的各类问题在中国式现代化的背景下也被提及，形成较新的机构改革研究视域。[2]

（三）地方政府机构改革的探索

地方政府机构改革是党和国家机构改革的重要组成部分，在很大程度上，很多改革效能的发挥需要通过地方政府机构改革才能得以呈现。相较于党和国家机构改革的宏观性，地方政府机构改革更加聚焦于特定的实务性问题，这也契合地方政府的属性和功能。

作为党和国家机构改革组成部分的地方政府机构改革在遵循中央统一规划的基础上，基于中央和地方两个积极性的原则，着力构建系统完备、科学规范和运行高效的地方政府机构职能体系。本轮改革中地方政府机构改革结合地区特点推动地方科技组织体系优化，加强金融和数字领域的管理，整合农业农村和乡村振兴机构的职责，并优化调整地方机构编制资源配置。地方政府机构改革在遵循整体性的同时，更加突出政府与市场"双因素"下的职能转变，并不断提升公务员队伍的综合素质。[3] 地方政府机构改革在一定程度上也从另一个层面推动了央地互动。地方政府机构改革的运行过程中，不同地区会根据自身特点对中央统一规定进行适配性调整，也可能会探索出具有特色的改革创新，进而为中央顶层设计提供经验和素材。但机构改革的央地互动并不局限于单一模式，而是形成了"试点-推广""许可-借鉴""探索-吸纳"3种类型。中央基于3种模式采用吸纳、调试和优化的方式，根

---

① 李利平、刘星宇：《机构限额管理：发展脉络、推行情况与优化方向》，《中国行政管理》2023 年第 9 期。

② 曾品固、刘小添、剑联尔拉、方天：《中国式现代化视域下的金融数字化和金融去中心化——兼论"两化"背景下新一轮机构改革的重要意义》，《四川行政学院学报》2023 年第 4 期。

③ 张克、刘馨岳：《新一轮地方机构改革的理论逻辑与重点任务》，《行政管理改革》2023 年第 5 期。

据机构改革的不同需求建构差异化的改革路径，① 使机构在中央与地方之间呈现互动性规律，并拓展机构改革的方法论功能。机构改革有效运行的关键还在于执行力度及其效能。压力传导被认为是地方政府积极执行机构改革方案并进行创新执行的关键因素。通过分析地方机构改革的过程可以基于压力型体制建构一个"高位推动-科层动员-监督考核"的机制，在保证地方政府有效执行的同时最大限度规制其变通执行，确保机构改革在纵向上的有效执行。② 这既是对机构改革研究视角的创新，也是对地方政府执行研究的拓展。

在地方机构编制管理方面，人口小县的机构改革成为本轮机构改革中不可回避的现实问题。随着城市化进程的推进，中西部诸多县的人口都在"流出"，造成常住人口不断减少。同时，因为产业结构不平衡，经济社会发展较慢等现实情况，县级财政"捉襟见肘"。为了应对财政供养人员负担过重及提高行政效率的现实，诸多人口小县开始进行"大部制"改革，以求通过精减人员编制来实现改革目标。人口小县机构改革主要围绕精减人员、整合机构和扁平化行政层级等方式展开，基本沿袭了多年前"大部制"改革的模式。③ 只是这次"大部制"改革更多是人口小县主动推进的一次"自下而上"的改革尝试，也可以被认为是一种"无奈之举"。但人口小县的机构改革却成为一些省份应对县级政府人口外流、产业欠缺及财政负担过重问题的经验，在归纳总结后在全省范围内推广。④ 最终人口小县的"大部制"改革效果还需要通过实践的检验。

值得注意的是，在编制改革方面还需要关注编外人员改革问题。编外人员作为地方政府"局内的局外人"，一直长期存在甚至在部分地区通过多种方式膨胀。这对于地方政府机构改革及其治理效能具有重要的影响。从编外人员观念形成机制、行为作用机制和政府官员对编外人员观念的形塑机制三个方面出发，对地方政府编外人员长期存续及数量膨胀的原因进行深层分析，得出指令式管理风格和范围自主

---

① 张克、刘馨岳：《从地方探索到顶层设计：新时代党和国家机构改革的央地互动机制——以党的十九大以来两轮机构改革为分析对象》，《新视野》2023 年第 6 期。

② 王清、严泽鹏：《压力传导：地方政府机构改革有效执行的机制研究》，《行政论坛》2023 年第 4 期。

③ 郭煦：《人口小县机构改革的破冰之旅》，《小康》2023 年第 36 期。

④ 田国宝：《"人口小县"如何破局"大部制"改革？》，《记者观察》2023 年第 19 期。

性管理模式是关键成因，[①] 为地方政府编外人员治理及机构改革效能优化提供了基础。

三、分析与展望

2023 年政府机构改革是在新时代新征程上开启的，是党和国家机构改革的重要组成部分，具有鲜明的特点，对于优化机构职能体系，提升政府治理效能具有重要的作用。对本轮政府机构改革进行分析可以归纳总结其经验，为后续改革奠定良好的基础。

（一）2023 年政府机构改革的特点

2023 年政府机构改革是改革开放以来第九次机构改革，也是第二次以党和国家机构改革的组成部分的形式出现。本轮改革以适应新发展格局和推动高质量发展为导向，通过改革建设高质量的现代政府，在加强党中央集中领导下实现国家治理体系和治理能力的现代化。因此，本轮政府机构改革不再突出"精简""整合""重组"等结构性的改革措施，而是向着更深层次的"系统""职责""自主"等特色方向发展，形成了突出的特点。

1. 系统性

2023 年政府机构改革是党和国家机构改革的重要组成部分，与党中央等机构改革密切相关，体现出较强的系统性。习近平总书记指出，"要坚持问题导向，把专项治理和系统治理、综合治理、依法治理、源头治理结合起来"[②]。这表明系统性在国家治理现代化中具有重要的作用。本轮机构改革以习近平新时代中国特色社会主义思想为指导，以加强党中央集中统一领导为统领，以推进国家治理体系和治理能力现代化为导向，坚持稳中求进工作总基调，适应统筹推进"五位一体"总体布局、协调推进"四个全面"战略布局的要求，适应构建新发展格局、推动高质量发展的需要，坚持问题导向，统筹党中央机构、全国人大机构、国务院机构、全国政

---

① 翁士洪、郭轶男：《基层政府编外人员规模膨胀的行为机制研究——基于浙江省 S 市的案例分析》，《行政论坛》2023 年第 4 期。

② 《习近平关于社会主义社会建设论述摘编》，中央文献出版社 2017 年版，第 135 页。

协机构，统筹中央和地方，深化重点领域机构改革，推动党对社会主义现代化建设的领导在机构设置上更加科学、在职能配置上更加优化、在体制机制上更加完善、在运行管理上更加高效，[①] 充分彰显了系统性。一方面，将机构改革的指导思想、核心统领、改革导向、工作基调等进行系统化，充分保证机构改革的系统化推进。另一方面，将党政各方面的机构统筹到系统化的框架下推进，以求实现改革效能的最大化。比如，本轮机构改革中，党中央组建中央金融委员会和中央金融工作委员会就与国务院机构改革中深化地方金融监管体制改革、完善国有金融资本管理体制和加强金融管理部门工作人员统一规范管理等改革形成系统性对应。又如，党中央组建中央科技委员会与重新组建科学技术部形成特定的系统性呼应。

机构改革的系统性还体现在机构改革的时序衔接上。2018 年开启了党和国家机构的系统化改革，本轮机构改革在一定程度上也是对 2018 年机构改革的完善与调适。特别是本轮政府机构改革，在充分继承上一次机构改革经验的同时，也对上一轮改革不足之处或 5 年间经济社会发展需要调整的方面进行完善。若将本轮改革放置于改革开放以来历次机构改革的大视角下，其更是宏大的机构改革系统中的重要部分。由此观之，系统性的特点是本轮机构改革的一个亮点。

2. 职责性

党的二十大报告明确提出，"转变政府职能，优化政府职责体系和组织结构，推进机构、职能、权限、程序、责任法定化，提高行政效率和公信力"[②]。这表明机构改革已经不再是单纯的精简机构和人员的"减负"调整，而是聚焦职责、强化职责的效能优化提升。从理论上说，机构是职责履行的载体，职责是机构设置的依据，只有将职责融入机构改革中，才能保证改革的方向性。本轮机构改革将"职责"作为核心要素，从理念到措施进行全方位的融入。如本轮改革中明确提出"优化农业农村部职责"就是突出职责性特色的典型表现。根据《党和国家机构改革方案》，为了统筹抓好以乡村振兴为重心的"三农"各项工作，加快实现农业强国的

---

① 《中共中央　国务院印发〈党和国家机构改革方案〉》，《人民日报》2023 年 3 月 17 日。
② 习近平：《高举中国特色社会主义伟大旗帜　为全面建设社会主义现代化国家而团结奋斗》，人民出版社 2022 年版，第 41 页。

建设目标，厘定并优化职责配置及承担主体，将原国家乡村振兴局的各项职责整体融入农业农村部中，并在农业农村部加挂乡村振兴局牌子。通过改革，最大限度地减少职责传导距离，减少了部委管理国家局的中间过渡，直接由职责主体履行职责，使职责更加聚焦，实现同一类职责由一个部门履行。为了保证纵向职责的贯通，该项改革要求省市县三级政府的乡村振兴机构职责也要相应并入同级农业农村部门，实现职责的"上下对口"，保证中央职责向地方各级政府传输的贯通性。另外，《党和国家机构改革方案》中提出"完善老龄工作体制"和"完善知识产权管理体制"，这本质上也是政府职责的优化改革。如完善老龄工作体制中，将国家卫生健康委员会相关职责划入民政部，与民政部原有职责融合，更好地承担老龄工作的任务。同时，将国家知识产权局调整为国务院直属机构，也是便于其发挥指导相关执法工作的职责，使相关职责的履行更加具有专业性。总而言之，职责优化是本轮机构改革的根本出发点。

此外，编制管理改革方面的职责化也较为明显。根据《党和国家机构改革方案》的要求，中央和国家机关各部门人员编制统一按照5%的比例进行精减，收回的编制用于加强重点领域和重要工作。这表明编制资源的分配逐步倾向于职责任务较重的领域，进而保障重要职责的顺利履行。同时，提出县、乡两级不做精减要求，旨在回应基层政府职责压力与编制资源不匹配的现实矛盾，切实保障基层政府的有效履职，背后呈现的依然是本轮机构改革的职责性。

3. 自主性

本轮机构改革方案中虽然并未明确指出，但却蕴含着增加地方机构设置与运行自主性的色彩。一直以来，地方机构改革多为中央机构改革的延伸，地方机构改革在机构限额管理、必设机构要求及机构改革规范等约束下，没有太多的自主性。一方面，这是"职责同构"特征的现实体现，是我国纵向政府间关系的基本结构所致。另一方面，中央为了保证政令传达与执行的顺畅贯通，建构了一套"上下对口"的机构职能体系。而地方为了能够有效衔接中央或上级政府，也愿意主动设置与上级政府对应的机构。地方自主性在这样的情况下就产生一定的弱化。"省一级不一样，市、县更不一样，不同地区之间情况也千差万别，不一定完全与中央层面对应"[①]，因此本轮机构改革为了激发地方的积极性，在部分机构改革与职责调整中赋予地方更多的自主性。如重组科学技术部的方案中明确规定"地方政府科技部门职责结合实际进行调整"，就是认识到不同地区科学技术发展的不均衡，因而要求各地方结合实际调整科学技术部门，更好地发挥改革效能。类似的还有要求"省级政府数据管理机构结合实际组建"，也是充分尊重地方现实，赋予地方恰当自主性的现实呈现。另外，《党和国家机构改革方案》中要求撤销中国人民银行大区分行及分行营业管理部、总行直属营业管理部和省会城市中心支行，在 31 个省（自治区、直辖市）设立省级分行，并在计划单列市设置分行。目的是通过体制机制的改革增加地方的自主性，打破原来纵向直管及大区管理的格局，按照行政区划给予地方更多的自主权限，保障其更好地履行职责。

在编制管理方面，本轮机构改革要求"地方党政机关人员编制精减工作，由各省（自治区、直辖市）党委结合实际研究确定。县、乡两级不作精减要求"，这也是地方自主性提升的表现。长期以来，编制资源分配存在较为明显的"二八定律"，地方政府特别是基层政府编制不足，导致其职责无法有效履行。本轮改革突出强调各省、自治区、直辖市党委结合实际确定党政机关人员编制精减工作，就是给予地方一定的裁量权。同时，要求县、乡两级不作精减，也是注意到基层政府编制资源相对不足的现实情况，希望通过机构改革打破"二八定律"，给予地方自主权以期实现基层治理效能的提升。

（二）政府机构改革的完善与展望

机构改革是动态政府过程中的重要内容，需要不断地完善与调整。本轮机构改革在取得巨大成就的同时，也有一些方面可以进一步完善，并为未来机构改革与职责体系调整作一个简要的展望。

1. 优化职责同构

"上下对口，左右对齐"的"职责同构"一直是我国纵向政府间机构设置的显著特征，关于"职责同构"的讨论一直是政府间关系及机构改革的热点。从本轮机

---

① 习近平：《在二十届中央机构编制委员会第一次会议上的讲话》，《求是》2023 年第 24 期。

构改革来看，职责同构依然存在于党政机构设置与改革中。如中央组建社会工作部的同时，明确要求省、市、县各级党委同时组建社会工作部门，并明确要求其相应划入同级党委组织部门的"两新"工委职责。最为显著的就是农业农村职责优化方面，《党和国家机构改革方案》要求省、市、县级乡村振兴机构职责划入同级农业农村部门，虽然这体现了机构改革的职责性特点，但也呈现较强的上下贯通的职责同构特征。"职责同构"并不是人为设计的，而是从我国纵向政府间结构关系中衍生的。因此，要从根本上打破职责同构是不现实的，只能通过优化职责来调整机构间的结构关系，提升机构改革效能。优化职责同构并不是要建立与其相对的职责异构，而是要立足国家治理现代化的现实，建构科学合理的政府职责体系。政府职责体系的建设与优化是中央高度重视的现实问题，直接关系到政府职能转变。建设并优化政府职责体系主要从两个方面进行：一是纵向层面上明确各级政府的职责范畴，形成细致的职责清单，各级政府以职责清单为依据设置机构，建构层级特征分明的机构职能体系。二是从横向层面上建构科学合理的部门间关系，减少部门间的职责交叉，同时也要防止出现职责真空，进一步合并同类职责并归口于一个部门，降低行政成本，提高行政效率。

优化职责同构的另一个方面就是要适度提升同构异责程度，进一步拓展地方机构设置的自主性。虽然从本轮改革的职责性和自主性特点来看，改革方案中蕴含了较为明显的"同构异责"色彩，但这并未影响我国机构设置中"职责同构"的主流特征。提升同构异责并不是地方机构设置与改革的直接目标，而是要借助其拓展地方机构设置与调整的自主性。例如，机构限额管理对于地方机构设置具有较强的规制性，但也限制了地方机构设置的自主性及合理性。通过适当的同构异责可以软化刚性的同构性规制，这也是优化同构的一种体现。着力拓展地方机构设置与调整的自主性可以最大限度地发挥地方积极性，更好地推进各项政策执行的效能，释放地方政府创新的动力，稳步推进国家治理现代化。

2. 提升机构间协同性

机构设置和改革的依据是政府职责，但无论政府职责如何细化都一定会有边界，无法做到绝对化的分割，这就使各机构之间也必然无法"泾渭分明"地划分职责范畴。同时，各机构的运行蕴含于动态的政府过程中，机构之间也会发生不同程度的合作与冲突。基于此，机构间的协调就成为机构改革无法回避的现实问题。机构间协同与政府职责体系一样，具有两个向度：一是纵向向度上同类机构的协同，不过这类协同现实政府间较少，纵向上更多还是以自上而下的行政命令为主。二是横向向度上的同级机构间协同，这类协同是机构间协同的主流，也是历次机构改革所重点关注的方面。本轮机构改革中，无论是党中央还是国务院都呈现着力提升机构间协同的导向。如党的方面组建中央金融委员会及中央金融工作委员会，就是分别借助组建办事机构及派出机构对金融方面的业务进行部门间协同，实现决策层面的统筹。与其相对应的是国务院方面组建国家金融监督管理总局，深化地方金融监管体制改革，进而完善国有金融资本管理体制。这一系列的改革强化行政执行方面的协同，保证金融监管领域"决策-执行"的协同得到充分保障。从更宏观的视角审视，提升机构间协同也是本轮机构改革"系统性"特点的呈现，在未来机构改革及政府发展中，不同程度的机构间协同还会继续推进，需要根据国家治理现代化和经济社会发展的现实要求进行更加动态化的职责调适与治理协同。

3. 增强编制资源配置的合理性

编制是政府行政管理的重要资源，编制资源配置的合理性直接关系到治理效能。历次机构改革都将"精简"作为核心，特别是对于编制的精减已经成为机构改革的核心内容。同时，通过机构改革也陆续出台一些编制管理的刚性约束机制，如"只减不增""只出不进""总量核定控制"等。编制资源的改革一直是作为机构改革的配套内容进行整体性调整的，缺乏细致的规划，甚至出现"一刀切"等问题。与此同时，我国编制资源都统一由中央编办管理，越往基层，编制管理的权限越小。因而，形成行政层级越低编制资源的配置也越不均衡。本轮改革突破性地对编制资源配置模式进行改革，极大增强了编制资源配置的合理性。本轮机构改革，延续之前历次机构改革中精减编制的管理，但精减主要集中在中央层面，且精减也并非直接"裁掉"，而是将减下来的编制放置到更加重要的领域中，这就是编制资源配置合理化的现实表现。同时，允许中央垂直管理派出机构、驻外机构及各级地方党政机关根据实际情况进行编制资源的精减与调配，充分发挥编制资源配置的灵活性，最大限度盘活编制资源的效能。而明确县、乡两级政府编制不作精减则体现了充分认识到基层治理的复杂性与繁重性，保证基层政府编制资源的充足。未来编制管理及改革中，应该进一步探索编制资源配置的灵活性和合理性，充分发挥诸如"编制蓄水池"的作用，根据不同时期不同层级政府的现实任务建立编制资源配置的动态调整机制，弱化编制的"刚性"特征，促进编制配置的合理性，将机构编制改革的制度效能充分转化为治理效能。

四、报告要点

2023 年政府机构改革是党和国家机构改革的重要组成部分。改革后，国务院组成部门 26 个，国务院直属特设机构 1 个，国务院直属机构 14 个，国务院办事机构 1 个，国务院直属事业单位 7 个，国务院组成部门管理的国家行政机构（国务院部委管理的国家局）17 个。

2023 年政府机构改革是对 2018 年政府机构改革的完善，并对 5 年来经济社会发展的现实需求进行的回应性调整。

关于 2023 年政府机构改革的研究主要从机构改革的价值阐释、机构改革的运行发展和地方政府机构改革探索三个方面展开。

2023 年政府机构改革作为党和国家机构改革的重要方面，呈现系统性、职责性和自主性的特点。系统性主要表现为本轮机构改革是历次机构改革中不可或缺的重要部分，同时也与党的机构改革深刻联系，呈现"体系化"的特征。职责性则表现为本轮改革更加突出"职责"的要素，诸多改革措施均围绕政府职责展开，更加注重现实性与客观性。自主性则表现在对地方机构改革的宽松性规定上，允许地方在遵循中央统一部署的基础上，根据实际情况设置机构及配置编制资源。

在分析本轮机构改革现实问题的基础上，对机构改革进行三个方面的展望，即优化职责同构、提升机构间协同性和增强编制资源配置的合理性，稳步推进国家治理现代化。

（作者单位：南京师范大学公共管理学院）

PART   第三部分

绩效管理与机关管理

中国政府预算绩效管理研究报告

翟　磊

党的二十大报告从战略和全局的高度明确提出"健全现代预算制度"的深化财政改革总要求，即在新时代新征程背景下充分发挥预算在资源配置与财力保障方面的重要作用。全面实施预算绩效管理是优化财政资源配置，提升财政资金使用效能的重要举措，更是健全现代预算制度的关键环节。2023 年，相关研究和实践不断深入，进一步推动了预算绩效管理的发展，筑牢绩效管理基础，不断推进新时代财政预算制度的发展。

一、2023 年中国政府绩效管理发展现状综述

2023 年，全国财政工作会议于 12 月 21 日至 22 日在京召开。会议全面总结、充分肯定 2023 年财政工作成效，贯彻落实党的二十大精神和中央经济工作会议部署，指出要提高财政资金绩效，谋划新一轮财税体制改革，切实增强经济活力，推进财政管理法治化、科学化、标准化和规范化。全国各省市也在深化财税体制改革的要求下，不断提升地方财政绩效管理能力，构建协同治理体制，进一步提升全国经济活力。2023 年主要的创新与突破体现在如下几个方面。

（一）现代预算管理制度进一步完善

随着改革的持续深化，现代预算管理制度建设不断健全，初步形成了横向以"全方位、全覆盖、全过程"为核心、纵向以"中央领导规范，地方先行先试"为特点的预算绩效管理制度体系。2023 年以来，我国经济波浪式发展、曲折式前进，高质量发展扎实推进。财政部门坚定信心、担当作为，加大财政宏观调控力度，扎

实实施积极的财政政策，推动经济运行持续好转、内生动力持续增强、社会预期持续改善、风险隐患持续化解，为全面建设社会主义现代化国家提供了有力保障。在各省市财政部门上下贯通，加强财政、统计及监督部门之间的联动与联通，促进绩效和预算深入结合，推进现代预算管理制度进一步完善。

1. 预算绩效管理效率提高

2023 年，全国各省市加强对于预算绩效管理的投入。近年来，各省纵深推进预算和绩效管理一体化改革，完善绩效指标和标准，构筑预算绩效管理载体支撑体系，创新实施转移支付预算绩效综合评价，强化考核监督体系，在市县乡施行三级统筹、上下联动，纵向贯穿绩效链条，让预算和绩效一体化管理"3＋2"管控体系日趋完善。以四川省为例，在事前绩效评估环节，从立项必要性、投入经济性、绩效目标合理性等维度，对新增和增幅达到一定限额的延续性预算项目进行评估论证，将评估结果作为预算安排的重要依据，从源头上防止资源配置低效无效；在事中绩效监控环节，兼顾预算执行中绩效目标实现程度和执行进度，防范走偏走样；在事后绩效评价环节，实现政府预算、部门整体、政策支出、项目支出绩效评价周期全覆盖；在绩效目标引领方面实现部门整体、项目支出绩效目标全覆盖；在绩效结果应用方面建立分层分类的结果应用机制，在上级财政对下级财政、财政部门对主管部门、部门内部实行预算与绩效挂钩机制。①

深圳市盐田区在全面实施预算绩效管理方面不断加强工作力度，多方联动合力打造全面实施预算绩效管理"盐田模式"②，进一步推动预算绩效管理工作向纵深发展。在区财政局内部，形成"绩效科＋预算科＋资金管理科室＋监督科室＋财政投资评审中心"绩效管理联动机制。多个科室结合自身职能，在绩效目标审核、绩效运行监控、绩效自评与部门评价抽查、财政重点评价等工作中协调推进，在财政端形成绩效管理合力。在预算管理领域，形成"区财政局＋主管部门＋预算单位"联动机制。通过强化全区政府部门年度绩效考核，贯彻全面实施预算绩效管理与深挖

① 《四川纵深推进预算和绩效管理一体化》，http://bj. mof. gov. cn/ztdd/czysjg/jyjl/202304/t20230412_3878639. htm。

② 《深圳市盐田区多方联动合力打造全面实施预算绩效管理"盐田模式"》，http://www. mof. gov. cn/zhengwuxinxi/xinwenlianbo/shenzhencaizhengxinxilianbo/202312/t20231219_3922888. htm。

重点单位（项目）绩效相结合的工作模式，预算单位、主管部门与财政部门落实三级审核或抽检，推动"事前评估与目标设置＋事中绩效运行监控＋事后评价与整改"全过程管理提质增效。

2. 充分发挥监督机制作用

2023 年 2 月，中共中央办公厅、国务院办公厅印发的《关于进一步加强财会监督工作的意见》指出："财会监督是依法依规对国家机关、企事业单位、其他组织和个人的财政、财务、会计活动实施的监督。"预算管理监督是财会监督重要的组成部分，并且贯穿在财政部门、主管部门、预算单位的各项预算管理业务工作中。党的二十大报告提出"健全现代预算制度"，要求进一步破除体制机制障碍、补齐管理制度短板，推动预算编制完整科学、预算执行规范高效、预算监督严格有力、管理手段先进完备，构建完善综合统筹、规范透明、约束有力、讲求绩效、持续安全的现代预算制度。近年来，各级财政部门通过持续完善各项预算管理制度、加强预算管理、严肃财经纪律，各项工作制度化、规范化、科学化水平不断提高。

财政部宁波监管局抓好协同联动，形成财会监督合力。[①] 一是加强内部协同。树立全局"一盘棋"思想，将财会监督职责分解到内设处室，强化处室间监督成果经验共享，提高局内财会监督成果利用率，达到分工负责、统一协调的目的。二是坚持横向联动。与证监、金融监管等属地中央监管部门建立横向协同工作机制，深入开展联合监管工作，发挥监管合力，有效提升协同监督效应。三是推进纵向联动。与属地财政部门持续深化合作，构建纵向联动机制，在协同做好中办、国办《关于进一步加强财会监督工作的意见》在属地贯彻落实的同时，继续探索拓展与地方其他部门的联动机制建设，与属地国资管理部门强化沟通协作，密切监管对接合作，协同开展培训，促进属地重点国企更好实施企业会计准则。

河北监管局以会计监督检查为切入口，积极探索创新监管方式，推动会计监督工作取得新突破。[②] 河北监管局把会计监督检查作为年度履职尽责重点工作任务抓

---

① 《财政部宁波监管局：突出"四个抓手"推进财会监督高质量发展》，http://www.mof.gov.cn/zhengwuxinxi/xinwenlianbo/caizhengbu/202312/t20231229_3924550.htm。

② 《财政部河北监管局：扎实开展会计监督检查工作》，http://www.mof.gov.cn/zhengwuxinxi/xinwenlianbo/caizhengbu/202312/t20231215_3922510.htm。

牢抓实，创新监督方式。一是以案为鉴，精准选取检查对象。在事务所执业质量检查中，精准确定检查项目，做到有的放矢。二是引入非现场检查方式。在与被查单位协商一致的基础上，通过电话、视频会议等方式进行充分沟通，最大限度减少检查工作对被查单位日常业务的影响，实现监管成效新突破。三是现场与非现场检查无缝衔接。对于发现需要进行现场检查的线索，组织部分人员赴企业开展现场核查工作。通过现场检查与非现场检查密切配合，实现双向贯通，提升检查质效。

3. 财政人才培养迈向体系化

近年来，我国财政预算管理改革进入攻坚期，陆续推出政府会计改革、全面预算绩效管理、国库资金直达机制、财政支出标准确立、预算管理一体化等系列改革新措施。财政预算制度改革力度大、措施多、涉及面广，传统的以会计技能为核心的政府财政人才难以满足新时代的需求，因此在 2023 年度中，各省市开展财政人才培养，建设高素质、专业化，具有财政监管等综合能力的干部队伍。

湖南省岳阳市财政局积极探索新时代高素质专业化财政干部队伍建设的举措，加快锻造一支综合能力强的财政干部队伍，为岳阳财政事业高质量发展提供坚强的人才保障。[①] 首先是突出政治首关，坚持把政治标准和政治要求摆在人事工作的首位，着力提升选人用人质量，以政治建设统领财政干部队伍建设。其次聚焦干部能力提升，将学习培训纳入全年工作目标任务，认真制订培训计划，列出专门培训经费，本着"干什么学什么，缺什么补什么"的原则，采取多种方式分批次、针对性地开展培训。一是组织开展干部专业化能力提升培训班。由局党组书记、局长亲自带队，前往上海财经大学开展全市财政系统干部专业化能力提升培训班，培训内容涵盖预算绩效管理、财会监督等专题课程。二是组织开展业务专题培训。由财评中心、办公室、会计科、政府采购管理科、绩效管理科等科室先后牵头开展财评业务培训、公文处理培训、《会计准则》及内控制度、优化营商环境、政府采购、预算绩效管理信息系统和绩效目标编报、乡镇财政财务管理业务培训等专题培训，促进财政系统工作能力和工作水平的进一步提升。

---

① 《湖南岳阳财政："三聚焦"加快锻造"四强"财政干部队伍》，http://jx.mof.gov.cn/gzdt/caizhengjian-cha/202308/t20230829_3904490.htm。

　　江西监管局通过制定业务能手培养方案、实施党的事业后继有人培养工程、开展"大学习、大练兵、大讨论"活动等有效措施，帮助青年干部铸魂、强基、赋能、提质，努力锻造新时代高素质财政监管青年干部队伍。[①] 江西监管局以青年干部为重点，落实主题教育"学思想、强党性、重实践、建新功"总要求，把理论学习、调查研究、推动发展、检视整改等贯通起来，着重培养青年干部的政治素养，督促青年干部把讲政治与岗位职责结合起来，自觉从政治上谋思路、想问题、做工作，确保青年干部的政治能力、政治原则同担任的工作岗位相匹配。注重加强青年干部专业训练，按照"干什么学什么，缺什么补什么"的原则，通过专家授课、个人自学等方式，引导青年干部加强财政监管理论、业务知识和专业技能的学习，加快更新知识结构、弥补知识短板、能力弱项和经验盲区，推动青年干部熟练掌握所需岗位业务知识，夯实业务工作基础。制定业务能手培养方案，结合每位青年干部的知识背景、工作经历、专业特长，有针对性地设计培养方案，通过鼓励自我学习、加强培训教育、安排业务骨干帮带等方式，帮助青年干部不断提升专业素养、丰富专业知识、提高专业能力、增强专业本领，打造专业化财政监管青年干部队伍。

（二）预算管理提质增效

　　《预算管理一体化规范（试行）》和《预算管理一体化系统技术标准（试行）》的出台，为我国事业单位预算管理一体化建设提供了新的思路和方向，借助先进的信息技术，处理基础类预算管理相关工作，科学合理配置资源，提高财政资金使用效益，以保证预算管理提质增效。全国各省市也通过建立一体化平台、严控输出和风险评估等多种途径、方式提高预算管理质量，促进整体办公体系工作效率，全国范围内的预算管理得到进一步提质增效。

　　1. 一体化建设成效显著

　　截至 2023 年 2 月，中央及全国 36 个省、自治区、直辖市、计划单列市和新疆生产建设兵团已建设应用财政预算管理一体化系统。地方 3700 多个财政部门、60

[①] 《江西监管局："四个强化"推进青年干部队伍建设》，http://www.mof.gov.cn/zhengwuxinxi/xinwenlianbo/hunancaizhengxinxilianbo/202311/t20231130_3919055.htm。

余万个预算单位已应用财政预算管理一体化系统开展预算编制、预算执行等业务，基本覆盖县级及以上行政区划和预算单位，初步实现了预算管理各环节的衔接贯通，以及上下级财政部门和预算单位的业务协同和数据共享。[①] 所有中央部门、预算单位已应用一体化系统开展 2023 年预算编制、预算执行业务。

吉林监管局围绕提升监管工作"高度、精度、深度、力度"四个维度，坚持高视角、高标准和高质量，切实加强地方预算管理一体化数据质量监管，以监督推动一体化数据质量不断提升，服务保障预算管理一体化改革深入落实。[②] 把开展好核查工作作为深入学习掌握一体化系统功能、锻炼提升利用一体化系统数据助力财政监管工作高效开展的有利契机，指导督导干部积极学习、深入思考、熟练应用，在高质量落实好核查任务的同时，努力为财政部门完善一体化管理、加快一体化系统中监管局监控模块和相关功能的建设等，广泛收集资料素材、深入听取意见建议并实地开展学习调研，提出高质量、针对性建议措施。坚持上下级部门相贯通、理论与实践相结合，全面、系统、深入了解掌握一体化系统建设和推进使用情况，确保核查工作规定动作规范落实，监管工作综合成效有效提升。

2023 年以来，湖北省财政厅认真贯彻落实党中央、国务院关于全面实施预算绩效管理改革要求，坚持"花钱必问效，无效必问责"，健全财政支出全过程绩效管理机制，一体推进预算和绩效管理，切实提高资金使用效益。"事前"严格论证，先谋事、再排钱。[③] 组建由省人大预工委、审计、财政等部门和行业专家组成的专业评审小组，按照汇报、答辩、评分、公示的流程，围绕立项必要性、投入经济性、绩效目标合理性、实施方案有效性、筹资合规性等五个方面开展"联审会诊"。"事中"全面监控，勤预警、早纠偏。以预算管理一体化系统为依托，采取"红灯"预警方式，对省级预算部门绩效目标完成情况和预算资金执行情况实施"双监控"，发挥绩效监控预警和纠偏作用，确保绩效目标如期保质保量实现，对预计年内不能

---

① 李忠峰：《预算管理一体化系统基本覆盖县级及以上行政区划》，《中国财经报》2023 年 2 月 11 日。

② 《吉林监管局："四个维度"监督推动地方预算管理一体化系统数据质量不断提升》，http://jl.mof.gov.cn/caizhengjiancha/202305/t20230509_3883322.htm。

③ 《湖北省财政厅：扣紧压实全过程预算绩效管理链条》，http://www.mof.gov.cn/zhengwuxinxi/xinwenlianbo/hubeicaizhengxinxilianbo/202402/t20240207_3928454.htm。

支出的资金及时收回总预算统筹使用,有效避免资金闲置和损失浪费。"事后"评价问效,优者胜、劣者汰。首次将政府专项债、社保基金项目纳入重点评价对象,聚焦省委、省政府中心工作,选取覆盖面广、社会关注度高的28个重点项目组织开展财政重点绩效评价工作。健全完善部门整体绩效评价体系,实现省直部门项目支出、整体支出、转移支付自评全覆盖。

2. 财政支出精准定位

中央经济工作会议强调,要突出做好稳增长、稳就业、稳物价工作,有效防范化解重大风险,推动经济运行整体好转,实现质的有效提升和量的合理增长,为全面建设社会主义现代化国家开好局起好步,全国各省市进一步优化财政支出配比情况,力求精准支出,提高资金利用效率,助力经济发展。

宁波监管局坚决贯彻落实党中央、国务院决策部署,着眼发挥直达资金效益、保障基层财政平稳运行、落实惠企利民政策,坚持主动作为,全面加强直达资金常态化监管,为直达资金进一步提质增效保驾护航。① 以直达资金常态化监管为契机,对中央直达资金分配拨付、支出使用、绩效评价等进行全链条监控。一是聚焦资金分配时间,一方面关注属地财政及相关主管部门是否在规定时间内及时合理分配资金,确保中央直达资金快速直达;另一方面重点关注直达资金使用"最后一公里"情况,紧盯支出进度,防范直达资金滞留在财政部门或项目单位,确保中央直达资金落地生效。二是聚焦资金使用管理,紧扣党中央、国务院关于财经工作最新决策部署,加大对基本公共卫生、义务教育、住房保障等重要民生政策资金的监控力度,保证相关资金管理使用合规真实,真正做到财政资金为民、利民、惠民。三是聚焦资金绩效评价,将做实绩效评价作为强化直达资金监管的重要抓手,利用开展直达资金监管契机,深入基层调研重大政策执行情况,重点关注相关政策落地及直达资金使用效果,充分利用绩效评价实现穿透性监管,推动直达资金提质增效。

广东监管局深入学习贯彻习近平总书记关于大兴调查研究之风的重要指示精神,立足地方财政运行监控的主责主业,开展重点监测县区财政运行情况调研,为

---

① 《宁波监管局:自觉扛起政治责任 扎实抓好直达资金常态化监管》,http://nb. mof. gov. cn/czjg/dcyj/202303/t20230309_3871526. htm。

提升欠发达县区管财理财水平、服务广东实现高质量发展把脉问诊、建言献策。[①]以基础性工作、基础性政策为切入点，综合运用书面调研、数据分析、电话采访等方式，从财政管理的最前沿了解最原始、最真实的情况。一是突出以欠发达县区为对象的调研主体。将财政部重点关注名单与本局自主开展的县区财政运行"立体画像"结果相结合，选取了 11 个不同财政运行风险等级的欠发达县区，并全面覆盖珠三角核心区、东西两翼沿海经济带和北部生态发展区，总结共性特征的同时兼顾区域差异。二是突出以支出项目为基本单元的调研方式。发函收集调研县区 2022 年度预算项目编制明细表和预算执行情况表 22 张，涉及约 12 万条指标，对县区全部支出项目的具体内容、预算级次、执行情况开展下沉式分析，"见微知著"反映县区财政运行真实、立体的情况。

3. 预算管理流程进一步规范化

厦门监管局结合属地实际，围绕财政运行监管主责主业，努力在全面履职上更有作为，在创新探索上更有突破，以履职尽责的实际成效，服务地方经济社会发展大局。厦门监管局坚持以制度建设为核心，夯实财政运行监控基础。[②] 一是根据财政部相关制度文件，结合厦门实际，制定分析评估实施细则、动态监控方案等文件制度，明确开展财政运行监管工作的内容、方式、程序及时点等，为规范开展此项工作提供指引。二是与属地财政、海关、税务、人行等部门建立联动机制，各部门安排专人作为财政运行分析监控工作联系人，定期报送相关材料，并协助核实有关情况等。三是履行对地方预决算公开情况的日常监督工作，常态化监督市、区财政部门和各部门预决算公开情况，组织地方财政部门进行自查并对地方财政部门自查情况进行抽查，督促地方财政部门和有关部门整改规范。四是整合局内财政收支监管、债务监管、转移支付监管、财政金融监管等有关职能，研究印发加强财政运行综合监管的意见，发挥协同效应，形成监管合力，实现对地方财政经济发展情况的宏观立体分析，深化地方财政运行监控工作。

---

① 《广东监管局：精准"把脉"深调研　献策"良方"促发展扎实开展重点监测县区财政运行调研》，http://gd.mof.gov.cn/caizhengjiancha/202305/t20230506_3882761.htm。

② 《厦门监管局：制度先行　贯通协同　推动财政运行监管　提质增效》，http://xm.mof.gov.cn/caizhengjiancha/202304/t20230414_3879091.htm。

2023 年是全面贯彻落实党的二十大精神的开局之年，是海南自贸港建设封关运作压力测试的关键之年。财政部海南监管局健全闭环管理机制，立足法定职责和工作实际，主动谋划对接，探索方式方法，全力打造衔接顺畅、运行高效、约束有力、科学规范的财政监管业务闭环监管体系。[①] 全面梳理地方财政运行监控分析、地方政府债务监管、部门预算监管、中央转移支付监管、重点绩效评价、专项检查核查、政策调研评估等各类工作事项，加强与财政部有关工作要求的衔接，规范业务流程、明确实施标准、完善操作规程，建立规范化、标准化、流程化的闭环工作机制，推动形成与财政部相关司局协调联动、高效运转、有序衔接的工作格局。强化组织领导，加强局党组对监管业务闭环管理工作的统一领导和统筹部署，围绕财政中心工作和上级部署抓好年度工作谋划，落实处室职责、明确任务分工，对重大事项、重点工作进行跨处室安排，明确牵头处室或主办处室责任，确保工作安排规范有序、权责清晰。切实加强财政监管业务过程管理，周密组织实施，认真制定方案，明确和细化每项业务工作的任务、目标、程序、责任、时限、要求，确保工作落实落细。

二、2023 年政府绩效管理研究现状综述

2023 年公开发表的政府绩效管理类期刊论文数量总体上继续呈现下降趋势，但相比于 2022 年有所提升。以"政府绩效"为主题在中国知网（CNKI）进行期刊论文检索可以发现 2023 年的期刊论文共计 117 篇，以"政府绩效"为主题对 CSSCI 期刊论文进行检索，2023 年论文数量为 39 篇，如图 1 所示。

从研究内容与观点来看，2023 年相关研究中，我国学者在政府绩效这一主题领域的研究不断延伸，关注当前政府财政预算管理存在的多种现象如突击花钱、目标置换等，关注到当下中国政府治理能力及治理体系现代化要求的背景下，如何将数字治理融入政府绩效预算和评价的全过程，以及如何探索未来财政人才培养体系等问题。在研究方法方面，除了开展理论研究和量化分析外，还针对地方政府的绩效表现开展了案例研究和政策文本分析等。

---

① 《张建民：加强政治建设　持续提升效能推动财政监管工作更好服务中心大局》，http://hq. mof. gov. cn/dcyj/202305/t20230517_3885189. htm。

图1　政府绩效相关期刊论文成果数量①

（一）政府绩效管理

2023 年，学者们在政府绩效管理领域针对数字政府中政府绩效管理转型升级、政府绩效管理未来发展路径等问题开展了研究工作。

1. 数字政府中政府绩效管理转型升级

新时代数字化治理背景下，如何提升政府绩效管理的数字化程度进而提升整体效率和透明化程度成为学者们研究的热点问题，改善数字政府低绩效水平，缩小区域数字政府绩效差异对于我国地方政府数字化转型实践的持续推进具有重要意义。

在数字化政府绩效问题中，杜宝贵等设计出数字政府绩效分析框架，如图 2 所示，并指出，我国省级数字政府绩效问题具有复杂性特征，受到财政支持、制度体系、公众需求、府际竞争以及数字服务能力五类资源能力要素的影响与制约。② 扈剑晖认为，在数据类型上，目前数据的应用仍以结构化数据为主，大量非结构化数据的应用模型仍待开发，要探索由被动式转向主动式和自动式的数据生产方式的技术，以提升预算执行过程数据的精确性和完备性。③ 秦晓蕾等认为要探索打通数字

①　数据来源：CNKI 检索，检索日期为 2024 年 7 月 16 日。

②　杜宝贵、房海旭：《数字政府低绩效问题的构型分析——基于省级层面的模糊集定性比较分析》，《党政研究》2023 年第 4 期。

③　扈剑晖：《基于数据治理的政策预算绩效管理模型架构与应用——以 G 省涉农统筹整合资金绩效管理为例》，《财会通讯》2023 年第 16 期。

治理与传统治理的藩篱，大数据循证促进了考核平台智能化建设，推动政府形成网络协同治理架构，实现跨部门、跨层级、跨行业和跨业务之间的数据信息开放共享。[①]

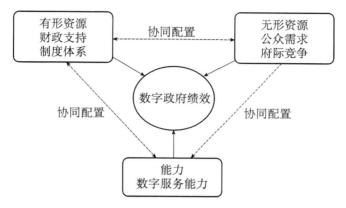

图 2　数字政府绩效分析框架

2. 政府绩效管理未来发展路径

预算绩效管理作为政府绩效的重要组成部分，既是国家建立现代财政制度的重要标志，也是提升国家治理能力和治理水平的有效手段。在过去的近 20 年间，我国政府预算绩效管理经历了从顶层设计到试点探索，再到相关制度保障的制定与实施的过程，在此过程中，政府预算绩效管理逐步得到发展与完善。为了促进中国政府绩效管理的进一步发展，目前学界也针对其未来发展趋向和发展路径作了诸多研究。

焦方义等基于有关政府预算绩效管理的理论与实践分析，得出我国政府预算绩效管理逐渐呈现价值取向的服务趋向性、评价主体的公众趋向性、评价内容的民生趋向性和评价程序的规范趋向性等发展趋势。在未来发展中，亟须从法律和制度层面入手，调整立法宗旨，建立健全法律体系，完善评价和监督制度，推动政府预算绩效管理制度化、法治化。[②] 武琳等认为，地方政府绩效要从评估体制、评估主体、评估方法以及结果反馈四个方面入手，谋划和设计科学的绩效评估体系，引领地方实现高质量发展。建立健全应急管理体制，提高地方政府韧性治理能力；建立健全

---

① 秦晓蕾、李宁：《大数据循证何以破解政府绩效评估数据失真？——基于 C 市 13 个区县经济活跃度大数据的案例研究》，《公共治理研究》2023 年第 3 期。

② 焦方义、李婷：《我国政府预算绩效管理的发展趋向和优化路径》，《行政论坛》2023 年第 1 期。

容错纠错机制，为地方政府绩效提升提供制度保障。[①] 赵早早等认为要创新改革路径，宏观管理层面，重点围绕财政政策和各类公共支出政策，强调与预算体制的计划功能相互配合，集中解决有限公共财政资源在各类重要公共支出领域的配置效率和执行效果。[②] 马海涛等以美国绩效预算改革的历史脉络为逻辑起点，立足我国实际，提出完善绩效信息公开平台，在政府信息公开专栏设置"绩效专栏"或者建立专门的绩效信息公开平台，集中发布并定期更新绩效目标、责任人员、主要进展、相关预算项目支出等信息，以社会监督倒逼预算绩效管理提质增效，从而夯实各环节绩效责任。[③]

（二）预算绩效管理改革

1. 预算公开

预算公开是政府治理体系中一种具体且重要的治理手段，它通过及时、充分、真实地报告当地政府公共财政资源的使用过程与结果，引入有效的预算监督，强化了预算约束、规范了政府行为，在保障公众的预算知情权、参与权和监督权，缓解信息不对称导致的逆向选择与道德风险问题，确保政府提供恰当的公共服务，提升政府治理水平等方面具备明确的公共效益。

张琦等学者指出我国财政预算改革的特殊制度安排有助于识别地方政府预算信息自愿披露行为对政府债券利差的负向影响，并观测到地方政府融资成本的实际降低，进而促进了地区经济发展，即地方政府提升预算信息披露质量的自发努力具备积极的经济后果。[④] 莫龙炯等指出要以公开透明的现代预算制度为目标，大力加强各级政府预算法治化建设，将财政信息公开纳入政府官员政绩考核机制，扩大各级政府绩效评价对象范围，营造公开透明的财政预算环境，规范预算绩效管理流程和

---

① 武琳、吴勇、高振杨：《面向新时代新征程的地方政府绩效评估创新路径》，《中国行政管理》2023 年第 5 期。

② 赵早早、何达基：《中国预算绩效管理的双重内涵——绩效预算理论"中国化"的创新、发展与反思》，《财政研究》2023 年第 2 期。

③ 马海涛、曹堂哲、程子轩：《财政资源统筹与部门绩效计划制度建构：美国部门整体预算绩效计划制度的实践与镜鉴》，《中国行政管理》2023 年第 12 期。

④ 张琦、杨悦：《地方政府预算公开的市场识别与反应——来自省级政府债券定价的证据》，《经济研究》2023 年第 12 期。

各级政府收支行为，有效合理配置财政资金。[①] 张秀茹指出在监管机制建设方面，各级财政部门始终坚决执行党中央、国务院关于深化财税体制改革的决策部署，积极推动预算监管机制改革，将预算监管嵌入预算的编制、执行及决算管理等财政主体业务各个环节，推动预算监督管理走深走实，确保党中央、国务院方针政策和决策部署落实到位。[②]

2. 财会监督

财会监督是助力国家治理体系和治理能力现代化建设的基础环节和重要抓手，是针对以资金为主线的公权力运用情况、财政财会制度执行情况、财政财会活动开展情况实施的监督，是财政监督、财务监督、会计监督三者的有机结合。

高质量财会监督是维护市场经济秩序的重要抓手、是健全财会法律制度的重要内容、是提升行业执业质量的重要保障。池国华等认为财会监督与审计监督要实现协同联动，建立健全财会监督与审计监督联络工作机制，财政部门主导的财会监督通过会计信息质量监督检查等工作，对相关单位进行核查，坚持问题导向和查改互促，保障资金安全。[③] 陈虎等提到大数据、人工智能等技术为财会监督工作提供了全新的工具与实践场景，财会监督活动对于规范财经秩序、促进经济社会持续健康发展的价值越来越凸显。[④] 吴寿元建议加强特殊领域监管，由财政部门牵头，联合国资、税务、审计、银行、海关、商务等部门，加强对我国企业境外投资经营的财会监督。坚持依法和对等原则，进一步深化跨境审计监管合作，强化会计师事务所对出具跨境审计报告的质量控制和内部管理。[⑤]

3. 实践困境

预算绩效管理改革实践过程中，因各地政府地方经济、管理方式等多元化问题，许多学者深入关注预算绩效执行过程中出现的实践性问题。景宏军等指出当预

[①] 莫龙炯、张小鹿：《政府预算法治化、财政透明度与地方财政效率——基于新〈预算法〉实施的证据》，《当代财经》2023 年第 5 期。

[②] 张秀茹：《深化我国预算管理制度改革的路径探析》，《地方财政研究》2023 年第 7 期。

[③] 池国华、史琪慧：《实现财会监督与审计监督协同联动的动因、障碍与路径》，《财务与会计》2023 年第 24 期。

[④] 陈虎、赵旖旎：《数智化时代的财会监督》，《财务与会计》2023 年第 22 期。

[⑤] 吴寿元：《新时代做好财会监督工作的几点认识》，《财务与会计》2023 年第 22 期。

算绩效执行结果偏离预算主体的主观绩效预期，或当政绩目标无法顺利实现时，预算绩效总是首先成为牺牲品，为增量预算安排让路、向预算执行进程妥协、与预算目标的实现和解。[①]李红霞等通过探究大数据引入政府预算绩效管理中的羁绊及路径，指出目前中国大数据引入预算绩效管理主要由财政部门主导，尚未形成各层级、各主体的协同共进机制。中国目前"平台统建、数据共享、赋能提效"的体系还未形成，无法利用大数据平台实现跨部门预算、数据关联对比，以及对数据之间逻辑关系进行机理分析等。[②]马蔡琛教授指出参与式预算视角下绩效管理改革的现实挑战，首先是公众参与的意愿和能力亟待提升，且公众参与的制度化和规范化水平较低，由于缺乏对绩效监督、绩效问责的硬性要求，很可能会出现"重参与、轻运用"的结果，容易导致公众参与绩效管理的工作流于形式。从各地区的实践情况看，参与式预算与绩效管理的衔接明显不足，在中国各地区参与式预算的实践中，普遍的做法是在绩效目标设定和绩效评价中体现公众参与的色彩，公众通过满意度调查进行结果反馈，但这种有限参与的评价活动具有运动式的特征。[③]

三、展望与分析

结合 2023 年理论与实践领域的发展，未来中国政府绩效管理的发展在如下三个方面有待进一步加强。

（一）完善预算绩效管理技术支撑和信息化建设

预算绩效管理对技术支持的要求较高，需要大数据和智慧系统的进一步完善。首先，在绩效评价技术能力方面，尚存在绩效指标设计不合理的源头性问题以及绩效评价信息化、智能化较弱的现象。促进绩效评价的信息化与智能化，为绩效目标提供初步系统测算评估，有利于提升目标精确程度，且能简化绩效管理流程，提高整体工作效率。其次，预算绩效目标管理、监控和事后分析的多操作阶段也应加强技术嵌入。利用信息技术支撑，通过线上预算数据共享，实时监控过程操作与绩效

[①] 景宏军、王悦：《预算绩效再评价：内涵阐释、逻辑体系与运行机制》，《财政科学》2023 年第 6 期。

[②] 李红霞、庄鹏、张亚璟：《大数据时代预算绩效现实羁绊与路径选择》，《经济与管理研究》2023 年第 10 期。

[③] 马蔡琛、马刘丁：《参与式预算视角下的绩效管理改革研究》，《财经问题研究》2023 年第 10 期。

目标偏移情况，提升了预算绩效的公开程度。同时，技术支撑不仅包括信息技术，专业的财政人才也是提升中国政府绩效能力的重要支撑。因此，一方面，我国亟须完善预算绩效管理的技术支撑，绩效部门应加快推进绩效评价行业力量建设，在评价机构、专家团队以及专业技术人员等方面多端发力；推动学术机构积极参与绩效评价技术研究，完善评价指标库建设、评价方法开发与应用；主动依靠外部专业力量，持续完善重点项目绩效评价指标体系，并及时动态调整优化。[①] 另一方面，未来我国要建立信息系统"智慧岛"，完善预算绩效管理的信息化和智能化，绩效部门要尽快将全过程绩效管理业务嵌入预算管理一体化系统，实现事前、事中和事后各环节的线上操作，实现与预算管理的实质性融合，便于数据统计汇总和各类报表生成；进一步优化升级，围绕大数据分析与应用，实现绩效评估环节的在线论证、目标设置环节的匹配提示、监控环节的动态预警、评价环节的质量控制、应用环节的科学管理；将人工智能引入系统平台。

（二）持续推进预算绩效管理制度化、法制化建设

政府预算绩效管理工作的制度建设明确化、精准化程度不够高，会导致政府预算绩效管理自上而下的改革、发展受到限制和阻碍，影响预算绩效工作推进及验收过程。全面预算绩效管理要求以目标为导向，落实事前绩效评估、绩效目标管理、绩效运行监控管理、绩效评价管理、绩效管理结果五个关键过程，使整个预算管理实现全流程、全环节的一体化。法律体系支撑力不够，虽然我国已经实施了预算法等专项法律，出台了与预算绩效管理相关的纲领性文件及补充性文件，但目前有关政府预算绩效管理的权责问题细分的专门性法律法规仍然有所欠缺。因此，政府预算绩效管理工作缺少完善的法律支撑。接下来应进一步健全与预算绩效有关的法律及制度体系，推进预算绩效管理法制化建设是解决政府预算绩效管理工作中存在的权责问题的重要保障。未来几年，中国要持续探索预算绩效管理的法制化，逐步构建涵盖预算绩效工作各个环节的法律法规体系，明确预算绩效主客体之间的法律关系，进一步完善预算绩效各个环节的相关规定，为政府预算绩效管理工作营造良好

---

① 《对预算绩效管理提质增效的思考》，http://sd.mof.gov.cn/zt/dcyj/202304/t20230411_3878099.htm。

的法律环境。从预算绩效制度体系来看，财政部门必须加快建立健全关键领域的绩效管理制度，完善各部门的绩效管理配套管理制度，制定相关工作的实施细则，确保政府预算绩效管理的各项工作能够做到有章可循、有规可依。

（三）加大绩效信息公开力度，促进多方主体参与监督

预算透明度的提升是增强预算可持续性的重要保证，一方面，预算决算报告及相关政府部门财务报告的公开使公众能够更方便地获取政府及部门的预算信息与绩效结果，预算绩效得以更好地受到公众监督。另一方面，预算透明度的提高还有助于及时洞察预算风险，从而采取相应的措施加以防范。当前，由于预算绩效管理体制一体化建设仍在构建之中，多环节信息共享和嵌套式监督工作仍然欠缺，且缺乏有关透明预算体制的制度文件，无法保障预算绩效透明公开。因此要多维度完善绩效公开的制度，明确绩效目标的上下一致性，再逐步推动分层级的细化目标、工作举措及成效公开，促进多主体的全过程参与，充分发挥主体间相互监督和公众监督作用。此外，当前群众的参与监督意愿不够高，且群众对于预算体制的了解认识仍然有一定欠缺，因此要扩大信息透明度，仍需要进一步加强对于预算管理和绩效目标等重要信息的宣传，引导更多社会群体参与公众监督的过程，也能够提高工作人员的警惕性和效率，杜绝寻租行为发生。

持续加大绩效信息公开力度，提高财政透明度，促进多方主体参与预算绩效监督，是未来中国持续深化预算绩效管理改革的重点工作。财政部门要持续推动各部门将绩效目标、绩效自评和部门评价等绩效信息全方位公开，借助人大、审计等部门和社会公众的监督力量，积极搭建专家学者和社会公众参与绩效管理的途径和平台，构建多方参与、齐抓共管的绩效监督管理局面，强化绩效责任约束，推动地方政府部门把"花好钱"和"办好事"紧密结合。在社会公众参与方面，财政部门要积极"说明"，在绩效信息公开的同时做好解析，进一步增强资料可读性，让社会公众看得懂、读得明白，从绩效信息的旁观者转变为绩效管理的参与者。

四、报告要点

本报告在对 2023 年中国政府绩效管理实践与研究情况进行系统梳理的基础上，

对未来中国政府绩效管理的发展趋势进行展望分析。

报告要点总结如下：

预算绩效管理成效进一步深化。2023 年底，全方位预算绩效管理格局进一步深化，全过程预算绩效管理链条得到完善，全覆盖预算绩效管理体系基本健全。首先，全国财政预算管理一体化建设成效显著。截至 2023 年 2 月，中央及全国 36 个省、自治区、直辖市、计划单列市和新疆生产建设兵团已建设应用财政预算管理一体化系统，地方 3700 多个财政部门、60 余万个预算单位已应用财政预算管理一体化系统开展预算编制、预算执行等业务，基本覆盖县级及以上行政区划和预算单位，初步实现了预算管理各环节的衔接贯通。其次，财政支出精准定位，全国各省市进一步深化财政支出配比情况，聚焦资金分配，保障专项资金快速到达，力求精准支出，提高资金利用效率，助力经济发展。最后，预算管理流程进一步规范化，在近几年的实践中，各省市纵深推进，不断完善预算和绩效一体化管理管控体系，在事前绩效评估、事中绩效监控和事后绩效评价三个大环节中均实现了机制上的突破。总体上，预算绩效管理成效进一步深化，奔向提质增效新阶段。

财政人才培养迈向体系化。2023 年，在全国财政深化改革的要求下，各省市积极探索新时代高素质专业化财政干部队伍建设，坚持用先进思想引领财政干部，加强政治意识培养，始终把政治标准和政治要求放在工作首位，强调廉洁作风的重要性，充分发挥党建引领的凝心铸魂作用。聚焦干部能力提升，开设财政业务培训课程，为干部提供业务能力专项指导，并且与时代要求接轨，专注引进先进技术型财政人才的同时，也为财政干部提供线上操作技能培训，促进整体财政队伍建设。此外，学界对于财政预算绩效管理的关注逐步深入，从分析改革要求到深化实践举措研究、未来路径分析，实现了有规划成体系的财政人才培养模式，促进了财政预算管理的升级优化。

现代预算管理制度进一步完善。在各省市财政部门上下贯通，加强财政、统计及监督部门之间的联动与联通，促进绩效和预算深入结合，推进现代预算管理制度进一步完善。各省纵深推进预算和绩效管理一体化改革，完善绩效指标和标准，绩效管理领域已基本完成"夯基垒台、立柱架梁"的工作，仍有待进一步优化建成

"系统集成、协同高效"的全面绩效管理制度体系。充分发挥监督机制作用，各级财政部门通过持续完善各项预算管理制度、加强预算管理、严肃财经纪律，各项工作制度化、规范化、科学化水平不断提高。强化内部管理，着力提升工作效能，优化内部环节运作，增强财政预算公开，发挥社会监督作用，积极搭建专家学者和社会公众参与绩效管理的途径和平台，构建多方参与的绩效管理新局面。

预算绩效管理深入实践存在困境。首先，在全面深化政府预算绩效改革的实践中，法律体系支撑力不够，虽然我国已经实施了预算法等专项法律，出台了与预算绩效管理相关的纲领性文件及补充性文件，但目前有关政府预算绩效管理的权责问题细分的专门性法律法规仍然有所欠缺，因此需要进一步完善我国财政预算的法制建设。其次，大数据信息化平台嵌入财政预算管理过程的赋能增效力度不够，对于上下级之间的信息公开、跨部门间协同工作难以实现。最后，我国的财政管理制度已经在不断发展中完善，但是细化制度仍需健全，要继续强调绩效目标的重要性，强化法律保障，完善财政体系的链条化管理，不断推动中国政府治理能力和治理体系的现代化建设。

（作者单位：南开大学周恩来政府管理学院）

公务员制度改革与发展研究报告

薛立强

修订后的公务员法于 2019 年 6 月 1 日起施行以来，制定实施相关的配套法规成为健全完善中国特色公务员制度的一项重要任务。继 2020 年出台公务员管理的一系列配套法规之后，2021—2023 年中央又修订出台了多个干部管理的相关文件和公务员法相关配套法规。同时，学界也根据公务员队伍的新情况和修订后的公务员法实施中出现的问题，继续加强相关研究。

一、2021—2023 年公务员制度发展现状综述

2021—2023 年公务员制度建设上的发展主要表现为两件大事：一是修订《推进领导干部能上能下规定》。二是发布《专业技术类公务员管理规定》《行政执法类公务员管理规定》等公务员法配套法规，进一步健全公务员分类管理，以及公开遴选、录用考察、申诉等制度机制。

（一）修订《推进领导干部能上能下规定》

包括公务员在内的领导干部能上能下问题是中国干部人事制度中的一个"老问题"，其焦点和难点是如何解决其中的"能下"问题。解决这一问题，首先要明确三点。一是需要明确"下"的情形，即出现哪些情形，相关的领导干部就不能再担任现职，就要"下"。二是需要明确"下"的方式和途径，即以怎样的方式和途径让这些干部不再担任现职。三是对"下来"的干部如何继续安排使用。早在 2015年，为健全能上能下的选人用人机制，推动形成能者上、优者奖、庸者下、劣者汰的用人导向和从政环境，建设忠诚干净担当的高素质执政骨干队伍，以及推进全面

从严治党，中共中央办公厅发布《推进领导干部能上能下规定》，根据当时情况对上述三大问题作出相应规定。该规定实施以来，在解决干部"下"的问题上取得突破性进展，推动干部队伍整体面貌有了很大改观。然而，干部队伍中仍然存在一些与新时代新征程新任务不适应的现象，尤其是有少数干部不担当、不作为、乱作为，庸懒散躺、推拖绕躲，严重贻误事业发展。[①] 此外，面对新时代改革发展稳定的重大任务和巨大的矛盾挑战，也需要把广大干部的积极性、主动性、创造性激发好、保护好。为此，2022 年 8 月 19 日中共中央政治局常委会会议对《推进领导干部能上能下规定》作出修订，2022 年 9 月 8 日中共中央办公厅正式发布。

这次修订，有四个特点。一是聚焦突出问题，重点围绕调整不适宜担任现职干部，细化完善具体情形、调整程序、调整方式等。二是加大推进力度，严格干部管理标准，体现严的主基调。三是强化责任担当，明确党委（党组）及其组织（人事）部门的责任，建立调整不适宜担任现职干部纪实报备制度。四是注重衔接协调，注意把握与问责条例、纪律处分条例、组织处理规定等相关法规制度的关系，努力形成制度合力。

具体修订主要体现在下述四大方面：第一，整合"下"的渠道。对到龄免职（退休）、任期届满离任、健康原因、问责、党纪政务处分等渠道进行整合，突出对不适宜担任现职干部的组织调整。第二，充实完善不适宜担任现职的主要情形。重点针对近年来从严管理干部中遇到的突出问题，从政治表现、理想信念、斗争精神、政绩观、执行组织纪律、担当作为、能力素质、工作作风、道德品行等方面，完善了不适宜担任现职的 15 种具体情形。第三，优化核实认定和调整程序。进一步明确了有关方面特别是组织（人事）部门的组织实施、日常管理责任，强调要把功夫下在平时，深化对干部的日常了解，定期分析研判考核考察、巡视巡察、审计、统计等情况，准确识别不适宜担任现职的干部。坚持客观公正、实事求是，优化了调整程序，明确在核实认定环节，可以根据需要与干部本人谈话听取说明；在组织决定前，根据干部双重管理规定，要求主管方按规定程序征求协管方意见。第

---

① 《推进干部能上能下 激励干部担当作为——中央组织部负责人就修订颁布〈推进领导干部能上能下规定〉答记者问》，https://www.12371.cn/2022/09/20/ARTI1663677174914570.shtml。

四，增加调整安排方式。根据新修订的公务员法等制度规定，对此前规定的"调离岗位""改任非领导职务"的表述作了修改，增加"提前退休"调整安排方式，明确符合提前退休条件的可办理提前退休。为破解职数制约瓶颈，对调整安排时有关超职数报批和消化问题作出专门规定。

总体而言，通过修订，进一步明确了"下"的情形、方式和途径，进一步完善了"下来"干部的安排使用。其实际效果如何，还有待于实施情况来检验。

（二）继续出台公务员法配套法规

出台公务员法相关配套法规既是建立健全中国特色公务员制度的必然要求，也是推进分类管理，有效实施公务员法的必然要求。2021—2023 年，相关部门又出台了多个相关配套法规。本报告以出台时间为序概要介绍相关法规。

1. 2021 年 9 月 17 日发布的配套法规

《行政执法类公务员培训办法（试行）》

该办法共 15 条，根据公务员法和《干部教育培训工作条例》《行政执法类公务员管理规定（试行）》《公务员培训规定》等有关法律法规，明确规定了行政执法类公务员培训的适用范围、原则、目标、管理体系、培训内容、类型、方式、结果使用等。

其中培训内容主要有四个方面。第一，思想政治素质培训：突出习近平法治思想、总体国家安全观培训，加强中国特色社会主义法治理论，理想信念宗旨，政治纪律和政治规矩，党史、新中国史、改革开放史、社会主义发展史等教育。第二，业务工作能力培训：掌握宪法和法律法规以及有关专业知识，严格遵守执法程序，培养法律逻辑和法治思维，提升法律政策运用能力、防控风险能力、应急处突能力、群众工作能力、科技应用能力、舆论引导能力和有关执法技能，强化心理和体能素质等的培训。第三，职业道德水准培训：包括坚持以人民为中心的根本立场，践行社会主义核心价值观和社会主义法治理念，遵守执法行为准则，责任意识、担当精神、斗争精神等内容。第四，廉政警示教育培训：包括廉洁自律、执法纪律规矩、执法监督，执法不规范、不严格、不透明、不文明以及不作为、乱作为典型案例等内容。

《公务员初任培训办法（试行）》

该办法共 14 条，根据公务员法和《干部教育培训工作条例》、《公务员培训规定》等有关法律法规，对公务员初任培训原则、内容、方式、学时、登记管理等作出规定。其主要内容如下：

培训内容：应当把习近平新时代中国特色社会主义思想作为主课、必修课，重点加强党的理论和路线方针政策，党中央重大决策部署，政治机关意识，理想信念宗旨，党史、新中国史、改革开放史、社会主义发展史，国家治理体系和治理能力现代化，宪法和法律，党章，党规党纪和党风廉政建设，中国特色公务员制度，机关工作理念方法，国家安全和保密知识等培训。

培训方式：一般采取集中脱产培训的方式，主要采取公务员主管部门统一举办初任培训班和公务员所在机关结合实际开展入职培训的形式进行。根据需要可以采取线上培训和线下培训相结合等方式进行。

《公务员公开遴选办法》

该办法共 36 条，根据公务员法和《公务员转任规定》等有关法律法规，对公务员公开选拔的适用范围、原则、申报计划与发布公告、报名与资格审查、考试考察、决定与任职、纪律与监督等作出了规定。主要内容如下：

适用范围：公开遴选是指市（地）级以上机关从下级机关公开择优选拔任用内设机构公务员。

申报计划与发布公告：公开遴选机关在进行公务员队伍结构和职位分析的基础上，根据工作需要，提出公开遴选职位及其资格条件，拟订公开遴选计划，报公务员主管部门审批，并应当面向社会发布公告。

报名与资格审查：公开遴选可由公务员本人申请并按照干部管理权限经组织审核同意后报名，也可征得本人同意后由组织推荐报名。报名参加公开遴选的公务员应当具备一定的资格条件。

考试考察：考试一般采取笔试和面试等方式进行。考试内容根据不同职位类别、不同层级机关公务员应当具备的能力素质分别设置，重点测查用习近平新时代中国特色社会主义思想指导分析和解决问题的能力。公开遴选机关对考察对象的德、能、勤、绩、廉情况以及职位匹配度等进行全面考察，突出政治标准，深入考察政治忠诚、政治定力、政治担当、政治能力、政治自律等方面的情况，重点考察政治理论学习情况、制度执行力、履职能力、工作实绩和群众公认程度，严把政治关、品行关、能力关、作风关、廉洁关，并据实形成书面考察材料。

决定与任职：公开遴选机关根据考察情况和职位要求，按照干部管理权限，集体讨论决定拟任职人员。对拟任职人员可以设置试用期，一般不超过 6 个月。试用期内，拟任职人员在原工作单位的人事工资关系、待遇不变。试用期满考核合格的，按照有关规定办理调动和任职手续；考核不合格的，回原单位工作，相关情况报送公务员主管部门。

《公务员录用考察办法（试行）》

该办法共 20 条，根据公务员法和《公务员录用规定》等有关法律法规，对担任一级主任科员以下及其他相当职级层次公务员的录用考察工作作出规定。

考察内容：第一，政治素质。注重了解政治理论学习情况，深入了解政治信仰、政治立场、政治意识和政治表现等情况，重点考察是否符合增强"四个意识"、坚定"四个自信"、做到"两个维护"，热爱中国共产党、热爱祖国、热爱人民等政治要求。第二，道德品行。注重了解践行社会主义核心价值观，做到忠诚老实、公道正派，遵守社会公德、职业道德、家庭美德、个人品德等情况，关注学习、工作时间之外的表现情况。第三，能力素质。注重了解学习能力、分析和解决问题的能力、组织协调能力及履行招考职位职责需要的其他能力，加强对专业素养的考察，注意了解专业知识、专业能力、专业作风、专业精神等情况。第四，心理素质。注重了解意志品质、内在动力、自我认知、情绪管理等情况，重点了解承受较大压力、遇到困难挫折时的精神状态和应对能力。第五，学习和工作表现。注重了解学习态度、学习成绩、工作作风、工作实绩等情况，以及在学习和工作中表现出的素质潜能、模范作用、责任心、服务意识、团结协作精神等。第六，遵纪守法。注重了解遵守法律法规和纪律规定、依法依规办事等情况。第七，廉洁自律。注重了解遵守廉洁自律有关规定，做到公私分明、克己奉公，保持高尚情操、健康情趣等情况。

2. 2021 年 9 月 18 日发布修订后的《公务员录用违规违纪行为处理办法》

该办法对公务员录用中报考者和工作人员违规违纪行为的认定与处理作出规定。

首先，对于使用伪造、变造或者盗用他人的居民身份证、准考证以及其他证明材料参加考试的；3 人以上串通作弊或者参与有组织作弊的；代替他人或者让他人代替自己参加考试的；使用具有避开或者突破考场防范作弊的安全管理措施，获取、记录、传递、接收、存储考试试题、答案等功能的程序、工具，以及专门用于作弊的程序、工具（以下简称作弊器材）的；非法侵入考试信息系统或者非法获取、删除、修改、增加系统数据等情形，以及其他情节特别严重、影响特别恶劣的违规违纪行为，取消本次考试资格并终身限制报考公务员。

其次，对于抄袭他人答题信息或者协助他人抄袭答题信息的；查看、偷听违规带入考场与考试有关的文字、视听资料的；使用禁止携带的通信设备或者具有计算、存储功能电子设备的；携带上述作弊器材的；抢夺、故意损坏他人试卷、答题卡（答题纸）、草稿纸等考场配发材料或者他人使用的考试机等设施设备的；违反规定将试卷、答题卡（答题纸）等考场配发材料带出考场的，以及其他情节严重、影响恶劣的违规违纪行为，取消本次考试资格并五年内限制报考公务员。

最后，对于将规定以外的物品带入考场，经提醒仍未按要求放在指定位置的；参加考试时未按规定时间入场、离场的；未在指定座位参加考试，或者擅自离开座位、出入考场的；未按规定填写（填涂）、录入本人或者考试相关信息，以及在规定以外的位置标注本人信息或者其他特殊标记的；故意损坏本人试卷、答题卡（答题纸）等考场配发材料或者本人使用的考试机等设施设备的；在考试开始信号发出前答题的，或者在考试结束信号发出后继续答题的，以及其他情节较轻的违规违纪行为，所涉科目（场次）考试成绩为零分。

3. 2022 年 3 月 19 日发布修订后的《公务员申诉规定》

公务员申诉是公务员对涉及本人的人事处理不服时，向原处理机关、同级公务员主管部门、作出该人事处理机关的上一级机关或者监察机关提出重新处理要求的行为。申诉制度是一项重要的公务员权利救济制度。2008 年 5 月 14 日，中央组织部、人力资源社会保障部联合颁发《公务员申诉规定（试行）》。2018 年公务员法修订之后，中央组织部等部门根据修订后的公务员法，结合公务员申诉工作的新形势新变化，于 2022 年 3 月 19 日，发布了修订后的《公务员申诉规定》。该规定共44 条，规定了公务员申诉的基本原则、机构与管辖、申请与受理、审理与决定、执行与监督等事项。

与《公务员申诉规定（试行）》相比，这次修改主要体现在下述方面：第一，对公务员申诉工作的指导思想和方针政策作出明确规定。修订后的《公务员申诉规定》第三条规定：公务员申诉工作坚持以马克思列宁主义、毛泽东思想、邓小平理论、"三个代表"重要思想、科学发展观、习近平新时代中国特色社会主义思想为指导，贯彻落实新时代党的组织路线和干部工作方针政策，完善机关内部监督机制，促进机关依法行使职权，规范公务员依法维权。《公务员申诉规定（试行）》并没有对此作出明确规定。第二，删除一些不合理规定。例如，《公务员申诉规定（试行）》第四条规定：公务员提出申诉，应当实事求是，不得捏造事实，诬告、陷害他人。实践中受理申诉的机关可能以此为借口拒绝受理一些公务员提出的申诉，不利于维护公务员的合法权益，这次修订中就删除了这条。第三，更为凸显申诉的受理机构。《公务员申诉规定（试行）》只是在第六条中规定了申诉的受理机构。修订后的《公务员申诉规定》将第二章的题目改为"机构与管辖"，[①] 更加凸显申诉的受理机构。第四，一些规定更为科学、具体、明确。根据《公务员申诉规定（试行）》实施以来申诉工作中出现的问题和公务员队伍的新情况新变化，修订后的条款更为科学、具体、明确。比如，根据《公务员申诉规定（试行）》第十五条、第十六条，公务员对涉及自身的人事处理不服的，可以申请原机关复核。申请复核之后，在复核决定作出前，申请复核的公务员不得提出申诉。只有不服复核决定的，才可以提出申诉。实践中的问题是，有的受理机构不认真履职尽责，逾期不作出复核决定，从而不利于维护公务员的应有权益。针对这种情况，修订后的《公务员申诉规定》第十二条规定："复核决定逾期未作出的，申请复核的公务员可以在复核期满之日起 15 日内提出申诉。"总之，修订后的《公务员申诉规定》更为完善，其

---

① 《申诉规定（试行）》第二章题目为"管辖"。

有效实施，将更好地保障公务员的合法权益。

4. 2023 年 9 月 1 日发布修订后的《专业技术类公务员管理规定》《行政执法类公务员管理规定》

分类管理是改革开放以来干部人事管理改革的一条基本路径。改革开放以来，经过多年改革，原来"大一统"的干部人事制度已经分为党政领导干部、公务员、事业单位干部、国有企业干部等不同的类型。2005 年和 2018 年公务员法都规定，公务员分为综合管理类、专业技术类、行政执法类等类别。2016 年 7 月，中共中央办公厅、国务院办公厅印发《专业技术类公务员管理规定（试行）》和《行政执法类公务员管理规定（试行）》，以非领导职务为参照建立两类公务员职务序列和管理制度。2018 年修订后的公务员法颁布后，中组部等相关部门根据公务员法和公务员管理的新情况，制定出台了专业技术类、行政执法类公务员管理的一些配套文件（如前述《行政执法类公务员培训办法（试行）》）。在此基础上，2023 年 9 月 1 日中共中央办公厅正式发布了修订后的《专业技术类公务员管理规定》《行政执法类公务员管理规定》。

按照中央组织部相关负责人的说明，这次对两个管理规定的修订主要体现在下述四个方面：一是坚持正确政治方向。加强党对公务员队伍的集中统一领导，始终把政治建设摆在首位，突出政治标准，强化政治要求，引导两类公务员坚定拥护"两个确立"、坚决做到"两个维护"。二是突出问题导向。根据近年来地方和部门在推进分类改革中遇到的共性问题，特别是针对两类公务员职位设置、交流转任、考录培训、监督约束等有关重点难点问题，进一步明确相应的政策规定。例如，在职位设置方面，根据两类公务员的工作性质和岗位特点，明确专业技术类公务员职位主要在市地级以上机关设置，行政执法类公务员职位主要在市地级以下机关设置；同时规定，县级以上机关可设置专业技术类公务员特设职位，其中突破规格、职数限额设置的职级，职数单独管理。三是注重系统衔接。在公务员法、《公务员职务与职级并行规定》等制度框架内，建立与综合管理类公务员总体保持对应衔接的专业技术类、行政执法类公务员职级序列，推动分类管理制度系统集成。四是坚持从严管理和激励保障并重。结合两类公务员履职特点，完善权力监督制约机制，引导专业技术类公务员恪守职业道德和学术诚信，培养优良专业素养、专业作风，促进行政执法类公务员强化法治意识、为民观念，做到严格规范公正文明执法。在职级升降、考核奖励、工资待遇等方面完善相关政策，引导两类公务员树立和践行正确政绩观，敢于担当、积极作为。[①]

二、2021—2023 年公务员制度研究综述

据"中国知网"统计，2021 年题名中包含"公务员"的中文文献总数为 886篇，其中期刊论文 384 篇、报纸文献 55 篇、硕博士论文 395 篇、会议文献 29 篇。2022 年题名中包含"公务员"的中文文献总数为 873 篇，其中期刊论文 359 篇、报纸文献 219 篇、硕博士论文 265 篇、会议文献 14 篇，此外还有 1 部著作。2023 年题名中包含"公务员"的中文文献总数为 551 篇，其中期刊论文 128 篇、报纸文献107 篇、硕博士论文 297 篇、会议文献 3 篇。这 3 年较为突出的有下述两点：一是2021 年硕博士论文数量较高，达到 395 篇。二是 2022 年报纸文献数量达到 219 篇，远高于统计期内其他年份数据。经过筛选，2021 年共有重要文献 21 篇，其中包括5 篇博士论文、16 篇 CSSCI 期刊论文。2022 年共有重要文献 15 篇，其中包括 1 部著作、1 篇博士论文、13 篇 CSSCI 期刊论文。2023 年共有重要文献 16 篇，全部为CSSCI 期刊论文。与前 2 年（2019—2020 年）相比，这 3 年重要文献的数量有所降低（见表 1）。[②]

表 1　题名中包含"公务员"的主要文献数量（2021—2023 年）　单位：篇

年份	文献总数	期刊文献数	报纸文献数	硕博士论文数	会议文献数	重要文献数
2021	886	384	55	395	29	21
2022	873	359	219	265	14	15
2023	551	128	107	297	3	16

资料来源：中国知网。查阅日期为 2024 年 8 月 15 日。

① 《优化分类管理格局　提高科学管理效能　建设堪当民族复兴重任的高素质公务员队伍——中央组织部负责人就两个〈规定〉答记者问》，https://www.12371.cn/2023/09/15/ARTI1694732 607302426. shtml。
② 有的年份还有少量其他类型文献，如年鉴、图书、学术辑刊、特色期刊等，因此本报告的"文献总数"大于"期刊文献""报纸文献""硕博士论文""会议文献"数量之和。

按照研究主题划分，2021 年至 2023 年的重要文献如下：心理与伦理（11 篇）、总体研究（10 篇）、绩效考核（9 篇）、职位分类与职务职级（5 篇）、能力建设（5 篇）、待遇（3 篇）、激励（3 篇）、录用（2 篇）、惩戒（1 篇）、交流（1 篇）、申诉控告（1 篇）。2021 年至 2023 年公务员制度研究的主题体现出以下几个特点：第一，公务员心理与伦理问题持续受到较高关注。3 年间学界共发表 11 篇重要文献。第二，绩效考核问题是学界关注的重要问题。3 年间共发表 9 篇重要文献，成为相关研究的一大热点。第三，职务职级并行制度成为学界讨论的一个重要问题。职务职级并行制度是党的十八大以来中国公务员制度的一项重大改革，2019 年公务员法修订前后，学者们对这一问题进行了较为热烈的讨论。第四，公务员能力建设是近年来学界关注的一个重要问题。第五，对公务员激励问题的关注度有所下降（见表 2）。

表 2　重要文献研究主题分布（2021—2023 年）　　　　　　单位：篇

主题	2021 年	2022 年	2023 年	小计
职位分类与职务职级	3	2	0	5
录用	2	0	0	2
绩效考核	4	4	1	9
惩戒	0	1	0	1
交流	1	0	0	1
待遇	3	0	0	3
申诉控告	0	0	1	1
心理与伦理	4	2	5	11
激励	2	0	1	3
能力建设	0	1	4	5
总体研究	2	4	4	10

本报告主要基于 51 篇重要文献，以各研究主题重要文献数量由多到少的顺序来综述 2021—2023 年学界关于公务员制度研究的主要观点。

（一）公务员群体的心理和伦理问题研究

公务员群体的心理和伦理问题是 2021 年至 2023 年公务员制度研究的一个重要问题，共发表 11 篇重要文章。从研究主题看，这些文章基本上可以分为下述 4 类。

1. 公务员职业价值观、公共服务动机研究

刘华兴等发现，基层公务员的公共服务动机主要由理性动机（公共参与的兴

趣）与规范动机（公共价值的承诺、社会认可与支持、职业道德与操守）构成，情感动机（自我奉献）并未得到验证。[1] 许燕博士认为，基层公务员公共服务精神表现出与教育程度不同步、年龄差异的阶段性发展、政治身份的差异显著、群众路线优势凸显等特征。[2] 徐辉提出，通过强化职业理想信念教育、优化组织环境管理氛围、激发人员潜质内在动力，可以有效培育青年公务员正确的职业价值观。[3] 林亚清等认为，公务员的公共服务动机显著促进了其变革行为，工作重塑作为一种资源构建策略在这一过程中发挥着完全中介的作用；变革型领导则扮演了"资源阵列通道"的角色，能够正向调节工作重塑的中介效应。[4] 张轶楠等发现，伦理型领导对基层公务员的公共服务动机与伦理行为均具有显著的正向影响；基层公务员所感知到的组织伦理氛围能够正向调节伦理型领导与其公共服务动机的关系，进而作用于基层公务员伦理行为。[5]

2. 公务员职业倦怠问题研究

周子羽等发现，男性基层公务员职业倦怠感显著高于女性；随着工作年限增加，基层公务员职业倦怠感呈现波浪式上升；45 岁以上基层公务员职业倦怠感最高。[6] 邓磊等提出，基层青年公务员需要走出集体失语的困境，重新审视自我和社会的认同，通过提升自身认知、再造社会关系和转变叙事方式来完成自我重构。[7]

3. 公务员政治认同、政民关系研究

笪蕾博士发现，自媒体时代青年公务员的政治认同存在政治认知与政治认同显露偏差、政治情感与政治行为产生疏离、主动认同与被动认同形成博弈、微观认同

① 刘华兴、王铮：《基层公务员公共服务动机测量》，《上海交通大学学报》（哲学社会科学版）2022 年第 1 期。

② 许燕：《基层公务员公共服务精神及其培育研究》，南京理工大学博士学位论文，2021 年。

③ 徐辉：《基于现代科学管理视角的青年公务员职业价值观与绩效关系研究——以心理契约为中间调节关系变量》，《科学管理研究》2021 年第 3 期。

④ 林亚清、蓝浦城：《公务员公共服务动机何以影响其变革行为？——工作重塑的中介作用和变革型领导的调节作用》，《公共管理与政策评论》2023 年第 4 期。

⑤ 张轶楠、苏伟琳：《基层公务员伦理行为的提升策略：基于伦理型领导的视角》，《中国行政管理》2023 年第 2 期。

⑥ 周子羽、范海洲：《乡村振兴背景下基层公务员心理契约对职业倦怠影响研究》，《学术界》2022 年第 7 期。

⑦ 邓磊、杨燕、何鑫兴：《沉默的中坚——基层青年公务员的特质审视、现实困境与自我重构》，《中国青年研究》2021 年第 11 期。

与宏观认同存在失衡、媒介环境与政治认同凸显矛盾等问题。[1] 王丽丽等发现，公务员和公民之间的接触越频繁，越有助于增进公务员对公民的信任。[2]

4. 其他问题研究

李志等认为，基层公务员的工作获得感分为四个维度，由高到低排序是自我成长感、社会尊重感、工作生活平衡感、薪酬满足感；基层公务员的职业认同在工作获得感和工作投入关系中发挥部分中介作用。[3] 徐晓日等提出，技术接受度、个体信息技术能力对技术增负感生成具有负向直接影响，技术应用失当和体制性压力具有正向直接影响，体制性压力与技术接受度通过技术应用失当和个体信息技术能力发挥着间接影响。[4]

（二）关于公务员制度改革发展的总体问题研究

从总体上对公务员改革发展问题展开研究，仍然是学者们关注的重要问题。3年共出版1部相关著作，发表9篇相关论文。其研究主题主要包括以下几类。

1. 公务员制度中的问题及改革趋势研究

郝玉明总结了近10多年国外公务员管理改革主要特点：不断改革完善公务员管理法规；引入战略人力资源管理理念；注重公务员行政能力体系构建；强化公务员绩效管理与评估；大力推进公务员信息化与数据能力建设。[5] 易丽丽指出，面向2050年建设高素质公务员队伍，核心是建设一支使命驱动、战略导向、人才引领的公务员队伍，需立足长远和现代化进程，前瞻性思考、战略性谋划、高质量推进。[6] 王禹指出，香港和澳门已经回归多年，应当坚守"政治忠诚"而不宜再用"政治中立"提法，必要时可用"行政中立"替代，并建议进一步提升港澳地区公务员的政治忠诚意识和推进公务员的宣誓制度建设。[7] 邓帅认为，公务员队伍建设

① 笪蕾：《自媒体时代青年公务员政治认同及其培育研究》，南京理工大学博士学位论文，2021年。
② 王丽丽、马亮：《政民接触对公务员合作生产态度的影响机制——公务员对公民信任的中介模型》，《公共行政评论》2023年第2期。
③ 李志、徐凡迪：《基层公务员的工作获得感对工作投入的影响——职业认同的中介作用》，《重庆社会科学》2023年第12期。
④ 徐晓日、焉超越：《基层公务员技术增负感的生成机制研究——基于技术与组织互构理论》，《政治学研究》2023年第3期。
⑤ 郝玉明：《新时代中国特色公务员管理创新研究——基于国外近十年改革的述评》，《新视野》2022年第6期。
⑥ 易丽丽：《面向2050年建设高素质专业化公务员队伍的实现路径》，《中国行政管理》2023年第9期。
⑦ 王禹：《港澳公务员体制中"政治中立"问题研究》，《政治与法律》2023年第1期。

亟须积极借助行政体制改革的契机，在政府与社会互动的基础之上，以提高政府行政效率为核心与目标，以制度为工具和方法，实现政府治理现代化水平的逐步提高。①

2. 公务员行为及其改革意涵研究

刘杰认为，公务员的日常行为可以分为文字行为、会议行为和走访行为三大类。这些行为的产生和变迁是由历史上的权力场所决定的，取决于政治组织架构的设计、政治权力关系格局和政治文化的核心价值，集权约束、科层内卷和文化惯性决定了其行为法则。② 针对"如何激发和培育公务员创新工作行为"这一问题，郭金元博士发现，"合规负担型"繁文缛节对公务员创新工作行为具有显著负向影响，"功能缺失型"繁文缛节对公务员创新工作行为具有显著正向影响，工作自主性在上述两条路径中发挥中介作用，公共服务动机和组织容错氛围发挥调节作用。③

3. 基层公务员管理改革研究

杨华发现，公务员、事业编和编外用工构成了乡镇人事管理的三元结构。该人事结构很好地将编制身份与治理事务结合起来，寓人才培养于工作机制之中，发挥不同编制群体的优长和特色，最终实现人与事、人员配置与干部激励的有效对接。④ 刘欣等认为，乡镇青年公务员面临从被动履责到主动担责的角色转换，多重角色身份引发的期望叠加并造成期望过载，以及能力有限与责任超限博弈最终导致履责艰难等问题。⑤ 胡晓东指出，基层公务员工作压力大、工作负荷度高、工作负担重成为制约基层公务员干事创业和提升绩效的一个关键问题所在，为基层"减负"需要从机制体制等方面集中化、根本化、内在化实施综合性策略。⑥

4. 域外改革经验研究

石庆环等提出，美国联邦和地方政府在公务员制度上，既带有同质性又具有异

① 邓帅：《政府治理现代化背景下公务员队伍建设方向及提升路径》，《东岳论丛》2021 年第 6 期。
② 刘杰：《历史、逻辑与规则——公务员日常行为研究》，中国社会科学出版社 2022 年版，摘要第 1 页。
③ 郭金元：《繁文缛节对公务员创新工作行为的双刃剑效应研究》，华中科技大学博士学位论文，2022 年。
④ 杨华：《公务员、事业编与编外用工——乡镇人事管理的三元结构及其效应》，《西北师大学报》（社会科学版）2021 年第 2 期。
⑤ 刘欣、李红权：《多重期望回应：乡镇青年公务员履责困境的分析框架》，《湖南农业大学学报》（社会科学版）2023 年第 6 期。
⑥ 胡晓东：《基层公务员"负担"真的无解吗？——基于"人口 TOP10"城市的混合实证研究》，《东北大学学报》（社会科学版）2023 年第 2 期。

质性，二战后以城市经理人为主体的专业管理群体逐渐形成，使美国地方政府公务员专业化走向更为明显。[①]

（三）关于公务员绩效考核的研究

1. 关于公务员绩效影响因素的研究

韩清颖等将既有研究分为探索性研究和应用性研究两大类，前者揭示了公共服务动机的"社会人"属性、测量结构以及与工作绩效关系的规律，后者揭示了公共服务动机应用于公共部门择业、招募以及留职的规律。[②] 谢明等发现，职业价值观对工作绩效具有显著的正向影响作用，公共服务动机在二者关系中发挥正向中介作用。组织认同则在公共服务动机与工作绩效之间发挥调节作用，且不同水平的组织认同发挥不同的调节效应。[③] 马晓悦等发现：信息超载、沟通超载和社交超载压力源正向影响情绪耗竭，其中沟通超载的影响最大；工作投入正向影响任务绩效；信息超载、沟通超载、社交超载能通过影响情绪耗竭和工作投入影响任务绩效，情绪耗竭和工作投入在社交媒体超载压力源与任务绩效结果之间发挥着链式中介作用。[④] 柯江林等发现，组织公平感对工作绩效有显著正向影响，心理资本和职场精神力在组织公平感与工作绩效关系中产生了并行中介效应，任务不确定性正向调节了组织公平感、职场精神力对工作绩效的直接影响以及职场精神力的中介效应。[⑤] 韩清颖博士认为，集体主义文化是公共服务动机的"魔法杖"、个体自利动机的"复活石"和部门自利动机的"隐形衣"，只有正确科学地发挥它的作用，才有助于提升岗位绩效。[⑥] 在未来的管理实践中，应致力于优化公务员发展的集体主义环境，增强公务员的内在动机。[⑦]

---

① 石庆环、王禹涵：《透视美国公务员制度：基于联邦和地方政府的比较》，《求是学刊》2022 年第 1 期。

② 韩清颖、孙涛：《公共服务动机内驱力促进我国公务员绩效之路——当前国内外理论研究的规律性启示》，《甘肃行政学院学报》2021 年第 6 期。

③ 谢明、刘巧虹：《乡镇公务员职业价值观对工作绩效的影响——公共服务动机的中介作用与组织认同的调节作用》，《河南师范大学学报》（哲学社会科学版）2021 年第 2 期。

④ 马晓悦、季楚玮、陈强、沈霄：《社交媒体超载对公务员任务绩效的影响——一个链式中介模型》，《公共管理与政策评论》2021 年第 5 期。

⑤ 柯江林、刘琪、陈辰：《风清气正环境何以促进公务员工作绩效提升？——基于公平感、心理资本与职场精神力的心理机制分析》，《公共行政评论》2022 年第 6 期。

⑥ 韩清颖：《集体主义文化场域下公务员公共服务动机驱动岗位绩效研究——面向天津市公务员的探索》，南开大学博士学位论文，2021 年。

⑦ 韩清颖、孙涛：《集体主义文化促进公务员公共服务动机驱动岗位绩效研究——基于 T 市的探索》，《中国行政管理》2022 年第 3 期。

2. 关于公务员绩效考核制度的作用及其发展研究

王斌等认为，乡镇公务员要着力提升其执行理念与创新能力，要建立高效的执行机制，重塑公共行政意识，提高对乡镇公务员的重视程度，才能将执行力建设提升到新的高度。[①] 江武峰认为，实施税务部门公务员绩效管理，关键是实现从组织绩效到个人绩效的考评延伸，重点是把握好考核评价的"度"。[②] 冉昊指出，党的十八大以来，通过考核指标多元化和考核方式务实化，改变了以往公务员考核与晋升机制的"唯GDP论"，避免了考核的"唯分、唯票、唯绩"，并改善了考核与晋升的激励机制，从而有利于将更多优秀的领导干部选拔到合适的岗位上。[③]

（四）关于公务员职务职级并行制度的研究

职务职级并行是近年来公务员制度的一项重大改革，自然也引起了学界的高度关注。谢炜等认为，公务员职务职级并行制度呈现从试点到扩散、从保障到激励、从普惠到竞争的运行特点，并蕴含相应的制度演进逻辑。[④] 杨开峰等发现，公务员对晋升条件的满意程度和对制度执行的公平感知，正向影响职务职级并行制度的激励效果。[⑤] 公务员职务与职级并行制度仍存在职级晋升向基层倾斜力度不足、竞争性考核机制不完善、晋升的协同性不足等问题。[⑥] 更好地发挥职务与职级并行制度的效能，必须多措并举：通过控制兼任比例、严格兼任条件等方式防止"双车道"变回"单行道"，同时探索更符合权责匹配的制度，减少责任和利益"倒挂"情况。[⑦] 现阶段应加速推动公务员分类制度的科学化进程，在横向分类上，要基于职位性质的差异性进行分类；在纵向分级上，应注重建立统一的定级标准。[⑧]

---

① 王斌、万栗江、罗坚：《科学考核测评机制对乡镇公务员执行力提升的作用研究》，《重庆社会科学》2022年第2期。

② 江武峰：《从组织绩效向个人绩效考评延伸的公务员绩效管理——基于税务部门公务员绩效管理的实证分析》，《中国行政管理》2022年第3期。

③ 冉昊：《我国公务员考核与晋升机制研究：以地方主官为例》，《新视野》2023年第2期。

④ 谢炜、洪莹：《渐进、契约与功绩：公务员职务职级并行制度的演进逻辑》，《上海行政学院学报》2021年第4期。

⑤ 杨开峰、郑婷、郑连虎：《西部地区基层公务员职务职级并行的激励效果与影响因素分析》，《南京社会科学》2021年第12期。

⑥ 常荔、袁晓羽：《公务员职务与职级并行制度的价值意蕴、现存问题及优化策略》，《中州学刊》2021年第7期。

⑦ 孙晓莉、江蓓蕾：《公务员职务与职级并行制度研究》，《理论探索》2022年第4期。

⑧ 朱祝霞：《公务员职位分类制的进路与分野——日本、韩国的经验教训及其启示》，《中国行政管理》2022年第6期。

（五）公务员能力建设研究

公务员能力建设是近年来学界日益关注的一大问题。有研究发现，"人民满意的基层公务员"的内容结构主要包括政治素质、综合能力、价值观以及服务动机四个维度共 19 项特征要素，其中政治素质和综合能力是表层特征，价值观是中间层特征，服务动机是深层次特征和内驱因素。[①] 王建伟提出，西藏乡镇基层公务员胜任力模型由职业基本素养、职业发展素养、职业品德素养、职业融合素养四个维度共 28 个胜任指标组成。[②] 张红春等认为公务员数字素养是公务员在数字政府场景中开展数字化的行政与治理活动所需要的素质与能力的综合。[③] 公务员的数字素养由潜在层与应用层两个层次构成，包括数据意识、数据知识、数据学习能力、数据获取能力、数据分析能力、数据应用能力六大维度。[④] 王丽萍提出，通过优化能力评价指标体系、突出评价内容的政治标准、引入多元化的评价方式方法、完善能力考核机制、健全专家培训制度等有效措施，以优化公务员能力评价体系的发展路径。[⑤]

（六）公务员待遇问题研究

马金华认为，中国古代官吏俸禄制度历经多阶段历史演化，周行"分田制禄"，秦启"量功受禄"，汉唐"以品定俸"并沿至明清。[⑥] 刘辉等对中国公务员工资普调频率影响因素进行的量化结果显示，在 24 项因素综合作用下，系统于 2.34 年达到了长期稳态水平，各项影响因素实现了最佳平衡，因此建议可近似将 2.50 年设计为普调周期。[⑦] 有研究发现，地方政府的薪酬改革并未如一些自媒体所夸张的那样降低了政府绩效，相反不少绩效指标还出现了明显的改善。[⑧] 有研究认为，公务员

---

① 李林威、刘帮成：《新时代"人民满意的基层公务员"画像素描》，《公共管理与政策评论》2023 年第 1 期。

② 王建伟：《西藏乡镇基层公务员胜任力模型构建》，《西藏民族大学学报》（哲学社会科学版）2023 年第 4 期。

③ 张红春、杨欢：《数字政府背景下的公务员数字素养框架：一个概念模型》，《电子政务》2023 年第 1 期。

④ 张红春、杨涛：《公务员数据素养的概念、结构与测量》，《数字图书馆论坛》2023 年第 1 期。

⑤ 王丽萍：《治理现代化背景下公务员能力评价体系的优化路径》，《东岳论丛》2022 年第 5 期。

⑥ 马金华：《古代"公务员"的薪资待遇》，《人民论坛》2021 年第 34 期。

⑦ 刘辉、李仁传：《基于 ISM 与 M-F 模型的公务员工资普调频率研究》，《运筹与管理》2021 年第 7 期。

⑧ 韩清颖、孙涛：《薪酬改革与公务员绩效关系：改进而非损耗——一个面向我国公务员薪酬感知与岗位绩效的实证检验证据》，《甘肃行政学院学报》2023 年第 4 期。

养老金制度改革的方向是：构建公平统一的基本养老保险制度；建立待遇确定型与缴费确定型相结合的补充型养老金计划；统筹安排及合理确定不同层次、不同类型养老金计划的待遇替代率水平。[①]

（七）公务员激励问题研究

关于公务员激励，任群委博士认为，公务员激励与约束动态平衡的问题主要表现为：公务员理想信念、工作积极性以及廉洁意识有待强化；物质保障水平不足；工作热情弱化，工作能力不足；制度约束力受到制约；尚未完全铲除公务员灰色动机；激励与约束动态平衡调整机制与执行机制不健全。[②] 孙丽博士发现，绩效管理及其公平感知对公务员报酬激励、精神激励、工作激励都有显著正向的影响。[③] 有研究发现，双元激励偏好对公务员工作绩效具有正向预测作用，其中内在激励偏好的增益效应显著高于外在激励偏好；工作满意度在内在激励偏好、外在激励偏好与工作绩效之间起中介作用；繁文缛节感知负向调节内在激励偏好、外在激励偏好与工作满意度及工作绩效之间的关系。[④]

除上述研究外，学者们还围绕公务员录用[⑤]、惩戒[⑥]、回避[⑦]、交流[⑧]、申诉控

[①] 杨洋：《国外公务员养老金制度"由分立到统一"的改革》，《社会保障研究》2021 年第 1 期。

[②] 任群委：《我国公务员激励与约束的动态平衡研究》，中共中央党校（国家行政学院）博士学位论文，2021 年。

[③] 孙丽：《基于绩效管理的公务员激励研究》，中共中央党校（国家行政学院）博士学位论文，2021 年。

[④] 郭金元、陈志霞：《双元激励偏好与公务员工作绩效：繁文缛节感知的抑制效应》，《公共管理与政策评论》2023 年第 1 期。

[⑤] 有研究发现，公务员报考时，职位的部门工资福利、部门政治地位、岗位限制条件数量、岗位专业开放数量、岗位类别等均可显著影响职位吸引力，而部门性质的影响并不显著，岗位层面的影响相较于部门层面更强。（胡涤非、邓世康：《"千里挑一"与"无人问津"：公务员报考缘何"冷热不均"》，《中国青年研究》2021 年第 5 期。）有研究认为，面对公务员招录制度的缺陷，应立足治理思维对公务员考录制度进行改革，重构公务员考录主体的权利、权力及其实现机制，探索实行两轮制公务员考录机制。（陈辉：《基于价值均衡实现的公务员考录制度改革》，《理论探讨》2021 年第 5 期。）

[⑥] 关于公务员"抵抗权"及其行使问题，有研究建议："上级决定或命令"的作出应严格界定为书面形式；明显违法情形应以列举式明确界定；应不断健全和完善公务人员问责体系。（孙昊哲、路禹溱：《公务员正当行使"抵抗权"问题研究——以夏明旭、刘子勇滥用职权案为例》，《法律适用》2022 年第 3 期。）

[⑦] 有学者认为，公务员任职回避制度还不够系统和精细，在不同的规范之间还潜存着深层次的冲突和难以调和的矛盾，导致该制度的实施效果欠佳。（裴国富：《我国公务员任职回避制度的法规体系建构》，《中南民族大学学报》[人文社会科学版] 2022 年第 9 期。）

[⑧] 有学者对公务员遴选策论的主观评分偏差进行了分析，发现：评分者的宽严度以及对特定评分维度的使用都存在显著差异；同时，评分者与评分维度间交互作用显著，不同评分者在特定评分指标上评分偏差明显。（李英武、张海丽、胡心约：《国家公务员遴选策论的多面 Rasch 模型应用》，《上海行政学院学报》2021 年第 6 期。）

告①等问题发表了一些较为重要的文献。

三、公务员制度发展展望

公务员制度是一个体系，虽然修订后的公务员法颁布实施以来已经出台了一些配套法规，但这一制度仍然不够完善，还需要继续出台相关配套法规。同时，党的二十大，特别是党的二十届三中全会以来，中央对提升公务员能力本领，激发公务员担当作为又提出了一系列新要求，这些都推动着公务员制度的进一步发展。具体而言，近期公务员制度的发展可能主要体现在下述三个方面。

一是继续制定出台公务员法相关配套规范性文件。修订后的公务员法自颁布实施以来，中共中央办公厅、中组部等部门已经出台了多个相关配套文件，健全完善了公务员的范围②、职务职级与级别③、分类管理④、录用⑤、考核⑥、奖励⑦、培训⑧、交流⑨、回避⑩、辞职辞退⑪、申诉⑫等制度机制。同时，还有一些重要环节或者还缺乏相关配套文件，或者还没有及时更新相关配套文件。例如，目前公务员监督方面的专门法规还处于缺位状态；公务员职务职级任免、职务职级升降、惩戒、工资、福利、保险、退休等方面还需要根据修订后的公务员法及时修订完善相关规范性文件。可以预见，继续制定出台公务员法相关配套规范性文件仍然是未来一段时间的重要任务。

二是着力提升公务员能力本领。新时代新使命要求包括公务员在内的广大干部

---

① 有研究提出应引入司法救济以完善申诉控告制度，即修改行政诉讼法第十三条、公务员法第十五章、暂缓修改监察法，改变现行以申诉控告和复审复核为主的救济方式，探索符合国情的公务员权利救济制度司法化路径。（王世涛、孙仁慈：《论我国公务员权利救济制度的司法化路径》，《广西社会科学》2023 年第 5 期。）

② 《公务员范围规定》《公务员登记办法》《参照〈中华人民共和国公务员法〉管理的单位审批办法》。

③ 《公务员职务与职级并行规定》《公务员职务、职级与级别管理办法》。

④ 《专业技术类公务员管理规定》《行政执法类公务员管理规定》。

⑤ 《公务员录用规定》《公务员录用违规违纪行为处理办法》《公务员录用考察办法（试行）》。

⑥ 《公务员考核规定》《公务员平时考核办法（试行）》。

⑦ 《公务员奖励规定》。

⑧ 《公务员培训规定》《公务员初任培训办法（试行）》《行政执法类公务员培训办法（试行）》。

⑨ 《公务员调任规定》《公务员转任规定》《公务员公开遴选办法》。

⑩ 《公务员回避规定》。

⑪ 《公务员辞去公职规定》《公务员辞退规定》。

⑫ 《公务员申诉规定》。

必须有过硬的能力本领，尤其是要全面提高现代化建设能力。党的二十届三中全会指出：大力选拔政治过硬、敢于担当、锐意改革、实绩突出、清正廉洁的干部，着力解决干部乱作为、不作为、不敢为、不善为问题……强化专业训练和实践锻炼，全面提高干部现代化建设能力。① 这为公务员能力建设指明了方向。当前和今后一段时期，应重点提升下述 7 种能力：第一，政治能力。主要表现为把握正确政治方向，有高度的政治敏锐性、政治鉴别力、政治自制力，对党的政治纪律和政治规矩怀有敬畏之心，自觉在思想上政治上行动上同党中央保持高度一致。第二，调查研究能力。主要表现为坚持到群众中去、到实践中去了解和掌握真实情况，并认真研究分析调研得来的材料和情况。第三，科学决策能力。主要表现为多方听取意见，综合评判，科学取舍，使决策符合实际情况。第四，改革攻坚能力。主要表现为坚持创新思维，准确识变、科学应变、主动求变，在把握规律的基础上实现变革创新。第五，应急处突能力。主要表现为增强风险意识，下好先手棋、打好主动仗，做好随时应对各种风险挑战的准备。第六，群众工作能力。主要表现为从群众中来、到群众中去，认真落实党中央各项惠民政策，切实解决群众急难愁盼的问题。第七，抓落实能力。主要表现为脚踏实地，以上率下、真抓实干，不断通过化解难题开创工作新局面。

三是激励公务员担当作为，激发公务员制度活力。贯彻落实党的二十大、二十届三中全会一系列决策部署，实现"十四五"规划和 2035 年远景目标纲要确定的一系列奋斗目标，都需要大力激发公务员的担当作为精神。党的二十大报告指出，坚持严管和厚爱相结合，……落实"三个区分开来"②，激励干部敢于担当、积极作为。激发公务员担当作为精神的关键之策，则在于激发公务员制度的活力，使各项制度——尤其是修订后的公务员法新规定的各项制度能够充分发挥

---

① 《中共中央关于进一步全面深化改革　推进中国式现代化的决定》（2024 年 7 月 18 日中国共产党第二十届中央委员会第三次全体会议通过），https://www.12371.cn/2024/07/21/ARTI172155 1217863166.shtml。

② 把干部在推进改革中因缺乏经验、先行先试出现的失误和错误，同明知故犯的违纪违法行为区分开来；把上级尚无明确限制的探索性试验中的失误和错误，同上级明令禁止后依然我行我素的违纪违法行为区分开来；把为推动发展的无意过失，同为谋取私利的违纪违法行为区分开来。出自《关于进一步激励广大干部新时代新担当新作为的意见》。

作用。因此，激发公务员制度活力必然成为当前和今后一段时期公务员制度建设的一个重点。在这方面，近期应进一步激活下述几个制度的活力：第一，职务与职级并行制度。应深入调研职务与职级并行的实施情况，进一步根据各级各类公务员的管理实际和需求，制定更加具体化的措施，贯彻落实好这一制度。第二，公务员考核制度。应根据中央要求和各地实际完善公务员制度，重点做好平时考核、任期考核等环节。第三，公务员监督制度。公务员监督是修订后的公务员法新规定的制度，应健全相关制度规定，做好公务员公务行为以及非公务行为的日常监督。

四、报告要点

本报告要点总结如下：

2021 年至 2023 年公务员制度建设继续取得重要成果。3 年来，中共中央组织部等部门修订发布了《推进领导干部能上能下规定》《行政执法类公务员培训办法（试行）》《公务员初任培训办法（试行）》《公务员公开遴选办法》《公务员录用考察办法（试行）》《公务员录用违规违纪行为处理办法》《公务员申诉规定》《专业技术类公务员管理规定》《行政执法类公务员管理规定》等公务员法配套法规，进一步完善了公务员分类、录用、职务职级升降、培训、交流、权利保障等方面的制度机制。

在公务员制度研究方面，在 2020 年学界的研究热情有所降低之后，2021 年至 2023 年相关研究总体恢复到正常状态。同时呈现如下两个特点：一是 2021 年硕博士论文数量较多。二是 2022 年报纸文献数量较多。这表现出，公务员制度问题受到青年学者的较高关注；随着修订后的公务员法及其配套法规的颁布实施，各级政府和相关部门也加强了相关的宣传。从研究主题看，这 3 年表现出如下五个特点：第一，公务员心理与伦理问题持续受到较高关注。第二，绩效考核问题是学界关注的重要问题。第三，职务职级并行制度成为学界讨论的一个重要问题。第四，公务员能力建设是近年来学界关注的一个重要问题。第五，对公务员激励问题的关注度有所下降。

当前和今后一段时期，公务员制度发展应在三个方向上重点发力： 一是继续制定出台公务员法相关配套规范性文件；二是着力提升公务员能力本领；三是激励公务员担当作为，激发公务员制度活力。

（作者单位：天津商业大学公共管理学院）

编外用工管理研究报告

凌　争　江志宸

编外人员是指政府或事业单位向社会招聘的，缺乏固定编制（行政编、事业编）的，辅助履行政府职能的，由财政担负薪酬或自支自收的工作人员。如今，编外用工已成为各地政府的"常态"，部分地区地方政府的个别部门的编外人员总数甚至超过了编内人员。编外人员群体因招聘不规范、管理不统一、政策执行有偏差等问题已成为地方政府管理过程中的"难点"。在机构改革的大背景下，编外用工管理改革对于提高行政效能，降低行政成本，促进国家治理体系和治理能力现代化，扎实推进中国式现代化具有重要意义。

一、编外用工管理的发展现状综述

（一）编外用工管理法规文本概况

编外用工管理已经逐渐成为当下各地政府机构改革和行政改革的重要任务之一。为了全面分析各地编外用工管理情况，本报告对相关法规文本进行了搜集和分析，研究发现，编外用工管理法规文本具有以下三个主要特征。

1. 数量少且存在地区差异

编外用工管理的法规文本总体数量较少，地域差异大。截至 2024 年 5 月，根据北大法宝和新闻报道上统计的数据，全国共公布并施行了约 70 部现行有效的编外用工管理办法（方案、意见等），涉及 40 多个地级市、县级市，包含 17 个省级行政区。从空间维度上看，南部地区的法规文本要比北部地区多，东部地区的法规文本要比西部地区多。广西壮族自治区的地方性（地级市、县级市）编外用工管理法规文本最多，共有 18 部，浙江省的地方性（地级市、县级市）编外用工管理法规文本其次，共有 12 部（见图 1）。

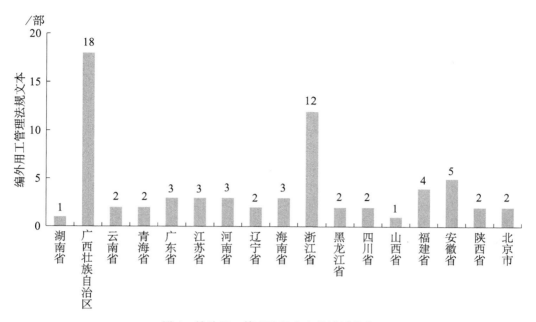

图 1　编外用工管理法规文本的地域分布

数据来源：北大法宝、新闻报道。

上述数据反映了我国编外用工管理总体上制度化水平偏低，大部分地区仍处于"观望"态度。相对而言，南部和东部地区编外用工管理制度化水平较高，这些地区可能面临更多的用工管理挑战。

从时间维度上看，编外用工管理的法规文本呈增长态势。2018 年是重要的时间节点，共有 10 部管理办法（方案、意见等）公布并施行，2018 年及其后全国各地共公布并施行了 40 部管理办法（方案、意见等）（见图 2）。这一数量不仅在当年达到高峰，同时也标志着全国各地对编外用工管理的重视程度明显提高。随着党和国家机构改革的进一步深化，机构编制和人力资源管理成为改革的重点领域之一。编外用工管理作为机构编制和人力资源管理的一部分，亦成为地方工作的重要一环。

2. 制发单位存在差异

编外用工管理的法规文本制发单位存在显著差异。总体来看，这些法规文本多由地方人民政府制发，但也有由人社局、市监局等部门制发的情况，甚至地方的部

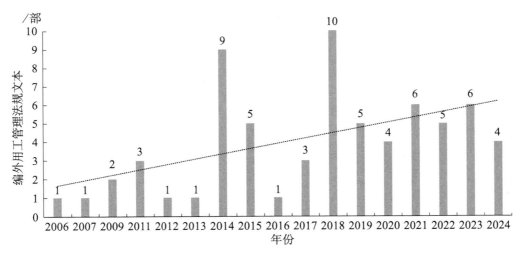

图2 编外用工管理法规文本数量的时间分布

数据来源：北大法宝、新闻报道。

门也会发布其部门内部的编外用工管理相关办法。首先，地方人民政府是编外用工管理法规文本的主要制发单位。地方政府的权威性和综合性使其在编外用工管理中处于主导地位，制定的法规通常覆盖面广，适用性强。例如，贺州市人民政府办公室在2023年公布了《关于废止贺州市市直机关事业单位编外人员市场化管理暂行办法》，郑州市人民政府办公厅在2023年公布了《郑州市市级机关事业单位招用编外人员管理办法（暂行）》。这些法规文本明确了编外用工的管理规定和程序，对当地的编外用工管理起到了重要的规范和指导作用。其次，除了地方人民政府，部分法规文本由人社局、市监局等专业部门制发。这些部门具有专业的管理职能，能够针对编外用工的具体问题提出更为专业和细致的管理办法。例如，徐州市人力资源和社会保障局、徐州市财政局在2023年印发了《徐州市市级机关事业单位编外用工管理办法》，福州市市场监督管理局在2018年印发了《机关编外聘用人员管理暂行办法的通知（2018）》。最后，某些情况下，地方职能的具体部门也会发布其部门内部的编外用工管理办法。这些办法针对部门内部的实际情况，制定了更加具体和适用的管理措施。例如，西宁市科学技术局在2024年印发了《西宁市科学技术局编外聘用人员规范管理工作方案》，崇左市凭祥生态环境局在2022年印发了《崇左市凭祥生态环境局编外聘用人员管理办法》。这些部门制发级别的管理办法能够更好地适应部门内部的工作需求，提高管理的针对性和有效性（见表1）。

表 1 编外用工管理法规文本的制发单位及典型案例

制发单位	案例
人民政府	1. 贺州市人民政府办公室在 2023 年公布了《关于废止贺州市市直机关事业单位编外人员市场化管理暂行办法》 2. 郑州市人民政府办公厅在 2023 年公布了《郑州市市级机关事业单位招用编外人员管理办法（暂行)》
人社局、财政局、市监局	1. 徐州市人力资源和社会保障局、徐州市财政局在 2023 年印发了《徐州市市级机关事业单位编外用工管理办法》 2. 福州市市场监督管理局在 2018 年印发了《机关编外聘用人员管理暂行办法的通知（2018）》
其他部门	1. 西宁市科学技术局在 2024 年印发了《西宁市科学技术局编外聘用人员规范管理工作方案》 2. 崇左市凭祥生态环境局在 2022 年印发了《崇左市凭祥生态环境局编外聘用人员管理办法》

尽管编外用工管理法规的制定和实施取得了一定的成就，但从上述现象中也可以看出编外用工管理存在的问题。编外用工管理法规的制定单位多样，导致管理体系不统一。地方人民政府、人社局、市监局以及其他部门各自发布法规文本，可能造成法规内容的重复、冲突和执行困难。这种不统一的管理体系可能导致编外用工管理效果不佳，无法形成合力。各部门在职责分工、管理权限和执行标准上缺乏明确的界定，容易导致管理职责的重叠或推诿。不同部门在管理编外用工时可能采用不同的标准和程序，导致管理上的混乱和低效。

3. 管理内容各有不同

编外用工管理的法规文本内容存在差异（见表 2）。其一，在编外用工的分类上：部分地区并未对编外群体做明确分类，如《七台河市机关事业单位编外用人管理规定》《徐州市市级机关事业单位编外用工管理办法》；部分地区将编外群体分为了三类，分别是专业技术、执法辅助和普通人员，如《西林县机关事业单位编外聘用人员管理办法（试行）》《河源市市直机关事业单位编外人员管理办法》；亦有部分地区将编外群体细分为七级，按照不同的职称和职业资格证来划分，如《惠州市市直机关事业单位编外人员管理办法》。其二，在申报和招聘上，不同地区不同部门所承担的职责有差异：部分地区的编制部门具有审核编外用工申请合理性的职责，如《郑州市市级机关事业单位招用编外人员管理办法（暂行）》《西林县机关事业单位编外聘用人员管理办法（试行）》；部分地区由人力资源部门全程跟踪落实，如《惠州市市直机关事业单位编外人员管理办法》；部分地区已经开始进行明确的限额管理，如《徐州市市级机关事业单位编外用工管理办法》中提到，"据用工单位职责任务、现有编制结构及人员情况，编外用工限额原则上控制在单位核定编制的15%以内。现有编外人员比例过高的机关事业单位，可根据现有编外人员数量，按比例核减"。其三，在考核和晋升方面：部分地区对于编外群体的考核晋升有明确规定，在《惠州市市直机关事业单位编外人员管理办法》中提到，"新招聘编外人员，执行该级别第1个档次；晋升级别的在其原工资档次上降低1个档次。从套入工资1档起年度考核累计2年合格的，工资晋升到2档；从套入工资2档起年度考核累计3年合格的，工资晋升到3档"；另有部分地区对于考核晋升的规则较为模糊，主要流程由用人单位申报，财政、编制部门等决定，如《徐州市市级机关事业单位编外用工管理办法》《郑州市市级机关事业单位招用编外人员管理办法（暂行）》。

表2 编外用工管理法规文本中的管理内容差异

维度	情况	案例
编外用工分类	未作明确分类	《七台河市机关事业单位编外用人管理规定》《徐州市市级机关事业单位编外用工管理办法》
	分为三类	《西林县机关事业单位编外聘用人员管理办法（试行）》《河源市市直机关事业单位编外人员管理办法》
	分为七类	《惠州市市直机关事业单位编外人员管理办法》
审核和招聘	编制部门审核合理性	《郑州市市级机关事业单位招用编外人员管理办法（暂行）》《西林县机关事业单位编外聘用人员管理办法（试行）》
	人力资源部门全程跟踪	《惠州市市直机关事业单位编外人员管理办法》
	限额管理	《徐州市市级机关事业单位编外用工管理办法》
考核晋升	规则明确	《惠州市市直机关事业单位编外人员管理办法》
	规则不明确	《徐州市市级机关事业单位编外用工管理办法》《郑州市市级机关事业单位招用编外人员管理办法（暂行）》

这些措施体现了各地在探索编外用工管理路径上的积极尝试。通过不同的分类标准、申报和招聘流程以及考核晋升规则，各地根据自身实际情况制定了相应的管理办法，显示出对编外用工管理的重视和创新。然而，这些探索背后也暴露出一些问题。部分地区未对编外群体进行明确分类，导致管理的模糊和不确定；部门职责不清晰，容易导致多头管理和执行效率低下；考核晋升规则不明确，影响了管理的公平性和透明度。总体来看，这些问题反映了当前编外用工管理体系的不统一带来的管理挑战，需要进一步完善和规范。

（二）编外用工管理中的实践问题

本报告将编外用工的全过程划分为招录、执行和管理三个环节，招录是编外用工的开端，执行是编外用工的目的，管理是编外用工的保障，三个环节联系紧密，某一环节的问题往往会诱发其他环节的问题。本报告根据上述的法规文本情况和各地的调研情况，系统性阐述当下编外用工管理中的问题。

1. 招录环节的问题——增量控制

招录环节是编外用工的开端，涉及编外用工的"增量控制"问题。如前所述，从编外群体视角来看，编外岗位具有一定的吸引力。这意味着除了部分特定岗位以外，在多数岗位的招聘中"候选人"存在一定的竞争关系，并不是人们"想来就能来""想干就能干"的。地方政府部门需要在竞争者中选拔录用一部分人。然而，这个招录过程实际上缺少监管。

我国地方政府处于一种类似"委托-代理"的关系之中，"信息不对称"一直是上下级治理过程的主要问题。对于地方的公共事务，上级不易掌握具体情况，监管和执行成本较高，因此将诸多具体的事务交由下级自主推进，上级承担协调、指导等职能，即"事权下放"。编外用工作为处理地方事务的重要手段之一与之类似，地方政府具有较强的编外用工自主性。招录标准、招录人数、招录方式……这些问题几乎由地方政府主导，上级对该过程缺乏有效控制。

缺乏监管导致招录过程出现问题：其一，招录的数量问题。各级政府缺乏对编外人员情况的相关统计，更谈不上进行总量控制，加之"财政软约束"对编外人员的供养缺少严格约束，地方政府编外用工呈现"越多越好"的趋势，这就一定程度上导致了编外人员队伍总体上不断扩张，日益臃肿。由于"委托-代理"关系具有同构性，各级政府的编外用工呈现相似状况，编外用工最后就成为一笔"糊涂账"。其二，招录的质量问题。一方面，编外用工的自主性为地方政府招录编外人员提供操作空间，"关系户"等人事腐败现象屡禁不止，而这些关系户往往从事技术复杂度低、利益相关度低的工作，造成那些技术复杂度高、利益相关度高的工作依然因人力资源的缺乏而鲜有改善。另一方面，由于编外人员群体规模庞大，且缺乏精确的统计和有效监管，导致对该群体培训和指导较为欠缺、招录选拔不够严格，人员的质量与能力存在较大的差异，这在政策执行的过程中造成了诸多隐患。

2. 政策执行环节的问题——存量效能

政策执行是编外用工的目的，涉及编外用工的"存量效能"问题。招录是政策执行的基础，招录环节的问题会传递至政策执行环节。该环节的理想状态是编外人员各司其职，有效减轻公务员群体的工作负担，提升地方政府的行政效能。但实际运行过程往往大相径庭。招录环节造成的编外队伍臃肿、能力素养参差不齐的问题导致在政策执行环节出现部分编外人员"不作为"和"乱作为"现象。

编外人员的"不作为"是指其未按时按量完成"分内之事"，降低了政府的行政效能。这源于两点：其一，部分编外队伍存在"吃空饷"的现象，体现为部分编外人员主观上有"偷懒"之嫌。从总体上看，地方政府的编外人员群体规模庞大，时而出现人浮于事、相互推诿的问题。从结构上看，在"关系户"占比较大的编外队伍中，人力资源与执行任务要求的数量占比错配造成人手"相对不足"。其二，部分编外人员因能力不足而导致出现"难完工"和"假完工"现象。一方面，部分编外人员受限于学识水平或文化素养等难以在规定时间内完成任务，进而耽误了工作进度。另一方面，部分编外人员为了完成任务，采用变通执行、选择性执行、象征性执行的方式，使"政策走样""政策变形"，难以达到政策执行的目标。

编外人员的"乱作为"是指其不合法不合规的行为影响了政府形象与公信力。"乱作为"主要发生在综合执法领域，基层的综合执法任务与民众利益高度相关，执法过程与民众直接接触。执法的"规制性"特征使其难免与民众的利益发生冲突，如何处理冲突、化解纠纷考验着基层执法者，处理不当会造成不良影响。根据相关法律法规的规定，行政执法人员必须是行政执法机关在编的工作人员，但面对基层执法的巨大压力，编外人员成为辅助执法的重要力量。然而，由于编外人员执行能力、素质素养参差不齐，部分编外人员在面对执法冲突时选择违规执法甚至暴力执法，激化社会矛盾、埋下稳定隐患。

3. 管理环节的问题——存量优化

管理是编外用工的保障，涉及"存量优化"问题。政策执行环节的问题往往反映管理环节的薄弱，管理环节的不足往往使政策执行难以发挥应有的作用。"存量资源"需要"优化配置"才能更好实现预期目标，但现实却事与愿违。管理环节的问题可以总结为"缺监督"和"缺激励"。

"缺监督"可以从"谁来管"和"怎么管"两个问题来分析。"谁来管"是指编外用工缺乏统一机构的统筹管理。编外人员招录的自主性造成各地管理编外人员的部门存在差异，致使多头管理、责任不清的问题凸显，"编外人员到底谁来管"的问题在各部门的扯皮、推诿中悬而未决。"怎么管"是指编外用工缺乏有效的管理制度。各地政府虽有制定相关法规条文的尝试，但仍缺少规范有效的制度体系。"不作为""乱作为"现象的监督和处理等问题没有规范有效的解决方案。需要说明的是，编外队伍规模庞大，单靠"人"来实施管理难以实现有效治理，"制度"的规范作用尤为重要。以"法制"管理编外人员队伍工作既是编外用工改革的要求，也符合法治政府建设的目标。

"缺激励"可以从静态和动态两个层面来分析。静态层面是指编外人员的"报酬"不合理。编外人员薪资普遍较低、待遇差异悬殊、薪资标准模糊，"同工不同酬"现象普遍存在。编外人员工资标准的制定缺乏科学依据，既没有以岗位评级为基础，也没有参照市场规律，致使编外人员工资标准没有体现出任职的具体岗位在各单位的相对价值。动态层面是指编外人员的"流动"不合理。编外人员的绩效考核、奖金福利机制不完善、"向上"的晋升通道和"向下"的退出机制建设不完善。一方面，编外人员的绩效评定、奖金激励等机制建设不完全，且编外人员几乎没有任何晋升空间。另一方面，现有制度对退出机制未作细致规定，一些短期性、临时性的任务完成后，部分编外人员往往未随任务完成而退出，一定程度上造成了人员积压。

招录环节的"增量控制"、政策执行环节的"存量效能"和管理环节的"存量优化"使得以"解决问题"为目标的编外用工产生异化。编外用工不仅没能解决问题，还制造了诸多问题——影响了地方政府的行政效能，提高了地方政府行政成本，损害了地方政府的形象。这恰恰印证了编外用工改革的紧迫性和必要性。

二、编外用工管理的研究现状综述

为了更好厘清该议题的研究脉络，本报告对编外用工管理的相关研究进行了系统性回顾。具体而言，相关研究主要围绕编外用工的存续逻辑和"问题-对策"两个方面展开。

（一）编外用工的存续逻辑

编外用工现象的存续具有综合性和复杂性，学界对编外用工的存续逻辑剖析围绕社会文化、制度主义和功能主义三个视角展开。

1. 社会文化视角

社会文化视角强调编外用工古已有之。中国古代的非正式官员，如"胥吏"或"白员"，是当下编外人员的原型。以清代为例，州县是"一人政府"，州县地方政府由州县官和他们的四类助员（幕友、书吏、长随、衙役）共同组成，这四类助员均属非正式官僚。进一步地，有学者将清代的地方政府官员结构总结为"官僚-幕友-胥吏"的三维体系。[①] 这些非正式官员往往"位低权重"。一方面，这些非正式官员位于执法链条上，存在自由裁量空间，以国家机器为后援，具有合法伤害权。另一方面，由于很多非正式官员的流动性不强，且往往代表地方社会的权力关系与利益，在"信息不对称"下掌握着实质性权力。有学者提到，这些非正式官员通过地方长官加以事权、吏役钻营取巧、蒙蔽长官等方式得到实权。[②] 中国古代的这种人事安排被学者提炼为"官吏分途"，是帝国治理应对规模之累以及由此产生的委

---

① 陆平舟：《官僚、幕友、胥吏：清代地方政府的三维体系》，《南开学报》2005 年第 5 期。
② 周保明：《清代的地方吏役、地方政府与官僚政治》，《史林》2007 年第 2 期。

托-代理困难的一个制度安排。① 这样的传统基因仍然深刻影响着当下的人事管理，编外用工便是例证。

2. 制度主义视角

制度主义视角强调制度变迁与制度设计是编外人员存续的重要原因。从制度变迁的角度来看，编外人员有其存续的必然性。一方面，编制外的"人手增援"已成为一种惯例性安排。我国在计划经济时代便存在各种各样群众性组织来协助政府工作，如护厂队、护校队、护街队、护村队、联防队、工人纠察队等。② 进入市场经济时代，为了应对市场活跃后越来越多的政府管理任务，各级地方政府招聘了许多"临时工"或"协管员"，他们本质上都属于编外用工。③ 另一方面，编外用工亦成为化解历次改革的历史遗留问题的"缓冲垫"。改革开放以来的历次机构改革都存在不同程度的"一刀切"的现象，一些应该纳入行政编制的人员在机构改革中被切到编外，还有一部分人员在分流的过程中没有分流出去，成为编外人员。④

从制度设计上看，编外人员有扩张趋势。一方面，编制管理以及财政管理问题是导致编外存续甚至扩张的重要制度性原因。对于前者，典型问题如"软编制约束"，即"地方政府突破核定编制约束，向社会或下级政府索取人力资源，由此造成政府财政供养规模的隐性增长"⑤。对于后者，有学者提到"软财政支出问题"，即"地方政府存在着不受财政部门和人大立法机构控制、主要受经费使用部门和地方主要负责人影响的财政支出行为"。而这是地方编外扩张的重要原因。⑥ 另一方面，作为编制管理和财政管理主体的部门和上级，他们亦有意无意导致了编外存续和扩张。从同级部门角度来看，有学者提到，人员编制部门与相关部门协同不足、

---

① 周雪光：《从"官吏分途"到"层级分流"：帝国逻辑下的中国官僚人事制度》，《社会》2016年第1期。
② 金怡、丁勇：《我国现代辅警制度建设探析》，《中国人民公安大学学报》（社会科学版）2015年第3期。
③ 胡晓东：《我国政府"编外人员"隐形膨胀研究——一个基于我国地方政府的案例调查》，《甘肃行政学院学报》2017年第2期。
④ 魏娜、韩芳：《公共部门编外行政辅助人员管理：问题、思路与对策——以X市为例》，《国家行政学院学报》2015年第2期。
⑤ 吕芳：《"软编制约束"：对地方财政供养规模隐性增长的一种解释》，《北京行政学院学报》2016年第5期。
⑥ 叶静：《地方软财政支出与基层治理——以编外人员扩张为例》，《社会学研究》2016年第1期。

人员编制管理过程的体制内外监督力量不足等催生了人员编制的隐性扩张。[1] 进一步地，有学者指出，在编外扩张中，用人单位一直占相对主导地位。编办往往采用"宏观管住、微观适放"的方式灵活妥协。基层财政部门对政府购买服务人员话语权小，想控编也"有心无力"。[2] 从上下级角度来看，上级政府与基层政府政绩共享、责任连带，亦或多或少默许了编外用工的应对方式，这就为编外用工提供了空间。[3] 而这种同级部门间和上下级政府间的"行政默契"，加之制度不完备情况下的人事腐败[4]、关系户[5]等问题，成为编外存续和扩张的土壤。

3. 功能主义视角

功能主义视角强调编外人员的聘用在地方治理中发挥的作用。编外用工有利于缓解地方"事多人少"的矛盾。

从"事多"角度看，主要体现为以下三个层面：其一，地方政府任务"本来就多"。地方政府的主要工作任务可以归纳为社会管理、经济管理和公共服务。[6] 社会管理工作往往包括诸多"一票否决"的领域，为了不因一项工作而被全盘否定，地方政府对这些领域往往严防死守，而这些领域的工作常是"劳动密集型"工作，比如综治维稳、信访等，需要相当量的人员配备。经济管理工作主要是指地方政府的政绩工作，这些"亮点工程"会因地方官员在晋升锦标赛中的考量而成为地方政府工作的负担增量。[7] 其二，地方政府任务"越来越多"。随着经济社会的不断发展，政府的职能呈现逐步扩大的趋势，任务负担与日俱增。[8] 其三，地方政府还要承受上级政府传递的"软压力"和"硬压力"。"软压力"由"事权下移"的异化产生。

---

① 周敏、赵子建：《基层政府人员编制隐性膨胀问题研究——以 A 省 YZH 市 CHD 区乡镇街道机关为例》，《中国行政管理》2010 年第 12 期。

② 王锦花、吴少龙、唐文婷：《基层政府编外人员规模隐性扩张机制研究——基于 A 县的案例分析》，《公共行政评论》2022 年第 3 期。

③ 耿曙、陆媛静：《编外用人模式与基层弹性治理：基于组织风险视角的分析》，《社会发展研究》2023 年第 4 期。

④ 翟校义：《地方政府编外用人现象探析》，《新视野》2010 年第 3 期。

⑤ 魏娜、韩芳：《公共部门编外行政辅助人员管理：问题、思路与对策——以 X 市为例》，《国家行政学院学报》2015 年第 2 期。

⑥ 吕芳：《"软编制约束"：对地方财政供养规模隐性增长的一种解释》，《北京行政学院学报》2016 年第 5 期。

⑦ 周黎安：《中国地方官员的晋升锦标赛模式研究》，《经济研究》2007 年第 7 期。

⑧ 翟校义：《地方政府编外用人现象探析》，《新视野》2010 年第 3 期。

原本的制度设计是上级政府将一部分权力和责任下放给地方政府，激发地方政府积极性，但在运行过程中，上级政府把自己本应承担的任务和职能下放给地方政府，但未充分发挥协调和指导作用，造成越往基层走、政府工作压力越大的现象。① "硬压力"由"职责同构"产生。我国每一级政府的部门划分、职能配置呈现"上下对口、左右对齐"的"职责同构"特征，但在部分基层地区，由于地域差异，一些机构难以发挥作用，不必单独设置，上级政府所规定的机构设置标准反而给基层在编人员增加不必要的负担。②

从"人少"角度看，编制内"干活的人"难以满足现实需求，主要体现在以下两个层面：其一，编制人数总体相对不足。有学者从政府规模的角度详细分析了我国公务员占人口比例，认为中国公务员数量应该控制在人口比例的1‰，但从目前来看，我国正式公务员的数量明显偏少。③ 其二，编制人员结构不合理。一是不同地区的地方政府编制结构存在问题。从2001年编制改革后，国家强化了对编制数量的控制，此后历经多次机构改革，一直要求精简人员，但没有依据地方具体情况进行调整。④ 二是同一地区地方政府的不同部门间编制结构存在问题，我国政府编制只核定了总数，除了上级规定的人员配置，余下的具体分配由地方政府自行决定，这就导致部门间的编制分配存在任意性。有些部门编制过多，有些部门编制缺乏。三是同一部门内部的人员结构存在问题，主要体现在职级结构、素质能力和上下级关系上。"结构性冗余"⑤ 问题存在范围广。部分部门由于职务安排的问题产生了"职级倒挂"，造成了"领导多""干活人少"的情况。同时，由于乡镇的晋升十分有限，能力较强的人就选择了向"高处"流动，其他的部分人则产生了科层惰性，即在科层制的晋升机制下晋升诉求无法得到有效满足，因此产生了消极的工作态度。⑥

---

① 田秀娟：《基层政府编外人员的存在逻辑与治理对策》，《长白学刊》2019年第6期。
② 陈小华、杨晓赟：《地方政府编外人员扩张现象及其治理——基于H市W区L街道的实证分析》，《中共杭州市委党校学报》2017年第5期。
③ 朱光磊、李利平：《公务员占人口的适当比例问题刍议》，《中国行政管理》2009年第9期。
④ 卢福营、吴锦波：《编外用工：编制短缺背景下地方政府的能力补偿》，《浙江社会科学》2023年第7期。
⑤ 徐刚、徐增辉：《"官民比"到"官官比"：政府编制的结构规划趋向》，《中国行政管理》2014年第3期。
⑥ 岳嵩：《"编外管理编制化"能否抑制基层政府的"编外膨胀"？》，《南京社会科学》2023年第11期。

同时，编外人员的部分特性符合地方政府的利益。其一，编外人员常常"同工不同酬"，支付成本低。其二，编外人员熟悉地方风俗习惯和各类情况，有助于化解地方矛盾。[①] 其三，编外人员的灵活性有助于其在政府无法及时调整治理结构时及时回应公共事务供给方的要求；结果导向的行政控制也赋予了编外人员以处理公共事务的弹性。[②] 其四，"临时工""编外人员"的非正式属性往往成为政府推卸责任的重要说辞，编外人员有时成为新闻报道里政府不合规执法行为的"替罪羊"。[③]

此外，有研究从编外人员视角切入，探讨其行为机制与行动逻辑。从编内编外互动的层面看，政府指令式办公和尊重情感需要的管理方式使编外人员产生编外工作要求低的认知，加之用人单位主导的管理模式中存在突破范围限制、使用程序混乱、退出机制低效等不规范行为，满足了编外人员安稳工作的期望，促使编外人员进入编外岗位。而一旦上述条件发生变化，编外人员就可能退出。[④] 从编外群体在岗收益的层面来看，其在基层行政场域中的行动逻辑由4种资本所驱动：一是经济资本取向，即获取物质利益；二是文化资本，即习得工作知识与专业技能；三是社会资本，即发展社会关系网络；四是象征资本，即获取威望、名声、头衔或其他荣誉等。[⑤] 由此，编外人员加入编外岗位有其利益权衡，从而进一步解释了编外岗位存续和扩张的原因。

（二）编外用工的"问题-对策"研究

政府长期的编外用工产生了诸多问题。既有研究基于各地的调研大致归纳出以下问题。

在招录方面，部门招聘自主性大、员额不清晰等一定程度上刺激了编外群体无序扩张。有学者对地方编外用工招聘的考察发现，警辅人员的招录具有明显的地方

① 颜昌武：《刚性约束与自主性扩张——乡镇政府编外用工的一个解释性框架》，《中国行政管理》2019年第4期。

② 吕芳、胡轶俊：《在"科层制"和"契约制"之间：地方编外人员的定位》，《北京行政学院学报》2018年第3期。

③ 吕芳：《"软编制约束"：对地方财政供养规模隐性增长的一种解释》，《北京行政学院学报》2016年第5期。

④ 翁士洪、郭轶男：《基层政府编外人员规模膨胀的行为机制研究——基于浙江省S市的案例分析》，《行政论坛》2023年第4期。

⑤ 张佳希：《基层政府编外人员的行动逻辑——基于布迪厄社会实践理论的分析》，《中国人事科学》2023年第2期。

性，招聘人数和标准由有招录需求的当级政府来定。基层政府需要的警辅人员数量不存在十分客观的根据，由当级政府自己决定。[①] 亦有学者指出，编外人员处于纵向分权的权力关系中，在编外人员的招聘和管理时，执行部门有着很大的自主性。各地政府对于各部门的编外人员的存量不甚清晰，亦难以开展管理。[②]

在管理方面，职责不清、激励缺失和管理混乱使得编外群体野蛮生长。其一，编外人员的职责不清晰。有学者发现，地方警辅人员承担了很多非警务职责，他们并不仅仅是警察的助手，在一定意义上也是地方政府的助手。[③] 其二，编外人员缺少激励和监督。编外人员的工资标准的制定缺乏科学依据，既没有以岗位评级为基础，也没有参照市场规律。编外人员亦没有明确的考核、奖金、福利等规则。[④] 其三，编外用工的管理制度不规范、管理机构不统一问题突出。有学者在地方调研中发现了 5 种管理模式，分别是：由用人单位直接管理，由人力资源和社会保障部门管理，由机构编制委员会办公室管理，由组织部门或人事部门管理，由机构编制部门、财政部门、人社部门共管。在实践中，常常是用人单位与编外人员主管单位共管，多头管理、责任不清的问题十分突出。[⑤]

在政策执行方面，编外群体变通执行、象征性执行现象频发，不合规的执法行为损害了政府形象。有学者提到，编外人员对行政技术、行政程序和行政精神没有很好地把握，业务能力与编内人员存在差距。同时，编外群体多为本地人，在履职过程中容易受到乡村人际关系、人情、面子等人为因素的影响，"政策走样"、"执行偏差"、权力腐败等问题时有发生，造成政策执行难以达成初始政策目标。[⑥]

上述问题一定程度上使得编外人员的归属感、认同感较低，融入工作环境困难。有学者提到，政府尚未对编外人员的法律地位和身份进行明确的规定，编外人

① 叶静：《地方软财政支出与基层治理——以编外人员扩张为例》，《社会学研究》2016 年第 1 期。

② 吕芳、胡轶俊：《在"科层制"和"契约制"之间：地方编外人员的定位》，《北京行政学院学报》2018 年第 3 期。

③ 叶静：《地方软财政支出与基层治理——以编外人员扩张为例》，《社会学研究》2016 年第 1 期。

④ 胡晓东：《我国政府"编外人员"隐形膨胀研究——一个基于我国地方政府的案例调查》，《甘肃行政学院学报》2017 年第 2 期。

⑤ 魏娜、韩芳：《公共部门编外行政辅助人员管理：问题、思路与对策——以 X 市为例》，《国家行政学院学报》2015 年第 2 期。

⑥ 田秀娟：《基层政府编外人员的存在逻辑与治理对策》，《长白学刊》2019 年第 6 期。

员尽管在政府部门中工作，参与公共事务，但是并未受到体制保护。这种法律制度性缺失和体制性保护缺失使得编外人员产生一定的心理落差，难以真正融入政府组织工作。[①] 基于对编外用工问题的探讨，学者们提出了诸多措施，包括推动编制资源合理配置[②]、统一和规范编外人员招聘[③]、优化编外人员制度[④]、转变政府职能[⑤]等，本报告将在建议部分统一讨论。

三、编外管理的展望与建议

（一）编外用工改革进程中的"隐忧"

全国多地正逐步铺开编外用工改革工程。各地积极探索值得鼓励，但探索的过程仍应注意速度和节奏。声势浩大的改革探索工程容易让人忽视其背后潜藏的"隐忧"。本报告尝试探讨编外用工改革过程中可能会遇到的"隐忧"并将其提炼为"政府挑战"与"社会隐患"，以求帮助编外用工改革工程做好"提前预警"。

从政府视角出发，其面临的挑战可以归纳为以下两方面：一方面，政府可能面临压力提升造成的"内部挑战"；另一方面，政府可能面临负面舆情造成的"外部挑战"。

内部挑战强调编外用工改革可能给个体层面的公务员"加压"，并传导给机构层面的政府主体，影响其职能实现。编外用工的根本目的是缓解地方政府履职过程中"事多人少"的困境。如今改革工程铺开，"事多"的问题并未得到解决，反而"人少"的困境在短时间内暴露。先前的论述已探讨了导致"人少"问题的三个关键因素，这些因素短期内难以实现调整。在人员需求端响应滞后的情况下，人员供给端的迅速变化将对公务员体系和政府产生显著的冲击：其一，公务员群体所承受的工作压力上升。不少公务员本身就"担子重"，会议多、材料多、考核多、督查

---

① 田秀娟：《基层政府编外人员的存在逻辑与治理对策》，《长白学刊》2019 年第 6 期。
② 颜昌武：《刚性约束与自主性扩张——乡镇政府编外用工的一个解释性框架》，《中国行政管理》2019 年第 4 期。
③ 田秀娟：《基层政府编外人员的存在逻辑与治理对策》，《长白学刊》2019 年第 6 期。
④ 郑崇明：《庇护主义与政府编外人员的策略行为》，《甘肃行政学院学报》2019 年第 5 期。
⑤ 王锦花、吴少龙、唐文婷：《基层政府编外人员规模隐性扩张机制研究——基于 A 县的案例分析》，《公共行政评论》2022 年第 3 期。

多、报表多。过去，编外人员能帮助处理重复性任务以分担压力，但随着"规范清理"为主的编外用工改革推进，这些任务重新回到公务员身上，其工作负担进一步加重。其二，公务员群体所承受的压力增量会传导给地方政府，影响地方政府的职能履行。我国地方政府承担着诸多职能，政府的"弦"长期处于紧绷状态。政府的注意力和"精力"有限，改革后，原由编外人员群体分担的社会管理类工作将占据政府有限的资源和精力，从而影响政府在其他领域工作的时间和效率，政府"分身乏术"，多种职能实现难以兼顾。

外部挑战强调编外用工改革的不当举措会损害政府形象，降低政府公信力。如果改革推进过快而未给利益相关方足够的调整和转型时间，导致其利益受损严重，这将可能引发不良后果。部分编外人员的被迫离职使其固有的稳定性期望遭受冲击，这种变革可能引致该群体对政府的信任水平下滑。值得注意的是，这种减弱的信任感在特定情境中可能会转变为一种具有攻击性的负面情绪。部分编外人员可能会选择将自己的不满对准地方政府，在公开场合贬损政府，在媒体平台上发表不当言论攻击政府、制造负面舆论施压政府，这会给政府形象和公信力造成负面冲击。

从编外群体视角出发，其带来的隐患可以总结为以下两方面：一方面，编外群体"被动"面临失业危机；另一方面，编外群体受人挑拨可能"主动"引发事端。

编外用工改革使部分编外人员成为待就业人群，但不同处理方案的社会后果差异显著。如果改革进程操之过快，短时间内大批编外人员"加入"到竞争中，可能引起就业市场大幅波动，加剧岗位的供求失衡问题。部分编外人员长期在非技术型工作岗位工作，年龄偏大、学习能力不足、再就业能力不足，如果这部分群体未能接受相应的技能培训，他们可能难以适应当前的就业市场而面临长期失业的风险。这对于编外人员的家庭而言是沉重打击，容易滋生社会的不稳定因素。

编外用工改革中的不当举措还可能引发群体性事件，破坏社会稳定。被优化调整的编外人员有着相似的遭遇，常常因有共同诉求而更易达成集体行动。这一群体在情感和工作层面有着紧密的联系，常显现出团结的特质，其集体力量不容小觑。如果改革操之过急导致与该群体关系紧张，则有可能引发"群体失控"的问题：一方面，该群体的文化水平参差不齐，部分成员容易受片面思维或情绪影响。若这一群体受到非理性情绪驱使或被某些利益因素诱导，导致集体上访甚至发起抗议活动，将对社会治安构成重大挑战。另一方面，若该群体情绪持续累积，并与其他集团结合挑战社会稳定性，挑起人民内部的分歧与矛盾，其潜在的破坏性效应将具有更深远的影响。

（二）编外用工改革建议

编外用工管理进入了改革新时期，挑战与机遇并存。根据走访调研情况，结合编外用工管理的发展现状与相关研究成果，本报告提出如下建议。

第一，坚持增量控制，统一统计口径。坚持增量控制也即减少甚至停止编外人员的招录，该措施的前提是统一统计口径，推动精准排查。只有清楚当下编外人员的具体情况，才能在今后的工作中做到"对症下药"，而不是"眉毛胡子一把抓"。应尽快明确界定编外人员的统计范围，统一各地对编外人员的统计指标，明确回应临聘制、合同制和劳务派遣方式招募的人员是否均属于编外人员，清晰划分执法辅助、技术技能、特殊工种、窗口服务和普通辅助等编外聘用人员的统计类型；积极开展编外用人情况摸底统计工作，认真核查现有编外人员情况，严格按照统计口径填报编外用人情况统计表。在此基础上，应减少编外人员的招录，控制编外人员进入政府系统的规模，从源头上限制编外人员队伍的进一步扩张。

第二，有序推进调整，实施温和策略。有序推进调整也即按阶段、按步骤、按程序调整编外队伍，逐步实现编外人员队伍的"瘦身"，该措施的关键在于实施温和策略。编外人员队伍优化调整工作如果操之过急、用力过猛，往往容易适得其反，政府挑战可能演变为政府"剧痛"，社会隐患可能演变为社会"问题"。在优化调整编外队伍，尤其是涉及规范清理的工作时，宜少命令、多协商，宜减少远程交流，增加面对面沟通；分阶段、分步骤有序推进编外人员队伍的优化调整工作，切忌速度过快，步子过大。坚持以时间换空间，逐步"消化"历史遗留问题，有序推动核减调整。

第三，做好兜底保障，落实就业安置。做好兜底保障也即关照离职的编外人员，做好这部分群体的离职保障和再就业服务工作，该措施的核心在于落实保障安置。编外人员队伍的优化调整工作应该充分考虑这一群体的感受，帮助这部分群体积极准备和应对离职后可能遇到的生活困难，做到"为人民着想"。确保离职编外人员的基本生活，切实保障其资金补偿；积极推动离职编外人员的再就业，办好再就业服务中心，开展职业培训和职业引导，提高这部分人群的再就业能力；加快构建就业创业服务信息平台，拓宽就业信息渠道，充分运用数据资源，畅通信息渠道，促进供需有效对接，为离职编外人员的就业创业提供立体服务。

第四，促进存量优化，统一规范管理。促进存量优化也即盘活现有的编外人员，整顿编外人员的问题，该措施的核心在于统一规范管理，完善管理制度体系。统一编外人员管理机构和管理制度，并针对不同类型的编外人员进行差异化管理是关键举措。明确编外人员的管理机构及其相应的职责权限，实施统一管理；制定编外人员管理台账，统筹人员配置，提升效能；制定明确的绩效考核体制，建立健全激励机制和有序退出机制。在编外人员队伍优化过程中应避免一刀切，对不同类型的群体做好差异化管理：一是能力突出的、有技术专长的、处在关键岗位的群体；二是为党和国家以及经济社会发展作出重要贡献乃至受伤致残甚至作出牺牲者的配偶和子女给予关照安排就业的、对特困群体急需帮扶而给予安排就业的群体；三是能力欠佳的、工作态度消极的、工作方式简单粗暴的、"不作为""乱作为"的群体。

第五，深化政府改革，推动职能转型。该举措是解决编外人员存续甚至扩张问题的"治本之策"。推动政府各部门明晰职责体系，推动编制管理的弹性调整，通过创新管理方案调动公务员群体的积极性，减少部分公务员对编外人员的依赖情绪。各地政府应当加快推动职能转变，全面实行政府权责清单制度；各地政府各部门"三定"方案应根据实际情况和社会发展变化及时调整，在该方案的基础上编制和公布权责清单，进一步明确职能边界；各部门应加快建设编制内职责分工体系，合理安排任务数量，将任务尽量落实到个人，通过有效的考核创新减少"45岁现象"，提高机关内大龄人员的工作积极性。

四、报告要点

本报告对中国政府编外用工管理的实践进展和理论研究情况进行了系统性梳

理，在此基础上对编外用工管理的现状进行分析，并对未来改革提出了进一步建议。总体而言，本报告涉及以下几方面要点。

编外用工改革反映了地方政府的差异性治理。编外用工已成为地方政府的一种常态化现象，部分地方政府的编外人员总数甚至超过了正式编制内的人员，这对政府管理构成了挑战。编外用工相关法规文本的数量总体较少，且在不同地区之间存在显著差异。南部和东部地区的编外用工管理制度化水平相对较高，这些地区可能面临更多的用工管理挑战，因而法规制定较为积极和完善。编外用工管理规定的制发单位存在明显差异，编外用工管理的法规文本主要由地方人民政府制发，但也有部分由人力资源和社会保障局、市场监督管理局等专业部门制发，一些地方的具体部门也会发布其内部的编外用工管理办法。"规出多门"反映了编外用工管理的复杂性以及地方政府的自主性。

编外用工在招录环节、政策执行环节、管理环节存在普遍问题。在招录环节，编外用工缺乏有效的监管，导致编外人员的数量和质量问题。各级政府缺乏对编外人员情况的相关统计和总量控制，加之"财政软约束"对编外人员供养的限制不严格，导致地方政府编外用工呈现"越多越好"的趋势，招录过程中"关系户"等人事腐败现象屡见不鲜，影响了编外用工的公平性和效率。在政策执行环节，编外人员的"不作为"和"乱作为"普遍存在。部分编外人员未能按时按量完成工作任务，在面对执法任务时选择违规执法或暴力执法，直接影响社会稳定和公共安全。在管理环节，缺乏统一的管理机构和有效的管理制度，导致管理体系的不统一和低效。地方政府对编外人员的管理常常出现多头管理、责任不清的问题，导致编外人员管理效果不佳；编外人员的激励机制不完善，薪酬待遇不合理，导致编外人员工作积极性不高，管理难度增加。

既有研究主要围绕编外用工的存续逻辑和"问题-对策"两个方面展开。编外用工的存续逻辑主要通过社会文化、制度主义和功能主义三个视角开展研究。社会文化视角认为编外用工现象在中国古代就已存在，类似"胥吏"的非正式官员是当前编外人员的原型；制度主义视角强调编外用工的长期存在是制度变迁和制度设计的结果，包括编制管理和财政管理问题；功能主义视角则强调编外用工在地方治理中的作用，有助于缓解"事多人少"的矛盾，提高地方政府的行政效能。编外用工涉及历史遗留问题、编制管理、财政管理等多方面原因。编制外的"人手增援"已成为一种惯例性安排，也是化解历次改革历史遗留问题的"缓冲垫"；地方政府在编外用工的招录和管理上具有较大的自主性，造成招录和管理过程产生问题，包括招录数量失控、管理体系不统一、激励机制不完善等，这些问题需要通过系统性的改革和制度完善来解决。

报告探讨编外用工改革中的"隐忧"，分为"政府挑战"和"社会隐患"。政府挑战可分为内部挑战与外部挑战，内部挑战是指编外用工改革可能给公务员带来更大压力，并传导至政府机构，影响其职能实现；外部挑战是指不当的改革举措可能造成部分离职的编外人员参与不当活动，进而损害政府形象。社会隐患可分为失业危机与群体性事件：失业危机是指编外用工改革可能使部分再就业能力不足的离职编外人员面临失业风险，对家庭和社会稳定构成威胁；群体性事件是指编外用工改革中的不当举措可能导致"群体失控"，持续累积的情绪与其他集团结合，挑起内部分歧与矛盾，产生深远的破坏性影响。

报告建议从五个方面推进编外用工改革。第一，坚持数量控制。统一各地对编外人员的统计指标，明确界定编外人员的统计范围；控制编外人员进入政府的规模，从源头上限制编外人员队伍的进一步扩张。第二，有序推进调整。编外人员队伍的优化调整工作应该按阶段、按步骤进行；在优化调整过程中，应该避免过快推进，减少远程交流，增加面对面沟通，确保优化调整工作的顺利进行。第三，做好兜底保障。编外人员队伍的优化调整工作应充分考虑离职编外人员的生活保障，确保其基本生活需求；推动离职编外人员的再就业，提供职业培训和职业引导，提升再就业能力，确保社会稳定。第四，促进存量优化。通过统一编外人员的管理机构和管理制度，统筹人员配置；制定明确的绩效考核体制，建立健全激励机制和有序退出机制。第五，深化政府改革。推动职责体系建设，明晰编内、编外人员职责，通过创新管理方案调动公务员积极性，减少对编外人员的依赖。

（作者单位：南开大学周恩来政府管理学院）

政府改革热点与基层治理

城市管理综合执法数字化改革报告

杨书文

进入新时代以来，我国不断深化社会信息化、城市智慧化发展，这就要求城市管理的内容和范围不断拓展。与此同时，市民对城市管理的各方面需要也与时俱进，要求城市管理更加智慧化、精确化和规范化。随着城市化进程的加快和信息技术的飞速发展，传统的粗放式城市管理执法模式已无法满足日益复杂的城市治理需求，我国各地积极推动城市管理综合执法数字化改革，围绕规范化、高效化、便民化三大目标，探索城管执法新路径。本报告通过对 2023 年各地城市管理综合执法数字化改革措施的梳理发现，2023 年，我国城管执法数字化工作取得重要进展，但也存在诸多问题。本报告基于城市管理执法体制整体改革思路，从平台建设、机制完善、公众参与等角度提出完善路径。

一、2023 年城市管理综合执法数字化改革现状

2023 年，本报告选取部分典型城市，对城市管理综合执法数字化改革方面的实践探索情况进行简要归纳。（见表 1）

表 1　2023 年代表性城市数字城管建设成果

城市	基本做法	建设成果
北京市	建成城市管理综合执法大数据平台；打造智慧掌端；构建"横到边、纵到底"的城市运行"一网统管"应用体系	"一库汇聚融合、一图指挥调度、一端智慧执法、一网协同联动"的工作格局
上海市	打造多屏联动的系统底座；完善执法监督系统"1＋4＋1"架构；建设多元高效应用场景	建成全市基准统一的"城管执法时空底图"

续表

城市	基本做法	建设成果
广州市	打造集感知、分析、服务、指挥、监察于一体的信息化平台；创新"大物管"模式	"五位一体"的信息化城管平台
深圳市	打造感知、分析、服务、指挥、监察五位一体的深圳智慧城管；打造最聪明的"城市大脑"和大城管业务体系	"一云两平台 N 系统"的技术支撑框架；"城市管家"
成都市	有序推进各项信息化项目建设，积极推动多项重点项目建设实施，大力推进"四种能力"建设，加快运用信息技术创新城市管理手段	初步形成"两个中心、一套机制、六大平台、两项体系"的"2162"智慧城管框架
昆明市	建设全覆盖、功能完善的城市监测物联网，建设城市综合大数据平台；建设执法大数据智慧监督管理平台等设施	智慧城市运营中心
广州市	综合运用物联网、云计算、大数据、AI 识别等信息技术	智慧城管运营平台，城市管理和综合执法"一网统管"
合肥市	基于大数据、人工智能提升城市精细化治理	"城市大脑""交通超脑"
武汉市	构建"城市大脑"	智慧城管云网、"互联网＋民生服务"
长沙市	城市综合管理平台、"长政通"	"城市大脑"
南昌市	"城市大脑""一网统管"	实现"赣政通"掌上监管
南京市	政务大数据中心、推进数字化建设	"我的南京""掌上云社区""城市大脑"
厦门市	聚焦数字技术与城市建设管理相结合，加快各类智慧平台的建设	"i厦门"平台优化升级；"一网统管""一网协同"进程加快
宁波市	加快移动网络建设；建设物联网公共服务平台；开展城市运行大数据分析服务	物联网公共服务平台建设；全国重点区域网络质量进行的专项测评三届第一
东莞市	以最小可实施单元为切入点，创造更多应用场景	数治莞家，"1＋1＋N"新模式
珠海市	数字化与城市治理结合，以精细化治理为原则打造智慧城管系统	数字城管指挥大厅

资料来源：根据各省市政府网站及相关新闻报道整理。

（一）北京市

北京城管坚持"一把手主抓、一盘棋推进"，在全国率先建成市、区、街一体化设计应用的城市管理综合执法大数据平台，形成"一库汇聚融合、一图指挥调度、一端智慧执法、一网协同联动"的工作格局，在顺应超大城市运行和发展规律上迈出重要一步。

1. 执法智慧化转变

为提升一线执法效能，以移动执法终端为基础打造智慧掌端，集成证照识别、语音填报、预警提示等功能，为一线执法队员提供执法依据、执法标准和执法参考。北京建立全市感知终端"一套台账"，强化感知终端统筹管理。推进智慧杆塔等感知底座组网建设，实现多种设备和传感器"一杆多感"综合承载。同时，推动空间计算操作系统、区块链工厂、未来智能系统平台、隐私计算基础平台等关键技术的研发与建设，并促进这些技术在多元化场景中的实际应用。运用区块链等技术工具严格立销案管理和存证固证，严控立案、调查取证、呈批、决定、执行等关键环节，让执法办案流程更加清晰、程序更加严密，构建一线执法办案全环节、全流程数字化管理机制。

2. 执法检查简约优化

依托大数据平台汇集的行政检查、处罚、强制执行等信息，对执法事项和执法对象进行分类分级，并动态调整分级情况，实施差异化执法措施，实现"信用＋风险"管理模式。进一步制定城市管理轻微违法违规行为免罚事项清单，推广运用说服教育、劝导示范、行政指导等手段，助力优化营商环境。

3. 提升城市执法联动能力

提升城市执法联动能力，建设城市管理综合执法大数据平台。推动智能化办案，强化跨区域、跨部门执法办案协作。构建科学完备的执法监督管理体系，实现市、区、街（乡镇）层级的执法监督全覆盖。发挥大数据平台对城市管理的支撑作用，创新部门协同模式，把相关市、区部门及公共服务企业全部纳入大数据平台，打通管理与执法协作共融通道，在数据共享的基础上开展线索移送、实施联合惩戒等，将线下协调转为线上联动，极大地降低了协调成本，提高了协同效率。

4. 深化"一网统管"

推动城市运行"一网统管"。以城市事件为牵引，统筹管理网格，构建"横到边、纵到底"的城市运行"一网统管"应用体系，推动城市管理、应急指挥、综合执法等领域的"一网统管"，提高城市公共资源配置优化能力，促进城市治理体系创新，提高城市治理现代化水平。

（二）上海市

1. 筑牢数字化转型稳固根基

上海市打造多屏联动的系统底座，以全市一体化办公平台为支撑，不断完善城管执法多屏协同应用系统。夯实开放共享的数据底座，以全市城管执法数据中台为依托，推进城管执法数据底座建设。制定数据采集、清洗、集成和转换的技术标准规范，形成统一、开放、可操作的数据标准体系和评价指标体系。强化数据驱动监管，对勤务、诉件、案件、督察、培训等业务数据进行融合碰撞，推动数据要素多场景应用、多主体复用，形成"用数据对话、用数据决策、用数据服务、用数据创新"的业务模式。畅通数据回流通道，持续推动数据为基层赋能，不断完善数据汇聚、共享开放、有序利用、多元参与的数据治理生态。

2. 拓展"五位一体"功能布局

持续完善"网上办案系统"，优化执法事项动态更新维护机制，推动新划转执法事项的落地实施。强化人员绩效考核应用，建设考核系统移动端功能，畅通与业务系统数据对接。完善执法监督系统"1＋4＋1"架构，夯实执法监督日常管理1个基础底座，健全日常督察、案卷评查、专项检查、监督评议等4项监督业务功能，打造执法监督主题可视化1屏显示。不断完善市、区、街（乡镇）三级勤务指挥调度体系。提升市民诉件处置实效，优化诉件数据整合归集，加强诉转案、重复投诉件的数据研判，强化风险预警和源头管控，提高诉件处置督办效能。

3. 建设多元高效应用场景

打造建筑垃圾全流程、全业务应用场景，优化数据共享和数据治理，构建建筑工地、运输路线、消纳场所的"两点一线"关系图谱。打造住宅小区综合监管应用场景，优化数据共享和管执联动工作机制，打通上海物业和上海城管移动端应用，实现线上闭环处置。打造"市容环境"综合监管场景，实现点位设置、日常监管、动态评价等多维数据的统一展示，全面分析沿街商铺分级分类监管成效，基于历史案件、诉件、检查情况实现分区域、分事项的态势感知。探索多元参与的应用场景建设模式，依托"一网统管"体系，规范市级、区级应用场景建设标准，推进建立全市城管执法系统开放多元、充满活力、智能高效的数字化应用场景生态体系。

4. 执法模式转型发展

完善"执法对象监管系统"应用，优化分级分类规则，不断健全工作指引，拓展监管领域，探索建立以双随机抽查为基础、分级分类管理为核心、专项检查为补充的创新执法模式。推动各区整合利用雪亮工程视频监控、区城运中心物联感知神经网络、自建智能算法等资源，通过项目建设、服务采购等多渠道多方式，健全城管执法领域的态势感知和智能发现能力。

5. 提升执法科技应用水平

着力建设"图网码"一体推进的数字化基础工具，建成全市基准统一的"城管执法时空底图"，协同推进条块部门一网协同，制作全市城管执法系统标准一致的"城市码"赋能各级应用。积极试点应用无人机和高分辨率卫星遥感技术，实现对常态化监管区域开展自动巡航，对重点领域信息做到定期采集，对突发性问题确保快速投放，建立"平急融合"调度响应机制。聚焦一线执法队员工作实际，不断强化手持执法终端、执法记录仪、便携式打印机、车载视频巡逻车、固定高清视频探头、智能监控布控球等高科技执法装备配置，打造"物联、数联、智联"的执法数字化设备底座，为各类执法实战活动提供强大装备保障。

（三）广州市

1. 智慧城管产业化

通过智慧城管产业化思路，综合运用物联网、云计算、大数据、AI识别等新一代信息技术，打造集感知、分析、服务、指挥、监察于一体的信息化平台，数字化驱动多元主体全流程协同治理，实现"部件管理可视化、人员（物资）管理线上化、作业管理工单化、群众参与多元化"，推动城市管理、运营、服务智能化，健全保障机制。

2. 创新模式完善机制

助推城市问题解决创新"大物管"模式。把政府部门、城市管理服务公司、市民等多元主体纳入城市问题处置的全链条、全要素、全环节，数字化驱动多元主体全流程协同治理，构建共建共治共享城市运行新生态，以流程再造提升治理效能。开发环卫收费系统并推广使用，智慧城管收费模块通过微信小程序收费，做到了

"金额透明、应收尽收、操作简单、一键缴费"。创新监察模式，面对城中村"脏乱差"、监管不到位、舆情压力大等疑难杂症，系统"感知、分析、服务"功能，提升了监察力度，通过考评机制保障系统落地，对接纪委"预防微腐败"平台保障各项制度有效执行，以技术创新和制度落实"双轮驱动"深度赋能城市管理日常监管，进一步推动城市治理工作由阶段性向长期性、突击式向常态化、粗放型向精细化转变。

3. 全方位赋能实现市容环境治理双提升

以实现部件管理可视化、人员（物资）管理线上化、作业管理工单化、群众参与多元化为手段，全面构建体现整体性转变的功能系统、支撑全方位赋能的技术框架，整体实现了由被动处置型向主动发现型、由经验判断型向数据分析型、由人力密集型向人机交互型、由政府主导型向市民共治型四个转变。建立基础信息平台，推动部件可视、智能监管。"一图统管"不同城市部件，通过 AI 赋能，发挥智能监管功能，以工单驱动数据动态更新，通过 AI 智能监管违规人和事，统管城市管理相关一切"物"。系统支持各级城市管理部门、作业单位实现对区域内相关城市部件、人员、车辆、告警、工单等要素的动态监管。平台打通数据壁垒，实现以工单鲜活数据为基础的数据筑底，以多元多维数据分析研判及预测为城市管理决策规划提供有力支撑。

（四）深圳市

1. 建设城管智慧中心

深圳市全力打造感知、分析、服务、指挥、监察五位一体的深圳智慧城管，智慧城管系统构建了"一云两平台 N 系统"的技术支撑框架，即依托全市政务云资源，搭建对内指挥调度平台和对外公众互动服务平台，建设 N 个能有效提升精细化管理能力的业务应用系统。同时，强化云计算、大数据、人工智能等新一代信息技术的运用，搭建了综合指挥调度平台、大数据分析决策平台、智能考评管理子系统等 10 个子平台，为环卫管理、城中村整治、城管执法等城市管理行业提供强大技术支撑，衔接各项业务，促进各管理要素有效监管、各类数据汇集融合、各个系统有效联通、各个部门业务融合，五个方面的能力大幅提升。智慧城管系统建成了智慧环卫、智慧执法、城中村综合治理等九大城管业务应用系统，极大推动了城市管理理念更新、模式转型、机制优化，城市管理与服务的科学化、智能化、精细化水平得到跨越式提升。

2. 打造线上"大管家"

以"美丽深圳"微信公众号为窗口，打造最贴心的"城市管家"，打通城市管理和服务"最后一公里"，为市民提供更优质、更便捷、更精准的城市管理服务。"美丽深圳"微信公众号发挥城管工作展示窗口和信息传播的作用，以市民喜闻乐见的形式传递政策、分享咨询，全方位、多角度进行宣传报道，向社会各界展示城管工作动态、阶段成果和实际成效，传播城管声音，塑造城管新形象。

3. 城市管理业务一体联动

深圳全面落实全市"一网统管"总体部署，以建设城市运行管理服务平台为契机，充分利用城管各行业已有的系统平台，深化智慧城管一期系统整合和迭代升级，加快推进智慧城管二期建设，将城管指挥中心打造成集系统运行监管中心、业务指挥调度中心和公众互动服务中心于一体的智慧城市管理新平台，从分散、孤立的业务系统转型发展为基础设施共建共用、信息系统整理部署、数据资源汇聚共享、业务应用有效协同的综合系统，打造最聪明的"城市大脑"和大城管业务体系，使城市管理的所有业务"一体联动""一网感知""一图知全局"，推动城市治理体系和治理能力现代化。

（五）成都市

成都市智慧城管以"安全、清洁、有序、便民"为目标，紧密围绕智慧城管建设，有序推进各项信息化项目建设，积极推动多项重点项目建设实施，加快运用信息技术创新城市管理手段，初步形成"两个中心、一套机制、六大平台、两项体系"的"2162"智慧城管框架，显著提升了城市管理的信息化、智慧化水平。成都市城市管理实时感知、快速发现、高效处置、精细管理的能力不断增强，在提高管理效率、提升管理效果、加强服务工作等方面取得了良好成效：一是夯实城市数字基础设施，构筑集约共享新基座，包括建强城市智能基础设施、建强城市数据资源体系、建强城市数字使能平台三个方面。二是建设智慧蓉城运行中枢，构建整体智治新模式，包括建立智慧蓉城运行管理架构、提升城市体征监测预警水平、提升事件处置指挥调度水平三个方面。三是打造重点领域应用场景，塑造智慧蓉城新形象，包括推进公共管理智慧化、推进公共服务智慧化、推进公共安全智慧化三个方面。

（六）昆明市

《昆明市新型基础设施建设投资计划实施方案》中提到统筹部署"智慧＋"基础设施，其中有智慧城市管理基础设施。统筹推进智慧城市运营中心，继续完善"雪亮工程"覆盖，充分利用人工智能等技术提升图像解析和综合治理能力。建设全覆盖、功能完善的城市监测物联网，建设城市综合大数据平台。建设和完善智慧交通、智慧城管、智慧社区信息平台、网格化管理处置系统、执法大数据智慧监督管理平台等设施。

推进城市综合管理数据和其他行业数据的共享。按照开放、共享原则，促进多部门公共数据资源互联互通和开放共享，强化视频监控、交通运行、供水供气供电、防洪防涝、生命线保障等城市运行数据的综合采集和管理分析，形成综合性城市管理数据库，不断增强城市数字化网格化管理的感知、分析、服务和指挥能力。

（七）广州市

广州市依托大数据、物联网、云监控、数字分析等现代信息技术，加快推进城市运行管理服务平台建设，实现"智慧化""精细化"管理，让科技"智"理城市。智慧城管以科技赋能为主线，首创智慧城管运营平台，综合运用物联网、云计算、大数据、AI识别等信息技术，实现城市管理和综合执法"一网统管"。

广州市政府实施智慧化城管建设和改造，科学谋划当前及未来的智慧城管建设。明确发展目标、重点领域，确保建设的可持续性和有效性。同时学习参考先进的建设经验，特别是白云城管先进的建设经验模式，积极应用大数据、人工智能等技术，结合从化区的地理条件和财政实际等情况，因地制宜逐步推进城管智慧化应用建设和改造升级。

（八）合肥市

《合肥市"城市大脑"建设方案（2021—2023年）》中关于借力数据，破解城市交通拥堵的难题，可以运用人工智能、大数据等先进技术的"交通超脑"，让出行变得更加便捷、高效。"交通超脑"可以针对堵点挖掘、堵因分析、拥堵治理等智能生成交通拥堵报告，然后根据这些报告制定路口优化方案；依托"城市大脑"统筹建设合肥市市场监管综合业务系统平台，实现统一门户、统一机构管理、统一用户管理等功能；依托"城市大脑"推进智慧社区建设。

（九）武汉市

《武汉市加快推进新型智慧城市建设实施方案》明确提出，要加快提升具有武汉特色的超大城市治理现代化水平。

推动城管数据平台与"城市大脑"深度对接，利用视频识别、物联感知、AI分析等技术提高事件智能发现以及处置能力。持续推进智慧环卫系统建设，健全垃圾分类智能化监管体系。

推进智能交通联网治堵。推动智慧交通出行建设，实现一体化、全流程智慧出行服务。整合车流、人流、物流和市政基础设施等数据资源，实施基于人工智能的交通指挥和管理，提高通行效率、运力衔接和应急处理水平。

深化平安城市智慧防控。提升公安信息基础设施支撑能力，整合公安数据资源，再造现代警务流程。推动"一标三实"信息采集，推动重点公共区域高清视频监控100%联网共享，建设全方位治安防控感知体系，实现重点区域、重要关口、重要时段的全天候无死角防控。

全力打造城市大脑。建设城市大脑基础平台，以城市数据资源融合共享为主线，打造感知、联结、计算、运用"四位一体"的城市大脑，赋能经济社会高质量可持续发展。建设数据中枢，形成汇聚、治理、共享、分析、开放的数据支撑体系，构建统一对外数据服务能力。建设应用支撑中枢，提供公共业务支撑和技术支撑，形成便捷部署能力。

（十）长沙市

长沙市人民政府2023年2月6日发布的《关于进一步加强新型智慧城市和数字政府"四梁八柱"建设的指导意见》指出，长沙市为统筹布局全市新型智慧城市和数字政府建设，以"四梁八柱"（四大基础设施，四大综合平台，八大领域应用）为统领，促进规划"一盘棋"、建设"一体化"、数据"一本账"。

建优用好城市综合管理服务平台，推进智慧市政、智慧园林、智慧环卫、综合执法等领域信息化应用体系的整体布局建设，打造高效协同的城市管理执法体系，基本实现城市综合管理领域全面智慧化管理。加快城市生命线管理系统建设，提升对房屋、桥梁、燃气、供水、热力、排水等重点城市部件的综合监控、状态监测、预警预报能力，升级拓展城市运行监测领域。建设完善智治平台，全面提升文明创建智能监管水平，助力打造全国文明典范城市。

积极打造多元参与、功能完备的民生保障服务网络，构建全体市民共建乐享的数字生活新方式。以"我的长沙"城市移动综合服务平台为统一入口，探索推进"多卡合一""多码合一"，丰富基本公共服务数字化应用，构建集身份认证、待遇支付、资金结算等功能于一体的服务体系。加快"互联网＋教育"建设，推进数字教育资源开放共享，构建网络化、智能化、个性化教育体系。

打造一体化智慧民政平台，建设民政数据治理中心，提升基本民生保障、基层社会治理、基本社会服务水平。

（十一）南昌市

2023 年 7 月 28 日发布的《江西省数字政府建设总体方案》指出，加快建设整体协同、高效运行的数字政府，推进政府治理体系和治理能力现代化。

1. 积极推进智慧执法

加强信息化技术、装备的配置和应用，以新型监管技术提升监管智能化水平。依托"赣政通"平台部署移动执法监管应用，实现"掌上监管"。推行以远程监管、移动监管、预警防控为特征的非现场监管。建立事前失信警示提醒机制，为经营主体发布信用风险提示和指导，帮助经营主体防范化解失信风险，推动行政处罚信息信用修复"不见面办"。完善技术交易服务链条，加强知识产权保护。强化以网管网，加强平台经济等重点领域监管执法，全面提升对新技术、新产业、新业态、新模式的监管能力。

2. 完善新型智慧城市建设

推进城市基础设施数字化建设，完善城市末端感知系统，实现城市空间"一张图"数字化管理。构建城市动态数字孪生模型库，促进城市感知、模拟、预测、决策全流程智慧化转型，支撑"城市大脑"建设。

3. 推进智慧社区建设

构建社区智慧服务体系，推进社区基础设施数字化、智能化改造，精简归并社区数据录入，建设社区便民服务站，推行"就近办"、"自主办"、"远程帮办"和"智能导办"等服务。提升市县"一网统管"建设水平。

（十二）南京市

《南京市"十四五"数字经济发展规划》发布后，南京市加速推进数字技术与实体经济加快融合，"数字南京"加快建设推动城市治理数字化转型向纵深发展，成立市大数据管理局，组建市大数据集团，建成政务大数据中心，建设全市统一的政务云平台。以"城市大脑"为抓手，开展实时交通、空气质量、水务等大数据综合分析和指挥调度，为智能交通运行、生态环境治理、突发事件应急处置和联动指挥等提供数据支撑，营造了安定有序、活力高效的城市发展环境。全面推进政务系统数字化建设，建立政务服务清单，完善数据共享体系和协调机制，促进公共数据资源汇聚和开发开放，着力消除"信息孤岛"。利用数字思维和数字工具科学系统谋划，优化顶层设计，强化资源整合，重构治理模式。

（十三）厦门市

《厦门市加快数字经济发展行动计划（2024—2025 年)》强调对"i 厦门"平台的功能进行优化和升级，聚焦高频和融合的事项，推进各项服务向"好用""用得好"方向发展。在数字平台建设方面，厦门市聚焦数字技术与城市建设管理相结合，加快各类智慧平台的建设，通过数字平台实现"一本账"管理。同时建设一体化公共数据资源平台，加快数据流通、信息共享。持续推进政务服务从"一网通办"向"一网好办"升级，加快"一网统管""一网协同"项目的进程。

（十四）宁波市

1. 加快移动网络建设

《宁波市智慧城市建设"十四五"规划》提出加快移动网络建设，推进 5G 网络深度覆盖，实现全市 5G 信号覆盖和规模商用。宁波市在 2024 年 6 月由工信部委托、中国信息通信研究院牵头组织的，聚焦全国重点区域网络质量进行的专项评测成绩中位列榜首，蝉联三届冠军。

2. 建设物联网公共服务平台

宁波市还积极推动建设物联网公共服务平台，推进传感设备的统一接入，实现传感设备的统一接入和统一管理，实现传感数据的共享与使用；以"851""城市大脑"加强共性算法分析、业务协同等职能，推动不同部门、不同领域的业务融合互动与流程再造。构建多部门协作的智能化集成应用场景，加快推进"跨市通办""一网通办""自助办"等政务服务项目。

3. 开展城市运行大数据分析服务

通过大数据的综合分析，增加城市的预警能力，时刻掌握城市管理动态，增强应急响应和跨领域协同能力，全面提升市域治理能力现代化水平。

（十五）东莞市

东莞市以"智"促"治"，结合自身实际探索出一条城市"智治"新路径。围绕"科技创新＋先进制造"的城市特征，紧扣"数治莞家"新模式这一目标，以推进人工智能与政府治理的深度融合为重点突破点，立足东莞的城市特征，以最小可实施单元为切入点，循序渐进，创造出更多具有先导示范意义的应用场景。

1. 数治莞家，"1＋1＋N"新模式

围绕构建"数治莞家"新模式，按照"1＋1＋N"建设理念，与华为深入合作，着力构建1个数字底座，建设116个项目，用数字手段解决政府管理中的问题。有效地促进了治理思想创新、模式转型、方式重构、体制重构、能力提升，实现了以数字化为特征的政府治理向扁平化、精准化、协同化发展。

2. "智慧城管"体系

基于精细化治理理念，东莞构建"智慧城管"系统，建立26项城市管理制度，逐步构建"感知、分析、服务、指挥、监督"五位一体运行机制，运用"大数据＋AI"对全市各类环卫垃圾运输车、渣土运输车辆、天然气管道进行数字化赋能、智能感知、全天候监控，用数字化手段提高城市管理的"绣花功夫"。东莞市的"133＋N"系列应用的智慧城管大平台形成了多个智慧应用场景，初步实现AI赋能、信息流转、案件闭环、民呼有为。

(十六) 珠海市

珠海市积极顺应数字化潮流，认真贯彻落实广东省数字政府"十四五"规划和珠海市"数字政府"建设总体规划要求，打造自身智慧城管体系，取得一系列成果。

1. 辖区内全部行政村纳入数字网格管理

珠海数字城管将每两个行政村作为一个网格，开展地理信息普查，将得到的乡村信息录入数字城管大数据库。在全市每个行政村村委会安装业务终端，将村干部确定为业务终端操作负责人，每两个行政村配备一名城管专职巡查员，确保及时发现并解决问题。

2. 联合实施刚性综合评价

珠海数字城管将综合评价系统与纪委（监委）效能监察联网，通过数据间的交流共享，对全市各级城乡管理责任单位进行绩效评价，并通过媒体定期向社会公布结果，确保城管执法的透明度。

3. 一站式便民服务

珠海数字城管还推出线上便民服务，拓展"珠海城市管家"微信公众号配套功能服务，更好了解群众需求，为群众服务。数字城管提供投诉、一站式查询和预订等功能，涵盖多个方面，大大提高了为民服务质量。

二、2023 年城市管理综合执法数字化改革研究综述

近年来，国家大力推进新型智慧城市建设，智慧城管作为智慧城市建设的重要组成部分，也吸引了众多学者参与其研究。本报告在 CNKI 期刊数据库中以"智慧城管""执法数字化"等为主题，将 2023 年作为时间范围节点进行检索，共找到 62 篇文献，其中筛除非学术研究领域的行政执法案例、新闻纪实等无关文献共 30 篇，确定 32 篇学术文献作为研究样本，并对研究内容进行分析。

表 2　2023 年城市管理综合执法数字化改革相关文献检索统计列表

研究角度	文献数量/篇	文献占比/%
数字化治理创新研究	8	25
智慧城管平台建设	13	40
地方智慧城管执法创新研究	11	35

数据来源：由 CNKI 数据库获取原始数据后自制。

由表2可以看出，近年来关于智慧城管的研究集中在数字化治理创新研究、智慧城管平台建设和地方智慧城管执法创新研究这三个方面。其中对于智慧城管平台建设的研究比重更大，可以看出学界对于智慧城管平台建设的研究较为重视，试图通过宏观的、系统的、科学的平台建设推动智慧城管的进一步发展，进而助力新型智慧城市的建设。

（一）数字化治理创新研究

改革开放以来，以市场化、城镇化和数字化为核心的"三化叠加"现代化进程深刻影响着城市治理的演进。国家统计局数据显示，2023年我国有66.16%的人口居住在城市。过去粗放的增量发展模式带来了人口拥堵、资源紧张、环境恶化、公共服务供给不足等城市病，进入新时代市民对于城市生活品质的要求也在逐步提升。同时，信息技术的迭代发展为城市问题的解决带来了新方案，提供了新机遇。数字时代的智慧城市充分应用现代信息技术和科学管理方式，以更好地促进城市产业发展、积极服务公众参与、有效解决社会治理难题。[①]

物联网、大数据和人工智能等技术日趋成熟，城市正在经历着技术化浪潮，步入治理智慧化发展的轨道。智慧化是新时代城市治理转型重点方向，也是城市治理体系和治理能力现代化发展的新思路，在新一代技术更加广泛和深刻地影响着城市智慧治理的进程中，学术界对于"信息技术＋城市治理"产生了浓厚的研究兴趣。一方面，在治理理念上，要正确看待技术理性，重申"以人为核心"的治理价值。另一方面，智慧化背景下城市治理结构的重构需重新认识国家与社会的关系，吸引社会多元主体参与城市治理。[②] 并且通过将城市各个部门和领域的数据进行整合、分析和利用，实现城市治理的智能化和可持续发展趋势。将持续推动城市发展的创新和转型方式，包括智能交通、智慧城管、智慧环境、智慧健康等领域的深入应用与研究。

（二）智慧城管平台建设研究

近年来全国各省市积极推动城市运行管理平台、城市运行管理服务平台、城市

---

① 陈春潮、沈费伟、王江红：《新型智慧城市的整体智治路径研究：基于情境—结构—行为的视角剖析》，《长白学刊》2023年第4期。

② 杨峰、任运月：《TOE框架下城市智慧治理研究述评：从多维性到整合化》，《四川行政学院学报》2023年第5期。

运行指挥中心等平台的建设，统筹推进"一网统管"工作格局，以城市运行管理"一网统管"为目标，通过"一张网"系统解决城市运行、管理、服务过程中出现的突出问题和矛盾。城市运行指挥中心根据不同的应用场景对应不同的业务模式，对城市运行进行常态化运行监测，并根据监测数据对城市运行状态发展变化进行预测，关注挖掘日常监管薄弱环节、城市异常运行状态，保证城运状态的有序、平稳、发展。对于需要调动多部门处置的城市事件，以城市运行指挥中心为核心，协调相关部门按照流程进行信息共享、指令下达、协同处理、结果反馈，对事件完成处置。[①] 在城市运行管理平台有效响应的过程中，围绕"人、地、物、事、情、组织"综合数据库的归集，不断采集和分析态势数据，分析响应效果，总结响应经验，优化响应模型，从而不断优化、修正和持续提升社会治理能力。许多城市发布了数字政府和新型智慧城市建设的实施方案，积极探索创新方法路径，聚力打造"智慧城管"平台，有力推动城市治理实现"一网统管、一屏通览、一键联动"，构建"市级监督、区级指挥、街道组织、网格响应"的城市管理智慧化指挥调度体系，不断提高城市管理科学化、精细化、智能化水平。[②]

但是，我们在实际生活中也经常看到诸如"智脑失灵"的现象。例如，作为城市治理"中枢"的智能平台虽然能够快速发现问题，但常常无法顺畅指挥相关部门协作。又如，群体感受差异明显，相比系统设计初衷，基层管理人员对"技术减负"认同度不高，甚至出现"不爱用但又不得不用"等情绪表达。因此，要想真正做到"一网"能够"统管"，就要推动跨部门的事务性和程序性的协同，完善跨部门协同的制度基础，建立制度化的部门数据共享清单，确保部门间的数据能够真实共享且实时更新；通过具体场景建设加强公共部门之间的沟通交流，特别是促进部门围绕共同问题解决而形成互信、互惠和互利，增进部门之间的相互理解。[③]

（三）地方智慧城管执法创新研究

在全国智慧城管的建设过程中，各地也都在积极探索当地的城管执法的创新实

---

① 孙云霞：《"一网统管"网格化的新型智慧城市运行管理平台》，《电信快报》2023年第10期。

② 贵阳市综合行政执法局：《打造"智慧城管"平台赋能城市精细化管理》，《中国建设信息化》2023年第1期。

③ 容志、李婕：《"一网"能够"统管"吗——数字治理界面助推跨部门协同的效能与限度》，《探索与争鸣》2023年第4期。

践。北京在全国率先建成"一库汇聚融合、一端智慧执法、一图指挥调度、一网协同联动"的城市管理综合执法大数据平台。近两年，执法检查移动端办理占比达到95％以上，执法办案实现全过程核录、追溯；平台汇聚150个部门企业90类共1.04亿条数据，公安、住建部门14万路视频探头，形成较为丰富的执法数据资源，城管综合执法开始了从"人力密集型"到"数据驱动型"的转型升级、从"纸上"到"指尖"的执法方式变革、从"经验判断"到"科学规范"的执法水平提升。[①]上海网格化管理将城市管理分解为15大类183小类管理要素，通过对183小类管理要素进行实时监管，发现城市管理中存在的问题，并形成工作和风险双闭环管理。上海网格化系统拟建设协同指挥大屏系统，将组织各部门进行值班值守和协同指挥。并且建立了"开发、兼容和共享"的网格化派单系统，各区可自由选择区级或者市级派单系统，都可以实现各个环节无缝衔接，在日常应用中，管理员不会感受到不同系统对接带来的使用障碍。[②] 以及杭州智慧城管已基本实现了"一中心四平台"的总体架构，"一中心"指城市管理指挥中心，"四平台"即城市管理日常运行管理平台、公共服务与互动平台、应急指挥平台及政策研究分析平台。杭州市智慧城管充分调动大数据等新一代信息技术的参与性，将城市管理的要素、过程和决策分别贴上智慧化的"标签"，努力实现城市治理机制的理念创新、技术创新、服务创新、管理创新、标准创新。此外，哈尔滨也推进全市一体化的数字政府建设，明确各层级大数据中心建设架构，融合地方政府云平台资源优势，统一规划哈尔滨市政府云平台布局，提升"数字城管"数智化管理能力。[③]武汉、长沙等城市都在建设城市运行管理中心，打造城市综合管理服务平台，实现"一屏联动""一网统管"。

（四）文献述评

通过对现有研究的分析调查，发现已有的研究大多是专注于从技术层面构建智慧城市和智慧城管的运行平台和系统框架，对城管执法和城市治理所依赖的体制机

---

① 韩利：《打造新时代城管综合执法高质量发展的"首都品牌"》，《城市管理与科技》2023年第5期。

② 刘涛、黄韶晔、王炜、邵静、张燕：《上海城市网格化管理数字化转型探索与实践》，《城市管理与科技》2023年第5期。

③ 时丹丹、肖家男：《哈尔滨市推进数字政府建设路径研究》，《经济研究导刊》2023年第14期。

制层面的智慧化升级的研究不足。建设智慧城管，打造智慧城市，离不开大数据、云计算等技术基础的支撑，但要想长远地发挥效能，更离不开科学的、合理的、有效的运行机制作为制度保障。并且，现有的文献大多数以某个城市为例，对其智慧城管的建设情况进行研究，缺少对全国智慧城管建设现状的全面调研和分析，因此，智慧城管方面的研究呈现分散化的局面，有待进行综合全面的分析研究。

三、分析与展望

近年来我国城市管理综合执法数字化改革深入推进，智慧城管作为城市管理现代化的重要组成部分，旨在通过大数据、云计算、物联网等技术手段，实现城市治理的智能化、精细化和高效化。然而，在机制建设方面，智慧城管仍面临一些挑战与问题，同时也孕育着改进与优化的空间。

（一）需要注意的问题

1. 智慧城管平台建设不完善

（1）技术整合和兼容问题

在智慧城管平台的构建过程中，一个显著的挑战在于如何将各式各样的系统，如高清监视摄像头网络、复杂的交通流量管理系统及详尽的地理信息系统（GIS）无缝衔接。现实中，不少城市面临着平台间技术壁垒高筑的问题，这些系统往往由不同供应商开发，采用不同技术标准，导致"数据孤岛"现象严重，无法实现跨平台的数据流通与共享。这不仅削弱了整体管理效能，还迫使平台频繁进行技术升级，以追赶日新月异的科技步伐。频繁的升级不仅增加了财政负担，更可能因技术不成熟而引入新的风险点。

（2）数据安全和隐私保护

智慧城管平台的核心在于数据的收集、处理与分析，其中包含了大量涉及个人隐私与公共安全的敏感信息。数据的集中管理虽提升了处理效率，却也让数据泄露的风险倍增。当前，我国多数城市在构建此类平台时，对数据加密、访问控制、审计追踪等安全措施的投入不足，难以有效抵御外部攻击与内部泄露。因此，建立健全的数据安全管理体系，严格遵守个人信息保护法律法规，成为保障公民隐私、维护社会稳定的重要课题。

（3）资金与资源分配

智慧城管项目的推进离不开充足的资金支持和合理的资源配置。由于初期投资巨大且后期运营维护成本高昂，许多城市在资金筹措上显得力不从心。更为关键的是，资金分配不均现象普遍存在，导致部分关键系统建设滞后，影响了整体系统的协调运行。此外，资源分配的不合理还可能加剧部门间的利益冲突，阻碍跨部门合作的深入开展。

2. 部门协调机制不完善

随着城市化进程的加速，城市管理工作越发显得复杂多样，它不仅涵盖了城市基础设施的维护、市容市貌的整治，还涉及环境保护、公共安全、市场秩序等多个方面。这些工作并不是单靠城市管理局一家之力就能完成的，而是需要住建、公安、市场监管、环保等多个职能部门的协同作战。然而，在实际操作中，智慧城管平台的部门协调机制却常常显得力不从心。

一方面，智慧城管的运行依赖于多个职能部门的紧密配合。但目前的情况是，案件的流转和处置主要还是依靠城管执法队伍来推动，而城市的广阔地域和复杂情况往往使得一个案件涉及多个部门。由于部门间缺乏有效的协同机制，导致一些紧急案件难以在短时间内得到妥善处理，这不仅影响了城市管理的效率，也损害了市民的切身利益。另一方面，城市管理职权的划分也存在问题。在实际操作中，职能交叉、职责范围不清的情况时有发生，这不仅导致了资源的浪费，也降低了工作效率。更为严重的是，由于缺乏长期有效的协同机制，各部门在面对城市问题时往往各自为政，难以形成合力，这无疑对城市管理的整体效果产生了极大的负面影响。

此外，智慧城管系统的核心价值在于对数据信息的深入挖掘、高效集成和综合运用。然而，由于各部门之间的信息壁垒和"信息孤岛"现象严重，导致信息资源难以实现共享。一些部门将信息资源视为私有财产，不愿意与其他部门共享；而另一些部门则由于技术限制，无法直接访问其他部门的信息服务接口。这种情况下，智慧城管系统难以充分发挥其应有的作用，无法实现对城市问题的全面、精准、高效管理。

3. 公众宣传和公众参与力度不足

首先，对城管公众宣传和公众参与机制认识不足，还不够重视。当前城管执法力量相对不足，任务又相对繁重，部分队伍人员配备不足，导致宣传力度不足，或多或少影响到了宣传工作的开展。再加上市民素质和城市意识的提高不可能一蹴而就，宣传效果难以在短时间内体现，这也导致了部分领导对城管执法公众宣传和公众参与重视不够。其次，与社会新闻媒体缺乏沟通，统一性不强。一方面，新闻媒体报道的大多数是城管工作的负面新闻，这些也是社会热点，会引起公众的广泛关注，城管的形象一次次地受到损害。另一方面，城管的公众宣传基本上是正面报道，"报喜不报忧"思想贯穿始终。最后，宣传工作还未触及根本，缺乏深度报道。宣传工作者为宣传而宣传，表面现象多，本质东西少，宣传大多局限于法律法规条文和城乡环境整治，缺乏深层次的报道，只要求市民当前应该怎么做、不应该怎么做。宣传应具备的反映管理问题、曝光陋习弊端、吸引公众参与等功能没有得到充分发挥。

（二）未来建议

1. 加强智慧城管平台建设

一是制定统一标准，构建跨部门协作机制，制定并实施一套统一的数据接口与通信协定，以保证各系统间的兼容与数据的连通性。设立专门的协调机构，促进各部门之间的沟通与协作，建立有效的信息共享机制。二是加强数据安全措施，保护居民隐私对数据进行加密、访问控制、审核等，并建立健全的数据保密管理系统。借助数据监测分析工具，实现对数据问题的实时监测。提高全员对数据质量的认识。在资料使用者中，应强化资料使用者对于资料品质问题的主动报告，以免因数据问题而影响城市管理效率。三是多元化资金来源，统筹资金分配，积极探索多种融资形式以实现多元化的投资，探索持续有效的投融资模式。扩大投融资渠道的同时提高资金使用效益。做好财政资金的统筹使用工作。健全以市场为导向的投资方式；要扩大投资、融资渠道，广泛吸收社会资本，建立以政府投资为主，广泛吸收社会资本的多元化投资体制。

2. 健全部门之间的协调机制

在推进智慧城管的过程中，充分发挥政府部门的主导作用显得尤为关键。这要求政府各部门不仅要克服固有的官僚作风和惯性思维，更要强化大局意识，将城市管理的整体利益置于首位。通过积极创新管理思路，打破部门壁垒，形成职能部门间紧密合作、高效联动的机制，是智慧城管得以顺利运行的重要保障。

为了实现这一目标，政府需要深入整合各职能部门的工作流程，确保在案件处置、资源调配等方面能够无缝对接，形成合力。同时，要鼓励并引导各政府部门积极参与智慧城管的建设和运行，与城管工作部门保持密切沟通，共同解决城市管理中遇到的问题和挑战。在此基础上，政府部门还应当积极探索管理机构的升级换代。这包括优化组织架构、提升人员素质、引进先进技术等措施，以增强智慧城管平台的领导地位和决策能力。同时，要加强各政府部门间的监管配合力，建立健全的监管机制和问责制度，确保智慧城管工作的规范性和有效性。

此外，为了确保智慧城管工作在全市范围内的顺利推进，各区、市城管机关应当设立专门的协调岗位，并配备专业人员负责与全市智慧城管平台的日常对接和高效衔接。这些人员需要具备扎实的业务知识和良好的沟通能力，能够及时将基层的实际情况反馈给上级部门，同时也能够将上级的决策和指示传达到基层一线。

3. 加强公众宣传和公众参与

首先，在工作日程中要将公众宣传和公众参与提到重要位置上来，将宣传工作与执法工作一起研究，一起部署，加强对宣传工作的指导。要多方位、多形式、多角度地宣传城市管理工作，吸引更多的群众参与到城管工作中来。在做好现有宣传方式方法的基础上，开拓创新，开发新思路。城管亲民，城管近民，进社区、进学校，继而发展到城管进企业、进工厂、进居民家，当面对其宣传，引导他们参与到城管工作中来。其次，充分发挥新闻舆论的正面导向作用。城管部门需要与新闻媒体单位多加沟通，共同探讨如何更好地报道城管相关新闻，让新闻上多多出现关于城管执法人员处理市民反映的热点、难点问题的报道，体现出城管执法人员的良好工作态度，正确展现城管执法队员的优良形象，使老百姓认同城管，关心城管。最后，把握好公众宣传的深度，多进行深层次的宣传分析。由表及里，找到事情的起源，从而引导广大群众去思考，去认识根源所在，引发公众参与的激情。

四、报告要点

本报告对 2023 年度城市管理综合执法数字化改革和研究情况进行了系统梳理，在此基础上，简要分析了城市管理综合执法数字化改革中需要重点关注的问题，并提出了发展建议。

报告要点总结如下：

智慧城管作为提升城市治理水平的重要手段，其建设和发展对于解决城市管理中的难题、提高管理效率、增强公众服务具有重要意义。 全国各地在数字城管的基础上积极探索智慧城管的升级，也是打造智慧城市、提升精细化治理水平的必要措施。目前国内主要的大中型城市都不同程度上进行了城市管理综合执法数字化改革，主要的举措围绕打造"城市大脑"和智慧城管平台、拓展城管执法数字应用、推进"一网统管"建设以及创新执法模式等方面并已取得一些成效，体现出 2023 年我国数智化治理水平和治理能力得到了实质性提高。但从各城市具体的改革举措以及成效来看，发达城市与欠发达城市之间、东南沿海地区和中西部地区之间，还存在较大差距，"数字鸿沟"现象较为明显，体现出我国目前城市建设的不平衡性。

近年来关于城管执法数字化改革的研究集中在数字化治理创新研究，智慧城管平台建设和地方智慧城管执法创新研究这三个方面。 作为推进城市治理体系和治理能力现代化的必然要求以及打造智慧城市的重要组成部分，城市管理综合执法数字化的研究在理论层面具有重要的研究意义，对于指导城市管理综合执法数字化改革实践、提升城市治理水平、提高人民生活的满意度和幸福感、促进城市生产生活活动的高效运转具有重要价值。

我国城市管理综合执法数字化改革仍存在诸多问题。 尽管全国各地在推进城市管理综合执法数字化改革的过程中积极探索并取得了许多成果，但是仍然存在着诸如平台建设水平有待提高、政府部门协调运转机制不完善、公众参与度不高等亟待解决的问题。应该清晰地认识到目前距离完善的城市治理体系还有较大差距，不论是技术层面、制度机制层面还是顶层设计层面仍有许多短板和缺陷需要改进。

（作者单位：天津财经大学马克思主义学院）

地方政府政务公开研究报告

王 翔

政务公开作为实现新质生产力的必要条件，不仅是政府透明度和效率提升的关键，也是学界长期以来关注的经典议题。通过公开政务信息，不仅可以增强政府的公信力和责任感，还能有效促进政策制定的民主性和科学性，为经济社会发展提供坚实的信息支撑。本报告系统回顾了 2023 年地方政务公开实践和研究情况，分析在不同地区政务公开的实际成效及面临的挑战，并在最后提出相关的发展建议。

一、2023 年地方政府政务公开的实践状况

本部分先从宏观层面分析 2023 年政务公开政策的演进及其趋势，着重考察了这段时间内政府信息公开的策略指向和制度构架。随后，依据政策背景和指导思想，利用可获得的代表性数据，探讨政务公开在具体实施层面的进展和表现。

（一）政务公开实践的政策图景

2023 年中央层面并没有出台专门性的有关政务公开方面的政策，对于地方政府而言，关于政务公开的政策主要在数据开放的基础上展开，致力于增强政府透明度和提升公共服务效率。如表 1 所示，就地理分布而言，政务公开的政策文件主要集中在经济发展较为活跃的地区，如江苏、山东和上海等地。这一分布趋势不仅反映了上述地区在政务公开方面的积极探索，也凸显了这些地区在利用政务数据提升城市管理和服务能力方面的领先地位。在政策内容方面，可以将这些文件归纳为 3 种主要类型：一是设定议程型政策，这类政策旨在明确政府数据开放的具体任务和目标，通过设定明确的工作议程，引导和推动政府部门按照既定目标开展数据开放

工作，典型例子如上海市经济信息化委员会发布的《上海市公共数据开放 2023 年度重点工作安排》。二是职责清单型政策，主要通过公布具体的数据开放清单，明确政府部门在数据开放方面的职责和任务，列出待开放的数据集，旨在提升政府工作的透明度，并促进数据的有效利用，如济南市大数据局发布的《济南市 2023 年公共数据开放清单》。三是统筹规范型政策，侧重于通过建立和完善政务数据开放的管理机制和规范，确保数据开放活动的有序进行，同时保障数据安全和个人隐私，如德州市人民政府发布的《德州市公共数据开放管理暂行办法》。

地方政府的政务公开政策在实践中具有深远的意义。首先，这些政策通过确立数据开放的议程、职责清单，以及统筹规范，有助于建立更加开放和透明的政府治理模式。政府信息的公开使得公众能够更加直接地访问政府决策和执行过程中的关键信息，从而促进了政府责任和公众信任的双向提升。其次，地方政府的政务公开政策通过促进数据共享和利用，为社会经济发展提供了重要的资源。数据开放促使政府、企业和个人之间的信息流通更加顺畅，有助于创新和知识的交流。这不仅激发了新的商业模式和服务创新，还为解决社会问题提供了新的视角和工具。再次，这些政策通过推动数据管理的规范化和系统化，有助于提高政府自身的管理效率和响应能力。统筹规范型政策的实施，确保了数据开放活动在保护个人隐私和数据安全的前提下进行，这为公众和企业使用政府数据提供了信心，同时也为政府自身提供了改进服务、优化决策的机会。最后，这些政策不仅加强了政府与公众之间的互动，也为促进地方经济发展和社会创新提供了坚实的基础。通过这些政策的实施，政府能够更有效地利用自身资源，激发社会各界的创新潜力，共同推动社会经济向前发展。

表 1　2023 年地方政府政务公开相关政策文件简况表

文件名称	发布单位	发布时间
《苏州市政府关于印发苏州市公共数据开放实施细则的通知》	苏州市人民政府	2023 年 9 月 13 日
《济南市大数据局关于印发〈济南市公共数据开放利用管理办法（试行）〉的通知》	济南市大数据局	2023 年 9 月 12 日
《济南市大数据局关于公布〈济南市 2023 年公共数据开放清单〉的通知》	济南市大数据局	2023 年 8 月 22 日
《山东省大数据局关于印发〈山东省数据开放创新应用实验室管理办法（试行）〉的通知》	山东省大数据局	2023 年 9 月 11 日

续表

文件名称	发布单位	发布时间
《德州市人民政府关于印发德州市公共数据开放管理暂行办法的通知》	德州市人民政府	2023 年 8 月 2 日
《上海市经济和信息化委员会关于印发〈上海市公共数据开放 2023 年度重点工作安排〉的通知》	上海市经济和信息化委员会	2023 年 9 月 6 日
《厦门市建设局等 9 部门关于推动厦门市智慧停车数据开放平台数据联网工作的通知》	厦门市住房和建设局等	2023 年 5 月 25 日
《无锡市大数据管理局关于印发〈2023 年度无锡市公共数据开放工作要点〉的通知》	无锡市大数据管理局	2023 年 5 月 5 日

（二）政务公开的具体实施状况

在评估地方政府在政务公开方面的实践效果时，考虑到数据的可访问性和相关性，我们尝试从以下几个维度进行深入分析。首先，政府信息公开工作年度报告的及时发布情况被视为评价政府透明度和责任感的重要指标，反映了政府履行公开承诺的能力。其次，新推出的政府数据开放平台数量揭示了政府利用数字化手段提升公开质量和效率的努力，这些平台的建设和运行情况对加强政府与公众互动、提高服务效率具有重要意义。最后，各地级市政府发布 2023 年政府信息公开工作年度报告的时间不仅体现了政府工作的效率，也揭示了地方政府对政务公开重要性的认识程度及其执行力的强弱。通过这些维度的考察，旨在为理解各地政府在推进政务公开方面的表现提供全面而深入的视角。

表 2　2023 年政府信息公开工作年报按时发布情况

年份	国务院部门	省级政府	地级市政府	县（市、区）政府
2023	95.83％	96.77％	88.05％	98.33％

资料来源：根据《2023 年政府信息公开工作年度报告发布情况评估快报》整理。

表 2 展示了 2023 年政府信息公开工作年报按时发布情况，48 家国务院部门中，有 46 家按时发布了本部门 2023 年政府信息公开工作年度报告，占 95.83％；31 家省级政府中，有 30 家省级政府办公厅按时发布了本级政府 2023 年政府信息公开工作年度报告，占 96.77％；293 家地级市政府中，有 258 家地级市政府办公厅（办公室）按时发布了本级政府 2023 年政府信息公开工作年度报告，占 88.05％。120

家县（市、区）级政府中，有118家县（市、区）级政府办公室按时发布了本级政府2023年政府信息公开工作年度报告，占98.33%。

表3　2023年新增上线的政府数据开放平台

上线时间	城市类型	上线城市
2023	地级	安顺、昌吉、滁州、呼和浩特、淮南、黄石、吉林、金昌、龙岩、牡丹江、南平、宁德、莆田、泉州、三明、咸宁、漳州

表3展示了2023年新增上线的政府数据开放平台，共有安顺等17座城市启用了政府数据开放平台。这些城市在政府信息公开和数字化转型方面表现出积极的态度和行动，致力于通过数据开放提高政府工作的透明度和效率。此外，这些城市已经建立了相对成熟的信息技术基础设施，具备实施数据开放平台的能力。通过启用政府数据开放平台，这些城市旨在促进数据共享，加强公民参与，提高公共服务的质量和效率，同时也为本地及周边地区的社会经济发展提供数据支持和创新动力。

《国务院办公厅政府信息与政务公开办公室关于印发〈中华人民共和国政府信息公开工作年度报告格式〉的通知》要求，"县级以上地方人民政府年度报告，应当逐级汇总相关情况和数据"。其中，"地市级政府的政府信息公开工作主管部门汇总所属部门和县级政府年度报告，于3月10日前向上一级政府信息公开工作主管部门提交并向社会公布"。依照此规定，不少地方政府对年度报告的发布给予了高度重视，并提前完成了年报的公布。具体来看，有20个地级市的政府在2024年1月便已公布了2023年的政府信息公开年度报告；而36个地级市的政府则在2024年2月完成了2023年度报告的发布（见表4）。

表4　各地级市发布2023年政府信息公开工作年度报告的时间

地级市政府	发布时间	地级市政府	发布时间	地级市政府	发布时间
吉林白山	2024年1月8日	安徽亳州	2024年1月24日	新疆哈密	2024年1月30日
湖南株洲	2024年1月12日	贵州贵阳	2024年1月26日	江西萍乡	2024年1月30日
甘肃金昌	2024年1月19日	黑龙江鹤岗	2024年1月26日	安徽六安	2024年1月30日
新疆克拉玛依	2024年1月20日	浙江温州	2024年1月26日	浙江金华	2024年1月30日
安徽淮北	2024年1月22日	湖北十堰	2024年1月29日	贵州安顺	2024年1月31日
福建泉州	2024年1月24日	河南濮阳	2024年1月29日	湖北鄂州	2024年1月31日

地级市政府	发布时间	地级市政府	发布时间	地级市政府	发布时间
河南开封	2024 年 1 月 31 日	河南驻马店	2024 年 2 月 26 日	陕西延安	2024 年 2 月 28 日
福建宁德	2024 年 1 月 31 日	广东云浮	2024 年 2 月 26 日	吉林四平	2024 年 2 月 29 日
甘肃平凉	2024 年 2 月 1 日	甘肃陇南	2024 年 2 月 26 日	吉林辽源	2024 年 2 月 29 日
湖北咸宁	2024 年 2 月 2 日	山西晋中	2024 年 2 月 27 日	安徽淮南	2024 年 2 月 29 日
甘肃庆阳	2024 年 2 月 2 日	吉林白城	2024 年 2 月 27 日	江西宜春	2024 年 2 月 29 日
广东汕尾	2024 年 2 月 6 日	湖南益阳	2024 年 2 月 27 日	湖北黄冈	2024 年 2 月 29 日
四川攀枝花	2024 年 2 月 22 日	云南临沧	2024 年 2 月 27 日	湖北随州	2024 年 2 月 29 日
山西吕梁	2024 年 2 月 22 日	甘肃张掖	2024 年 2 月 27 日	湖南常德	2024 年 2 月 29 日
甘肃武威	2024 年 2 月 22 日	辽宁葫芦岛	2024 年 2 月 28 日	广东韶关	2024 年 2 月 29 日
福建厦门	2024 年 2 月 23 日	安徽蚌埠	2024 年 2 月 28 日	四川南充	2024 年 2 月 29 日
河南洛阳	2024 年 2 月 23 日	安徽阜阳	2024 年 2 月 28 日	四川巴中	2024 年 2 月 29 日
吉林吉林	2024 年 2 月 26 日	安徽黄山	2024 年 2 月 28 日	西藏林芝	2024 年 2 月 29 日
吉林通化	2024 年 2 月 26 日	四川内江	2024 年 2 月 28 日		

资料来源：根据《2023 年政府信息公开工作年度报告发布情况评估快报》整理。

二、2023 年地方政府政务公开的研究现状综述

政务公开一直处于学术探讨的前沿，作为一个集理论深度与实践应用于一体的领域，自然融合了跨学科的特色。从 2023 年政务公开研究的总体情况来看，学者们努力跨越传统的学科界限，采纳了创新的理论框架和研究工具，研究议题也更加丰富多样，为实际政务工作提供了宝贵的参考和指导，展现了政务公开在现代社会治理中的重要价值和潜力。具体而言，2023 年的研究主要从以下几个方向作出了探索。

（一）政策导向的视角

随着党的二十大精神的深入实施，政务公开不仅被视为政府管理服务社会的内在需求和关键方式，而且其核心内容和实施策略也在发生着深刻的转变。这些变化旨在促进政府职能的深度转型，通过促进实施、辅助监督、加强监管和防范风险四个维度，不断推动政府治理能力的现代化，为中国特色的现代化进程提供更为有力的支撑。[1] 以党的二十大精神为指导，政务公开工作需要重点围绕促进政府职能转

---

[1] 后向东：《新时代政务公开：理念革新与体系重构》，《中国行政管理》2023 年第 2 期。

变、增强法治化、提升营商环境的高水平均衡化、加速数字政府建设的智能化以及强化企业群众全生命周期服务体系的协同化等方面进行。这不仅反映了政务公开在促进依法行政、高质量发展、行政效能提升及民生福祉增进方面的重要作用，也体现了政府治理现代化的多元化需求与目标。[①]

修订后的政府信息公开条例是政务公开实践变革的一个标志性事件，产生了深远的影响。该条例通过重新定义政府信息公开收费机制，即将原有的检索、复制、邮寄等成本费用转变为信息处理费，旨在解决申请公开的成本问题，提高政务公开的整体使用率。然而，从实际操作情况来看，现行收费机制面临着使用率偏低、公开处理成本未能充分降低、申请人异议处理机制不够完善以及收费内容要素过于简单等挑战。这些问题的存在暴露了当前政务公开机制在实际执行中的不足，亟须通过明确信息处理费的收取规则、设置预收费通知、健全申请人异议通道以及丰富收费情况内容要素等措施进行改进。[②] 同时，媒介技术的进步和数字化转型对政务公开实践产生了深远影响。近年来，政府不断出台关于政务公开的指导意见，高度评价了数字技术在推动政务公开进程中的作用，政务公开正呈现制度化与数字化相互交织、相互促进的发展趋势。[③] 这一趋势不仅为政务信息的公开提供了新的技术手段和平台，也为公众参与、监督政府工作提供了更为便捷、高效的渠道。

总之，政务公开在新时代背景下正经历着深刻的变革和发展。通过加强法治化建设、优化营商环境、推进数字化转型和增强服务体系的协同化，政府旨在通过政务公开提升治理效能，增进民生福祉，推动社会公平正义，推动新质生产力的可持续发展。

（二）技术实施的视角

近年来，随着信息技术的迅速发展和政府治理现代化的深入推进，政府数据开放与电子政务已成为提升城市创新水平、增强公众信任、优化政府治理效率的关键因素。众多学者通过采用前沿因果推断技术，深入探讨了政府数据开放与电子政务

---

① 杨钦锋：《加快转变政务公开职能 有效提升政府公信力执行力》，《中国行政管理》2023 年第 1 期。
② 张力：《政府信息公开收费：逻辑演进与制度完善》，《中国行政管理》2023 年第 2 期。
③ 张春华：《深度媒介化时代我国政务公开的拓展路径》，《中国行政管理》2023 年第 11 期。

在不同维度上对社会经济发展的影响。具体来说，既有研究主要围绕以下几个方面展开讨论。

首先，政务公开与数据开放之于政府再造。研究建议采取一系列措施以技术促进政务公开流程再造，包括推动隐私计算技术在政务应用中的标准化进程、实施数字科普活动以及加速隐私计算技术的升级。这些措施旨在从制度和技术两个层面加以改进，进而促使政府数据资源的充分利用，支撑数字政府乃至数字中国的建设进程。① 实证研究揭示，电子政务显著提高了本地政府的治理效率，并对邻近地区政府治理效率产生了显著的正向空间溢出效应。此外，电子政务在提升政府治理效率方面的影响因制度环境、行政等级及地理位置的不同而存在显著差异；而政务公开、互动响应和在线服务则构成了提高本地政府治理效率的关键因素，邻近地区间的同侪效应成为同步提升治理效率的重要机制。② 同时，有研究提出的 GTEV 模型，即由政府组织、技术保障、内外环境以及价值实现四个维度构成，③ 有效描述了开放政府数据过程中多主体、多因素的复杂互动，为未来政府数据开放研究提供了宝贵的理论参考框架。总之，通过整合和应用现代信息技术与政府治理策略，政府数据开放与电子政务的实施不仅能够显著推动城市创新与社会经济发展，还能够增强公众对政府的信任感，提升政府的治理效率，从而为建设更加开放、高效、透明的政府治理体系提供强有力的支持。

其次，政务公开与数据开放之于城市发展。在城市治理领域，政务公开与数据开放的重要性日益凸显，特别是在推动城市创新和增强公众信任方面。通过运用倾向匹配法和双重差分法的研究发现，政府数据的开放不仅显著提升了城市的创新水平，而且其正面影响主要通过两个关键途径实现：一是增强城市信息数据产业的创业活力，二是促进人才集聚。此外，政府数据开放的效率在这一过程中起到了积极

① 马龙、陈奕博：《基于技术的治理：隐私计算技术赋能政府数据开放的价值与路径研究》，《中国行政管理》2023 年第 9 期。

② 王叶薇、王杰：《电子政务能否提升"本地-邻地"政府治理效率？——来自"县级政府政务公开和政务服务试点"的证据》，《公共管理与政策评论》2023 年第 3 期。

③ 胡媛、蒋天森、高薇、陈国东：《开放政府数据影响因素互作用框架之元综合研究》，《现代情报》2023 年第 12 期。

的调节作用。① 进一步的实证研究揭示，提高政府信息公开水平有助于增加公众对所谓"邻避"设施的接受度。这种正面效果在多项稳健性测试中得到了验证。值得注意的是，政府信任被证明是信息公开影响公众接受度的一个关键渠道，尤其是县级政府相比于中央政府在提升信任方面发挥了更为显著的作用，政府信息公开对教育水平较低和中年群体的正面影响尤为突出。② 这些研究结果不仅强调了政务公开和数据开放在促进城市治理现代化和提高城市创新能力中的关键作用，也揭示了政府信息透明度对于构建公众信任和社会和谐具有不可忽视的重要性。

最后，政务公开与数据开放之于社会治理。在社会治理领域，政务公开与数据开放展现出对提升公众参与度、增强政府透明度和提高治理效能的显著贡献。研究引入了公众友好型政府信息公开的概念，强调信息的易识别性和理解性，以及积极的信息加工体验，构建了一个理论框架来分析其对公众评价的影响。以新冠疫情政府信息公开为案例，实证检验显示，公众友好型的信息公开能显著提高公众对政府信息公开的满意度、增强对政府的信任以及提升对政府行为（如疫情控制能力）的信心。③ 还有研究通过对 20 个省级政府数据开放平台的分析，揭示了提升服务质量的关键驱动机制，包括主体驱动型、客体驱动型与技术驱动型。这一发现强调了各省级政府需要根据自身特点选择合适的发展路径，通过增强系统思维、优化元素组合，并与企业、公众等各方高效协作，来不断提高政府数据开放服务的质量。④ 有学者运用倾向匹配法和双重差分法的研究表明，政府数据开放显著促进了城市创新水平，主要是通过增强信息数据产业的创业活力和人才集聚程度，其中政府数据开放的效率发挥了重要的正向调节作用。⑤ 与此同时，基于世界银行企业调查数据的分析强调了高水平的政府信息公开能显著减少企业面临的政策信息不对称问题，从

---

① 黄先海、虞柳明：《政府数据开放能提升城市创新水平吗——来自中国地级市的证据》，《浙江学刊》2023 年第 4 期。

② 赵连阁、刘能毓、张志坚：《政府信息公开对"邻避"设施接受意愿的影响——基于 CSS 数据的实证研究》，《中国环境管理》2023 年第 6 期。

③ 李晓倩、刘小雨、戴乐融：《公众友好型政府信息公开：理论构建与实证检验》，《公共管理评论》2023 年第 3 期。

④ 李明、曹海军：《信息生态视域下省级政府数据开放服务质量驱动机制研究——基于 20 省平台数据的组态分析》，《东北大学学报》（社会科学版）2023 年第 6 期。

⑤ 黄先海、虞柳明：《政府数据开放能提升城市创新水平吗——来自中国地级市的证据》，《浙江学刊》2023 年第 4 期。

而提高企业对政府监管效能的评价。① 总体来说，政务公开与数据开放不仅在促进城市创新、提高公众信任与满意度方面发挥关键作用，也在提升政府监管效能、优化社会治理结构上展现出其重要价值。这一系列研究成果为进一步深化政府信息公开、增强政府与公众互动提供了科学依据和实践指导。

（三）法律治理的视角

在数据开放制度背景下，从法律治理的视角对政务数据开放及其与企业数据流通的制度逻辑、实践探索、责任分配以及数据安全和个人信息保护机制进行综述，为构建高效、安全、参与广泛的数字治理体系提供理论支持和实践指导。具体来说，相关研究主要在以下三个方面作出了探索。

其一，政府政务公开范围和义务再界定。在数据开放制度背景下，政务部门和具有公共职能的组织所持有的"公共"数据与企业拥有且具有公共价值的数据之间，存在着根本的制度逻辑差异。前者主要受"政治逻辑"的指导，强调数据公开的公共利益；而后者则遵循"经济逻辑"，注重数据的商业价值和流通。这两者之间的界限需要被清晰划分，以避免在实践中的混淆。② 当前政务数据开放面临的挑战包括界限划分不清、开放方式和透明度不足、数据安全和个人信息保护机制不完善等问题。为此，必须在政务数据的采集、传输、存储、处理、交换及销毁等各个环节中，采取综合措施，构建一个全面的数据安全保障机制，确保数据开放的安全性和可信度。③ 对不同性质的数据主体，应明确不同的数据共享、开放和管理义务。政务数据应当承担全面的数据共享、开放和管理责任；公共非营利主体的数据不仅要共享、开放，还需承担较高程度的数据管理义务；公共营利主体的数据应承担基本的数据共享责任和适度的管理义务；非公共营利主体的数据则仅需负担数据共享的基本义务。这种差异化的责任安排，旨在平衡公共利益与个体权益，促进数据资源的有效利用，同时确保数据安全和个人隐私的保护。④

---

① 于文超、刘丽、陈刚：《政府信息公开对企业家活动配置的影响研究》，《经济评论》2023 年第 6 期。
② 王锡锌、王融：《公共数据概念的扩张及其检讨》，《华东政法大学学报》2023 年第 4 期。
③ 郑文阳：《我国政务数据开放的价值面向及安全保障》，《行政管理改革》2023 年第 9 期。
④ 沈斌、黎江虹：《论公共数据的类型化规制及其立法落实》，《武汉大学学报》（哲学社会科学版）2023 年第 1 期。

其二，政务公开中的公民权利保障。赋予公民在开放数据中删除涉及个人信息的权利，成为保护个人隐私和权益的重要机制。在公共服务水平提升和大数据技术不断进步的当代社会背景下，确立个人信息删除权的合理性和必要性变得尤为迫切。这不仅关乎个人隐私保护，也涉及数据治理的公正性和透明度。[①] 以信息权为基础优化政府信息公开和公众参与机制，是促进数字政府建设和提高公众参与效率的有效路径。这种方式有助于更好地满足公众需求，推动公众多元权利的发展，确保政府信息公开能够实现更高水平的公众参与。通过构建一个以公众为中心的参与机制，可以进一步促进政府透明度和责任感，为实现更加开放、互动和透明的政府治理体系奠定基础。[②]

其三，政务数据运行模式的初步探索。在探索政务数据的有效运用模式中，公共数据授权运营的实践与理论研究表明了一种复杂性，常因纠缠于公共数据开放的限制而陷入混乱。因此，有必要清晰区分数据开放与授权运营这两种公共数据利用机制的独立性与非对等性。数据开放构成了制度的基础，而授权运营作为一种试验性机制，旨在扩大公共数据的开放范围并促进其开发和应用的动力。[③] 政府数据授权运营作为一种新型的数据流通模式，其目的是提升政府数据的社会化开发与利用水平。这一模式基于安全可控的原则，允许政府将部分条件开放的数据授权给信誉良好的市场主体，由这些主体进一步挖掘和开发数据，将其转化为数据产品和服务，并以有偿的方式提供给社会。这不仅继续了政府信息公开和数据开放的努力，也为政府数据的外部利用和流通开辟了新路径。[④] 通过这种方式，既可以确保数据的安全和控制性，又能激发市场和社会力量参与到政府数据的创新利用中，为社会提供更多价值，同时也推动了政府数据管理和服务能力的提升。

三、展望与分析：地方政府政务公开的治理思路与发展前瞻

随着社会公众对透明治理的需求日益增长，地方政府政务公开不仅是简单的信

---

① 尹少成、路禹臻：《政府数据开放中个人信息删除权的构建》，《北京行政学院学报》2023 年第 5 期。

② 彭强、陈德敏：《政府信息公开中公众参与规范化水平的优化与提升——基于信息权的探索》，《中国行政管理》2023 年第 1 期。

③ 沈斌：《公共数据授权运营的功能定位、法律属性与制度展开》，《电子政务》2023 年第 11 期。

④ 肖卫兵：《政府数据授权运营法律问题探析》，《北京行政学院学报》2023 年第 1 期。

息披露，更是一种促进政府与民众沟通、增强公共服务效能和提升政府透明度与公信力的重要手段。然而，面对复杂多变的社会环境和公众多样化的信息需求，地方政府在推进政务公开过程中，仍然面临着不少挑战和困难。如何在保障信息公开的全面性、及时性和准确性的同时，进一步提高政务公开的互动性和参与度，成为地方政府亟须解决的问题。也因此，地方政府需要不断探索和创新政务公开的治理思路与实践方法，以适应数字化时代的发展要求。这不仅需要地方政府加强内部管理，优化信息公开流程，还需要通过技术创新和制度创新，提升政务公开的效率和效果，更好地满足公众的信息需求和参与期待。

（一）平台优化：升级信息公开基础设施

加强信息公开平台的建设，是提升政府透明度、增强公共服务效能的重要途径。首先，地方政府应当加大投资，建设和升级政务公开平台，这不仅包括传统的政府官方网站，还应拓展至社交媒体账号和专门的政务公开 App 等新兴平台。多平台布局能够确保信息发布的及时性、准确性和完整性，满足不同用户群体的信息获取需求。其次，对现有政务公开平台进行技术优化是提高政务公开质量的关键。优化措施包括但不限于提供搜索引擎优化（SEO），这确保公众在使用搜索引擎时能够更容易地找到政府发布的信息；数据可视化的应用，通过图表、图像等形式使复杂的数据信息变得直观易懂，大大提高了信息的可接受性和公众的理解度；以及提高移动设备友好性，考虑到大量公众通过智能手机等移动设备接入互联网，优化移动端用户体验，确保政务信息的获取无障碍，对于提升政务公开的覆盖率和有效性至关重要。再次，地方政府应注重信息内容的丰富性与针对性，全面覆盖政府工作各领域，同时根据不同群体需求定制化信息内容。通过建立有效的反馈机制，积极吸纳和回应公众意见，不断调整优化政务公开内容和形式。最后，维护个人隐私和数据安全。随着大数据和云计算技术的广泛应用，政府必须建立严格的数据安全管理和隐私保护措施，防止数据泄露和滥用，确保信息安全。总之，地方政府在推进信息公开平台的建设与优化过程中，需采取多种组合策略，平衡技术建设、内容优化、用户体验和数据安全等，通过技术和制度创新，不断提高政务公开的质量和效果，满足公众的信息需求，推动政府治理现代化。

（二）共享拓展：深化政务数据的开放与共享

在数字化时代背景下，政务数据开放已成为全球范围内推动政府改革和社会进步的关键动力。深化政务数据的开放与共享对于增强政府透明度和促进公共服务创新至关重要。首先，政府应全面推进政务数据的社会化开放，尤其聚焦于民生、环境保护、城市发展等关键领域的数据，旨在激励第三方开发者和社会组织利用这些宝贵数据资源，推动社会价值的创造。其次，构建跨部门、跨层级的政务数据共享机制显得尤为关键。这不仅有助于打破"信息孤岛"，促进政府内部数据的有效流通与共享，提升工作效率和团队协作能力，而且为公众提供了一个获取更加全面和深入的政策信息及服务的渠道，进一步增强了政策的透明度和公众的参与感。再次，加强政务数据开放与共享还需要确保数据的质量和安全。这意味着政府在开放数据时，必须确保数据的准确性、时效性和完整性，同时采取有效措施保护数据安全，防止数据滥用和泄露，确保公众信任不受损害。此外，政府还应提供相应的数据解读和支持服务，帮助公众和第三方开发者更好地理解和利用开放数据，促进数据的有效应用。最后，政府应积极响应公众和社会组织的反馈，持续优化政务数据开放的范围和方式。通过定期评估开放数据的使用效果和社会影响，政府可以不断调整数据开放的策略，以更好地满足公众需求和社会发展的变化。总之，政务数据的开放与共享是构建开放、透明、高效政府的关键，也是促进社会创新和进步的重要基石。

（三）转型升级：促进政府职能的现代化改革

在地方政府推动政务公开的过程中，激活政府角色的新动能是走向更高治理效能未来的必经之路。这一转型不单是对政府职能的再定义，它更是政府与公众互动模式的一次深刻革新，旨在共同塑造更加包容和高效的社会治理体系。在这一过程中，政府需从传统的指令与控制模式，转向作为协调者、促进者和伙伴的角色。首先，作为信息的主动发布者，政府需要确保政务公开不仅限于满足法定要求，而是要主动透明地分享决策过程、政策依据及其执行结果，以此提升公众信任和政策透明度。其次，作为数据的智能分析者，政府应利用大数据和人工智能技术对公共数据进行深入分析，以便更准确地预测社会需求、优化服务供给，从而提高政策的针对性和有效性。再次，作为公众互动的平台提供者，地方政府应构建多元化的互动平台，不仅便于公众访问政务信息，更重要的是促进公众参与决策过程，实现民众意见的广泛收集和有效吸纳。最后，作为政策创新的先行者，地方政府需要在政务公开的实践中不断探索和尝试新的治理模式和服务方式，以应对快速变化的社会环境和公众需求。总之，政府职能转型和治理革新，不仅标志着地方政府在适应数字化时代的积极步伐，而且彰显了其在推动社会全面进步中的核心作用。基于这样的努力，地方政府不仅能够有效地提升政务公开的质量和透明度，还能够深化公众参与和社会协同，促进决策的民主化和科学化。

（四）互动提升：增强政务公开的参与性与交互性

在数字化时代，提高政务公开的互动性和参与度已经成为增强政府治理能力和提升公信力的关键策略。互动性的提升意味着政府需要通过在线咨询、社交媒体互动、公众调查等多样化渠道，主动增加与公众之间的互动，实现及时回应公众关切，积极收集和吸纳公众意见及建议。这种做法将政务公开从传统的单向信息发布模式，转变为双向的交流和互动过程，不仅促进了信息的透明度，还增强了公众对政府工作的理解和支持。同时，提高公众参与度是实现民主治理和响应性政府的重要组成部分。政府可以通过公开征集意见、开展在线论坛、举办政策解读会等形式，鼓励和引导公众积极参与到政策制定和决策过程中来。这种参与不仅提高了公众的参与意识和能力，还有助于增强政策的透明度和公众满意度，从而构建起更加开放和包容的政策环境。通过这样的互动和参与，政府能够更准确地把握公众需求和期望，制定出更具有针对性和有效性的政策措施，进而提升政府的公共服务质量和治理水平。增强政务公开的互动性与参与度还需要政府不断创新互动平台和参与机制，利用大数据、人工智能等现代信息技术手段，优化信息交流的效率和效果，确保公众参与的广泛性和深入性。这要求政府在设计和实施政务公开策略时，充分考虑不同群体的信息需求和参与偏好，提供多样化、个性化的互动和参与渠道，确保每一位公民都能在政府治理中发出自己的声音，共同推动社会的进步和发展。总之，在数字化时代背景下，政府通过增强政务公开的互动性和参与度，不仅能够有效提升自身的治理能力和公信力，还能够促进公众参与和社会创新。这种双向的信息流动和互动交流为政府与公众之间建立了更加紧密的联系，使政策制定过程更加透明、民主和包容。

（五）监督机制：强化政务公开的监管与评估

为了深化政务公开的监督与评估机制，我们需构筑一个更加细致和多维的框架，旨在从根本上提升政务信息透明度及公众的参与程度。在监督机制的设计上，引入一个综合性的双轨制度至关重要。这一机制不仅包括政府内部的自律监督，确保所有级别的政府机构坚守政务公开的标准与要求，而且强调社会监督的重要性，尤其是媒体与公众的积极参与。这种参与不应局限于传统的报道与反馈渠道，而应拓展至利用现代化信息技术，如社交媒体平台和在线反馈系统，以更加直接和高效率的方式进行。这样的监督机制能够迅速揭示政务公开实践中的缺陷与不足，从而推动政府透明度与责任性的提升。在评估体系的建立上，制订一个周期性且全面的评估计划是必不可少的。该计划应全面覆盖政务公开的关键维度，如信息公开的完整性、获取方式的便利性以及公开成效的实际影响等。评估过程本身也需保持最高程度的开放性与透明性，确保评估结果能够公正地反映政务公开的真实状况。这种做法不仅有助于公众深入了解政府工作的进展与效果，同时也为政府提供了宝贵的反馈，指引其在未来工作中进行必要的调整与优化。进一步地，评估结果的公开发布应通过易于公众理解和接触的方式进行，例如，通过政府官方网站或社交媒体平台发布，这不仅能够提高政府工作的透明度，还能激发政府机构之间的良性竞争，驱动政务公开工作的持续改进与升级。总之，构建和完善政务公开的监督与评估机制，是提高政府透明度、增强公众信任以及推动政府责任制实现的关键步骤。这一过程不仅标志着政府对公开承诺的坚定执行，而且反映了一种深刻的治理现代化理念，即在信息时代背景下，通过技术和社会双向互动，实现政策的透明化和民主化。

综上所述，上述策略从平台优化、数据共享、职能转型、互动机制、监督机制几个方面进行了讨论，共同构成了一个全面、多维的治理改革蓝图。随着技术的进步和社会的发展，地方政府在政务公开的道路上仍将面临新的挑战和机遇。持续的创新、灵活的策略调整以及对公众反馈的敏感响应，将是地方政府应对这些挑战、抓住机遇的关键。通过不断优化政务公开的内容和形式、深化公众参与的渠道和机制，以及加强监督评估的体系，地方政府将能够更有效地促进政府与民众之间的沟通与协作，提升治理效能，构建一个更加透明、公正、高效的社会治理体系。这不仅是对现有治理模式的优化，也是向着更加开放和包容的治理未来迈进的重要一步。

四、报告要点

从 2023 年政策制定情况来看，地方政府在数据开放方面作出了积极努力，这些努力旨在提高政府的透明度和公共服务的效率。在具体实施方面，地方政府在政务信息公开方面表现出了积极的态度和良好的发展趋势，地方政府信息公开的年度报告发布较为及时，政府数据开放平台的构建和完善也取得了显著成效。

从 2023 年的学术研究发展趋势来看，关于政务公开的研究展现了三个主要的趋势和视角。政策导向视角，深入探讨了政策制定与实施在推进政务公开中的作用和影响；技术实施视角，相关研究探讨了如何通过先进的信息技术手段来优化政务公开的效率和范围；法律治理视角，聚焦于通过法律手段确保政务公开的系统性、规范性和持续性。

针对当前政务公开面临的复杂情况和挑战，本报告提出了综合性的治理策略。具体包括：升级信息公开基础设施，深化政务数据的开放与共享，促进政府职能的现代化改革，增强政务公开的参与性与交互性，强化政务公开的监管与评估。

本着学术研究服务于现实实践的思路，本报告认为以下几个方向将会是近期相关研究的主要学术生长点：第一，跨界数据共享与隐私保护的平衡。随着政务公开范围的扩大，如何在提升公开透明度和保护个人隐私之间找到平衡点，成为一个关键研究方向。第二，生成式人工智能在政务公开中的应用。如何利用生成式人工智能技术，提高政务信息的处理、分析和公开效率。第三，增强公众参与的机制设计。探讨如何通过技术和制度创新，增强公众在政务公开过程中的参与度。第四，政务公开与社会信任关系。分析政务公开对于增强政府与公众信任关系的影响，及其对社会稳定和经济发展的作用。

（作者单位：南开大学周恩来政府管理学院）

农村基层治理改革研究报告

张　翔

为了适应全面推进乡村振兴这一宏大课题，农村基层治理在前期改革的基础上，不断触及一些深层次问题。围绕这些问题，2023 年中央一号文件《关于做好 2023 年全面推进乡村振兴重点工作的意见》作出了重要部署，农村基层治理改革也展现出新的面貌。

一、2023 年中国农村基层治理改革现状综述

自中国特色社会主义进入新时代以来，农村基层治理的改革进程就不断推进。在长期的改革努力与积累下，2023 年伊始，农村基层治理又呈现一些新的特点值得关注。

（一）"党建引领"推动治理效能不断提升

"党建引领"是农村基层治理改革的一项经典议题。但在农村基层，"党建引领"从未停止，而是一项永远在路上的改革。自从中国特色社会主义进入新时代，"党建"在农村基层治理中的意义与角色都有进一步的深化与提升，已经不仅是一般意义的党务工作，更是嵌入农村基层治理的中心力量。2023 年，从一些改革的迹象上看，这种深化与提升仍在继续。在"党建引领"的推动作用下，"党建同心圆"在农村基层治理改革中的效能正进一步地被激发。

首先，"党建引领"的政治领导作用正在不断巩固。农村基层是国家联结乡村社会的重要纽带，同时，也是国家治理体系与治理能力现代化在农村的前沿。"党建引领"在政治上巩固了农村基层这一重要阵地。这包含着两个维度的内容。一方

面，村级党组织的政治功能不断巩固。村级党组织通过坚定不移的"讲政治"，将党和国家的农业农村政策有效地传导到农村社会，成为中央决策得以有效贯彻执行的重要推手。另一方面，村级党组织的组织功能不断强化。村级党组织已经成为基层推动乡村全面振兴的中心力量。乡村全面振兴不再是一项简单的工作任务，也不是工作任务的集合，而是一项系统性工程、全局性的工程。这项工程在农村基层没有一支具有中心力量的队伍带动是很难实现的。可以说，村级党组织是党和国家推动农业农村发展的"战斗堡垒"。在党的领导下，村级党组织正在发挥这种具有中心性特征的带动作用，成为党和国家推动农业农村发展的重要抓手。

其次，"党建引领"下的农村社会治理改革逐步具备扩散效应。习近平总书记指出，"一个现代化的社会，应该既充满活力又拥有良好秩序，呈现出活力和秩序有机统一"。在"党建引领"的推动下，农村基层以创新的形式，不断因地制宜地探索各种社会治理改革。有的地方动员多元社会力量参与社会治理，不断为农村基层治理引入资源；有的地方探索积分制，提升村民参与治理的能力；有的地方则探索通过协商民主的形式，努力建构行政体系与社会体系之间的良好互动；有的地方则积极地推进基层社会矛盾化解机制，挖掘老人、宗族等群体的潜力。改革形式多种多样，但都在"党建引领"这一大的结构下进行，都从新时代"党建"的成果中获益。值得注意的是，在 2023 年，这些社会治理改革的成效不断累积，产生了示范效应，已经具备政策扩散的条件，产生的影响正不断地扩大。

最后，"党建引领"与"村民自治"在实践上形成了融合的"合力"。1982 年修订颁布的宪法规定，"村民委员会是基层群众的自治性组织"。多年来，"村民自治"的发展一直存在不平衡不充分的情况。"党建引领"强调"党的领导"，在逻辑上与"村民自治"是相统一的。但实践中，自上而下的"领导"与自下而上的"自治"之间的相互融合，需要农村基层在治理改革上的不断努力。新时代以来，有利于"党建引领"与"村民自治"之间相互融合的治理改革就在不断累积。2023 年，一些明显的迹象表明两者之间的"合力"正在形成。一方面，"党建引领"在政治上不断地规范"村民自治"的过程，使"村民自治"真正成为"以人民为中心"的制度安排；另一方面，通过"村民自治"，"党建引领"在村民与群众中的公信力与影响力不断提升，又使"村民自治"能够成为支持与巩固"党建引领"的一股社会力量。

（二）农村基本公共服务供给水平不断提高

一直以来，基本公共服务供给是农村基层治理的短板之一。2023 年，从中央到地方各级政府将农村基本公共服务体系建设作为乡村全面振兴的重要内容，采取了一系列有力措施，推动农村基层公共服务供给水平不断提高，同时更加快了城乡公共服务供给的融合速度。这不仅有利于提高农民群众的获得感和幸福感，也有利于促进农业农村发展，为乡村全面振兴的战略实施提供有力支撑。

首先，不断提高的财政支持力度为农村基本公共服务奠定了坚实基础。2023 年的中央一号文件强调，"坚持把农业农村作为一般公共预算优先保障领域，压实地方政府投入责任"。2023 年，农业保险保费补贴安排 459 亿元，扩大三大粮食作物完全成本保险和种植收入保险实施范围。[①] 同时，进一步增加中央财政衔接推进乡村振兴补助资金规模，安排 1750 亿元、增加 100 亿元；加大对革命老区、民族地区、边境地区支持力度，中央财政安排相关转移支付 1770 亿元、增长 8%。[②] 通过"真金实银"的财政保障力度，农村公共服务设施得到不断完善，同时也提高了农村公共服务项目的覆盖面和质量。为农村基本公共服务奠定了坚实的物质基础，极大地缓解了基本公共服务供给过程中的"资源困局"。

其次，城乡服务体系建设提高了农村基本公共服务的供给水平。2022 年，国务院办公厅印发了《"十四五"城乡社区服务体系建设规划的通知》，为城乡在公共服务均等化方面明确了基本方向。由此，农村基本公共服务供给机制开始了"社区化"的进程。在这一进程中，农村基本公共服务的水平逐步对标城市社区，加快了城乡公共服务的融合发展，打破城乡二元结构，促进公共资源均衡配置。一方面，农村基层通过"村改居"改革，将"村"直接转变为"社区"，从而在原来的农村区域建立起城市公共服务体系，整体性地完成了农村基本公共服务供给的跃迁。另一方面，农村基层按照城市社区服务中心的建制打造公共服务中心，实现农村基本

---

① 《十组数据看增进民生福祉》，https://www.gov.cn/xinwen/2023 - 03/07/content_5745131.htm。

② 《"真金白银"支撑乡村振兴》，https://www.gov.cn/xinwen/2023 - 03/02/content_5744058.htm。

公共服务供给的规范化与制度化。2023 年，公共服务中心在全国范围内规模化地铺开，已经成为农村基本公共服务供给的重要阵地与主要渠道。

最后，公共服务项目下乡促进了农村基本公共服务水平的提升。资源有限是农村基本公共服务供给过程中的一个关键难题。为此，许多公共服务的供给通过"项目制"的逻辑在农村基层渐次展开。2023 年，农村基本公共服务供给逐渐呈现"委托制"与"项目制"并存的双重逻辑，这也成为农村基层治理改革的新趋势。

（三）"数字乡村"助推农村基层治理取得了阶段性进展

数字乡村建设是指加快农村地区信息基础设施建设，推动信息技术与农村生产生活全面深度融合，推动远程教育、远程医疗等应用普及，构建乡村数字治理体系。早在 2019 年 5 月，中共中央办公厅、国务院办公厅印发《数字乡村发展战略纲要》，对数字乡村建设进行了全局性的部署。党的二十大作出加快建设网络强国、数字中国的重大战略部署后，数字乡村建设迎来了新的发展机遇。2023 年中央一号文件也要求"深入实施数字乡村发展行动，推动数字化应用场景研发推广"。2023 年 4 月，中央网信办、农业农村部、国家发展改革委、工业和信息化部、国家乡村振兴局又联合印发《2023 年数字乡村发展工作要点》，对数字乡村建设作出具体安排。2023 年，数字乡村建设取得了阶段性进展，乡村建设的"数字红利"开始更加充分地显现出来。

首先，乡村数字政务平台建设成果突出。许多县域以区县为中心，开发区县级政务服务小程序，构建县、乡、村三级数字化治理体系。这些数字政务平台通过优化服务流程，实现了"数据多跑路，群众少跑腿"的目标，显著提升了农村群众获取公共服务的便利性和效率。通过数字技术赋能农村基层治理，大大提升了"最后一公里"的治理和服务效能，为村民带来更多获得感和参与感。2023 年，为了进一步缩小城乡之间的"数字鸿沟"，许多地方还特别安排了社区工作人员深入村民家庭，进行面对面的指导和教学。这种手把手的辅导方式，尤其是针对农村地区的老年人群，有效地提升了他们使用数字政务平台的技能和信心。

其次，综治监控平台建设加强了农村基层的综合治理水平。由于监管资源不足，综合治理历来是农村基层治理的棘手问题。然而，随着数字乡村建设的深入推进，许多村级单位在 2023 年成功搭建了数字综治监控平台。这些平台通过集成一块集中显示的大屏幕和多个高清监控探头，实现了对村里治安、卫生、安全事故等方面的实时监控，从而极大地提升了"镇-村"层面的综合治理效率和社会治安水平。更为重要的是，这种数字化的监控系统能够 24 小时不间断地运行，确保了监控的全面性和连续性。一旦发生紧急情况，监控中心可以立即作出反应，迅速调度资源，有效应对。同时，这种系统的建立也为村民提供了一个更加安全和卫生的生活环境，增强了他们对社区的安全感和满意度。与此同时，村里的管理人员可以通过数字综治监控平台，更加直观地了解村里的实际情况，及时发现并解决潜在的问题。

最后，农村干部的数字素养有了明显提升。随着数字乡村建设的深入推进，农村干部的数字素养得到了明显提升。数字素养的提升不仅体现在干部对数字技术的认知和接受度上，更表现在他们运用数字技术解决实际问题的能力上。数字乡村建设中的各种实践项目，如农村电子商务、智慧农业、数字政务等，为农村干部提供了丰富的实践机会。在这些项目中，基层干部不仅亲身体验到了数字技术的便捷和高效，还学会了如何将数字技术应用到具体的治理和服务中，提高了他们的实际操作能力。

二、2023 年中国农村基层治理改革研究综述

农村基层治理始终是中国国家治理的关键命题。就 2023 年的研究格局而言，农村基层治理的研究主要呈现农村基层的两副面孔：一是政权建设，主要关注农村基层党组织建设、"项目下乡"、"行政下乡"、农村网格化治理等问题；二是社会自治，主要包括社会组织、村干部、农村基层民主协商等维度。

（一）农村基层治理改革研究的政权建设面向

1. 关于农村基层党组织建设的研究

"党建"是农村基层治理无法回避的问题。在乡村振兴的时代大背景下，学术

界对当前农村基层党建存在的问题进行了诸多探究。刘渊认为，当前农村基层党组织治理能力建设面临农村社会多元治理主体协同能力不高、农村文化治理和乡村规约治理成效不足、数字化治理能力匮乏等问题，而要解决这些问题，就需要采取"党建引领＋'三治'融合＋数字治理＋创新治理"的基层党组织建设策略。[①] 张燮认为中西部农村党建面临两大困境：一是人口外流背景下过度强调党员的年轻化、知识化，造成"结构性缺人"问题；二是基层党建形式、内容、方式与农村基层治理实践相脱节，导致农村基层党建悬浮化、形式化。因此，在中西部农村发展党员应该放宽条件，更多地发展社会关系和利益关系在农村的中年农民，并将组织动员起来的党员投入基层实践中，在实践中提升其党性，增强基层党组织的凝聚力、战斗力。[②] 何慧丽等归纳了山东省 S 县刘村基层党组织的"嵌入式动员"策略，即通过党组织建设、组织嵌入与组织动员三阶段实现良好的基层治理。[③]

2. 关于"项目下乡"的研究

项目制原指一种事本主义的动员或组织方式，即依照事情本身的内在逻辑出发，在限定时间和限定资源的约束条件下，利用特定的组织形式来完成一种具有明确预期目标的一次性任务。项目制在工作中要求暂时突破常规的纵向层级性组织结构和横向的区域性安排，重新整合常规组织内的要素以完成预期目标。因此，项目制是常规体制之外的一种制度增量，是对传统单位科层制和市场经济体制的补充。在农村，由于受既有科层体制以及乡土场域的作用，各种项目在下乡的过程中往往出现行政吸纳政治、精英俘获等异化现象，导致项目本身的公平性、公开性、普惠性和乡村的自主性、公共性、内生性被消解等问题。

理论界发现当前的项目下乡实践中存在着诸多问题。李祖佩认为，在项目下乡的大背景下，当前农村基层治理表现出"治理行政化"的主流趋向，但这也导致了

---

① 刘渊：《农村基层党组织治理能力建设：内蕴、困境与路向》，《探索》2023 年第 1 期。

② 张燮：《新时代农村基层党建的实践逻辑与路径探析——以湖南 Z 村调研为例》，《湖湘论坛》2023 年第 4 期。

③ 何慧丽、许珍珍：《嵌入式动员：党建引领农村基层社会治理——以农村人居环境整治为例》，《西北农林科技大学学报》（社会科学版）2023 年第 3 期。

项目供给与乡村社会需求适配性不足等实践后果，使国家自主性受限。为应对这些问题，可以从国家"嵌入的自主性"为理论视角构建"激活-接应"机制，以推动项目资源的适配。① 王瑜等认为，在项目下乡的过程中，农村基层组织面临协调任务与治理资源不匹配的困境。为确保任务顺利完成，农村基层组织在结构性的压力体制、操作性的资源协调、文化性的无讼伦理等因素的影响下会采取"平衡替代公平"的策略以舒缓工作张力。② 贺雪峰认为，为了确保项目资源分配的合规性，项目下乡往往伴随着规范、规则和监督下乡。这一转变塑造了基层治理的合规化运动，虽然减少了权力寻租的空间，但也使基层干部疲于应付各种合规合法的程序要求，造成了基层治理制度成本攀升这一意外后果。③

此外，杨丽新还对项目下乡过程中的控制权要素进行了讨论。研究发现，农村公共品供给模式基于目标设定权、检查验收权及组织实施权在政府与村庄之间的不同配置组合而呈现直控式、发包式、自治式及奖补式的不同形态。其中，自治式形态能够供给最为稳定有效的农村公共产品。④

3. 关于"行政下乡"的研究

中国共产党在 20 世纪以来就积极推动"行政下乡"，通过政治动员结合行政任务和命令的方式，向农村基层社会渗透党和国家的意志。早期的"行政下乡"以战争时期形成的强大动员能力与计划经济时期的命令式体制为基础。随着我国经济体制改革与政治改革的不断深化，当前的"行政下乡"则是随着建设国家基础能力的需要而出现的，强调国家机构和公职人员向乡村渗透以及现代公共治理规则的建设。2023 年，学界关于"行政下乡"的研究主要关注村级组织与村干部。

罗昊探讨了村级组织应对行政化压力的行动策略，研究发现，村级治理面临着更加繁重的治理任务，越来越受到正式规则的制约，并且高度依赖上级政府的治理

---

① 李祖佩：《项目下乡与农村基层治理模式优化——以"嵌入的自主性"为视角》，《政治学研究》2023 年第 6 期。

② 王瑜、程令伟、杜志雄：《公平抑或平衡：基层治理实践中的资源适配——以农村低保资格挪用为例》，《中国农村观察》2023 年第 1 期。

③ 贺雪峰：《基层治理合规化与制度成本》，《理论月刊》2023 年第 1 期。

④ 杨丽新：《项目控制权分配与农村公共品供给的实践差异——基于中西部四村庄项目进村的比较研究》，《中国行政管理》2023 年第 4 期。

资源。作为应对策略，鄂东南 B 村的村级治理呈现"自治为体、科层为用"的运作逻辑，即一方面工具性运用正式规则，另一方面重新激活村民自治传统，这一模式为官僚行政与乡村自治提供了良性互动的基本参照。[①] 张建雷基于东部都市郊区农村的治理实践，归纳了以"集体"为媒介的行政整合机制，并认为这种整合机制实现了村庄社会的治理性团结。[②]

4. 关于农村网格化治理的研究

近几年关于农村基层治理模式的探索从未停歇，我国也取得了不少成绩，网格化治理就是其中典型的代表之一。"网格化"工具在城市管理中的广泛运用使得其在探求乡村治理的过程中得到了重点关注，并逐步开始应用到农村治理中。学术界在 2023 年对于这一议题的关注主要集中在农村基层网格化治理的实践效果以及数字赋能网格化治理两个方面。

由于城市环境与农村环境之间的异质性，网格化治理运用于农村基层治理时难免出现水土不服的情况。王同昌认为，农村基层网格化治理需注重农村与城镇的区别，不能简单套用城镇做法，要加大基层治理人才培养，构建双轨制治理，实现传统治理与网格化管理、信息化支撑互补互促。[③]

在数字赋能网格化治理方面，数字技术可以促进农村公共服务供给主体协同化、供给内容多样化、供给决策智慧化以及供给方式规范化，但数据异质性、"数据孤岛"、技术过度依赖和"数字鸿沟"等因素制约了数字技术的赋能效应。[④]

（二）农村基层治理改革研究的社会自治面向

1. 关于社会组织参与农村基层治理的研究

农村基层治理离不开社会组织作用的发挥，但社会组织在参与农村基层治理时面临诸多难题。这些难题依然是 2023 年研究的重要话题。许项静等认为，社会组织参与乡村治理仍然存在社会认同度不高、政社关系不对等、资源要素缺乏等有效党建引领的问题。针对这些问题，应当丰富社会组织相关资源要素、提升社会组织

① 罗昊：《自治为体、科层为用：行政化背景下村级治理的应对策略》，《宁夏社会科学》2023 年第 5 期。
② 张建雷：《行政整合与治理性团结：大都市郊区农村基层治理转型》，《社会学评论》2023 年第 5 期。
③ 王同昌：《新时代农村基层党组织领导乡村治理的实践路径》，《学习论坛》2023 年第 1 期。
④ 江维国、唐书娣：《数字技术赋能农村基本公共卫生服务高质量供给研究》，《世界农业》2023 年第 5 期。

社会认同度、加强沟通赋予社会组织权力和完善基层党建的有效引领，推动社会组织更好地参与乡村治理，实现乡村善治。① 刘凤萍等还基于自主性与组织力将农村社会组织划分为治理型、独立型、寄生型和依附型 4 种类型，并认为应通过尊重社会组织的主体性地位、提升农村社会组织的组织能力建设和坚持党建引领的方式引导不同类型的农村社会组织向治理型社会组织转型。② 此外，任骎还对精英返乡的意愿、能力和过程进行了研究，发现共同体身份认同是促成精英返乡的重要因素。通过社会化与外部化两种途径，返乡精英习得农村公共管理的技能，而传统型权威和个人魅力则是返乡精英获取其领导权威的基础。③

2. 关于农村基层民主协商的研究

农村基层民主协商作为村民自治的一个重要面向，始终是学术界持久关注的话题。2023 年，学术界的研究多集中于如何使农村基层民主协商有效运行。毕向阳等通过对影响农村基层选举中大姓当选的多重制度逻辑进行考察，认为应当通过推进民主协商、加强村务监督等制度建设以克服传统宗族主义倾向，促进社区治理现代化。④ 孙强强关注农村基层民主协商中治理价值与民主价值之间的冲突，提出了"可控式协商"的概念，通过"可控式协商"的议题输入机制、议题协商机制和议题输出机制，分别对应协商预先可控、协商过程可控和协商事后可控，从而缓解治理价值与民主价值之间的紧张关系。⑤ 侣传振在主流的理性、制度与技术路径之外，提出了"情感式协商"的概念，将其与科学的制度化协商有机结合，通过综合运用情感型关系、情感型混合关系、利益型混合关系及利益型关系，按照需求法则、信

---

① 许项静、梁华华：《乡村振兴战略背景下社会组织参与乡村治理的路径优化》，《智慧农业导刊》2023年第 3 期。

② 刘凤萍、李海金：《自主性与组织力：农村社会组织参与乡村治理的形态与效能研究——基于赣南 F 村 4 个社会组织的比较分析》，《地方治理研究》2023 年第 3 期。

③ 任骎：《"还巢凤"如何成为"领头雁"？——精英返乡担任村干部的意愿、能力与过程》，《西北农林科技大学学报》（社会科学版）2023 年第 1 期。

④ 毕向阳、肖林、许亚敏：《农村基层选举中的宗族博弈与社区治理——基于全国村庄抽样调查数据的量化分析》，《社会学评论》2023 年第 2 期。

⑤ 孙强强：《农村基层治理有效中的可控式协商：概念内涵、运行机制与价值限度》，《中共宁波市委党校学报》2023 年第 4 期。

任法则、情面法则与公平法则展开协商，以实现基层治理的目标。[①]

三、中国农村基层治理改革的展望与分析

在适应全面推进乡村振兴的过程中，农村基层治理改革也在持续推进。从发展的方向看，有三个问题是农村基层治理改革需要关注的。

（一）农村人口结构变化将是影响农村基层治理改革的关键要素

当前，农村面临的许多问题都指向了农村的人口结构。根据第七次全国人口普查的数据，居住在城镇的人口为 901991162 人，占 63.89%；居住在乡村的人口为 509787562 人，占 36.11%。与 2010 年第六次全国人口普查相比，城镇人口增加 236415856 人，乡村人口减少 164361984 人，城镇人口比重上升 14.21 个百分点。[②] 近年来，这种趋势仍在持续。根据全国人口变动情况抽样调查数据推算，截至 2023 年末，我国城镇常住人口达 93267 万人，比 2022 年增加 1196 万人；乡村常住人口 47700 万人，减少 1404 万人。[③] 在一些地方，"空心村"已经开始出现。有专家预测，"预计到 2035 年还将有 1 亿多人迁移至城镇"[④]。这种人口结构的变化与公共服务之间的矛盾将进一步显性化，从而深入影响农村基层治理改革的方向与节奏。

农村人口的持续性收缩带来两个直接影响。第一，农村对公共服务的需求将呈现一种下降的趋势。这是由于一些地方政府在实施农业农村政策时出现了"悬浮"现象，即政策执行与农村实际情况脱节，导致了资源的浪费。例如，一些人口流失的县城仍在盲目推动建设项目，这不仅未能有效传达中央关于乡村全面振兴的政策决策，也使得农村居民难以享受到政策带来的实际益处。这种政策执行与实际需求之间的不匹配，不仅造成了资源的错配和浪费，还削弱了农村居民对政策的信任和满意度。第二，在农村人口总体减少的趋势中，青壮年劳动力的外流成为一个显著

---

① 侣传振：《情感式协商：农村基层协商治理有效运行的内在逻辑——基于 C 镇古村落保护利用案例的分析》，《云南大学学报》（社会科学版）2023 年第 1 期。

② 《第七次全国人口普查公报（第七号）》，https://www.stats.gov.cn/sj/zxfb/202302/t20230203_1901087.html。

③ 王萍萍：《人口总量略有下降，城镇化水平继续提高》，https://www.stats.gov.cn/xxgk/jd/sjjd2020/202301/t20230118_1892285.html。

④ 刘厚莲：《顺应人口发展新态势，推进社会治理现代化》，《社会科学报》2024 年 6 月 19 日。

的问题。这一人口结构的变化，不可避免地导致了一定时期内许多农村地区将面临"老龄化"乃至"深度老龄化"的严峻挑战。在这种背景下，养老服务的问题逐渐凸显，成为农村基层治理改革的一个核心议题。同时，随着老龄化问题的加剧，养老服务也将成为农村基层公共服务供给中不可或缺的一环。因此，未来的农村基层治理和公共服务供给，需要在养老服务方面投入更多的关注和资源，以满足日益增长的老年人群的需求。

2022年5月，中共中央办公厅、国务院办公厅印发《关于推进以县城为重要载体的城镇化建设的意见》，开始重视"县城"在城镇化进程中的角色定位，为解决上述问题提供了政策方向。随着政策的深入实施，到了2023年，我们可以观察到一些特色县城的发展确实在局部地区对稳定农村人口结构产生了积极的影响。这些县城通过挖掘和利用自身的特色资源，推动了当地经济和社会的全面发展，从而吸引了外出打工的青壮年劳动力回流，有效地缓解了人口流失的问题。但从全局来看，农村人口结构变化的总趋势在短期内还不会转变。因此，农村基层治理改革必须更加注重"因地制宜"的原则，避免采取"一刀切"的政策措施。这意味着，农村基层改革应能动地回应人口结构变化和公共服务需求，制定和实施更加精准有效的政策，以确保改革措施能够真正适应各地的实际需要。这种灵活、多元的改革路径，将有助于推动农村基层治理改革取得更为显著的成效。

（二）政策目标与有效资源之间的矛盾将会更为突出

农村基层治理是全面推进乡村振兴的政策目标得以有效实施的关键环节。在全面推进乡村振兴的过程中，自上而下的政策目标呈现不断扩大的趋势。但与此同时，作为一项系统性工程，仅依赖政府的一元化力量是难以为乡村全面振兴提供足够资源的。因此，乡村全面振兴的有效资源需要来自村组织、社会力量等方方面面。在许多地方，由于社会力量的局限性，村组织依然是动员资源的重要主体。这个过程就反映了村组织的一个重要的角色冲突；在公共服务上，村组织已经成为政府序列的延伸，是政府在农村基层的"脚"；而在动员资源上，村组织又是区别于政府序列的主体，不完全地从属于政府序列。这种角色冲突对于农村基层治理的影响是深远的。

首先，在政府资源有限的情况下，实现乡村全面振兴的目标并非易事，一些项目仍需依赖村组织的"化缘"能力来筹集必要的资源。这就需要村干部能够积极探索创新性解决方案，如通过政策引导、机制创新等手段，吸引更多的社会资源投入乡村全面振兴，以弥补资源不足的短板。在一些基础较好、条件成熟的村庄，村组织可能通过非正式渠道有效动员资源，以补充政府资源投入的不足；然而，在另一些条件一般的村庄，乡村全面振兴可能因资源约束而面临挑战。在这种情况下，村两委干部的动员资源能力显得尤为关键。他们需要发挥自己的聪明才智，积极寻求外部支持，通过多种途径为乡村全面振兴筹集所需资源。这可能包括争取企业赞助、社会组织支持、公益项目合作等多种方式。同时，村两委干部还需要善于调动村民的积极性，发挥村民的主体作用，共同为乡村全面振兴贡献力量。在条件一般的村庄，乡村全面振兴面临的资源约束可能更为明显。

其次，政府有限的资源在分配上往往倾向于向示范村倾斜，这在一定程度上加剧了资源分配的不平衡。为了追求政绩，政府往往更愿意将有限的资源投入到条件较为成熟的示范村中，以确保能够打造出引人注目的"亮点"。这种做法虽然可以确保一部分村庄获得显著的发展，但也不可避免地导致了政府资源在分配上的不平衡问题。这种不平衡的资源分配，对于那些条件一般的村庄来说，无疑增加了它们在实现乡村全面振兴过程中的压力。这些村庄往往因为资源的不足，难以有效推动乡村振兴的各项工作，从而进一步拉大了与示范村之间的差距。这种差距不仅体现在基础设施、公共服务等方面，还可能影响村庄的经济发展和社会进步，进而影响村民的生活质量和幸福感。因此，政府在资源分配上应当更加注重公平性和均衡性，确保所有村庄都能获得必要的支持和发展机会。通过这样的努力，可以更好实现村域之间的均衡发展和可持续发展。

（三）农村基层治理的数字化应用面临"提质增效"

尽管数字化技术在农村基层治理中的应用已经取得了一定的治理成效，但从全局来看，这些应用尚未形成规模效应，存在很大的"提质增效"的空间。这意味着，虽然数字化技术在个别村庄或地区取得了一定的成功，但这种成功尚未能够广泛复制和推广，导致整体治理效能未能得到显著提升。

数字化技术在农村基层治理中的应用尚处于起步阶段，干部队伍对农村数字治理的认识水平还有待提升。首先，在一些农村地区，各级干部对数字治理的认知程度参差不齐。在那些经济发展较为成熟的地区，干部们已经开始积极地探索和尝试将数字化技术应用于农村治理中。他们认识到，通过运用大数据、云计算等先进技术，可以有效提升治理的效率和质量，更好地满足农民群众的实际需求。然而，在经济发展相对滞后的欠发达地区，干部们对于数字化技术的了解和应用仍然相对有限。其次，由于缺乏相应的培训，一些农村地区的干部队伍在实际工作中对数字化技术的运用能力不足，缺乏运用这些技术解决农村治理问题的能力。这就造成了两个方面的结果：一方面，数字化治理与农村基层治理的效率与质量还难以匹配，制约了农村数字治理水平的提升。另一方面，一些数字化治理项目往往局限于特定的领域或问题，缺乏全面性和系统性，难以形成整体效应。

综上所述，农村基层治理与数字化技术之间还存在比较明显的磨合空间。相较于现在相对初级的应用而言，农村基层治理中数字化技术的应用将面临"提质增效"。

四、报告要点

本报告对 2023 年农村基层治理改革的相关成果与实践发展进行了初步的归纳。在此基础上，从以下四个方面对本报告进行总结。

农村基层治理为了适应全面推进乡村振兴的宏观目标而进行不断的调适。这些调适既建立在既有成果的基础之上，也有一些创新性的探索与尝试。主要表现在"党建引领"推动治理效能不断提升、农村基本公共服务供给水平不断提升、"数字乡村"助推农村基层治理取得了阶段性进展三个方面。

在改革实践的基础上，理论研究也在不断推进。总体而言，理论研究从政权建设与社会治理两个面向展开。当前理论研究的一个重要特点是对农村基层治理改革的实践观察更为清晰，但基本的逻辑思路还延续着既有研究格局所提供的逻辑。

随着乡村全面振兴的不断深化，农村基层治理还需要不断地在前期积累基础上进行改革与调适。这个工作将是一个持续性的工作。

从发展的角度看，农村基层治理还面临着一系列需要注意的问题。第一，农村人口结构变化将是影响农村基层治理改革的关键要素；第二，政策目标与有效资源之间的矛盾将会更为突出；第三，农村基层治理的数字化应用面临"提质增效"。

（作者单位：厦门大学公共事务学院）

PART 第五部分

地方政府发展能力
指数研究报告

地方政府发展能力指数研究报告

南开大学课题组[①]

一、数据收集的总体情况

（一）问卷调查数据收集情况

由于三级指标中对地方政府发展能力的评价包含以市民为对象的外部评价和以政府公务员为对象的内部评价两部分，这种将外部评价和内部评价相结合的方式，决定了样本城市的选取必须同时满足两类问卷的数量要求。根据 2023 年度调查问卷的回收情况，共计回收 6380 份问卷，为确保城市问卷数量均衡，每一城市固定问卷数量为 220 份，共计涵盖 31 个样本城市。如表 1 所示，共涵盖 4 个直辖市、10 个副省级城市、17 个普通省会城市。

（二）客观数据收集情况

针对 31 个样本城市，进一步通过文献资料搜集客观数据，具体渠道包括 2023 年出版的各类统计年鉴、官方网络数据平台、政府工作报告、公开发表的学术论文和研究报告及第三方权威评估成果等资源。对少数城市难以获得的数据，采用以下方法依照优先级代替：一是该城市该指标近 3 年的平均值代替，二是该城市地理邻近的周边城市均值代替，三是该城市所在省份的该项指标均值代替。另外，有些数据非常重要，但又难以直接获得，因此，本研究团队专门开发了环境支持度指数，作为政策支持度的三级客观指标。环境支持度指数具体的操作方法为：选取城市级别、区位条件和资源禀赋 3 个综合指标作为环境支持度指数的核心指标，在权重设置上，城市级别占 40%，区位条件占 30%，资源禀赋占 30%。3 个指标的赋值标准

---

① 课题组顾问：朱光磊；课题组成员：翟磊、李鑫涛、赵紫涵、王坤、何里程、何奥伟。

表 1　31 个样本城市及调查问卷数量

城市等级	样本城市	总问卷数/份	城市等级	样本城市	总问卷数/份
直辖市	北京市	220	普通省会城市	太原市	220
	天津市	220		合肥市	220
	上海市	220		南昌市	220
	重庆市	220		郑州市	220
副省级城市	哈尔滨市	220		长沙市	220
	沈阳市	220		海口市	220
	长春市	220		贵阳市	220
	南京市	220		西宁市	220
	济南市	220		呼和浩特市	220
	杭州市	220		拉萨市	220
	武汉市	220		银川市	220
	广州市	220		乌鲁木齐市	220
	成都市	220		石家庄市	220
	西安市	220		福州市	220
				昆明市	220
				兰州市	220
				南宁市	220

是：第一，城市级别，直辖市 10 分，副省级市 8 分，省会城市 6 分，一般地级市 4 分；第二，区位条件，参照由 BBIC 发布的《中国各省资源禀赋及战略地位》的结论进行赋值；第三，资源禀赋，根据国务院公布的资源型城市分类名单赋值。其中，成熟型 10 分，成长型 8 分，再生型 6 分，非资源型城市 5 分，衰退型 4 分。

二、地方政府发展能力评价结果的数据分析

基于地方政府发展能力指标体系和数据收集情况，最终获得的数据包括：受访者对样本城市地方政府发展能力的总体评价和总体满意度，6 项一级指标的重要性评价和绩效评价，16 项二级指标的重要性评价和绩效评价，42 项主观三级指标的绩效评价和 28 项客观三级指标的样本城市数据。

（一）地方政府发展能力总体评价和总体满意度

通过问卷调查获取数据时，问题的设定和表述方式可能会影响获取的结果。因

此，在调查问卷中，分别采用了总体评价和总体满意度两种方式请调查对象就居住地的地方政府发展能力作出主观评价。31 个样本城市的统计结果如表 2 所示。

表 2　样本城市地方政府发展能力总体评价和总体满意度的基本情况

评价	极小值	极大值	均值	标准差
对当地政府发展能力的总体评价	5.49	5.95	5.68	0.1157
对当地政府发展能力的总体满意度	5.43	6.01	5.71	0.1488

通过配对样本 T 检验，比较两种提问方式的均值，可以发现，如表 3 所示，总体评价与总体满意度的相关系数达到 0.907，在统计学上显著相关，而且不存在显著不同（$p=0.000$），因此，可以得到结论，即从统计学上来看，"对当地政府发展能力的总体评价"和"对当地政府发展能力的总体满意度"这两种提问方式，并不会对最终的结果产生显著影响。

表 3　两种提问方式的均值比较配对样本 T 检验

成对样本相关系数				
		N	相关系数	Sig.
对 1	总体评价 & 总体满意度	31	0.907	0.000
a. 除非另行注明，bootstrap 结果将基于 1000 bootstrap samples				

成对样本检验								
		成对差分						
		均值	标准差	均值的标准误	差分 95% 置信区间		t	df	Sig.
					下限	上限			
对 1	总体评价 & 总体满意度	−0.023	0.065	0.012	−0.047	0.001	−1.965	30	0.059

（二）核心发展能力（一级指标）评估数据分析

问卷调查获取了调查对象对一级指标的重要性排序，结果如表 4 所示。调查对象对 6 个指标的重要性排序依次为资源利用能力、服务提供能力、科学履职能力、学习创新能力、社会发展能力、经济发展能力。由此可见，调查对象首先关注城市社会发展情况与公共服务，其次是政府的实际运行情况，最后是经济发展。其原因在于，指标与调查对象之间关系的密切程度决定了其对指标重要性的判断。调查对象自身体会越强、关联越大的指标越会被排在相对重要的位置，而调查对象自身体会越弱、关联越小的指标则会被排在不重要的位置。在 31 个样本城市中，对经济发展能力的重要性排序差异性最大，标准差达到了 0.17，而对社会发展能力的重要性排序差异性最小，这也说明不同城市的居民对地方政府核心发展能力的重要性评价表现出了明显的差异性。

表 4　样本城市一级指标重要性评估结果

指标	最大值	最小值	均值	标准差
经济发展能力	5.75	5.10	5.41	0.17
社会发展能力	5.84	5.20	5.53	0.14
服务提供能力	5.86	5.26	5.58	0.15
资源利用能力	5.88	5.26	5.60	0.15
科学履职能力	5.84	5.31	5.57	0.15
学习创新能力	5.97	5.23	5.56	0.16

问卷调查同步获取了被调查对象对一级指标的实际绩效评价，结果如表 5 所示，6 个指标在不同城市中的最大值与最小值较为接近，且数据离散程度也较为接近。从具体的指标评价来看，社会治理能力、服务提供能力在所有一级指标评价中的均值最高，达到 5.69，这说明调查对象对城市地方政府的公共服务能力相对较为满意。经济发展能力的均值最低，为 5.65，这说明调查对象认为城市地方政府的经济发展能力尚有较大提升空间。

表 5　样本城市一级指标实际绩效评估结果

指标	最大值	最小值	均值	标准差
经济发展能力	5.93	5.40	5.65	0.14
社会发展能力	5.92	5.39	5.69	0.15
服务提供能力	5.95	5.38	5.69	0.14
资源利用能力	5.99	5.41	5.67	0.15
科学履职能力	5.94	5.36	5.67	0.15
学习创新能力	5.95	5.33	5.68	0.14

从标准差来看，资源利用能力的标准差相对较大，达到 0.15，这说明不同城市间的调查对象对政府的资源利用能力评价的差异性较大，其可能的原因是我国资源

分配存在地区间的不平衡，造成调查对象对城市地方政府的资源利用能力的认知具有较大差异性。与此类同的还有社会发展能力、科学履职能力。服务提供能力的标准差相对较小，为 0.14，说明调查对象对政府服务提供的评价差异性较小。政府学习创新能力与经济发展能力这两项指标，调查对象的评估结果差异也相对较小，说明样本城市在以上 3 项能力上的差距总体较小。

（三）分解发展能力（二级指标）评估数据分析

问卷调查在获取调查对象对居住城市地方政府发展能力二级指标的实际绩效评价和重要性评价中，均采用了五级利克特量表，结果如表 6 所示。

表 6　样本城市二级指标重要性-绩效评估结果

一级指标	二级指标	评估项	最大值	最小值	均值	标准差
经济发展能力	保证生产能力	绩效	5.67	4.91	5.27	0.19
		重要性	5.75	5.07	5.38	0.17
	促进消费能力	绩效	5.71	5.00	5.47	0.17
		重要性	5.83	4.99	5.45	0.16
	推动转型能力	绩效	5.78	5.05	5.49	0.17
		重要性	5.94	5.10	5.53	0.20
社会发展能力	推动发展能力	绩效	5.74	4.90	5.36	0.21
		重要性	5.88	5.22	5.54	0.15
	秩序维护能力	绩效	5.80	4.92	5.44	0.20
		重要性	5.85	5.03	5.47	0.19
	应急治理能力	绩效	5.80	5.07	5.50	0.16
		重要性	5.79	5.12	5.52	0.15
服务提供能力	保障基本公共服务能力	绩效	5.71	4.98	5.37	0.17
		重要性	5.71	4.98	5.37	0.17
	均等化区域公共服务能力	绩效	5.79	4.98	5.45	0.19
		重要性	5.83	5.22	5.55	0.15
	环境保护能力	绩效	5.87	5.18	5.51	0.15
		重要性	5.84	5.15	5.58	0.16
资源利用能力	资源获取能力	绩效	5.71	4.86	5.35	0.20
		重要性	5.85	5.19	5.48	0.16
	资源整合能力	绩效	5.74	5.11	5.48	0.16
		重要性	5.88	5.08	5.47	0.16

续表

一级指标	二级指标	评估项	最大值	最小值	均值	标准差
科学履职能力	政策制定能力	绩效	5.70	5.00	5.37	0.19
		重要性	5.86	5.16	5.54	0.16
	政策执行能力	绩效	5.72	5.10	5.48	0.15
		重要性	5.79	5.14	5.51	0.15
	政府机构运行能力	绩效	5.80	5.00	5.46	0.16
		重要性	5.55	4.65	5.18	0.18
学习创新能力	主动学习能力	绩效	5.71	4.98	5.35	0.18
		重要性	5.89	5.30	5.54	0.15
	管理和服务的创新能力	绩效	5.83	4.97	5.46	0.17
		重要性	5.78	5.19	5.53	0.14

针对绩效评价进行分析，二级指标中的环境保护能力（5.51）均值最高，说明样本城市的调查对象对城市地方政府在生态环境保护方面较为满意，而城市地方政府的保证生产能力（5.27）均值最低，说明调查对象高度重视城市经济发展问题，而保证生产能力则直接影响城市发展的未来潜力，因此城市地方政府在做好公共服务均等化的基础上，还要积极推动自身转型，加强区域合作与协同发展，为城市未来发展奠定基础。

从绩效评价标准差来看，推动发展能力的离散程度最高，标准差达到0.21，其原因主要是31座样本城市的经济发展类型差异较大，结合其自身经济发展特点和地理优势所确定的转型方向存在较大差异，因此评价分数也具有较强的离散性。不同城市的调查对象对政策执行能力（标准差为0.15）、环境保护能力（标准差为0.15）的评价相对较为集中，这说明在上述指标的绩效评价中，公众感知差异较小，也就是说城市地方政府在这些二级指标方面所采取的措施可能具有较高的同质性。

从表中的数据可以看出调查对象对二级指标的重要性排序依次为环境保护能力、均等化区域公共服务能力、推动发展能力、主动学习能力、政策制定能力、管理和服务的创新能力、推动转型能力、应急治理能力、政策执行能力、资源获取能力、秩序维护能力、资源整合能力、促进消费能力、保证生产能力、保障基本公共服务能力、政府机构运行能力，这与各指标所属的一级指标的排序略有不同。调查对象认为环境保护和均等化区域公共服务能力的重要性较为突出，而保证生产、保障基本公共服务能力和政府机构运行能力的重要性相对较低，说明调查对象在现阶段更注重政府在环境治理和均等化公共服务领域作用的发挥。从表6可以看出，调查对象除了重视政府的经济发展能力以外，如何得到更好的环境与公共服务也是市民评价城市地方政府的重要标准，城市地方政府应当在环境保护与公共服务方面给予足够的重视。

三、地方政府发展能力综合绩效评价结果

考虑到数据之间量纲的差异和各地区经济发展水平的差异，研究对数据进行了Z值标准化处理。为了更直观地反映数据，用功效系数法将地方政府核心发展能力指标最终得分转换成分值分布区间为5—95的数据列。地方政府核心发展能力的综合绩效评价情况，如表7所示。

表7　地方政府核心发展能力得分概况表

能力类型	最大值城市	最小值城市	均值	标准差
经济发展能力	上海市	乌鲁木齐市	48.20	24.12
社会发展能力	杭州市	乌鲁木齐市	54.78	24.55
服务提供能力	呼和浩特市	乌鲁木齐市	54.49	21.46
资源利用能力	上海市	乌鲁木齐市	45.74	23.49
科学履职能力	呼和浩特市	西宁市	53.13	23.49
学习创新能力	呼和浩特市	乌鲁木齐市	54.69	19.89

在31个样本城市中，呼和浩特市的地方政府核心发展能力指标表现最为突出，服务提供能力、科学履职能力和学习创新能力均排在首位，经济发展能力和社会发展能力、资源利用能力排名第二。上海市在经济发展能力和资源利用能力方面排名第一，社会发展能力、科学履职能力位列第二，学习创新能力位列第三。

通过对31个城市核心发展能力得分的分布情况进行分析，经济发展能力、服务提供能力、学习创新能力较为接近正态分布，说明地方政府在这3项能力上的表现较为均衡。相对而言，地方政府在社会发展能力、资源利用能力和科学履职能力方面的表现均衡性较差，特别是资源利用能力，得分普遍偏低，而社会发展能力和

科学履职能力得到了加强，得分高的城市占比较高，如图 1 所示。

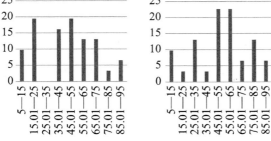
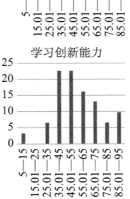

图 1　核心发展能力综合绩效分布图

表 8 显示了各项一级指标之间的相关程度，两个指标的相关系数越接近于 1，则表明其联系越紧密。统计检验得出，一级指标之间的相关性通过了置信度为 99％ 的显著性检验，且均为正相关。这表明不同指标在整体上呈同向变动，即政府经济发展、社会发展、服务提供、资源利用、科学履职和学习创新 6 项核心能力的提高可以相互促进。从政府总体发展能力角度来看，资源利用能力、经济发展能力和学习创新能力与其相关性最高，相关系数分别为 0.926、0.876 和 0.872，说明这 3 项能力的提升最有助于地方政府核心发展能力的增强。

表 8　一级指标相关系数表

指标	地方政府发展能力	经济发展能力	社会发展能力	服务提供能力	资源利用能力	科学履职能力	学习创新能力
地方政府发展能力	1	0.876**	0.862**	0.844**	0.926**	0.862**	0.872**
经济发展能力	0.876**	1	0.916**	0.884**	0.918**	0.878**	0.908**
社会发展能力	0.862**	0.916**	1	0.920**	0.944**	0.925**	0.932**
服务提供能力	0.844**	0.884**	0.920**	1	0.902**	0.937**	0.918**

指标	地方政府发展能力	经济发展能力	社会发展能力	服务提供能力	资源利用能力	科学履职能力	学习创新能力
资源利用能力	0.926**	0.918**	0.944**	0.902**	1	0.909**	0.930**
科学履职能力	0.862**	0.878**	0.925**	0.937**	0.909**	1	0.870**
学习创新能力	0.872**	0.908**	0.932**	0.918**	0.930**	0.870**	1

注：＊号表示1％显著性水平。

四、地方政府发展能力指数评价结果

基于31个样本城市的数据，通过主客观综合赋权法，得到各级指标的权重，结果如表9所示。

表 9　地方政府发展能力各级指标权重

一级指标	权重	二级指标	权重	三级指标	权重
经济发展能力	0.275	保证生产能力	0.123	地区生产总值	0.02235
				地区生产总值增长率	0.01244
				地区货物进出口总额	0.03457
				外商外资总额	0.03457
				有效引导地方经济健康运行的能力	0.011
				有效改善当地基础设施建设的能力	0.00994
		促进消费能力	0.086	城镇居民人均可支配收入增长率	0.0122
				居民消费价格指数	0.01704
				社会消费品零售总额	0.02205
				稳定当地物价水平的能力	0.00885
				有效搭建消费平台的能力	0.01366
				提高家庭消费水平的能力	0.0126
		推动转型能力	0.066	第三产业比重	0.0129
				规模以上工业企业利润	0.02212
				促进产业升级的能力	0.00965
				促进民营企业发展的能力	0.00924
				促进科技创新的能力	0.01167

一级指标	权重	二级指标	权重	三级指标	权重
社会发展能力	0.136	推动发展能力	0.038	预期寿命	0.0101
				当地生活的幸福感	0.00797
				参与公共事务的渠道	0.0093
				当地社会组织在公共事务中发挥的作用	0.01062
		秩序维护能力	0.065	城镇登记失业率	0.01571
				城乡居民可支配收入比	0.0208
				对社会治安状况的评价	0.01047
				个人发展机会的公平性	0.00956
				调节社会矛盾能力	0.00825
		应急治理能力	0.033	应急管理相关文件发布数	0.0332
服务提供能力	0.161	保障基本公共服务能力	0.081	千人口卫生技术人员数	0.01563
				千人口医疗床位数	0.01727
				政府在教育方面的财政支出占比	0.01477
				就业、养老等公共保障制度建设	0.01095
				公共服务设施建设	0.00994
				教育、卫生等社会事业的发展	0.01225
		均等化区域公共服务能力	0.031	公共服务设施均等化程度	0.01198
				医疗服务均等化程度	0.00869
				教育资源均等化程度	0.01011
		环境保护能力	0.049	城市建成区绿地率	0.00823
				城市空气质量达二级以上的天数	0.01243
				城市污水处理率	0.00695
				环境质量	0.01039
				环境治理能力	0.01121
资源利用能力	0.127	资源获取能力	0.077	税收收入增长率	0.02047
				一般性公共服务支出占财政支出的比重	0.01424
				财政收入增长率	0.02119
				吸引外来人才的能力	0.00896
				有效引进项目的能力	0.01225
		资源整合能力	0.05	财政支出占 GDP 比重	0.01464
				与智库展开有效合作的能力	0.01081
				与媒体构建良好关系的能力	0.01372
				与企业实施有效协作的能力	0.01054

一级指标	权重	二级指标	权重	三级指标	权重
科学履职能力	0.165	政策制定能力	0.048	全年发布政策文件数量	0.02944
				决策的科学性	0.00867
				政策制定过程中公众参与的有效性	0.01037
		政策执行能力	0.041	政策支持度指数	0.01612
				部门间协同能力	0.01084
				政策执行效果	0.01374
		政府机构运行能力	0.076	公众留言数量	0.02114
				机构设置合理性	0.00965
				各部门职位分工分责合理性	0.01027
				依法依程序履职能力	0.01174
				各部门的工作效率	0.01167
				工作人员服务态度	0.01152
学习创新能力	0.137	主动学习能力	0.055	公务员年度参加培训次数	0.01472
				公务员每年用于学习提升的时间	0.02044
				激励公务员学习措施	0.01028
				组织内部信息共享机制	0.00946
		管理和服务的创新能力	0.082	技术吸收和创新能力	0.02862
				政府对创新的重视程度	0.00906
				政府出台关于创新的法规和政策数量	0.03371
				政府的创新意识	0.01043

将样本城市的主客观数据（三级指标）标准化，再加权求和，可以得到分解发展能力（二级指标）、核心发展能力（一级指标）和地方政府发展能力指数。为了便于直观比较，本研究按照功效系数法将样本城市的标准化数值转换成 5—95 的数据列，转换公式如下所示：

$$Z_i = \frac{X_i - X_{\min}}{X_{\max} - X_{\min}} \times 90 + 5$$

Z_i：第 i 项三级指标的转化得分；

X_i：第 i 项三级指标的标准化得分；

$X_{\min}$：样本城市中该三级指标的最低标准化得分；

X_{max}：样本城市中该三级指标的最高标准化得分。

根据最终结果，本年度 31 个样本城市中排名前 20 位的城市如表 10 所示。

表 10　31 个样本城市中地方政府发展能力指数排名前 20 位的城市

排名	地方政府所在地名称	地方政府发展能力指数	排名	地方政府所在地名称	地方政府发展能力指数
1	呼和浩特市	95	11	成都市	69.49
2	合肥市	89.26	12	天津市	68.77
3	上海市	87.81	13	银川市	66.96
4	杭州市	80.54	14	贵阳市	65.96
5	西安市	79.65	15	济南市	63.73
6	哈尔滨市	78.82	16	郑州市	62.65
7	拉萨市	76.98	17	重庆市	62.62
8	南京市	76.00	18	海口市	60.56
9	福州市	73.56	19	武汉市	58.25
10	北京市	70.04	20	昆明市	55.90

由于本研究所提出的地方政府发展能力具有综合性特点，既包括政府自身的发展能力，也包括对本地区经济社会发展的支持能力，既包括客观指标，也包括主观指标，因此城市政府在各项能力维度上发展的均衡性将对评价结果产生较大影响。并且从评价结果来看，主观指标的得分并不一定与客观指标成正比，客观指标总体较高，但主观评价一般的情况时有发生，其原因在于主观评价在很大程度上受到期望值的影响。换言之，虽然某城市总体发展情况良好，但民众的总体期望值更高，因此就会产生主观评价偏低的结果。

需要特别说明的是，排名并不是目的，而是为了发现最佳实践。本研究所得出的发展能力指数均为基于 2023 年度客观数据标准化后的结果，可以通过横向比较，并基于对最佳实践的分析，为其他城市政府的发展提出可供借鉴的思路与方法。也可以有针对性地分析某一城市政府发展能力的结构性缺陷等，目的是持续提升城市政府的发展能力。

（作者单位：南开大学周恩来政府管理学院）

PART 附 录

附录 A　中国政府发展基础数据[①]

一、政府规模

表 1　中国与 OECD（经济合作与发展组织）国家中央
政府核心机构（内阁）部门设置情况比较

国家	机构数/个	国家	机构数/个	国家	机构数/个	国家	机构数/个
中国	26	芬兰	12	日本	16	斯洛伐克	14
澳大利亚	23	法国	14	韩国	18	斯洛文尼亚	19
奥地利	14	德国	15	卢森堡	14	西班牙	22
比利时	14	希腊	20	墨西哥	19	瑞典	10
加拿大	36	匈牙利	12	荷兰	12	瑞士	7
智利	24	冰岛	11	新西兰	20	土耳其	17
捷克	17	爱尔兰	16	挪威	16	英国	24
丹麦	22	以色列	27	波兰	23	美国	15
爱沙尼亚	12	意大利	24	葡萄牙	16		

注：OECD 国家数据截至 2024 年 5 月。
资料来源：各国政府官方网站、中华人民共和国外交部网站、中国机构编制网。

表 2　中国与 OECD 国家财政供养人员数量占人口比例比较

国家	2002 年	2003 年	2004 年	2005 年	2006 年	2007 年	2008 年	平均
中国	3.38％	3.42％	3.45％	3.48％	3.52％	3.77％	3.80％	3.49％
澳大利亚	4.63％	4.77％	5.00％	5.26％	5.41％	5.54％	5.53％	5.13％
奥地利	3.39％	3.49％	2.98％	3.48％	3.38％	3.45％	3.38％	3.41％
比利时	4.36％	4.38％	4.54％	4.64％	4.62％	4.69％	4.54％	4.52％
加拿大	4.38％	4.41％	4.59％	4.60％	4.71％	4.66％	4.79％	4.58％

[①]　资料整理：刘亚强。

续表

国家	2002 年	2003 年	2004 年	2005 年	2006 年	2007 年	2008 年	平均
智利	1.84％	—	—	—	—	—	—	1.84％
捷克	2.98％	2.80％	2.86％	2.87％	3.10％	3.18％	3.20％	2.97％
丹麦	3.59％	3.85％	3.62％	3.64％	3.84％	3.93％	3.07％	3.63％
爱沙尼亚	5.12％	5.16％	5.46％	5.71％	6.18％	6.19％	5.93％	5.56％
芬兰	3.85％	4.11％	4.40％	4.52％	4.56％	4.71％	4.76％	4.25％
法国	—	3.24％	3.29％	3.33％	3.34％	3.47％	3.54％	3.37％
德国	2.98％	2.92％	2.95％	3.03％	3.10％	3.23％	3.37％	2.96％
希腊	3.86％	3.60％	4.09％	4.06％	4.12％	4.18％	4.28％	3.94％
匈牙利	2.58％	2.68％	2.89％	3.05％	2.93％	2.82％	2.90％	2.78％
冰岛	4.41％	3.67％	4.06％	4.09％	4.70％	5.37％	5.39％	4.40％
爱尔兰	7.76％	7.59％	7.94％	7.33％	7.03％	7.15％	7.33％	7.49％
以色列	2.79％	2.72％	2.45％	2.37％	2.55％	2.80％	2.96％	2.69％
意大利	1.26％	1.30％	3.50％	3.42％	3.35％	3.24％	3.20％	2.41％
日本	—	—	—	—	—	—	—	—
韩国	1.20％	1.25％	1.20％	1.19％	1.18％	1.15％	1.12％	1.15％
卢森堡	—	—	—	—	—	—	—	—
墨西哥	0.83％	0.77％	0.79％	0.88％	0.86％	0.86％	0.81％	0.84％
荷兰	6.20％	6.22％	5.16％	4.81％	5.18％	5.37％	5.40％	5.67％
新西兰	6.09％	6.02％	5.96％	6.16％	6.45％	6.70％	7.01％	6.30％
挪威	3.83％	3.72％	3.55％	3.27％	3.13％	2.99％	3.15％	3.48％
波兰	2.09％	2.15％	2.24％	2.26％	2.43％	2.54％	2.61％	2.32％
葡萄牙	3.63％	4.10％	4.37％	4.44％	3.75％	3.25％	3.03％	3.70％
斯洛伐克	1.99％	2.36％	2.56％	2.57％	2.44％	2.38％	2.48％	2.38％
斯洛文尼亚	2.96％	2.71％	2.90％	3.30％	3.04％	2.89％	3.23％	3.06％
西班牙	3.02％	3.05％	3.11％	3.03％	3.26％	3.37％	3.42％	3.15％
瑞典	2.27％	2.33％	2.48％	2.26％	2.42％	2.58％	2.55％	2.36％
瑞士	3.31％	3.39％	3.37％	3.33％	3.43％	3.50％	3.66％	3.36％
土耳其	2.66％	2.76％	2.74％	3.15％	2.92％	2.61％	2.62％	2.77％
英国	6.63％	6.83％	6.91％	7.06％	7.25％	7.25％	7.53％	6.98％
美国	—	6.87％	6.91％	6.92％	7.11％	7.16％	7.25％	7.04％

资料来源：根据 OECD 相关数据库、中华人民共和国国家统计局网站、中华人民共和国财政部网站数据整理计算而成。

二、预算主要指标

表 3　2023 年中央一般公共预算收入预算表

项目	2022 年执行数 /亿元	2023 年预算数 /亿元	预算数在上年执行数 的占比/％
一、税收收入	89975.12	98365.00	109.3
国内增值税	24255.05	33290.00	137.2
国内消费税	16698.81	16880.00	101.1
进口货物增值税、消费税	19994.78	20610.00	103.1
进口货物增值税	18964.79	19560.00	103.1
进口消费品消费税	1029.99	1050.00	101.9
出口货物退增值税、消费税	−16258.06	−19600.00	120.6
出口货物退增值税	−16220.00	−19550.00	120.5
出口消费品退消费税	−38.06	−50.00	131.4
企业所得税	27866.45	29050.00	104.2
个人所得税	8953.77	9810.00	109.6
资源税	108.48	85.00	78.4
城市维护建设税	259.41	270.00	104.1
印花税	2759.33	2520.00	91.3
其中：证券交易印花税	2759.33	2520.00	91.3
船舶吨税	53.02	55.00	103.7
车辆购置税	2398.35	2480.00	103.4
关税	2860.29	2915.00	101.9
其他税收收入	25.44	—	
二、非税收入	4909.86	1800.00	36.7
专项收入	234.52	220.00	93.8
行政事业性收费收入	638.64	340.00	53.2
罚没收入	596.70	220.00	36.9
国有资本经营收入	1240.08	160.00	12.9
国有资源（资产）有偿使用收入	2028.12	760.00	37.5
其他收入	171.80	100.00	58.2
中央一般公共预算收入	94884.98	100165.00	105.6
中央财政调入资金	12665.00	7250.00	57.2

续表

项目	2022 年执行数/亿元	2023 年预算数/亿元	预算数在上年执行数的与比/%
从预算稳定调节基金调入	2765.00	1500.00	54.2
从政府性基金预算调入	9000.00	5000.00	55.6
从国有资本经营预算调入	900.00	750.00	83.3
支出大于收入的差额	26500.00	31600.00	119.2
新疆生产建设兵团体制性收入	450.46	475.77	105.6

注：1. 中央一般公共预算支出大于收入的差额＝支出总量（中央一般公共预算支出＋补充中央预算稳定调节基金）－收入总量（中央一般公共预算收入＋中央财政调入资金）。

2. 自 2022 年起，新疆生产建设兵团预算由汇入中央本级调整为汇入地方预算。为了体现中央财政收入的完整性，增列"新疆生产建设兵团体制性收入"反映新疆生产建设兵团在中央转移支付外取得的收入。由于新疆生产建设兵团上述收入已经计入地方，不再重复计作中央收入。

资料来源：中华人民共和国财政部网站。

表 4   2023 年中央一般公共预算支出预算表

项目	2022 年执行数/亿元	2023 年预算数/亿元	预算数在上年执行数的占比/%
一、中央本级支出	35569.92	37890.00	106.5
一般公共服务支出	1578.54	1567.99	99.3
外交支出	488.83	548.36	112.2
国防支出	14499.63	15537.00	107.2
公共安全支出	1964.64	2089.72	106.4
教育支出	1524.26	1554.79	102.0
科学技术支出	3215.52	3280.34	102.0
文化旅游体育与传媒支出	173.31	172.83	99.7
社会保障和就业支出	833.21	991.88	119.0
卫生健康支出	220.57	226.97	102.9
节能环保支出	176.96	161.70	91.4
城乡社区支出	3.21	3.38	105.3
农林水支出	249.78	219.49	87.9
交通运输支出	634.71	619.61	97.6
资源勘探工业信息等支出	350.27	368.65	105.2
商业服务业等支出	33.96	37.98	111.8
金融支出	422.76	404.90	95.8
自然资源海洋气象等支出	259.05	254.86	98.4

续表

项目	2022 年执行数/亿元	2023 年预算数/亿元	预算数在上年执行数的占比/%
住房保障支出	617.45	622.92	100.9
粮油物资储备支出	1169.34	1328.78	113.6
灾害防治及应急管理支出	423.50	450.14	106.3
其他支出	162.82	161.31	99.1
债务付息支出	6523.99	7230.00	110.8
债务发行费用支出	43.61	56.40	129.3
二、中央对地方转移支付	97144.75	100625.00	103.6
一般性转移支付	80994.23	87125.71	107.6
专项转移支付	7617.03	8499.29	111.6
支持基层落实减税降费和重点民生等专项转移支付	8533.49	5000.00	58.6
三、中央预备费	—	500.00	—
中央一般公共预算支出	132714.67	139015.00	104.7
补充中央预算稳定调节基金	1185.31	—	—
向政府性基金预算调出资金	150.00	—	—
新疆生产建设兵团体制性支出	450.46	475.77	105.6

注：1. 为便于比较，根据政府收支分类科目调整等情况，对相关科目 2022 年执行数作了相应调整。

2. 2023 年中央一般公共预算支出预算数 139015 亿元，加上使用以前年度结转资金 1751.49 亿元，2023 年中央一般公共预算支出为 140766.49 亿元。具体情况见中央本级支出、中央对地方转移支付预算表及说明。

3. 从 2022 年起，新疆生产建设兵团参照地方编制预算，预算由汇入中央本级调整为汇入地方预算。为完整反映中央财政收支，本表中增列"新疆生产建设兵团体制性支出"反映新疆生产建设兵团在中央对地方转移支付之外通过自有财力安排的支出。新疆生产建设兵团上述支出已经计入地方支出，不再重复计作中央支出。

资料来源：中华人民共和国财政部网站。

表 5　中国与 OECD 国家政府最终消费支出（现价美元）　单位：10 亿美元

国家	2016 年	2017 年	2018 年	2019 年	2020 年	2021 年	2022 年	2023 年
中国	1838.19	2009.67	2297.64	2394.82	2516.03	2817.08	2870.05	—
澳大利亚	239.73	262.93	284.16	282.07	288.51	346.28	368.84	367.62
奥地利	77.79	81.32	87.99	86.52	91.70	104.19	96.67	104.72
比利时	110.74	115.80	125.73	123.47	129.19	142.79	139.91	153.28
加拿大	321.61	341.45	356.82	360.31	375.76	437.54	448.87	454.35
智利	35.76	40.48	43.89	42.43	40.69	46.42	43.36	50.67

续表

国家	2016 年	2017 年	2018 年	2019 年	2020 年	2021 年	2022 年	2023 年
捷克	37.22	41.01	48.32	49.47	53.54	60.44	58.81	67.47
丹麦	77.87	81.08	86.62	83.60	87.96	96.77	86.97	91.52
爱沙尼亚	4.75	5.18	5.86	6.07	6.51	7.37	7.38	8.52
芬兰	56.99	58.26	63.14	62.26	65.94	72.95	68.28	75.58
法国	586.89	613.60	649.50	627.19	658.04	717.27	658.88	705.69
德国	690.54	732.28	790.23	787.17	854.36	943.23	893.41	960.75
希腊	39.81	40.95	41.93	41.27	43.18	46.48	42.28	46.96
匈牙利	25.67	28.90	31.62	32.94	33.53	37.98	36.17	42.55
冰岛	4.78	5.85	6.34	6.07	6.07	7.06	7.21	7.96
爱尔兰	38.18	41.45	46.34	47.98	54.92	61.79	59.51	67.10
以色列	70.64	79.07	84.20	88.80	96.28	107.96	108.95	114.27
意大利	357.14	369.41	394.97	374.48	392.11	417.58	391.24	409.25
日本	983.59	957.16	986.18	1020.79	1060.12	1072.49	919.26	—
韩国	228.62	250.39	276.87	282.03	296.62	328.87	311.93	323.69
卢森堡	9.75	10.66	11.93	12.04	13.60	14.93	14.31	16.28
墨西哥	129.53	134.63	141.44	144.58	136.37	150.20	162.30	197.02
荷兰	193.53	202.77	222.74	224.04	237.05	265.31	252.27	282.85
新西兰	34.27	37.01	38.62	40.15	43.56	53.38	52.08	—
挪威	89.84	95.64	101.65	98.52	96.08	113.18	107.77	106.48
波兰	84.37	92.83	103.92	107.42	114.22	127.73	125.56	151.08
葡萄牙	36.31	38.04	41.14	40.79	43.45	47.73	45.02	48.79
斯洛伐克	16.98	18.08	19.79	20.70	22.36	25.05	23.80	26.71
斯洛文尼亚	8.52	8.97	9.89	9.96	11.08	12.75	11.68	13.30
西班牙	235.62	245.10	266.06	263.00	281.38	305.91	286.91	315.33
瑞典	135.95	140.79	144.75	137.49	144.63	164.31	146.96	152.37
瑞士	79.21	80.01	81.73	81.91	89.82	97.14	94.09	100.69
土耳其	128.13	123.52	114.32	117.29	109.29	106.96	107.35	150.87
英国	516.54	499.38	531.44	543.21	609.12	698.97	646.48	692.42
美国	2663.11	2726.56	2866.93	3008.78	3138.38	3353.73	3570.08	—

资料来源：根据 OECD 数据库相关数据整理而成。

附录 B　2023 年政府发展法规政策与大事记[①]

1. 2023 年 1 月 13 日，国务院办公厅印发《关于深入推进跨部门综合监管的指导意见》，针对一些地区一些领域仍然存在的监管责任不明确、协同机制不完善、风险防范能力不强以及重复检查、多头执法等问题，要求进一步加强跨部门综合监管，维护公平有序的市场环境。

2. 2023 年 1 月 17 日，中共中央印发《中国共产党处分违纪党员批准权限和程序规定》，对党的各级各类组织处分违纪党员批准权限和程序作出系统规范和明确规定。

3. 2023 年 2 月 13 日，新华社受权发布《中共中央　国务院关于做好 2023 年全面推进乡村振兴重点工作的意见》，这是 21 世纪以来第 20 个指导"三农"工作的中央一号文件。

4. 2023 年 2 月 15 日，中共中央办公厅、国务院办公厅印发《关于进一步加强财会监督工作的意见》。文件从党和国家监督体系的高度强调了财会监督的重要作用，提出了更好发挥财会监督职能作用的对策建议。

5. 2023 年 2 月 27 日，中共中央、国务院印发《数字中国建设整体布局规划》，明确数字中国建设按照"2522"的整体框架进行布局，即夯实数字基础设施和数据资源体系"两大基础"，推进数字技术与经济、政治、文化、社会、生态文明建设五位一体深度融合，强化数字技术创新体系和数字安全屏障"两大能力"，优化数字化发展国内国际"两个环境"。

6. 2023 年 3 月 4 日，全国政协十四届一次会议开幕会在人民大会堂举行，习

---

① 资料整理：黄雅卓、王智睿。

近平等党和国家领导人出席大会。

7. 2023 年 3 月 5 日，第十四届全国人民代表大会第一次会议在北京人民大会堂开幕，习近平等党和国家领导人出席大会。李克强代表国务院，向十四届全国人大一次会议作政府工作报告。

8. 2023 年 3 月 7 日，国务院印发修订后的《食品安全工作评议考核办法》，细化考核内容、优化考核程序、调整评价要求、强化考核结果运用，进一步提升食品安全工作评议考核的规范性和科学性。

9. 2023 年 3 月 10 日，十四届全国人民代表大会第三次全体会议表决关于国务院机构改革方案的决定草案，表决十四届全国人大一次会议选举和决定任命的办法草案，表决总监票人、监票人名单草案，选举中华人民共和国主席，选举中华人民共和国中央军事委员会主席，选举十四届全国人大常委会委员长、副委员长、秘书长，选举中华人民共和国副主席。

10. 2023 年 3 月 11 日，十四届全国人民代表大会第四次全体会议根据国家主席习近平的提名，经过投票表决，决定李强为中华人民共和国国务院总理。国家主席习近平签署第一号主席令，根据大会决定，任命李强为国务院总理。

11. 2023 年 3 月 12 日，十四届全国人民代表大会在北京人民大会堂举行第五次全体会议。会议根据国务院总理李强的提名，经投票表决决定，丁薛祥、何立峰、张国清、刘国中为国务院副总理，王小洪、吴政隆、谌贻琴等为国务委员。国家主席习近平签署第二号主席令，对大会表决通过的国务院其他组成人员予以任命。

12. 2023 年 3 月 13 日，十四届全国人大一次会议在京闭幕。会议表决通过关于政府工作报告的决议等。通过关于修改《中华人民共和国立法法》的决定。习近平签署第三号主席令予以公布。

13. 2023 年 3 月 14 日，李强主持召开国务院常务会议，研究国务院机构设置有关工作，讨论《国务院工作规则（修订稿）》。新一届国务院开始全面履职。

14. 2023 年 3 月 16 日，中共中央、国务院印发《党和国家机构改革方案》。其中，金融管理体制、科技管理体制、社会管理体制等三个领域是本次改革的重点。

15. 2023 年 3 月 19 日，中共中央办公厅印发《关于在全党大兴调查研究的工作方案》，要求将调查研究作为在全党开展主题教育的重要内容，推动全面建设社会主义现代化国家开好局起好步。

16. 2023 年 3 月 31 日，国务院成立第五次全国经济普查领导小组，负责第五次全国经济普查的组织和实施，协调解决普查中的重大问题。组长由国务院副总理丁薛祥担任。

17. 2023 年 4 月 11 日，国务院办公厅印发《关于推动外贸稳规模优结构的意见》，肯定了外贸对国民经济的重要作用，要求以更大力度推动外贸稳规模优结构，确保实现进出口促稳提质目标任务。

18. 2023 年 4 月 18 日，中共中央印发《中央党内法规制定工作规划纲要（2023—2027 年）》，对今后 5 年中央党内法规制定工作进行顶层设计，是新起点上引领党内法规制度建设的重要文件。

19. 2023 年 5 月 18 日，国家金融监督管理总局正式挂牌。根据《党和国家机构改革方案》，国家金融监督管理总局在中国银保监会基础上组建，统一负责除证券业之外的金融业监管。

20. 2023 年 5 月 21 日，中共中央办公厅、国务院办公厅印发《关于推进基本养老服务体系建设的意见》，要求加快建成覆盖全体老年人、权责清晰、保障适度、可持续的基本养老服务体系。

21. 2023 年 5 月 26 日，国务院办公厅印发《关于加强医疗保障基金使用常态化监管的实施意见》，要求加快构建权责明晰、严密有力、安全规范、法治高效的医保基金使用常态化监管体系，坚决守住医保基金安全底线。

22. 2023 年 5 月 31 日，国务院办公厅印发《国务院 2023 年度立法工作计划》，明确了 17 件拟提请全国人大常委会审议的法律案和 17 件拟审议的行政法规草案。

23. 2023 年 6 月 13 日，中共中央办公厅、国务院办公厅印发《关于构建优质均衡的基本公共教育服务体系的意见》，加快推进国家基本公共服务均等化，构建优质均衡的基本公共教育服务体系。

24. 2023 年 7 月 5 日，国务院办公厅印发《关于应急管理综合行政执法有关事项的通知》，要求加快构建权责一致、权威高效的应急管理综合行政执法体制，统筹配置行政执法职能和执法资源。

25．2023 年 7 月 19 日，《中共中央　国务院关于促进民营经济发展壮大的意见》发布，肯定了民营经济的重要地位和作用。7 月 28 日，国家发展改革委、市场监管总局、税务总局等 8 部门印发《关于实施促进民营经济发展近期若干举措的通知》，提出了 28 条具体措施。

26．2023 年 7 月 25 日，国务院印发《关于进一步优化外商投资环境　加大吸引外商投资力度的意见》，要求营造市场化、法治化、国际化一流营商环境，充分发挥我国超大规模市场优势，更大力度、更加有效吸引和利用外商投资。

27．2023 年 8 月 2 日，中共中央办公厅、国务院办公厅印发《关于建立领导干部应知应会党内法规和国家法律清单制度的意见》，推动领导干部带头尊规学规守规用规，带头尊法学法守法用法。

28．2023 年 8 月 9 日，国务院办公厅印发《提升行政执法质量三年行动计划（2023—2025 年）》，要求全面提升行政机关履行政府职能、管理经济社会事务的质量和效能。

29．2023 年 8 月 18 日，国务院办公厅印发《关于依托全国一体化政务服务平台建立政务服务效能提升常态化工作机制的意见》，就进一步总结政务服务效能提升"双十百千"工程经验，巩固实践成果，持续推进为民办实事、惠企优服务等作出部署。

30．《中华人民共和国行政复议法》（中华人民共和国主席令第九号）由中华人民共和国第十四届全国人民代表大会常务委员会第五次会议于 2023 年 9 月 1 日修订通过，自 2024 年 1 月 1 日起施行。

31．2023 年 9 月 4 日，国家发展改革委相关负责人在国务院新闻发布会上表示，中央编办正式批复在国家发展改革委内部设立民营经济发展局，作为促进民营经济发展壮大的专门工作机构，加强相关领域政策统筹协调。

32．2023 年 9 月 12 日，中共中央、国务院印发《关于支持福建探索海峡两岸融合发展新路　建设两岸融合发展示范区的意见》，要求充分发挥福建对台独特优势和先行示范作用，深化两岸各领域融合发展，推进祖国和平统一进程。

33. 2023 年 10 月 19 日，国务院办公厅转发民政部等单位《关于加强低收入人口动态监测做好分层分类社会救助工作的意见》，要求合理确定低收入人口范围，进一步织密扎牢民生兜底保障安全网。

34. 2023 年 11 月 3 日，国务院办公厅转发国家发展改革委、财政部《关于规范实施政府和社会资本合作新机制的指导意见》。指导意见提出，坚决遏制新增地方政府隐性债务，提高基础设施和公用事业项目建设运营水平，确保规范发展、阳光运行。

35. 2023 年 11 月 27 日，中国人民银行等 8 部门联合印发《关于强化金融支持举措 助力民营经济发展壮大的通知》，持续加强民营企业金融服务。

36. 2023 年 12 月 11 日至 12 日，中央经济工作会议在北京举行。习近平总书记出席会议并发表重要讲话，全面总结 2023 年经济工作，深刻分析当前经济形势，系统部署 2024 年经济工作。

37. 2023 年 12 月 18 日，国家主席习近平分别会见来京述职的香港特别行政区行政长官李家超和澳门特别行政区行政长官贺一诚，听取他们对特别行政区政府工作情况的汇报。

38. 2023 年 12 月 18 日，中央网络安全和信息化委员会印发《关于防治"指尖上的形式主义"的若干意见》，要求加强对政务移动互联网应用程序、政务公众账号和工作群组的标准化规范化管理。

39. 2023 年 12 月 18 日，国务院常务会议听取关于加快建设全国统一大市场工作进展的汇报，强调要把不利于全国统一大市场建设的各种障碍掣肘破除掉。12 月 26 日，国务院政策例行吹风会上，国家发展改革委、工业和信息化部、交通运输部、市场监管总局有关负责人介绍相关工作进展。

40. 2023 年 12 月 26 日，国务院办公厅关于印发《知识产权领域中央与地方财政事权和支出责任划分改革方案》，要求适当加强中央在知识产权保护方面财政事权，减少并规范中央和地方共同财政事权，赋予地方更多自主权，优化政府间事权和财权划分。

41. 2023 年 12 月 27 日，中共中央印发修订后的《中国共产党纪律处分条例》，为以中国式现代化全面推进强国建设、民族复兴伟业提供坚强纪律保障。

42. 2023 年 12 月 27 日至 28 日，中央外事工作会议在北京举行。习近平发表重要讲话，对当前和今后一个时期的对外工作作了全面部署。

附录 C　2023 年政府发展研究概览[①]

一、2023 年国家社科基金重大项目和教育部重大课题攻关项目选目（按照项目名称拼音首字母排列）

表 1　2023 年度国家社科基金重大项目

序号	项目名称	首席专家	责任单位
1	基于大型调查数据的城市复合风险及其治理研究	李瑞昌	复旦大学
2		易承志	上海交通大学
3	世界科技强国制度环境的比较研究	何增科	北京大学
4	数字政府建设成效测度与评价的理论、方法及应用研究	马亮	中国人民大学
5		段尧清	华中师范大学
6	新安全格局下健全网络综合治理体系的理论与实践研究	蔡立辉	暨南大学
7	乡村振兴背景下土地制度改革与乡村治理现代化研究	朱新华	河海大学
8	县乡治理现代化的制度架构与运行机制研究	徐勇	华中师范大学
9		何雪松	华东理工大学
10	中国式现代化进程中的区域协调发展路径优化研究	锁利铭	南开大学
11		刘耀彬	南昌大学
12	中国式现代化进程中可能面临的社会冲突风险及治理路径研究	李琼	华东理工大学

表 2　研究阐释党的二十大精神国家社科基金重大项目

序号	项目名称	首席专家	责任单位
1	健全共建共治共享的社会治理制度研究	熊易寒	复旦大学
2	健全网络综合治理体系研究	曾润喜	重庆大学
3	健全网络智能综合治理体系研究	王竹	四川大学

[①]　资料整理：申程仁。

序号	项目名称	首席专家	责任单位
4	健全现代公共文化服务体系的发展战略与实施路径研究	杨乘虎	北京师范大学
5	基于"制度-效能"转化的现代环境治理体系研究	余敏江	同济大学
6	构建大中小城市协调发展格局研究	魏守华	南京大学
7	完善党和国家权力监督理论体系与制度创新研究	孙斌栋	华东师范大学
8	新时代公共安全应急框架体系研究	王义保	中国矿业大学
9	新型城镇化进程中增强公共服务均衡性和可及性关键问题研究	黄燕芬	中国人民大学
10	增强公共服务均衡性和可及性研究	王佃利	山东大学

表3　2023年度教育部哲学社会科学研究重大课题攻关项目

序号	项目名称	首席专家	责任单位
1	从数字基建、数据应用到数据治理——数字中国实践的全景案例研究	蓝志勇	清华大学
2	面向新一代人工智能的网络空间安全风险与防范机制研究	毛子骏	华中科技大学
3	生态环境治理全民行动体系研究	戴胜利	暨南大学
4	实现联合国可持续发展目标的国家治理体系研究	朱旭峰	清华大学

二、2023年政府改革与发展领域重要学术会议

表4　2023年度政府改革与发展领域重要会议

序号	会议名称	主题	举办单位	会议时间
1	第六届公共绩效治理高端论坛暨全国政府绩效管理博士生论坛	中国式现代化与政府绩效治理	兰州大学管理学院、兰州大学中国政府绩效管理研究中心	2023年3月
2	第十届国家治理体系和治理能力建设高峰论坛	超大城市治理与国家治理现代化	主办：湖北省中国特色社会主义理论体系研究中心、华中科技大学 承办：华中科技大学国家治理研究院、国家治理湖北省协同创新中心、湖北省中国特色社会主义理论体系研究中心华中科技大学分中心	2023年5月
3	第六届数字政府治理高峰论坛	大数据、行政改革与政府治理	主办：中国行政管理学会、贵州财经大学公共管理学院 承办：中国行政管理杂志社、贵州省行政管理学会	2023年5月

续表

序号	会议名称	主题	举办单位	会议时间
4	第 19 届海峡两岸暨港澳地区公共管理学术研讨会	大变革时代公共治理现代化	主办：海峡两岸暨港澳地区公共管理学术研讨会理事会、四川大学 承办：四川大学公共管理学院	2023 年 7 月
5	首届全球华人城市治理与政策学术研讨会	城市治理与政策：全球视野下的回顾与前瞻	主办：上海交通大学中国城市治理研究院、上海交通大学国际与公共事务学院 合办：中国留美公共管理学会（CAAPA）、留美公共政策学会（CPSG）、中国城市研究网络（UCRN）、上海世界城市日事务协调中心	2023 年 7 月
6	"AI 驱动的社会科学研究与公共治理新范式的构建"高端学术论坛	AI 驱动的社会科学研究与公共治理新范式的构建	厦门大学社会科学学部、厦门大学公共事务学院、厦门大学公共政策研究院、《公共管理学报》编辑部	2023 年 10 月
7	第二十届中国青年政治学论坛	中国式现代化与中国政治学的发展	中国政治学会青年工作专业委员会、天津师范大学政治与行政学院、天津师范大学国家治理研究院、《政治学研究》编辑部	2023 年 10 月
8	中国公共管理学术年会（2023）	国家治理与全球治理的现代化	主办：中国管理现代化研究会公共管理专业委员会 承办：复旦大学国际关系与公共事务学院、复旦大学全球公共政策研究院 支持：清华大学公共管理学院	2023 年 10 月
9	第二届"城市治理与政治发展"学术论坛	中国式现代化与城市治理	主办：南开大学周恩来政府管理学院、清华大学政治学系 承办：南开大学中国政府发展联合研究中心、清华大学数据治理研究中心	2023 年 10 月
10	中国政治学会 2023 年学术年会	全过程人民民主与中国式现代化	主办：中国政治学会 承办：中国社会科学院政治学研究所、深圳市社会科学院、深圳大学	2023 年 11 月

序号	会议名称	主题	举办单位	会议时间
11	第五届"面向 21 世纪的全球区域-城市发展研讨会"	—	主办：中山大学中国公共管理研究中心、广州市社会科学界联合会、中山大学政治与公共事务管理学院、中山大学国家治理研究院 承办：中山大学广州国际城市创新研究中心	2023 年 11 月
12	中国行政管理学会 2023 年年会	中国式现代化：治理创新与地方实践	主办：中国行政管理学会 承办：江苏省行政管理学会、南京大学	2023 年 12 月
13	第六届公共治理与创新发展论坛暨公共管理学术年会	中国特色公共管理学科发展与高水平智库建设	中国科学院大学公共政策与管理学院、中国科学院大学战略咨询院、中国科学学与科技政策研究会、中国优选法统筹法与经济数学研究会、中国发展战略学研究会	2023 年 12 月
14	第二届稷下国家治理高端论坛	中国式现代化进程中的国家治理	主办：山东大学 承办：山东大学国家治理研究院、山东大学智库管理中心	2023 年 12 月
15	第二届比较地方治理研究学术论坛	中国地方政府治理与社会治理现代化	主办：南京大学公共事务与地方治理研究中心、南昌大学公共政策与管理学院、汕头大学法学院 承办：南昌大学公共政策与管理学院	2023 年 12 月